मध्य प्रदेश की कला एवं संस्कृति

मध्य प्रदेश की कला एवं संस्कृति

गोपाल भार्गव

KALPAZ

मध्य प्रदेश की कला एवं संस्कृति

ISBN: 978-81-7835-879-6

प्रकाशन वर्ष 2011
कल्पज़ पब्लिकेशन्स
सी–30, सत्यवती नगर, दिल्ली–110052
ई–मेल: kalpaz@hotmail.com
अक्षर मुद्रांकन: क्विक मीडिया, दिल्ली
चावला ऑफसेट प्रेस, दिल्ली

विषय सूची

परिचय

मध्य प्रदेश या प्राचीन काल का गोंडवाना अर्थात गोंड समुदाय का घर, भारतीय उपमहाद्वीप का सबसे पुराना स्थल है। भारत की हृदय-स्थली कहलाने वाला यह प्रदेश स्वयं में पाँच अलग-अलग संस्कृतियों का क्षेत्र है। निमाड़, मालवा, बुन्देलखण्ड, बघेलखण्ड तथा ग्वालियर की ये विभिन्न लोकसंस्कृतियों के अतिरिक्त अनेक जनजातियों की चिर प्राचीन आदिम संस्कृति भी मध्य प्रदेश में सहज रूप से दृष्टिगत होती है।

उद्भव

मध्य प्रदेश का सबसे प्रारम्भिक अस्तित्वमान राज्य अवन्ति था, जिसकी राजधानी उज्जैन थी। तीसरी से चौथी शताब्दी के बीच मौर्य साम्राज्य का अंग रह चुका यह राज्य मालवा के नाम से प्रसिद्ध हुआ।

वर्तमान मध्य प्रदेश राज्य की स्थापना नवम्बर, 1956 को हुई थी। इसका वर्तमान स्वरूप 1 नवम्बर 2000 को अस्तित्व में आया था, जब एक नया राज्य छत्तीसगढ़ सृजित करने हेतु मध्य प्रदेश पुनर्संगठन अधिनियम, 2000 पारित हुआ था। मध्य प्रदेश भारत के मध्य भाग में अवस्थित है, अतः अनेक लोग इस राज्य को भारत का हृदय राज्य कहते हैं। प्राचीन काल में इस क्षेत्र को दण्डकारण्य कहा जाता था, जबकि बाद में अंग्रेजों के शासनकाल में इसको मध्य प्रान्त (सेंट्रल प्रोविन्सेज) नाम दिया गया था। भौगोलिक दृष्टि से यह भारत का सबसे बड़ा राज्य रहा है।

21° 04′ एन अक्षांश तथा 74° 02′ और 82° 49′ ई देशांतर के बीच यह राज्य भारत के केन्द्रीय भाग में अवस्थित है। इसका भौगोलिक क्षेत्रफल 3,08,252 वर्ग कि.मी. है, जो देश के कुल क्षेत्रफल का 9.38 प्रतिशत है। राज्य का वन क्षेत्रफल 95,221 वर्ग कि.मी. है जो राज्य के भौगोलिक क्षेत्रफल का 31 प्रतिशत और देश के वन क्षेत्रफल का 12.44 प्रतिशत है। राज्य की कुल जनसंख्या 60,385,118 है।

मध्य प्रदेश भारत के सात राज्यों उत्तर प्रदेश, राजस्थान, गुजरात, महाराष्ट्र, आंध्र प्रदेश, छत्तीसगढ़ तथा बिहार द्वारा परिबद्ध है। अंग्रेजों के शासनकाल में दो प्रान्त

बेराय तथा मध्य प्रान्त थे, लेकिन इन दोनों को मिलाकर मध्य प्रदेश बना दिया गया था। सन 1947 में, बेराय, मध्यप्रान्त, बघेलखण्ड तथा छत्तीसगढ़ रियासतों को मिलाकर मध्य प्रदेश राज्य सृजित किया गया था। उसी समय, मध्य भारत की उत्तरी रियासतों का विलय कर विंध्य प्रदेश बनाया गया था। भोपाल एक अलग राज्य था। छत्तीसगढ़ राज्य के गठन के पश्चात् मध्य प्रदेश भौगोलिक क्षेत्रफल की दृष्टि से देश का दूसरा और जनसंख्या की दृष्टि से देश का सातवाँ सबसे बड़ा राज्य है। राज्य को कुल 45 जनपदों में बांटा गया (पहले 61 जनपद थे) है। राज्य के कुल नौ राजस्व प्रभाग हैं, तथा कुल 313 विकासखण्ड हैं, जो विकासात्मक गतिविधियों की इकाईयां हैं। राज्य का 8.49 मिलियन हैक्टेयर क्षेत्र वन क्षेत्र है, जो राज्य के भौगोलिक क्षेत्रफल का 27.2 प्रतिशत भाग है, जबकि कृषि क्षेत्रफल लगभग 49 प्रतिशत है।

1 नवम्बर, 1956 को निम्नलिखित क्षेत्रों और जनपदों को मिलाकर मध्य प्रदेश राज्य का सृजन किया गया था :–

(1) बुल्डाना, अकोला, अमरावती, यवतमाल, वर्धा, नागपुर, भंडारा तथा चांदा जनपद बॉम्बे प्रान्त में विलय कर दिये गए थे, जो वर्तमान काल में महाराष्ट्र राज्य के अंग हैं। शेष भाग मध्य प्रदेश में सम्मिलित किए गए थे;

(2) मंदसौर जनपद की भानपुरा तहसील (सुनेल टप्पा भाग छोड़कर);

(3) भोपाल राज्य;

(4) राजस्थान के कोटा जनपद की सिंरोज तहसील तथा

(5) विंध्य प्रदेश राज्य मध्य प्रदेश में विलय किए गए थे।

मध्य प्रदेश की सीमाओं के पुनर्-संरेखण के आधार पर मध्य प्रदेश का वर्तमान स्वरूप अस्तित्व में आया है। राज्य में 45 जनपद तथा 12 प्रभाग थे। नब्बे के दशक में 16 नए जनपदों के सृजन से कुल जनपद 61 तथा प्रभाग बारह थे। बाद में 1 नवंबर 2000 को मध्य प्रदेश राज्य के विभाजन से छत्तीसगढ़ नामक नए राज्य का सृजन किया गया था।

इतिहास

मध्य प्रान्त के बड़े भाग का प्रामाणिक इतिहास का युग चार सदियों से अधिक पुराना नहीं है। उत्तर भारत के लोग इसे गोंडवाना के नाम से जानते थे। यह दुर्गम पर्वतों तथा वनों से आच्छादित एक ऐसा अनन्वेषित देश था, जहां गोंड नामक

आदिम जनजातियां रहती थीं। इन्हीं गोंड जनजातियों के वास के कारण यह क्षेत्र गोंडवाना कहलाता था। गोंडवाना हिंदुत्व के प्रारंभिक वीरोचित कालों में साहसिक अन्वेषण के दायरे से पूरी तरह बाहर नहीं था। रामायण में रामटेक (नागपुर के निकट) स्थित सुतीक्ष्ण के आश्रम जाते समय राम द्वारा दण्डक कानन, जो यमुना से गोदावरी तक फैला हुआ था, पार करने का उल्लेख है। सदियों तक यहां अनेक राजपूतों की जागीरें हुई थीं तथा खुले देहात का बड़ा भाग उनके प्रभुत्वाधीन था। किंतु इनकी वर्तमान जानकारी वहां से प्राप्त सिक्कों, ताम्र अथवा पाषाण शिलालेखों, प्राचीन नगरों के भग्नावशेषों और राजपूत अन्वेषणों की गाथाओं में संयोगिक उल्लेखों से प्राप्त की गई है। जबलपुर में रूपनाथ में अशोक कालीन शिलालेख की मौजूदगी से अशोक का साम्राज्य मध्यप्रान्त के इस भाग तक फैले होने का प्रमाण मिलता है। सागर जनपद में ऐरान से मिले चौथी तथा पांचवीं शताब्दी के शिलालेखों से संकेत मिलता है कि ऐरान और इसके आसपास का क्षेत्र मगध के महान गुप्त वंश के अधिकार में था।

सिवनी तथा अजंता गुफाओं से मिले कतिपय शिलालेखों के आधार पर यह निष्कर्ष निकाला गया है कि वकाटक वंश तीसरी सदी से सतपुड़ा पठार और नागपुर के मैदानी भाग पर शासन कर रहा था। इसके संस्थापक का नाम विंध्यशक्ति उल्लेखित है। इन राजकुमारों की राजधानी चांदा में भंडाक प्रतीत होती है, जो प्राचीन काल की महत्पपूर्ण नगरी थी। ऐसा प्रतीत होता है कि नौवीं से बारहवीं सदी तक यह क्षेत्र महोबा के राजपूत राजकुमारों के अधीन था। लगभग इसी काल में असीरगढ़ का वर्तमान दुर्ग चौहान राजपूतों के आधिपत्य में था। मालवा का परमार साम्राज्य ग्यारहवीं तथा तेरहवीं सदी के बीच नर्मदा घाटी के पश्चिमी भाग तक फैल गया था।

ग्यारहवीं अथवा बारहवीं सदी के कुछ शिलालेखों के पश्चात् पन्द्रहवीं अथवा सोलहवीं सदी में गोंड शक्तियों के उदय तक अंधकारमय अंतराल है। बेतूल के निकट खेड़ला में स्थापित गोंड साम्राज्य सर्वप्रथम प्रसिद्ध साम्राज्य था। सोलहवीं सदी में गढ़ मांडला के गोंड वंश के 47वें राजा संग्राम शाह ने मांडला अधित्यका से निकलकर सागर, दायोह, भोपाल, नर्मदाघाटी और सतपुड़ा आधित्यकार पर मांडला सिवनी सहित 52 गढ़ों अथवा जनपदों पर अपना अधिकार स्थापित कर लिया।

गोंडवाना में निमाड़ शामिल नहीं था तथा यह क्षेत्र दो सदियों तक खानदेश के फारुकी साम्राज्य में शामिल था। सन् 1600 में अकबर ने अंतिम फारुकी राजा से असीरगढ़ का किला जीत लिया तथा खानदेश को अपने साम्राज्य में मिला लिया। बाद में बेरार भी मुगल प्रान्त बन गया था।

सन् 1803 तक नागपुर दरबार तथा अंग्रेजों के बीच संबंध सामान्यतः मैत्रीपूर्ण थे, लेकिन उसी वर्ष रघुजी द्वितीय अंग्रेजों के विरुद्ध संगठन में सिंधिया के साथ शामिल हो गया।

उस काल की समस्त राजस्व विवरणिकाओं से मराठा समाहर्ताओं की क्रूर लेकिन उत्कृष्ट प्रक्रिया का विवरण प्राप्त होता है। सन् 1803 से 1818 तक की अवधि में संभवतः देश को सर्वाधिक विनाशकारी दौर से गुजरना पड़ा था।

1818 से 1830 तक एक अंग्रेज रेजिडेंट सर रिचर्ड जेनकिंस नागपुर क्षेत्र का प्रशासन देख रहा था।

सन् 1861 में मध्य प्रान्त के गठन तक नागपुर प्रान्त, जिसमें वर्तमान नागपुर प्रभाग, छिन्दवाड़ा तथा छत्तीसगढ़ शामिल थे, की प्रशासनिक बागडोर भारत सरकार के अधीन आयुक्त के हाथों में थी। उत्तरी जनपदों के सागर तथा यमोह के वे भाग, जो अभी तक पेशवा के अधीन थे, उसके द्वारा 1817 में सौंप दिए गए तथा शेष भाग मांडला, बेतूल, सिवनी तथा नर्मदा घाटी अप्पा साहिब से 1818 में प्राप्त कर लिए गए। सन 1820 में सागर और नर्मदा क्षेत्र नामक यह क्षेत्र गवर्नर जनरल के एक एजेन्ट के प्रशासनाधीन कर दिया गया। सन 1835 में उत्तर पश्चिमी प्रान्त के गठन पर सागर तथा नर्मदा क्षेत्र को उनके साथ जोड़ दिया गया। सन 1842 में बुंदेला विद्रोह हुआ, जो सिविल न्यायालय के प्रतिरोध में सागर जनपद में दो जमींदारों के प्रयासों का परिणाम था। इन गड़बड़ियों के फलस्वरूप सागर तथा नर्मदा क्षेत्र को पुनः गर्वनर जनरल के एजेन्ट के हवाले कर दिया गया। यह व्यवस्था संतोषजनक नहीं पाई गई तथा 1853 में यह क्षेत्र एक बार फिर उत्तर पश्चिमी प्रान्त में मिला दिया गया।

विद्रोह के पश्चात् भारत के मध्य क्षेत्र में दो पृथक क्षेत्र, जो प्रभावी प्रशासन की दृष्टि से किसी भी स्थानीय सरकार के मुख्यालय से बहुत दूर थे, की प्रशासनिक व्यवस्था सुचारू बनाने हेतु एक नए प्रान्त के गठन का इरादा किया गया जो 1861 में कार्यरूप में परिणित हुआ। 1857 में विद्रोह के दौरान उत्तरी जनपदों में भी भारी गड़बड़ियां हुई थीं। सागर के मूल रेजिमेंटों ने विद्रोह कर दिया तथा सागर और दमोह अंग्रेजों के हाथ से निकल गए। अंग्रेज सागर नगर तथा किले पर अपना अधिकार बनाए रहे। अगस्त 1857 में जबलपुर रेजीमेंट छावनी से बाहर आ गई, लेकिन काम्पटी से मद्रास ट्रूप्स का एक दस्ता शीघ्र वहाँ पहुँच गया तथा जबलपुर और सागर में बागियों के विरुद्ध अनियमित कार्यवाई प्रारंभ कर दी गई। सिवनी, मांडला तथा

नर्मदा घाटी में अलग-अलग गड़बड़ी हुई। सर ह्यू रोज 1858 में सागर होकर निकले तथा कहटगढ़ और गढ़ाकोटा के किलों पर अधिकार कर लिया तथा अनेक लड़ाइयों में विद्रोहियों को पराजित कर दिया। इसके पश्चात् व्यवस्था तेजी के साथ बहाल हो गई। नागपुर में एक अनियमित अश्वारोही रेजीमेंट तथा उपद्रवी तत्वों द्वारा बगावत कर दी गईं, लेकिन शिविर अधिकारियों की सतर्कता से इन्हें परास्त कर दिया गया। चांदा, रायपुर तथा सम्बलपुर में अलग-अलग उपद्रव हुए लेकिन शीघ्र ही दबा दिए गए।

भूगोल

मध्य प्रदेश क्षेत्र दक्षिणी पठार का एक भाग है। यमुना के कछारी बाढ़ मैदान से इसकी उत्तरी सीमा प्रारंभ होती है। इसके पश्चिम में, चम्बल नदी के पार अरावली पहाड़ी श्रृंखला प्रारंभ होती है। पूर्व दिशा में छोटा नागपुर पठार है। इसी प्रकार की भूमि बघेलखंड पठार में भी पाई जाती है। दक्षिण दिशा में ताप्ती नदी के पार प्रायद्वीपीय पठार प्रारंभ हो जाता है। हिमालय पर्वत की तुलना में मध्य प्रदेश में ऊंचाई बहुत कम है। मध्य प्रदेश में भूदृश्य सामान्यतः ऊंचे पठार, नीचे पठार तथा नदी घाटी के मैदानों के रूप में दिखाई पड़ता है। सतपुड़ा पहाड़ियों की ऊंचाई सबसे अधिक (धूपगढ़ चोटी का सूर्यास्त बिन्दु 4339 फुट) है। बघेलखण्ड पठार की ऊंचाई 1152 मीटर है। विंध्याचल श्रृंखला की अधिकतम ऊंचाई 881 मीटर है, जबकि महानदी और नर्मदा में 150 मीटर है। भू-संरचनात्मक प्रभाव के अनुसार मध्य प्रदेश को स्पष्ट प्रभागों में बांटा जा सकता है। चम्बल-सोन नदियों के उत्तर में मध्यम अधित्यका पाई जाती है जो दक्षिणी ट्रेप, विंध्य चट्टान समूह तथा ग्रेनाइट पट्टितताश्म से निर्मित है। दक्षिण तथा दक्षिणापूर्व में तीखे ढाल वाले कगार पाए जाते हैं जो विंध्याचल, भांडेर तथा कैमूर श्रृंखला के रूप में जाने जाते हैं। इन कगारों के उत्तरी भाग में व्यापक पठार हैं। नर्मदा-सोन अक्ष के दक्षिण में सतपुड़ा पहाड़ियां हैं जो ग्रेनाइट पट्टितताश्म, गोंडवाना चट्टान समूह तथा दक्षिणी ट्रैप से बने हैं। पूर्वी भाग को मैकाल श्रृंखला कहा जाता है।

दोनों प्रभागों के पूर्वी भाग में एक पठार है, जिसके उत्तरी भाग को बघेलखंड पठार, मध्य भाग को छत्तीसगढ़ मैदा (अब यह एक पृथक राज्य छत्तीसगढ़ के अन्तर्गत है) और दक्षिणी भाग को दंडक अरण्य कहा जाता है। प्रथम क्षेत्र गोंडवाना चट्टानों तथा प्री-कैम्ब्रियन ग्रेनाइट से बना है। छत्तीसगढ़ मैदान कडप्पा चट्टानों से निर्मित है, जबकि दण्डकारण्य प्री-कैम्ब्रियन ग्रेनाइट तथा धारवा चट्टानों से बना है। मध्य अधित्यका गंगा घाटी का एक भाग है। चम्बल, बेतवा और केन नदियां

दक्षिणी कगारों से निकलती हैं तथा यमुना में जाकर मिल जाती हैं। महानदी तथा सोन की घाटियां पूर्वी पठार में देखी जा सकती हैं।

भौगोलिक विभाजन

यह राज्य दक्षिणी पठार के उत्तर में अवस्थित है। इसके पूर्व में छोटा नागपुर पश्चिम में अरावली पहाड़ियां, दक्षिण में ताप्ती नदी की घाटी तथा दक्षिण पश्चिम में महाराष्ट्र का पठार है। इस पठार को उत्तरी भाग में सोन, गंगा तथा यमुना नदियों के मैदान हैं। मध्य प्रदेश को भौतिक आधार पर निम्नलिखित भागों में बांटा जा सकता है। मध्य अधित्यका, सतपुड़ा एवं मैकाल शृंखला और पूर्वी अधित्यका।

मध्य अधित्यका

नर्मदा तथा सोन घाटियों और अरावली शृंखला के मध्य त्रिभुजाकार पठार मध्य अधित्यका कहलाती है। इसमें निम्नलिखित भाग सम्मिलित हैं–(1) विन्ध्य कगार (2) बुंदेलखंड पठार (3) मध्य भारत पठार (4) मालवा पठार (5) नर्मदा और सोन नदियों की घाटियां।

यमुना नदी इस मध्य अधित्यका की उत्तरी सीमा है। इस पठार का अधिकांश हिस्सा नर्मदा और सोन नदियों का उत्तरी भाग है, जो विंध्याचल, भांडेर तथा कैमूर शृंखला का हिस्सा है। वास्तव में यह पठार की दक्षिणी सीमा पर एक कगार है। मांडू, जो विंध्याचल के कगार पर स्थित है, से नर्मदा घाटी का विहंगम दृश्य देखा जा सकता है। छोटी धाराओं द्वारा क्षरण के कारण इस कगार में गहरी गुफाएं बन गई हैं। मांडू के निकट कैरों नदी की गुफाएं, बेरार नदी की गुफाएं तथा गडरिया नाले की गुफाएं (भोपाल के दक्षिण में) सुन्दर पर्यटक स्थल हैं। विन्ध्याचल पहाड़ियों की अधिकतम ऊंचाई माध्यमिक औसत समुद्र तल से 881 मीटर है। यह पूर्व दिशा की ओर नीची होती चली गई हैं। भांडेर तथा कैमूरी शृंखलाओं की ऊंचाई क्रमशः 752 मीटर तथा 686 मीटर है। गंगा और नर्मदा नदियों की जल विभाजन रेखा इन पहाड़ी शृंखलाओं का विभाजन करती है। उत्तर की ओर बहने वाली तथा यमुना से मिलने वाली प्रमुख नदिया चम्बल, बेतवा और केन हैं। इन प्रभागों की प्रमुख विशेषताएं निम्नानुसार हैं :–

विन्ध्य गिरिप्रस्थ

यह एक त्रिभुजाकार पठारी क्षेत्र है। यहां केवल विंध्य समूह पाया जाता है। भांडेर तथा कैमूर गिरिप्रस्थ दक्षिण तथा दक्षिण पूर्व में पाए जाते हैं। दक्षिण दिशा में

कैमूर श्रृंखला के समानान्तर सोन नदी बहती है। इस गिरिप्रस्थ की अधिकतम ऊंचाई 650-750 मीटर है जबकि रीवा पठार की अधिकतम ऊंचाई 300-500 मीटर है। पठार की उत्तरी सीमा पर विध्य गिरिप्रस्थ है। रीवा से इलाहाबाद जाते समय ढलान मार्ग है। उत्तरी गिरिप्रस्थ पन्ना श्रृंखला के रूप में जारी रहता है जो दक्षिण पश्चिम में सागर तक विस्तृत है।

बुंदेलखंड

मध्य अधित्यका का उत्तरी भाग बुंदेलखंड पठार है, जिसमें छतरपुर, टीकमगढ़, दतिया का अधिकांश हिस्सा और शिवपुरी एवं गुना जनपदों का कुछ हिस्सा शामिल है। इसके अतिरिक्त उत्तर प्रदेश के ललितपुर, झासी, बांदा तथा जालौन जनपद इस पठार में सम्मिलित हैं। यह पठार पुरानी चट्टानों के बुंदेलखंड पट्टिताश्म की क्षरित परत है। यमुना नदी इसकी सीमा निर्धारण करती है तथा अन्य हिस्सों में विन्ध्याचल समूह की चट्टानें पाईं जाती हैं। पन्ना श्रृंखला, बीजावर श्रृंखला, नरवर गिरिप्रस्थ और चंदेरी पार्ट एक अर्द्धचन्द्राकार में बुदेलखंड पटार को तीन ओर से घेरे हुए हैं। मध्य पठार में औसत ऊंचाई 300-450 मीटर है जबकि अग्रवर्ती भाग में मध्य समुद्र तल से 500-550 मीटर ऊंचाई है।

मध्य पठार

मध्य पठार बुंदेलखंड पठार के पश्चिमी भाग में स्थित है। यह क्षेत्र विंध्य चट्टान समूहों से निर्मित है। पश्चिम में अरावली श्रृंखला एक अग्रवर्ती भ्रंश के रूप में इसकी सीमा निर्धारित करती है। खिचीवाड़ा, शिवपुरी, मुरैना, ग्वालियर तथा कौन्तेल पश्चिम दिशा में इस पठार के प्रमुख भाग है। चम्बल घाटी इस पठार का एक प्रमुख भाग है जो कछारी मिट्टी के जमाव से बनी है। उच्च पठार तथा नीची घाटी क्रमशः 450 मीटर तथा 150-450 मीटर के दायरे में है।

मालवा पठार

यह मध्य अधित्यका का पश्चिमी भाग है। नर्मदा नदी के दक्षिण में दक्षिणी ट्रैप लैण्ड को मालवा पठार कहा जाता है। इसकी पूर्वी सीमा पर सागर है। इस पश्चिमी भाग में सतह पर विन्ध्य चट्टानें क्षरण के प्रभाव रूप में देखी जा सकती हैं। इस पठार की दक्षिणी सीमा पर विन्ध्य श्रृंखला है। उत्तर में यह पठार गुना तक फैला है। इस पठार का निर्माण ज्वालामुखी विस्फोट के लावा के सघनीकरण से हुआ है। इसलिए यहां की मिट्टी काली है, जो कृषि के लिए अत्यंत लाभदायक है। उत्तर की अपेक्षा दक्षिण में काली मिट्टी की मोटी परत जमा है।

नर्मदा-सोन घाटी

यह नदी घाटी राज्य का सबसे लम्बा हिस्सा है जो औसत समुद्र तल से 300 मीटर की ऊंचाई पर है। यह एक संकीर्ण घाटी है जो पश्चिम से उत्तर-पूर्व दिशा में फैली है। यह एक भ्रंश घाटी है। इसका अधिकांश भाग सोन घाटी के दक्षिण में एक गिरिप्रस्थ के रूप में है। नर्मदा घाटी में मैदानी भाग भी मौजूद हैं जहां काली मिट्टी पाई जाती है। नदी के समीपवर्ती क्षेत्र में कछारी मिट्टी पाई जाती है जबकि ऊपरी पट्टी में लाल तथा मखरला मिट्टी पाई जाती है।

अर्थव्यवस्था

मध्य प्रदेश की अर्थव्यवस्था का मुख्य आधार कृषि है। राज्य की कुल जनसंख्या का 74.73 प्रतिशत भाग ग्रामीण क्षेत्रों में बसा है। राज्य की लगभग 49 प्रतिशत भूमि खेती करने योग्य है। राज्य की प्रमुख फसलें गेहूँ, चावल, ज्वार, कपास, तिलहन, दाल, सोयाबीन, चना तथा अलसी हैं। कुल खाद्यान्न उत्पादन में लगभग दस मिलियन मीट्रिक टन की गिरावट दर्ज की गई है।

हाल में राज्य ने हाई-टेक उद्योगों जैसे पेट्रो केमिकल्स, इलेक्ट्रानिक्स, दूरसंचार, आटोमोबाइल इत्यादि के क्षेत्र में प्रवेश किया है। मध्य प्रदेश में दूरसंचार क्षेत्र की जरूरतों के लिए ऑप्टिकल फाइबर का उत्पादन किया जा रहा है। इंदौर के निकट पीतमपुर में बड़ी संख्या में आटोमोबाइल उद्योग में स्थापित किए गए हैं। राज्य में मौजूद सार्वजनिक क्षेत्र के प्रमुख उद्योगों में भारत हैवी इलेक्ट्रीकल्स लिमिटेड, भोपाल, सिक्योरिटी पेपर मिल, होशंगाबाद, बैंक नोट प्रेस, देवास, न्यूजप्रिंट फैक्ट्री, नेपानगर तथा एल्कालाइड फैक्ट्री, नीमच शामिल हैं। वर्ष 1999-2000 के दौरान हैण्डलूम क्षेत्र में 81.13 मिलियन मीटर कपड़ा तथा पावरलूम क्षेत्र में 131.59 मिलियन मीटर कपड़ा का उत्पादन किया गया था। सन 1998-99 में 3.35 मिलियन टन बिक्री योग्य इस्पात और 91.8 हजार टन अल्युमीनियम का उत्पादन हुआ। सीमेंट का उत्पादन 11.24 मिलियन टन था जबकि न्यूजप्रिंट उत्पादन का आंकड़ा 58.4 हजार टन था। पीतमपुरा में एक एयर कार्गो काम्प्लेक्स, इण्डोजर्मन टूल रूप तथा इनलैण्ड कैटेनर डिपो स्थापित किया जा रहा है। भारत सरकार ने इन्दौर में विशेष आर्थिक क्षेत्र (इस ई जैड) स्थापित करने का प्रस्ताव प्रस्तुत किया है। व्यापक आर्थिक विकास नीति से क्रियान्वयन द्वारा एफ डी आई को प्रोत्साहन दिया जा रहा है।

मध्य प्रदेश खनिज उत्पादन के मामले में देश का अग्रणी राज्य है। कोयला, बाक्साइड, लौह-अयस्क, मैंगनीज-अयस्क, रॉक कस्फेट, डोलोमाइट, तम्र-अयस्क,

चूना पत्थर का खनन वृहद स्तर पर किया जा रहा है। वित्तीय वर्ष 2000-01 के दौरान 23,300 हजार टन से अधिक चूना पत्थर, 315 हजार टन बाक्साइट 130 हजार टन लौह-अयस्क, 259 हजार टन डोलोमाइट तथा 156.9 हजार कैरट हीरों का उत्पादन किया गया था। मध्य प्रदेश अपने पारम्परिक हस्तशिल्प और हैण्डलूम कपड़े के उत्पादन (क्रमशः चंदेरी और माहेश्वर में) के लिए विख्यात है।

वर्ष 2000-01 में 4.13 मिलियन हेक्टेयर क्षेत्र में सिंचाई सुविधा उपलब्ध थी। विभिन्न फसलों का सिंचित क्षेत्र 26 प्रतिशत कम हुआ है। वर्ष 2000-01 में राज्य की कुल संस्थापित विद्युत जनन क्षमता 2900 मेगावाट थी। राज्य में आठ से अधिक हाइड्रोइलेक्ट्रिक पावर स्टेशन हैं जिनकी संस्थापित क्षमता 747.5 मेगावाट है। राज्य के कुल 51,906 में से 50,271 से अधिक गांवों तक बिजली की सुविधा उपलब्ध करा दी गई है। राज्य सरकार ने 1000 मेगवाट के इन्दिरा सागर हाइड्रोइलेक्ट्रिक प्रोजेक्ट तथा 520 मेगावाट के ओंकारेश्वर हाइड्रोइलेक्ट्रिक प्रोजेक्ट के निष्पादन हेतु नेशनल हाइड्रोइलेक्ट्रिक पावर कार्पोरेशन के साथ एक संयुक्त उद्यम (नर्मदा हाइड्रोइलेक्ट्रिक डेवलपमेंट कार्पोरेशन) का गठन किया है।

1

कालावधि में सांस्कृतिक परिवर्तन

आदिकाल से वर्तमान तक विभिन्न अवधारणाओं के साथ मध्य प्रदेश में सांस्कृतिक व धार्मिक परिवर्तन होते रहे हैं। एक के बाद एक साम्राज्य आते गये, और समाज तथा संस्कृति पर अपना प्रभाव छोड़ते गये, तत्पश्चात अंग्रेजों के आगमन से पाश्चात्यिकरण का यहाँ की जीवन शैली में आना स्वाभाविक ही था। परन्तु फिर भी मुख्य धारा सदियों बाद आज भी वही है।

भारत में केन्द्रीय अवस्थिति के कारण मध्य प्रदेश लम्बे समय तक विदेशी आक्रमणों तथा युद्धस्थितियों की भूमि रहा है। स्वतंत्रता प्राप्ति से पूर्व इस क्षेत्र में अनेक रियासतें मौजूद थीं। इन रियासतों की ऐतिहासिक गाथा भूतकाल का गौरव दर्शाती है। अधिकांश स्थानों पर प्राचीन ऐतिहासिक स्मारक जैसे कि दुर्ग, महल तथा अन्य सम्बद्ध भवन विद्यमान हैं, लेकिन ये सभी इमारतें खण्डहर के रूप में मौजूद हैं। उत्तर की ओर ग्वालियर का किला, ओरछा का राजा राम मंदिर, चंदेलाओं द्वारा निर्मित खजुराहो, दतिया का सात मंजिला महल, शिवपुरी की छतरियां दक्षिण में मांडु का किला, जो आज भी रूपमती और बाज बहादुर की प्रेम कहानी बयां करता प्रतीत होता है, इंदौर में रजवाड़ा तथा मध्य क्षेत्र के स्मारक यथा सांची स्तूप, उदयगिरि की गुफाएं इत्यादि प्राचीन काल की भव्यता दर्शा रहे हैं। वर्तमान काल में वे सब पर्यटन स्थल हैं।

प्राचीन काल में मध्य प्रदेश उत्तर, दक्षिण, पूर्व और पश्चिम की ऐतिहासिक धाराओं की कुठाली रहा है। सर्वप्रथम सम्राट अशोक जो उज्जैन का शासक था। मध्य भारत का एक बड़ा भाग गुप्त साम्राज्य (300-500 ईवी सन्) का अंग था। ग्यारहवीं सदी के प्रारंभ में मुसलमानों का मध्य भारत आगमन हुआ था। सबसे पहले गजनी का महमूद यहां आया था और फिर उसके बाद मुहम्मद गौरी ने मध्य भारत के कुछ हिस्से अपने दिल्ली साम्राज्य में शामिल कर लिए थे। मध्य भारत मुगल साम्राज्य का भी हिस्सा था। 1794 में माधोजी सिंधिया की मृत्यु तथा मराठों के प्रभाव की

शुरूआत के बीच की अवधि में मध्य भारत में मराठा अपने उत्कर्ष पर थे, लेकिन बाद में छोटी-छोटी रियासतें अस्तित्व में आ गईं। ये छोटी-छोटी रियासतें भारत में अंग्रेजी सत्ता के स्थायीकरण का कारण थीं।

पूर्व ऐतिहासिक अवधि में मध्य प्रदेश के इतिहास का उल्लेख मिलता है। पूर्व ऐतिहासिक काल में प्रमुख नगर उज्जयिनी, महिष्मती, विदिशा, दासपुरा, ऐरिकिना तथा त्रिपुरी क्षिप्रा, नर्मदा, बेतवा और अन्य नदियों के किनारे बसे थे। पूर्व मालवा को दासर्ना के नाम से जाना जाता था तथा इसकी राजधानी विदिशा (विदिशा जनपद में आधुनिक बेसनगर) थी।

अवन्ती के उत्तरी प्रभाग की राजधानी उज्जयिनी थी। अवन्ती के दक्षिणी प्रभाग की राजधानी महिष्मती थी जो उन दिनों महिसाती पुकारी जाती थी।

वर्तमान आकारा पूर्व मालवा है, इसकी राजधानी विदिशा थी, अवन्ती पश्चिम मालवा है, इसकी राजधानी उज्जयिनी थी। अनूपा ऊपरी नर्मदा है, इसकी राजधानी महिष्मती थी। इसका आधुनिक नाम माहेश्वर अथवा मान्धाता है जो निमाड़ जनपद में अवस्थित है। सौराष्ट्र दक्षिण काठियावाड़ है। इसकी राजधानी गिरिनगर थी। अनार्ता गुजरात का भाग है। अपारांता उत्तरी कोंकण है, इसकी राजधानी सुरपरका थी।

विभिन्न सांस्कृतिक पद्धतियां

प्रागैतिहासिक काल में भारत में विभिन्न धार्मिक पद्धतियां तथा मान्यताएं विद्यमान थीं, जिनका उल्लेख पाली भाषा में बौद्ध ग्रन्थ निदेश में मिलता है। विभिन्न धार्मिक पद्धतियों के बीच वासुदेव तथा बलदेव के उपासकों का उल्लेख विद्यमान है। इससे संकेत मिलता है कि इस अवधि में वासुदेव तथा बलदेव की पूजा की जाती थी तथा यह सम्प्रदाय वासुदेव के मूल स्रोत के अधीन विकसित हुआ था। इस काल में वासुदेव को सर्वोच्च देवता माना जाता था। इस समुदाय को कुछ अन्य नामों से भी जाना जाता था' ये नाम सुनी, सुहर्त, भागवत, सत्तवता, पंचकलावती, एकान्तिका, तन्मय तथा पंचार्त्रिका हैं। इस सूची में वैष्णव शब्द का कोई उल्लेख नहीं है।

मध्य प्रदेश में वासुदेव मत की लोकप्रियता का प्रमाण एक प्राचीन पुरालेख से मिलता है, जिसमें हेलियोडोरोस के बेसनगर शिलालेख (ईसा पूर्व द्वितीय शताब्दी) में वासुदेव कृष्ण के नाम का अनन्य उल्लेख है। एक अन्य अभिलेख से विदित होता है कि नौवें शुंग राजा भागवत ने विदिशा में एक मंदिर बनवाया था। बेसनगर के अन्य शिलालेख के अनुसार गरुड़ स्तम्भ का उत्थापन भागवत (वासुदेव विष्णु) के

मंदिर में गौतमीपुत्र कहे जाने वाले एक श्रद्धालु ने करवाया था। इन दो अभिलेखों से विदिशा में विष्णु के कुछ मंदिर होने का प्रमाण मिलता है। बेसनगर शिलालेख में विष्णु तथा वासुदेव को एक ही बताया गया है। स्तम्भ के शीर्ष पर गरुड़ (विष्णु वाहन) का चित्र अंकित है।

वर्तमान समय में गरुड़ शीर्ष गुम है। एच. सी. रायचौधरी के अनुसार बेसनगर शिलालेख एक उल्लेखनीय प्रमाण है कि ईसा पूर्व दूसरी शताब्दी में इस राज्य में भागवत धर्म विद्यमान था तथा वे लोग देवों के देव वासुदेव की पूजा करते थे। हाल ही में मंदसौर के निकट आंवला में ईसा पूर्व दूसरी सदी का एक शिलालेख प्राप्त हुआ है। इसके अनुसार अपरारका का एक निवासी पवनपुत्र एक भागवत था जिसने विष्णु स्तम्भ उत्थापित किया था।

ये शिलालेख स्पष्ट संकेत देते हैं कि ईसा पूर्व दूसरी सदी में समाज में वासुदेव पूजा अतिलोकप्रिय थी। राज्य में पाई गई विष्णु की प्राचीनतम मूर्ति बिलासपुर जनपद में मल्हार के निकट बुढ़िकार में 'चतुर्भुज भगवान' के रूप में जानी और पूजी जाती है। यह मूर्ति ईसा पूर्व द्वितीय शताब्दी से संबंध रखती है।

गुप्तकाल में वैष्णवमत

पांचवीं सदी के अन्त और छठी सदी में उत्तर-पूर्वी बुंदेलखंड में सतना से जबलपुर तक के क्षेत्र पर दो राजसी परिवारों का आधिपत्य था। ये परिव्राजक और उक्कल्प परिवार थे। परिव्राजक वंश के पांच शिलालेख पाए गए हैं। पहला शिलालेख महाराजा हस्तिन से सम्बद्ध है, जिनका शासन काल 475 से 511 A.D. तक प्रतीत होता है। सन 518 A.D. में संकशोभा उनका उत्तराधिकारी बना, जिसने लगभग दस वर्ष शासन किया था। उसके द्वारा वैष्णव शिलालेख छोड़ा गया है।

चौथे उक्कल्प शासन व्याघ्र (देव) की पहचान नचना से मिले दो शिलालेखों से वकतक परिवार के पृथ्वीसेना के सामन्त के रूप में की गई है। उसका पुत्र जयन्त वैष्णवमत के प्रति झुकाव रखता था। उसने 493 से 497 A.D. तक अपने शासन के दौरान उक्कल्प से वैष्णव दान दिया था। इसी परिवार में महाराज सर्वनाथ (A.D. 512-513) का झुकाव भी वैष्णवमत की ओर था। ये दो परिवार परिव्राजक और उक्कल्प गुप्त वंश और वकतक वंश के सामन्ती परिवार थे।

गुप्त शासक विष्णु संप्रदाय के बड़े संरक्षक थे। उनके शासनकाल में भारत में विष्णु की पूजा लोकप्रिय हुई थी। गुप्त राजाओं का राजसी धर्म वैष्णव धर्म था। गुप्त राजाओं में, समुद्र गुप्त को छोड़कर, अन्य सभी राजा स्वयं को परमभागवत कहते थे।

पूर्व गुप्त काल के शिलालेखों से गुप्त साम्राज्य के विभिन्न भागों में वैष्णववाद रूप में भागवत सम्प्रदाय का प्रमाण मिलता है। महाभारत में भगवद्गीता और नारायणेय अनुभाग में वर्णित सूर्य पूजा और योग दर्शन के साथ भागवतवाद की निकट घनिष्ठता गुप्त काल के वैष्णवमत की सर्वप्रमुख विशेषता है। इस अवधि में कृष्ण तथा विष्णु को एक ही माना जाता था, लेकिन सत्तावत पंथ के सर्वोच्च ईश्वर के लिए विष्णु नाम का उपयोग किया जाता था। उनके लिए विष्णु, पुरुष, नारायण, जनार्दन, सर्वोच्च देव थे। कृष्ण को उनका पूर्णावतार माना जाता था। पंथ के परमेश्वर विष्णु थे तथा वसुदेव, कृष्ण, नारायण और जनार्दन के तीनों तत्त्व इस ईश्वर अवधारणा के विकास में सहायक थे।

रायचौधरी के शब्दों में, "भागवतवाद वैष्णववाद में विलीन हो गया था।" ताइमन का ऐरान शूकर शिलालेख, बुद्धगुप्त का ऐरान पाषाण स्तंभ शिलालेख और नरवर्मन का मंदसौर प्रस्तर शिलालेख स्पष्ट रूप से प्रमाणित करते हैं कि भागवतमत वैष्णवमत में विलय हो चुका था। गुप्तकालीन वैष्णवमत की दूसरी उल्लेखनीय विशेषता अवतार पूजा है। भागवतमत के शनैः शनैः वैष्णवमत में रूपान्तरण में अवतारवाद में महत्वपूर्ण भूमिका निभाई तथा पंथ का अति महत्वपूर्ण अंग हो गया था। अवतारों के सर्वाधिक लोकप्रिय वाराह अवतार था, जिसकी छवि की पूजा भारत के भिन्न भागों में आज भी की जाती है। अवतार के सिद्धान्त को दी गई मान्यता के साथ वासुदेव कृष्ण को विष्णु का पूर्ण अवतार होने की मान्यता उत्तर-गुप्त काल में भी जारी थी। यह अवधि विभिन्न पुराणों और समाज में विभिन्न अवतारों की लोकप्रियता की भी साक्षी रही थी तथा अवतारों की पूजा का उल्लेख भारतीय पुरालेखीय अभिलेखों में भी उपलब्ध है। विष्णु की अर्द्धांगिनी के रूप में देवी लक्ष्मी की पूजा गुप्त काल में वैष्णवमत की तीसरी उल्लेखनीय विशेषता थी। इस अवधि में लक्ष्मी पूजा की लोकप्रियता पूर्व भारतीय सिक्के में इंगित है। देवी श्री के साथ-साथ देवी भू को भी विष्णु की अर्द्धांगिनी माना जाता था।

इसके अतिरिक्त, व्यूहों की पूजा, जिसका विकास गुप्त काल में हुआ, से चतुर्मुखी मूर्तियों "वैकुण्ठ चतुर्मूर्ति" की अवधारणा स्थापित हुई। गुप्त काल के विष्णुधर्मोत्तर में इसकी आधार विचारधारा व्याख्यायित की गई है। इस प्रकार की मूर्तियों में केन्द्रीय मानव मुख वासुदेव का प्रतीक है, दाएँ तरफ सिंहमुख संकृष्ण, बाएं तरफ बाराह मुख प्रद्युम्न और पीछे की तरफ राक्षसी मुख अनिरुद्ध का प्रतीक है। इस अवधि में गुप्त मूर्तिकारों ने विष्णु की मूर्ति निर्माण में तीन मुख्य नए अन्तर सम्मिलित किए थे। पहले अन्तर में चतुर्भुज विष्णु के चारों भुजाओं में गदा, शंख,

चक्रादि दर्शाए गए हैं। दूसरा अंतर यह है कि विष्णु के रूप को 'वैकुण्ठ चतुर्मूर्ति' नाम दिया गया है। जिसको इसके दांए आए बाएं कंधे से संलग्न (क्रमशः) नरसिंह और बाराह अवतारों की मुखाकृतियों द्वारा दर्शाया गया है। इस मूर्ति में इन शीर्षों और विष्णु के शरीर के बीच कोई शारीरिक संयोजन नहीं है।

तृतीय अभिनवता विश्वरूप विष्णु का है, जो प्रभावशाली है। इसमें वैष्णवों के प्रधानदेव के व्याख्यात्मक प्रत्यक्षीकरण का पूर्ण विवरण दिया गया है, जैसा कि गीता में अर्जुन को दिया गया था। इस रूप को दर्शन के लिए वैकुण्ठ चतुर्मूर्ति की मूर्ति के साथ विभिन्न देवताओं की लघु आकृतियों से युक्त व्यापक प्रभावमण्डल जोड़ा गया था। इस काल में मध्य प्रदेश में विष्णु और उनके अवतारों के अनेक मंदिरों का निर्माण किया गया होगा। उदयगिरि में बाराह का गुफा मंदिर तथा एरान में बाराह की पशरूपी छवि उल्लेखयोग्य है। वस्तुतः मध्य प्रदेश में पशुरूप तथा पशुमानव रूपी मूर्तियां, जो इस काल की वाराह मूर्तियां हैं, पाई गई हैं।

5वीं–6ठी सदी A.D.

नल शासकों का झुकाव वैष्णवमत की ओर था और उनके राज्य में एक श्रद्धास्थल का निर्माण कराया गया था। 5वीं तथा 6ठी शताब्दी में महाकौशल के दक्षिण पूर्व सीमांत क्षेत्र में नल समृद्ध हुए। महाकौशल की विशिष्ट वस्तु शैली पहले राजिम में ईंटों के मंदिर में परिलक्षित होती है। छठी तथा आठवीं सदी के बीच महाकौशल (दक्षिण कौशल) पर तीन राजसी परिवारों राजर्षितुश्यक, सरभापुरिया तथा पांडुवंशियों द्वारा शासन किया गया था। इनमें पांडुवंशियों का झुकाव वैष्णवमत की ओर था तथा उनके द्वारा सिरपुर में मंदिरों का निर्माण करवाया गया था। सिरपुर में लक्ष्मण मंदिर में मिले एक शिलालेख में राजा हर्षगुप्त की माता वासता द्वारा विष्णु मंदिर के शिलान्यास का उल्लेख मिलता है। इस अवधि में सिरपुर महाकौशल की प्राचीन राजधानी थी।

कालचूरियों के काल में वैष्णवमत

त्रिपुरी के कालचूरियों का शासनकाल 8वीं सदी A.D. के मध्य से 13वीं सदी A.D. के मध्य तक फैला है। उपलब्ध पुरालेखीय, वस्तु और मूर्तिकला साक्ष्यों के आधार पर इस अवधि में वैष्णवमत का प्रभाव राजसी परिवार और एक सीमा तक समाज में विद्यमान था। निस्संदेह, इस शाखा के समस्त शासक शैव थे। साथ ही वे विष्णु के प्रति महान श्रद्धा रखते थे, जिसकी पुष्टि ब्रह्मा, शिव और गणपति जैसे देवों के साथ विष्णु के प्रति श्रद्धा अंकित शिलालेखों से होती है। लक्ष्मणराज II का

करीतलई पाषाण शिलालेख वैष्णवपंथ के संदर्भ में विस्तृत जानकारी देता है। इसमें अभिलिखित है कि राजा शंकरगण परम वैष्णव था। उसके द्वारा बड़गाँव में नारायण का एक मंदिर बनवाया गया था।

त्रिपरी के कालचूरी अन्य अनेक शिलालेख विष्णु के अन्य अवतारों (नरसिंह, राम, कृष्ण) का संकेत देते हैं।

दक्षिण कौशल से मिले शिलालेख इस शाखा के कालूचूरी के अधीन विष्णु के पंथ की विद्यमानता प्रकट करते हैं। संवत 893 (कालचूरी) के पृथ्वीदेव के राजिम शिलालेख विष्णु के सम्मानार्थ हैं। बाराह के कोसगाईं शिलालेख मुरारी नाम का उल्लेख करते हैं। संवत 933 (कालचूरी) के रत्नदेव III के खारोड शिलालेख से पता चलता है कि रत्नदेव II के प्रधानमंत्री गंगाधर ने खारोड में सौरी (विष्णु) के लिए एक विशाल और सुंदर मंडप का निर्माण करवाया था। खालाड़ी के विष्णु मंदिर से एक अन्य शिलालेख प्राप्त हुआ है। यह कालचूरी की रायपुर शाखा के हरिब्रह्मदेव से संबंधित है। यह नारायण के सम्मान में है तथा खलवाटिका उपनगर में देवपाल नामक जूता बनाने वाले द्वारा नारायण के मंदिर के साथ मंडप के निर्माण का उल्लेख मिलता है। वर्तमान में जजलापुर को जंगजीर नाम से जाना जाता है। यहां इस काल के अनेक मंदिर विद्यमान हैं। इनमें बीम्बा ताल के निकट विष्णु का एक अर्द्धनिर्मित मंदिर अत्यंत महत्वपूर्ण तथा उल्लेख योग्य है।

कालचूरी शासनाधीन क्षेत्र से पुरालेखीय साक्ष्यों के अतिरिक्त भिन्न रूपों में विष्णु की छवियाँ तथा अवतारों की छवियाँ भी देखी गई हैं। विशेषकर वाराह की छवियों में से कुछ रायपुर, धुबेला और जबलपुर संग्रहालयों में संरक्षित हैं। वाराह की मूर्तियों के अलावा इस काल की विष्णु की सैकड़ों मूर्तियाँ, जो कालचूरी शासनक्षेत्र के विभिन्न भागों में अवस्थित हैं, विष्णु पंथ की विद्यमानता का स्पष्ट प्रमाण हैं।

गुर्जर प्रतिहार काल

8वीं सदी A.D. में नागभट्ट के भतीजे वत्सराज के अधीन राजस्थान के गुर्जर प्रतिहार प्रभुत्व में आ गए। इस अवधि में मध्य प्रदेश में अनेक मंदिरों का निर्माण किया गया प्रतीत होता है। उनमें से अधिकांश शिव मंदिर हैं बदोह पथारी (विदिशा जनपद), का मंदिर बनवाने का श्रेय उसको दिया जा सकता है, जहां से यज्ञ वाराह की मूर्ति प्राप्त हुई है। बदोह स्थित गाडरमल मंदिर तथा ग्यारसपुर स्थित मालदेवी मंदिर इसी काल से संबंध रखते हैं।

इस काल में प्रतिहारों द्वारा वैष्णवमत का प्रसार किया गया, जो मंदिरों के गर्भगृहों तथा दीवारों में बने आलों में से मिली भिन्न रूपों में विष्णु की मूर्तियों से स्पष्ट है।

ग्वालियर किले में चतुर्भुज मंदिर न केवल विष्णु के विभिन्न रूपों के दर्शन बल्कि मंदिर के प्रवेशद्वार और गर्भगृह के भीतर दक्षिणी दीवार पर उत्कीर्ण शिलालेखों की दृष्टि से भी अत्यंत रूचिकर है। मंदिर के प्रवेशद्वार के ऊपर लेंटर पर उत्कीर्ण शिलालेख हमें जानकारी देता है कि प्रतिहार वंश का राजा भोज श्रीमद् आदिवाराह की उपाधि से विभूषित किया गया था। विष्णु के अवतारों की आकृतियां मरखेड़ा के सूर्य मंदिर, सेसाई के सूर्य मंदिर, ग्वालियर स्थित तेलिका मंदिर और चतुर्भुज मंदिर तथा बरवसनगर के जरीमाता मंदिर में पाई गई हैं। दस अवतारों में से कृष्ण के बालपन की घटनाओं को इस काल में सर्वाधिक लोकप्रियता मिली थी। ये बदोह में पाए गए या वाराह के आधार पर भी उत्कीर्ण पाई गई हैं तथा वर्तमान में ग्वालियर में गुर्जरी महल (संग्रहालय) में संरक्षित हैं। सुन्दरता इस तथ्य में है कि इस काल के कलाकारों को तीन देवों विष्णु, नारायण और कृष्ण के एक परमेश्वर होने का ज्ञान था। बालकृष्ण के वीरोचित कार्यों के कुछ दृश्य डांग में शिव मंदिर के प्रवेशद्वार पर पाए गए हैं। उभरी स्थित सूर्य मंदिर में पश्चिमी भद्रा की आदिस्थान आले पर कृष्णलीला उत्कीर्ण की गई है। इन दृश्यों को देखकर प्रतीत होता है कि इस अवधि में बाल कृष्ण लीला समाज में मजबूत जड़ें जमा चुकी थी।

इसके अतिरिक्त, मंदिरों में अर्द्धांगिनी सहित गरुड़ारूढ़ विष्णु की मूर्तियां भी पाई गई हैं। उदाहरण के लिए महुआ स्थित चामुंडा मंदिर, तिराही स्थित शिव मंदिर, भीमगज (स्तंभ का स्थानीय नाम) (पाथारी) के निकट शिव मंदिर, ग्वालियर स्थित चतुर्भुज मंदिर, बटेश्वर स्थित भूतेश्वर मंदिर और सेसाई स्थित सूर्य मंदिर/पाथारी स्थित भीमराज के निकट अवस्थित वर्तमान शिव मंदिर का संदर्भ दिया जा सकता है। यह मंदिर मूलतः वैष्णव प्रतीत होता है। किन्तु वर्तमान काल, में अनेक शिवलिंग स्थापित हैं। यह पीछे की दीवार के सामने लगे पादाधार और लालता-बिम्ब की मूर्ति द्वारा अवलम्बित है।

इस मंदिर के सामने भीमराज पर उत्कीर्ण एक शिलालेखक है। A.D. 860 के इस शिलालेख के अनुसार परबल नामक राष्ट्रकूट राजा ने सौरी के मंदिर तथा लघु गरुड़ध्वज का निर्माण करवाया था। इसकी कुछ विशेषताएं ग्वालियर स्थित चतुर्भुज मंदिर में प्रतिहार के भोज के शिलालेख, शांतिनाथ मंदिर के समान हैं।

चंदेला काल में धार्मिक पन्थ

चन्द्रतेया अथवा चंदेला जेजाकाभुक्ति अथवा वर्तमान बुंदेलखण्ड के राजाओं के रूप में सुविख्यात थे। इस वंश की स्थापना 9वीं सदी A.D. की प्रथम तिमाही में नन्नुका द्वारा की गई थी। पुरालेख दर्शाते हैं कि इस परिवार के पूर्वकालीन राजा खर्जूरवाहक, छतरपुर राज्य (पुराने) में खजुराहो के आधुनिक गांव से सम्बद्ध थे।

चंदेला वंश के अनेक शासक विष्णु के उपासक थे। विभिन्न स्थानों से मिली इस काल की विष्णु की मूर्तियों, मंदिरों तथा शिलालेखों से वैष्णव मत को राजसी संरक्षण के संकेत मिलते हैं। खुजराहो शिलालेख (953-954) भगवान वासुदेव के आह्वान – ओम नमो भगवते वासुदेवाय के साथ प्रारंभ और समाप्त होते हैं। शिलालेख के प्रथम छन्द में भगवान विष्णु के विभिन्न अवतारों जैसे बाराह, वामन तथा नरसिंह आदि की स्तुति की गई है। भगवान विष्णु ने अपने इन रूपों में पृथ्वी को राक्षसों के अत्याचार से मुक्ति दिलाई थी। इसी श्लोक में उन्हें सक्र और दैत्यारति भी कहा गया है। शिलालेख में यशोवर्मन को मधु के संहारक भगवान विष्णु के चरणों की पूजा हेतु व्याकुल व्यक्ति बताया गया है। शिलालेख में भगवान विष्णु के भव्य मंदिर के निर्माण का भी उल्लेख है। शिलालेख के अनुसार मंदिर में स्थापित मूर्ति अति मूल्यवान थी। ए. कनिंघम ने इस मंदिर की पहचान खजुराहो के चतुर्भुज मंदिर के सदृश की है। परमारदी का बटेश्वर शिलालेख विष्णु के आह्वान – ओम नमो भगवते वासुदेवाय के साथ प्रारंभ होता है। देवगढ़ चट्टान लेख और कीर्तिवर्मन के महोबा शिलालेख में उनकी तुलना क्रमशः विष्णु और पुरुषोत्तम के साथ की गई है। मदनवर्मन काल के मऊ शिलालेख में उसके मंत्रियों के परिवार द्वारा मंदिर निर्माण का उल्लेख है।

इन शिलालेखों से हमें ज्ञात होता है कि उक्त देव का आह्वान साधारणतः विष्णु, हरि, भगवान वासुदेव, मुरारी, माधव, पुरुषोत्तम, नारायण, उपेन्द्र, सौरी, सक्र, दैत्यारति इत्यादि नामों के साथ-साथ विष्णु के विभिन्न अवतारों यथा वामन, बाराह, नरसिंह और राम के नामों से किया गया है। इस अवधि में विष्णु के अनेक मंदिरों का निर्माण भी संभवतः किया गया होगा। वर्तमान में खजुराहो में वाराह, लक्ष्मण, वामन, और चतुर्भुज मंदिरों में विष्णु के कई मूर्तियां अभी तक विद्यमान हैं। वाराह मंदिर में शूकर की पशु रूप में मूर्ति आज भी एक ऊंचे चबूतरे पर भव्यता के साथ विद्यमान है। इस के ऊपर विभिन्न देवताओं की लघु आकृतियों के साथ आश्चर्यजनक उत्कीर्णन किया गया है। दुधाई तथा चांदपुर के खंडहर विष्णु मूर्तियों के विभिन्न रूपों के कोषागार हैं। अकेले दुधाई में पशुरूप में वाराह की चार मूर्तियां पाई गई हैं। इसी प्रकार चांदपुर में विष्णु की खड़ी मुद्रा, आसन पर विराजमान और शयन मुद्राओं में

भव्य मूर्तियां तथा उनके अवतारों की अर्द्धांगिनी सहित मूर्तियां पाई गई हैं। ये मूर्तियां फिलहाल रायपुर संग्रहालय तथा झांसी संग्रहालय में संरक्षित हैं। खजुराहो के मूर्तिकारों ने भू वाराह की भी उत्कृष्ट मूर्तियों का निर्माण किया है।

परमार काल में मूर्ति एवं वास्तुकला

9वीं सदी A.D. के प्रारंभ में परमार वंश मालवा का शासक बन गया। नवसाहसांकचरित और उदयपुर प्रशस्ति के अनुसार परमार वंश का संस्थापक उपेन्द्र परमार प्रतीत होता है।

परमार साम्राज्य में वैष्णवमत व्यापक रूप से विद्यमान था। शासक साधारणतः शैव मत के अनुयायी थे, लेकिन वे वैष्णवमत के प्रचार के भी पक्ष में थे। यह तथ्य उनके साम्राज्य में इस काल के शिलालेखों, मंदिरों और मूर्तियों से स्पष्ट होता है। विष्णु की पूजा अनेक रूपों में की जाती थी तथा उनके अवतारों की भी पूजा की जाती है। परमार राजाओं ने विष्णु के वाहन गरुड़ को अपना राज्य चिह्न घोषित किया था जो उनके द्वारा विष्णु को दिए जाने वाले सम्मान को दर्शाता है।

शिलालेख दर्शाते हैं कि सियाका द्वितीय विष्णु का भक्त था। वह अपने दो हर्सोला ताम्र पत्र अनुदानों में नरसिंह अवतार के रूप में विष्णु के आशीर्वाद की याचना करता है। पत्रों के एक सिर पर अपने बाएं पंजे में एक नाग दबाए उड़ते गरुड़ का प्रतीक दर्शाया गया है। यह अनुदान के द्वितीय पक्ष के बाएं कोने पर दर्शाया गया है। इसी प्रकार वॉकपति द्वितीय भी अपनी विष्णु भक्ति के लिए प्रसिद्ध था। उदयपुर प्रशस्ति के अनुसार उसने वाराह अवतार में विष्णु के एक मंदिर का पुनरुद्धार करवाया था। परमार शासक नरवर्मन के निर्वाण-नारायण की उपाधि अंगीकार कर गौरव की अनुभूति की थी। उसके काल की नागपुर प्रशस्ति में विष्णु की स्तुति की गई है तथा छन्द में विष्णु को तीनों लोकों का एकमात्र स्वामी बताया गया है जिसके मध्य कदम से सूर्य और अन्य प्रकाशपुंज प्रकाशित होते हैं तथा छन्द 7 में मत्स्य एवं अन्य जीवों के वंश में विष्णु के संरक्षण का आह्वान किया गया है। राजा भोज ने अपने चांदी के सिक्के पर विष्णु का आदि वाराह रूप अंकित करवाया था। कहा जाता है कि राजा अर्जुनवर्मन ने अपने भू-अनुदान के समय विष्णु की पूजा की थी और शेष, परशुराम, राम, युधिष्ठिर और भगवान कृष्ण को श्रद्धा अर्पित की थी। विंध्यवर्मन के दरबार में कवि मंत्री बिल्हण ने भगवान विष्णु के भिन्न अवतारों पर रचना की थी, जो मांडू से भग्न शिलालेखों में प्राप्त हुई है।

इस वंश के एक अन्य राजा सुभटवर्मन ने विष्णु के मंदिर के उपयोग हेतु अपनी दो वाटिकाएं दान स्वरूप दे दी थीं। राजा जैतुजी और नरेश जयवर्मन द्वितीय ने

परशुराम, राम और कैटभजीत के प्रति अपनी श्रद्धा व्यक्त की थी। इस अवधि में मान्धाता, उज्जैन, निमार, कोहला, मोदी, मांडु, संधारा, सात-सहेली कुकदेश्वर, खोर तथा झालरापाटन में विष्णु और उसके अवतारों को समर्पित अनेक मंदिरों का निर्माण हुआ था। खोर, झालरापाटन और काहला के मंदिर विष्णु के वाराह अवतार को समर्पित हैं।

उपरोक्त मंदिर वर्तमान समय में अच्छी हालत में नहीं हैं। तथापि, इन मंदिरों में पाई गई भिन्न रूपों में विष्णु की मूर्तियां विष्णु सम्प्रदाय का आदर शासकों द्वारा और समाज के द्वारा किए जाने का प्रमाण हैं। मालवा में विष्णु की असंख्य मूर्तियां पाई गई हैं। इनमें विष्णु भगवान खड़े रूप में, आसन पर विराजमान, अर्द्धशयनमुद्रा में, युगल मूर्तियां – लक्ष्मी और नारायण और उनके अवतारों के रूप में देखे जा सकते हैं। ये मूर्तियां भीलसा, मांडु, कामेद, धमनार, धार, करोहन, ग्यारस्पंपुर का हिंडोला प्रवेशद्वार, ओंकार के निकट पांथेरा, टोंगरा, सुनारी, बदोह तथा झारदा में पाई गई हैं। पुराने मंदिरों की दीवारों तथा स्तम्भों पर रामयाण और महाभारत के चित्र देखे जा सकते हैं। संधारा और पाधोली में रामायण के चित्र उभरे हुए अंकित हैं। बदोह स्थित गाडरमल मंदिर और तुमैन स्थिति पुराने मंदिर में कंस के जीवन की सुन्दर झांकियां प्रस्तुत की गई हैं। इस काल से संबंधित, वाराह की अद्‌भुत मूर्तियां, वर्तमान में उज्जैन में विक्रम विश्वविद्यालय के संग्रहालय में संरक्षित हैं।

2

धर्म

मध्य प्रदेश भारतीय तथा गैर-भारतीय विभिन्न धर्मों का वास्तविक मिश्रण केन्द्र रहा है। हिन्दू धर्म के बाहुल्य वाले इस प्रदेश में मुस्लिम तथा सिख अल्पसंख्यकों के रूप में विद्यमान हैं। भोपाल में सबसे अधिक मुस्लिम रहते हैं, क्योंकि भोपाल स्वयं "नवाबों की राजधानी" रह चुका है। मध्य प्रदेश में एक बहुत बड़ा भाग जनजातीय क्षेत्र है। जिनमें अधिकतर जनजातीय लोग ईसाई हैं, ये धर्म परिवर्तित ईसाई हैं। फिर काफी संख्या में हिन्दू आदिवासी भी अपना अस्तित्व कायम रखे हुए हैं। बहुत से हिन्दू आदिवासी, जो घोर अज्ञान और अंधविश्वासों के शिकार हैं, आज भी पूर्व-वैदिक तथा पूर्व-ब्राह्मणवादी धार्मिक रीति रिवाजों तथा परम्पराओं का पालन करते हैं जैसे प्रेत, वृक्ष, पौधों, नदी, रोगों की मानवरूपी आकृतियाँ।

मध्य प्रदेश की धार्मिक जनसंख्या में स्वतंत्रता प्राप्ति के समय से परिवर्तन के दौर से गुजर रही है। प्रारंभ में मध्य प्रदेश पूर्ण हिन्दू समाज था, लेकिन ग्यारहवीं सदी में इस्लाम ने समाज में तब प्रवेश किया जब मध्य पूर्व के मुस्लिम आक्रान्ता यहां तक पहुंच गए। अंग्रेजों के आगमन के बाद 17वीं सदी में ईसाई धर्म का उदय हुआ, जो ईसाई मिशनरियों के आने से फैला था।

वर्ष 1991 की जनगणना के अनुसार मध्य प्रदेश में 94.39 प्रतिशत आबादी धर्मोत्साही हैं। सन् 1951 की जनगणना के अनुसार 95.66 लोग धर्म अनुयायी थे। इस प्रकार विगत चालीस वर्षों में धर्मानुयाइयों की जनसंख्या में लगभग एक प्रतिशत गिरावट आई है। इस अवधि में मुस्लिमों की जनसंख्या 4.03 से बढ़कर 4.96 प्रतिशत और ईसाइयों की जनसंख्या 0.31 प्रतिशत से बढ़कर 0.64 प्रतिशत हो गई है।

मध्य प्रदेश में मुस्लिम आबादी राज्य के भोपाल और मालवा उप-क्षेत्रों के ग्यारह एक दूसरे से सटे हुए जनपदों में केन्द्रित हैं। इनमें नौ जनपद विदिशा, भोपाल, सिंहार, शाजापुर, देवास, पूर्वी निमाड़, इंदौर, उज्जैन और रतलाम हैं, जो पूर्व से पश्चिम में स्थित हैं, जहां मुस्लिम आबादी लगभग 10 प्रतिशत या अधिक है।

भोपाल में मुस्लिम आबादी 24 प्रतिशत है, पूर्वी निमाड़ में 14 प्रतिशत तथा अन्य सात जनपदों में 10 से 12 प्रतिशत के बीच है। इसी क्षेत्र के रायसेन तथा मंदसौर में मुस्लिम आबादी लगभग 9 प्रतिशत है। राज्य की कुल जनसंख्या का आधे से अधिक भाग इन ग्यारह जनपदों में निवास करता है।

राजगढ़, पश्चिम निमाड़ तथा धार इसी क्षेत्र में स्थित हैं, लेकिन इन जनपदों में मुस्लिम जनसंख्या कम है। यहां मुस्लिम आबादी करीब छह प्रतिशत है, पश्चिम निमाड़ और धार में यह 5 से 6 प्रतिशत के बीच है। गुजरात के पंच महल तथा बड़ोदरा से सटे झाबुआ में मुस्लिम आबादी दो प्रतिशत से भी कम है।

मध्य प्रदेश की धार्मिक जनसंख्या 1990-91

	1901	*1911*	*1921*	*1931*	*1941*	*1951*	*1961*	*1971*	*1981*	*1991*
योग	16861	19441	19172	21356	23391	26072	32,372	41654	52179	66181
भारतीय धर्मों को मानने वाले						95.66	93.35	94.95	94.53	94.39
मुस्लिम						4.03	4.07	4.37	4.80	4.96
ईसाई						0.31	0.58	0.69	0.67	0.64

नोट : योग के अंतर्गत दी गई जनसंख्या हजार में है।

मुस्लिम

भोपाल और मालवा उप-क्षेत्रों को छोड़कर केवल ग्वालियर (उत्तर में) और सिओनी तथा जबलपुर (मध्य में) में ही मुस्लिम की आबादी पांच प्रतिशत से अधिक है। सन् 1991 में इन तीन जनपदों में मुस्लिमों का अनुपात क्रमशः 6.26, 5,65 तथा 5.41 था। अन्य तीस जनपदों में मुस्लिम जनसंख्या का अनुपात बहुत कम है। कई पूर्वी जनपदों में यह अनुपात 3 प्रतिशत से कम है, उड़ीसा से लगे बस्तर में मुस्लिम आबादी 0.67 प्रतिशत है, राजगढ़, जिसकी सीमा बिहार तथा उड़ीसा से लगती है, मुस्लिम जनसंख्या 9.90 प्रतिशत है। मध्य जनपदों में यह जनसंख्या तीन से पांच प्रतिशत के बीच है। ग्वालियर के आसपास उत्तरी जनपदों में भी यह प्रतिशत तीन से पांच के बीच है। पांच प्रतिशत से अधिक मुस्लिम जनसंख्या वाले सभी 17 जनपदों में मुस्लिम आबादी में 1951 के बाद खासकर 1961 के बाद दर्ज की गई

है। मुस्लिम आबादी में बढ़ोतरी भोपाल (मय सिहोर) तथा शाजापुर में अधिक दर्ज की गई है।

ईसाई

ईसाइयों की जनसंख्या केवल एक जनपद रायगढ़ जो राज्य की पूर्वी सीमा पर स्थित है, में कुछ महत्वपूर्ण है। रायगढ़ उड़ीसा के सुन्दरगढ़ तथा बिहार के गुमला जनपद से सटा है। उड़ीसा तथा बिहार के उक्त दोनों जनपदों में ईसाइयों की आबादी अपेक्षाकृत अधिक है। रायगढ़ की कुल जनसंख्या में लगभग दस प्रतिशत ईसाई हैं। सुंदरगढ़ में यह अंश लगभग 16.5 प्रतिशत और गुमला में लगभग 32.5 प्रतिशत है। पश्चवर्ती दोनों जनपद तथा बिहार का रांची जो पहले गुमला में शामिल था बीसवीं सदी के प्रारंभ से ईसाइयों की काफी बड़ी जनसंख्या के लिए विख्यात है। रायगढ़ में ईसाइयों की जनसंख्या में वृद्धि हाल ही में दर्ज की गई है। स्वतंत्रता प्राप्ति से पूर्व रायगढ़ राज्य में ईसाइयों की जनसंख्या केवल 0.03 (1941) और 0.05 प्रतिशत (193) थी। इस प्रकार सुन्दरगढ़-गुमला-रांची क्षेत्र का ईसाई प्रभाव रायगढ़ की तरफ बढ़ता प्रतीत होता है।

रायगढ़ से सटे सरगुजा में ईसाई आबादी 2.31 प्रतिशत है। राज्य के दूसरे छोर पर स्थित झाबुआ की ईसाई जनसंख्या 1.32 प्रतिशत है। जनजातीय आबादी वाले इन जनपदों के अलावा ईसाई दुर्ग, जबलपुर तथा भोपाल में लगभग एक प्रतिशत हैं। इनमें से कई जनपदों में ईसाइयों की आबादी 1951 के पश्चात बढ़ी है, लेकिन कुल मिलाकर 1981-91 के बीच गिरावट दर्ज की गई है।

मध्य प्रदेश में ईसाई जनसंख्या एक प्रतिशत से कम है। अधिकांश जनपदों में ईसाई आबादी नगण्य है। मध्य प्रदेश में मुस्लिम जनसंख्या शहरी क्षेत्रों में केन्द्रित है। राज्य की 64 प्रतिशत मुस्लिम जनसंख्या नगरों या कस्बों में रहती है। भारतीय धर्मावलम्बियों तथा ईसाइयों की शहरी जनसंख्या का प्रतिशत 21 तथा 37 प्रतिशत क्रमानुसार है। सन् 1991 में 13 कस्बों की जनसंख्या एक लाख से अधिक थी, जिनमें दस प्रतिशत भाग मुस्लिम आबादी का था। पूर्वी निमाड़ जनपद के बुरहानपुर तथा खंडवा में मुस्लिम आबादी क्रमशः 48 और 26 प्रतिशत है। जनपद के 198 हजार मुसलमानों में से 120 हजार मुसलमान इन दो कस्बों में रहते हैं। राजधानी भोपाल में कुल 28 प्रतिशत मुस्लिम हैं। रतलाम, उज्जैन और देवास नगरों में मुस्लिम आबादी 20 प्रतिशत है, शिवपुरी, गुना, दमोह और रीवा में करीब 14 प्रतिशत तथा जबलपुर और इन्दौर में 12 व 13 प्रतिशत हैं। इनमें शिवपुरी, गुना, दमोह, रीवा तथा जबलपुर जनपदों में मुस्लिम जनसंख्या कम है। बाकी सभी कस्बे भोपाल तथा मालवा उप-क्षेत्रों के अंतर्गत हैं।

एक लाख से अधिक जनसंख्या वाले उपनगरों में बिलासपुर जनपद के कोरबा में ईसाई 4.25 प्रतिशत हैं तथा बिलासपुर, दुर्ग-भिलाई तथा जबलपुर के जनपद नगरों में दो से तीन प्रतिशत हैं।

हिन्दू

जैसा कि ऊपर संकेत दिया जा चुका है हिन्दू लोग वर्ण व्यवस्था में ब्राह्मणवादी धर्म का पालन करते हैं। जबकि जनजातियों पुरातन धर्म का पालन करती हैं। ब्राह्मणवादी हिन्दुओं के कुछ प्रमुख पंथ हैं—वैष्णव मत, शैव मत, शक्त मत, सूर्य-पूजा कुछ लघु पंथ भी हैं जैसे गणेश, हनुमान तथा अन्य देवी-देवता। कुछ विशिष्ट पंथों का संक्षिप्त परिचय निम्नानुसार हैः—

शैव

शैव सम्प्रदाय भगवान शिव को अपना व्यक्तिगत भगवान मानकर पूजा करते हैं।

भगवान शिव की प्रसिद्ध अर्द्धांगिनी देवी, काली अथवा पार्वती रूप में हैं। शैव सम्प्रदाय ने शाक्त पंथ बनाया है जो विशेषरूप से नारी शक्ति के रूप में देवी मां की पूजा करता है।

गुसाईं या दसनामी तथा जोगी हिन्दुत्व का प्रमुख अंग हैं। इन सबका अलग से उल्लेख किया गया है। इसके अतिरिक्त स्वयं को शैव कहने वाले हिन्दुओं में वैष्णवों से अलग करने वाली कोई अन्य विशेषता नहीं है। वे मांस, मदिरा से दूर रहते हैं तथा इन्हें आपत्ति जनक मानते हैं। वे भगवान के चरणों में फूल, बेल पत्र और अन्न की बाल अर्पित करते हैं अन्न की बाल संभवतः शिव वाहन के लिए हैं। शैव सम्प्रदाय के लोग मस्तक पर तीन रेखाओं आड़ी का तिलक लगाते हैं जो भगवान शिव के त्रिशूल अथवा त्रिनेत्र का प्रतीक है। अर्द्धचन्द्र भी बनाया जाता है। यह तिलक गंगा की मिट्टी, चंदन अथवा गाय के गोबर की राख से बनाया जाता है। ये महादेव की संहारक शक्ति के प्रतीक माने जाते हैं।

शाक्त सम्प्रदाय

शाक्त सम्प्रदाय एक हिंदू सम्प्रदाय है जिसके सदस्य ऊर्जा के नारी स्वरूप, जो भगवान शिव की अर्द्धांगिनी हैं, की पूजा करते हैं। शाक्तवाद के विषय में सर एडवर्ड गेट ने निम्न चित्रण किया है :

1. कुंभ मेला उज्जैन में श्रद्धालूओं एवं दर्शनार्थियों का अपार जन–समूह

2. शिवरात्रि पर्व, उज्जैन

3. भागोरिया त्यौहार मनाते भील जनजाति–समूह

4. महाकालेश्वर मंदिर, उज्जैन

5. मंदिर समीप नृत्य–मुद्रा में नृत्यांगना, खजुराहों

6. विराट मंदिर, खजुराहो

7. गंगा नदी, उज्जैन

8. भजन मेला में श्रद्धालुओं एवं दर्शनार्थियों का अपार जन–समूह

9. जैन मंदिर, उज्जैन

10. राजा राम मंदिर, ओरछा (पृथ्वीपुर)

11. दूलादेव मंदिर खजूराहों

12. मोती मस्जिद, भोपाल

13. चतुर्भुज मंदिर, महेश्वर

16. स्थानीय हस्तशिल्प

15. पार्श्वनाथ मंदिर, खजूराहों

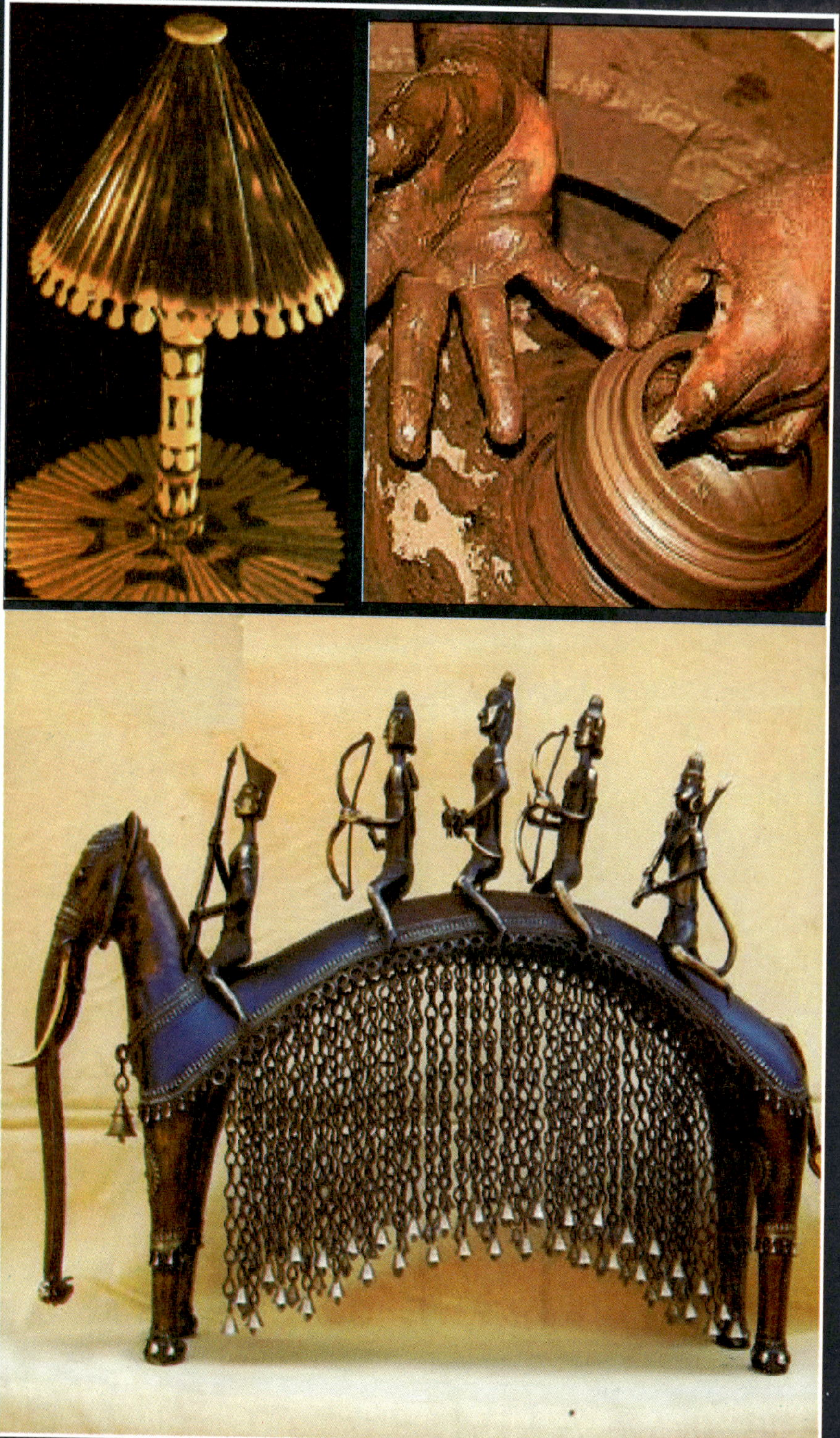

14. स्थानीय हस्त–शिल्प

शाक्तवाद सक्रिय प्रजनन सिद्धान्त, प्रकृति की पूजा पर आधारित है, जैसा कि आदि पुरुष अथवा शिव की नारी ऊर्जा अथवा शक्ति रूपी शिव की अर्द्धांगिनी (दुर्गा, काली, पार्वती) के रूप में घोषित हैं। इस सम्प्रदाय में प्रकृति की विभिन्न शक्तियों को देवरूप दिया गया है, जो दैवीय मां अथवा मातृगण के रूप में पूजी जाती हैं। इस सम्प्रदाय का जन्म पूर्वी बंगाल अथवा असम में पांचवी शताब्दी में हुआ था। सार्वजनिक रूप में शाक्त सम्प्रदाय काली देवी का पूजन करते हैं। देवी काली का स्वरूप एक चार भुजाधारी नारी स्वरूप है। देवी के एक हाथ में अस्त्र, दूसरे हाथ में वध किए दैत्य का सिर और शेष दो हाथों से श्रद्धालुओं को आशीर्वाद देती हैं। उनके कानों में दो मृतक देह, गले में मुण्डमाला और एकमात्र वस्त्र मनुष्यों के हाथों की माला है।

कालिका पुराण में मानव आत्मदाह की संस्तुति की गई है तथा बलि हेतु अनेक पशुओं की सूची दी गई है। वर्तमान काल में देवी के पूजा स्थल पर प्रायः कबूतरों, बकरियों तथा विरल रूप से भैंसों की बलि दी जाती है। परिवार स्तर पर दी जाने वाली बलियों में बहुत अधिक कमी आ गई है।

देवी को मदिरा भी अर्पित की जाती है तथा देवी को अर्पित करने द्वारा पवित्र होने पर अन्य सभी बिना पकाए खाद्य पदार्थों पर छिड़की जाती है। लेकिन पूजा करने वाला तथा उसका परिवार मदिरा की कुछ बूँदें ग्रहण करते हैं। शाक्त सम्प्रदाय दो भागों दक्षिणाचारी तथा वामचारी में विभाजित है अथवा उन्हें दक्षिणमार्गी तथा वाममार्गी भी कहा जाता है। दक्षिणचरियों ने पशुबल का लगभग त्याग कर दिया है तथा उसके स्थान पर लाल चंदन अथवा लाल पुष्प (रक्त के प्रतीक) अर्पित किए जाते हैं।

शाक्त लोग मस्तक पर लकड़ी के कोयले तथा मक्खन के मिश्रण से तीन क्षैतिज धारियों का तिलक लगाते हैं। इनमें कुछ लोग लकड़ी के कोयले अथवा चंदन से केवल एक धारी का तिलक लगाते हैं। मध्य प्रदेश में शाक्त वे हिंदू हैं, जो मांस भक्षण करते हैं। इसके विपरीत वैष्णव लोग मांस भक्षण नहीं करते हैं। मुर्गे तथा बकरे का मांस भक्षण किया जाता है और इन्हीं की बलि देवी को अर्पण की जाती है।

उपरोक्त दो सम्प्रदायों से अलग वैष्णव सम्प्रदाय के अनेक अन्य उप-सम्प्रदाय हैं जैसे रामानंदचारी, रामानुजचारी, वल्लभाचारी और पुष्टिमार्गी इत्यादि। पुष्टिमार्गियों के मध्य प्रदेश में अनेक मंदिर हैं, जो भगवान श्रीकृष्ण अथवा द्वारिकानाथ जी अथवा केवल नाथजी को समर्पित हैं। इस सम्प्रदाय का मुख्य मंदिर नाथद्वारा राजस्थान में है तथा अन्य अनेक मंदिर उज्जैन में हैं।

ब्राह्मण

ब्राह्मणों का धर्म हिन्दू धर्म है। वे हिन्दू धर्म के पुरोहित वर्ग हैं। पुराने समय में ब्राह्मण स्वयं को ब्रह्मा का अंश मानते थे, अतः स्वयं को देव मानते थे। यह मान्यता समाप्त हो चुकी है परन्तु ब्राह्मणों के शरीर में अब भी देवताओं का वास माना जाता है। मस्तक भाग में शिव, वक्षस्थल में विष्णु, नाभि में ब्रह्मा, गुप्तांगों में इन्द्र तथा मलाशय में गणेश स्थित माने जाते हैं। अधिकांश ब्राह्मण शिव, विष्णु, राम, कृष्ण (विष्णु अवतार) अथवा शक्ति (शिव की ऊर्जा का नारी रूप) की पूजा करते हैं। परन्तु नियमों के अनुसार ब्राह्मण चाहे शैव हों अथवा वैष्णव मांस भक्षण नहीं करते हैं तथा किसी भी जीवदया में विश्वास नहीं रखते हैं।

जनजातियों का प्राचीन धर्म

मध्य प्रदेश में जनजातियों का धर्म पारम्परिक मान्यताओं अर्थव्यवस्था तथा उत्सवों के इर्द गिर्द घूमता है। ऐसी मान्यता है कि सभी जीवधारियों के भीतर आत्मा होती है। नदी, पर्वत और घाटी में जीवन का तत्व होता है। आत्मा हर उस पदार्थ में होती है, जो हम देखते हैं तथा मृतक संसार में अपने संबंधों को पुनः धारण करने के लिए जन्म लेते हैं। मान्यताओं और पूजापद्धतियों में बहुत विविधता है, जो आम बोली में विद्यमान है।

स्थानीय देवी-देवता

स्थानीय देवी-देवता तो वास्तव में असंख्य हैं। कहीं-कहीं तो छींक को भी छींक माता का सम्मान दिया जाता है। जादू तथा जड़ी-बूटी औषधियों में गहरी आस्था विद्यमान है। ये अदिवासियों तथा दूरदराज के गाँवों में अधिक लोकप्रिय हैं। जहाँ शिक्षा का प्रसार नहीं हो सका है, वहाँ शैतान और डायन तथा जादू टोना असामान्य बात नहीं है। शुभ संकेत (शगुन) और भविष्यवाणियाँ समाज सुधारों के बावजूद विकासशील समुदायों में भी महत्व रखती हैं। गणचिह्न राज्य के जनजातीय क्षेत्र की एक प्रमुख विशेषता है। वंश गणचिह्न क्षति पहुँचाने अथवा हत्या के लिए निषिद्ध हैं। एक ही गणचिह्न के बीच विवाह संबंध स्थापित नहीं किए जाते हैं।

अंधविश्वास

यहां स्वप्नों से संबंधित अनेक अंधविश्वासों को मान्यता प्राप्त है। ये चलन आदिवासियों में विशेष रूप से विद्यमान हैं। जनजातियों में स्वच्छ जल जोरदार फसल की प्रतीक है। पीछा करता बन्दर बीमारी का सूचक है। स्वप्न में मांस देखने का

मतलब किसी व्यक्ति की मृत्यु से जोड़ा जाता है। आग लड़ाई की द्योतक है। सर्प का स्वप्न अर्थ घर में किसी बच्चे का जन्म है। इन क्षेत्रों में जादू टोना करने वालों को व्यापक मान्यता प्राप्त है। बीमारी को प्रायः गुप्त शक्ति का परिणाम माना जाता है। सिरहा अथवा गुनिया (दवागर) इसका कारण किसी प्रकार का जादू टोना बता देता है। लगभग प्रत्येक जनजाति की मान्यता है कि वन्य जीव द्वारा किसी मानव पर आक्रमण किसी गुप्त शत्रु द्वारा छद्म वेश में किया जाने वाला आक्रमण अथवा उसके उकसावे पर किया गया आक्रमण होता है।

आदिवासी कन्याएँ रजस्वला होने पर अलग कर दी जाती हैं। प्रथम बार रजस्वला होना अत्यंत महत्वपूर्ण होता है। अबूझमार में मासिक धर्म के दौरान स्त्री को एक अलग झोंपड़ी में रखा जाता है। मासिक धर्म के दौरान स्त्रियों को अलग रखना आदिवासियों की विशेषता है।

एक मान्यता के अनुसार, बस्तर के मड़िया लोगों में जादू की कला सर्वप्रथम नंदराज गुरु के पास थी, जिनके द्वारा यह विद्या अनेक देवताओं को प्रदान की गई। एक मड़िया ने नन्द गुरु को देवों को शिक्षा देते समय छिपकर सुनते हुए यह विद्या सीख ली। सामान्यतः जादू-टोना करने वाले अपनी विद्या केवल अपने शिष्यों को नन्दराज गुरु के नाम पर देते हैं। उन्हें बोधराज, कीरकोड, मार्कोड, इंदौर तथा बांड़ोर जादूगर भी कहा जाता है।

संकेतों के आधार पर भष्यिवाणी करना यहाँ सामान्य प्रचलन की बात है। मुड़िया तांत्रिक नवजात शिशु का भविष्य बता देते हैं कि उसकी मृत्यु बाघ द्वारा की जाएगी अथवा सांप के काटने से होगी। वह बता देते हैं कि बालक की मृत्यु प्राकृतिक होगी अथवा वह किसी के द्वारा मारा जाएगा। सिरहा को मृत्यु का कारण बताने का विशेषज्ञ माना जाता है। इस समय किया जाने वाला जादू-टोना (तंत्र क्रिया) जटिल प्रकार का होता है।

कुल पूजा के साथ गहरा अंधविश्वास जुड़ा है। जब कोई लड़का बाघ कुल में जन्म लेता है तो माता-पिता बकरे की बलि देते हैं। वे सबसे पहले जंगल जाते हैं तथा एक शुभ माने जाने वाले वृक्ष के नीचे आटा बिखेर देते हैं। यदि रात्रिकाल में बाघ वहाँ आता है और अपना पंजा वह रखता है तो आनंद मनाया जाता है तथा बलि दी जाती है। यदि यह समाचार मिलता है कि बाघ मारा गया है तो घर में जितने भी मिट्टी के बरतन होते हैं सब फोड़ दिए जाते हैं, वृद्ध लोग सिर मुंडाते हैं तथा शोक स्वरूप भोजन वितरित किया जाता है। घर परिवार या किसी संबंधी की मृत्यु पर विलक्षण धर्म क्रियाएँ की जाती हैं तथा पहेलियाँ गाई जाती हैं।

हिन्दू प्रभावाधीन जनजातियाँ

बस्तर जनपदवासी भीलों की मान्यता है कि सबसे पहले एक मत्स्य ने एक धोबी को प्रलय की सूचना दी थी। मत्स्य की बात सुनकर धोबी ने स्वयं को अपनी बहन तथा एक मुर्गे के साथ एक लकड़ी के संदूक में बंद कर लिया। प्रलय की समाप्ति पर देवदूतों ने मुर्गे की आवाज़ सुनी और फिर उस पेटी को देखा। वह पेटी परमात्मा के समक्ष खोली गई। उसके अंदर तीन प्राणी मौजूद थे। धोबी से प्रश्न किया गया कि वह कौन था। उस गरीब धोबी ने सारी कहानी सुना दी। तब परमात्मा ने उसको पहले पूर्व, फिर पश्चिम तथा फिर उत्तर की ओर मुंह करके खड़ा किया और शपथ पूर्वक पूछा तो उसने बताया कि वह स्त्री उसकी बहन थी। तब उसे दक्षिण की ओर मुंह करके खड़ा किया गया।

इस बार धोबी ने कहा कि वह स्त्री उसकी पत्नी थी। इस प्रकार धोबी को उससे विवाह करने हेतु बाध्य किया गया। समय व्यतीत होने के साथ उनके सात पुत्र और सात पुत्रियां उत्पन्न हुईं। ये बच्चे बड़े हुए और जनसंख्या बढ़ती गई। प्रलय-युगल के प्रथम पुत्र को परमात्मा ने एक अश्व भेंट किया। परन्तु वह पशु पर आरूढ़ होने के अयोग्य था। उसने अश्व की चिन्ता नहीं की, उसे छोड़ वह वन की ओर चला गया। उस पुत्र की संतान भील हैं।

भीलों के देव

भील जाति के मुख्य देवता भीलत देव हैं। उनका कहना है कि भीलत देव एक गोपालक के पुत्र थे। वह गढ़ बंगाल गए और कारंदा जोगन से जादू की कला सीखी। एक दिन जब वह खेल रहे थे एक विशाल विषधर साँप वहाँ आ गया। भीलत ने उस सर्प को फन से पकड़ लिया और इन्द्र देव के समक्ष उपस्थित हुए। इन्द्र अत्यधिक प्रसन्न हुए और उन्होंने भेरू देव को सदा के लिए भीलत देव की सेवा में दे दिया तथा साथ में सौ गायें भी भेंट कर दीं।

तब से भीलत देव की पूजा एक देव के रूप में की जाती है। भीलत देव सामन्यतः भीलों को आबादी के निकट किसी छायादार वृक्ष के नीचे स्थापित किए जाते हैं। बस्तर की वे जनजातियां जो जगदलपुर के आस पास बसी हैं हिन्दुत्व के प्रभाव में हैं। जिसके परिणामस्वरूप उन्होंने कई हिंदू देवताओं को अपने देवों में शामिल कर लिया है। कार्तिक मास में भटरा लोग देवी लक्ष्मी की पूजा करते हैं किन्तु यह हिन्दुओं की पूजा की भांति नहीं है। वे लक्ष्मी पूजा को दीवाली से सम्बद्ध नहीं

करते हैं क्योंकि दीवाली उनकी जनजाति का त्योहार नहीं है। उनके अनुसार लक्ष्मी मेघों के राज मेघराज की पुत्री हैं जो यौवन अवस्था प्राप्त होने पर नारायण देव के संग ब्याही गई थी। एक दिन मेघराज की पत्नी समुद्र में स्नान के लिए गई लेकिन पानी में उनका पैर फिसल गया। शीघ्र ही उन्हें बाहर निकाल लिया गया किन्तु वह गर्भवती हो चुकी थीं। इस प्रकार देवी लक्ष्मी का जन्म हुआ।

माड़िया लोगों के अनेक कुल देवता हैं। प्रत्येक देव को एक लकड़ी के ढांचे का रूप दिया जाता है इस पर पीतल की घंटियां तथा मोर के पंख बांधे जाते हैं। ढांचे के बांस पर चांदी की पट्टियां लपेटी जाती हैं। एक बांस पर कुलचिह्न उत्कीर्ण किया जाता है। यह कुलचिह्न सर्प कोई अन्य पशु हो सकता है। माड़िया लोग अंग देव की पूजा करते हैं। अंगदेव की पूजा करने वाले पुजारी को वाधी कहा जाता है जो सदैव कुल देवता के पूजा स्थल के निकट रहता है। पूजा स्थल सामान्यतः आबादी के बाहरी छोर पर बनाया जाता है। बस्तर में कुल देवताओं का पूरा परिवार होता है, जिसमें सब एक दूसरे के संबंधी होते हैं। आदिवासी लोग उनकी उत्पत्ति के विषय में पूरी जानकारी रखते हैं। चूंकि कुल देव बहुपत्नी प्रथा के अनुयायी माने जाते हैं अतः उनके परिवार विशाल होते हैं। आवधिक रूप से एक कुल देवता को सामाजिक भ्रमण के लिए अन्य गांवों में ले जाया जाता है।

गोंड जाति के वन देवता घने जंगलों में रहते हैं। जंगली पशुओं के देव बागेश्वर देव पानी और पत्थरों के समीप वास करते हैं। ब्रह्मदेव अंजीर के वृक्ष पर निवास करते हैं। वे इसको अति असाधारण आत्मा मानते हैं। कभी-कभी यह आत्मा इस वृक्ष के नीचे से गुजरने वाले व्यक्ति के ऊपर कूद पड़ती है तथा उस आत्मा के रहने तक वह व्यक्ति अपनी अलग ही धुन में खोया रहता है। माता जो चेचक की देवी हैं, नीम के वृक्ष पर रहती हैं तथा वायु के देवता पवन देव के लिए विश्राम का कोई स्थान नहीं है। गोंड लोगों के अनुसार एक विशाल मकड़ी होती है जिसे मक्कड़मल चतरी कहा जाता है तथा जो ऊंचे मार्गों पर भटकती है। सरगल की छवि आधा मानव तथा आधा पशु है। जब वह अपना मुख खोलता है उसका ऊपर को होठ स्वर्ग तक पहुंच जाता है।

लिंगो पेन मुड़िया घोटुल के संस्थापक और देव हैं।

मध्य प्रदेश के पूर्वी भागों में कुछ जनजातियां पृथ्वी पर वर्षा के लिए भीमसेन को सर्वशक्तिमान मानती हैं। मुडिया लोग भीमल को वर्षा का नियंत्रक मानते हैं। यदि वर्षा में विलम्ब होता है तो महिलाएं गोबर से उसकी प्रतिमा बनाती हैं, इसके

ऊपर कूड़ा कचरा ढकती हैं तथा कुवचन बोलती हैं और पुरुष मखौल उड़ाते हुए चुनौती देते हैं कि यदि तुम में शक्ति है तो वर्षा से इसको स्वच्छ कर दो।

सात जोगिन

सात जोगिनों की कथा जनजातीय तथा गैर जन-जातीय समुदायों की परम्पराओं से सम्बद्ध है। यह मुख्यतः देवी पूजा से सम्बद्ध एक महत्वपूर्ण कथा है। यह देवी ग्रामीण क्षेत्रों में रोग तथा सूखा के कारण यहां रहने आई थी। इनको मरी माता (हैजा की देवी), भूरी माता, परदेसिन माता, तेलेंगु माता, जड़ी माता (रोग की देवियां), खोवरी माता (खांसी की देवी) तथा शीतला माता (चेचक की देवी) कहा जाता है। शीतला माता और मरी माता बड़ी बहनें हैं। इस प्रकार विभिन्न आस्थाओं व विश्वासों के साथ मध्य प्रदेश में विभिन्न धर्म जीवित हैं। कई जनजातियों द्वारा ईसाई धर्म अपनाने के बावजूद उनकी प्रथाएँ आज भी उनके पुरातन धर्म से सम्बद्ध है। इसका मुख्य कारण ये है कि ईसाई धर्म इन लोगों ने विभिन्न प्रलोभनों व धन के लालच में स्वीकार किया जबकि पुरातन धर्म से उनकी जड़ें गहराई में जमी हुई हैं।

3

शिक्षा और ज्ञानार्जन

सम्पूर्ण भारत में अपना विशेष सांस्कृतिक महत्त्व रखने वाला मध्य प्रदेश शिक्षा के क्षेत्र में भारत के अग्रणी राज्यों में से एक कहा जा सकता है। वैदिक विज्ञान से ले कर शास्त्रीय संगीत आदि हर प्रकार की शिक्षा व प्रशिक्षण हेतु मध्य प्रदेश में विभिन्न विश्वविद्यालय हैं। सूचना प्रौद्योगिकी, प्रबंधन, कृषि, शिल्प प्रशिक्षण, न्याय व्यवस्था, पत्रकारिता, वैदिक शिक्षा आदि विषयों के लगभग 13 राज्य विश्वविद्यालय, 3 डीम्ड यूनिवर्सिटी, 8 चिकित्सा विश्वविद्यालय तथा प्रबंधन संस्थान हैं। भोपाल, इंदौर, ग्वालियर, जबलपुर, उज्जैन आदि अनेक ऐसे स्थान हैं, जहाँ विश्वस्तरीय शिक्षण प्रदान किया जाता है। प्राचीन काल में दक्षिणी जनपदों में, नागपुर के बाहर, जिसमें अनेक विद्यालय हैं, शिक्षा केवल ब्राह्मण जाति तक सीमित थी। परिभ्रामी स्कूल शिक्षक तीर्थ यात्रियों के लिए बनाए गए मुख्य मार्गों पर कक्षाएं लगाते थे तथा बड़े मंदिरों में गुसाइयों तथा अन्य धार्मिक भिक्षुओं को संस्कृत की शिक्षा दी जाती थी। छत्तीसगढ़ में वास्तव में कोई शिक्षा नहीं थी। शिक्षा विभाग का गठन ही 1862 में किया गया था वही पद्धति आज भी सन् 1863 में 1169 विद्यालय तथा 21,353 छात्र थे, जिनपर लगभग एक लाख रुपया प्रतिवर्ष व्यय किया जाता था। सन् 1881 तक विद्यालयों की संख्या 1437 तथा छात्रों की संख्या 79,551 हो गई। सन् 1884-85 में ग्रामीण विद्यालयों का प्रबंधन जनपद परिषदों को दिया गया और 1891 में विद्यालयों की संख्या 1845 तथा विद्यार्थियों की संख्या 1,11,488 तक पहुंच गई जिनमें तीन महाविद्यालय तथा दस विद्यालय थे। हाल में शिक्षा के विकास हेतु कठोर प्रयास किए गए हैं तथा ध्यान प्राथमिक शिक्षा पर केंद्रित किया गया है। सन् 1903-04 में 2494 विद्यालय और 1,67,178 विद्यार्थी शिक्षा प्राप्त कर रहे थे।

प्रांत में तीन महाविद्यालय थे – जबलपुर स्थित सरकारी महाविद्यालय तथा नागपुर स्थित मोरिस और हिसप महाविद्यालय। इनमें पहला 1891 में इलाहाबाद

विश्वविद्यालय से सम्बद्ध था तथा अन्य दो 1905 में कलकत्ता विश्वविद्यालय से इलाहाबाद विश्वविद्यालय अंतरित किए गए थे।

सन् 1904 में जबलपुर महाविद्यालय में 70 विद्यार्थी, मोरिस महाविद्यालय में 99 विद्यार्थी और हिसप महाविद्यालय में 108 विद्यार्थी थे।

विद्यालय की अंतिम परीक्षा के पाठ्यक्रम में अंग्रेजी पढ़ना, व्याकरण तथा निबंध लेखन, प्रारंभिक इतिहास, भूगोल, गणित जिसमें बीजगणित तथा रेखा गणित शामिल है, भौतिक विज्ञान तथा रसायन विज्ञान अथवा एक भारतीय शास्त्रीय भाषा शामिल होती थी।

पढ़ने, लिखने तथा गिनती के अलावा प्राथमिक स्कूलों में पौधों की बनावट तथा विकास के बारे में साधारण पाठ, कृषि की विधियां, पटवारी द्वारा गांव के अभिलेखक तैयार करना तथा पटवारी की बहियां, विभिन्न भूमि जोतों की घटनाएं, भूस्वामी तथा काश्तकार का स्थानीय कानून तथा साहूकारों द्वारा रखे जाने वाले बही खाते इत्यादि शामिल किए जाते थे। प्राइमरी स्कूलों में पढ़ाने वाले शिक्षक आमतौर पर एक सामान्य स्कूल में दो वर्षीय पाठ्यक्रम उत्तीर्ण कर चुके होते थे, जहां उन्हें रहने के स्थान पर बुद्धिमत्ता के साथ पढ़ना सिखाया जाता है। सन 1904 में लड़कों के प्राइमरी स्कूलों की संख्या 2053 थी जिनमें 28 सरकार द्वारा अनुरक्षित थे, 1566 नगरपालिकाओं तथा जनपद परिषदों के अधीन, 281 सामंती राज्यों और 178 निजी व्यक्तियों के अधीन थे। इनमें से 117 को सरकार से अनुदान सहायता प्राप्त होती थी। ब्रिटिश जनपदों में प्राइमरी स्कूल जाने वाले लड़कों की संख्या 112756 थी जो सकूली उम्र के बच्चों का 17 प्रतिशत थी।

महिला शिक्षा अभी शैशवावस्था में थी, यद्यपि इस दिशा में काफी प्रगति की गई लड़कियों के स्कूलों में पाठ्यक्रम लड़कों के स्कूलों के समान ही थे। लड़कियों के स्कूल में सिलाई का अतिरिक्त विषय पढ़ाया जाता था। जबकि कृषि के पाठ नहीं होते थे।

जबलपुर स्थित संस्थान में हाई, मिडिल तथा प्राइमरी स्कूल के अध्यापकों को प्रशिक्षण दिया जाता है। वहां प्राइमरी स्कूल के पुरुष शिक्षकों हेतु दो सामान्य स्कूल तथा महिला शिक्षकों हेतु दो सामान्य स्कूल भी थे। नागपुर स्थित एक कृषि स्कूल में राजस्व में अधीनस्थों की नियुक्ति हेतु उम्मीदवार तैयार किए जाते हैं, प्राइमरी स्कूल अध्यापकों की शिक्षा है। जहाँ कक्षाओं का आयोजन किया जाता है तथा

जमींदारों के पुत्रों को व्यवहारिक कृषि की शिक्षा दी जाती है। जबलपुर स्थित एक इंजीनियरिंग कालेज में लोक निर्माण विभाग की अवर अधीनस्थ नियुक्ति हेतु तथा स्थानीय निकायों हेतु रोड-ओवरसीयर्स के उम्मीदवारों को प्रशिक्षण दिया जाता है।

मध्य प्रान्तों के मुसलमान सामान्य आबादी के मुकाबले सुशिक्षित हैं। इसका एक बड़ा कारण उनका शहरों में निवास होना है तथा उनका अधिकांश हिस्सा अच्छी सामाजिक साख के हाल के प्रावजकों से सम्बद्ध होना है। विश्वविद्यालय स्तर पर पढ़ाई करने वाले मुसलमान छात्रों की संख्या तथापि, कम है।

उपेक्षित जातियों तथा जनजातियों में शिक्षा का प्रसार अति अल्प है। केवल तीन प्रतिशत लड़के स्कूल जाते हैं। वनवासी जनजातियों को अपने बच्चे स्कूल भेजने के लिए समझाबुझा कर तैयार करने में बहुत कठिनाइयां हैं और जो बच्चे स्कूल पहुंचते भी हैं, उनमें से बहुत कम बच्चों को अपना ध्यान केंद्रित कर सीखने की क्षमता भी कम है।

1901 की जनगणना के अनुसार 3,27,486 व्यक्ति अथवा कुल जनसंख्या के तीन प्रतिशत व्यक्ति लिख पढ़ सकते थे जबकि पूर्ववर्ती दशक में यह संख्या 70,575 थी।

शिक्षा के मामले में निमाड़ जबलपुर नरसिंहपुर, नागपुर तथा होशंगाबाद सर्वाधिक प्रगत जनपद हैं तथा छत्तीसगढ़ जनपद सबसे पिछड़े हुए हैं। हिन्दुओं में ब्राह्मण, बनिया और कायस्थ अन्य समुदायों से बहुत आगे हैं। आधे से अधिक पुरुष वयस्क साक्षर हैं। उच्च कृषक जातियों में लगभग 10 प्रतिशत पुरुष वयस्क साक्षर हैं जबकि निम्न जातियों तथा वनवासी जातियों में यह प्रतिशत केवल एक है। लगभग एक चौथाई वयस्क मुस्लिम लिख पढ़ सकते हैं, लगभग आधिकांश जैन और सौ प्रतिशत पारसी पढ़े लिखे हैं। पारसी महिलाएं लगभग सदैव शिक्षित हैं।

आधुनिक काल

बाद की अवधियों में, विशेषकर स्वतंत्रता प्राप्ति के पश्चात् मध्य प्रदेश ने तेजी से प्रगति की है, यद्यपि यह राष्ट्रीय औसत से पिछड़ा हुआ है। शिक्षा मानव जाति के विकास और प्रगति की कुंजी है। इस कुंजी के बिना कुछ भी हासिल नहीं किया जा सकता है। यह लोगों की क्षमता और कौशल निर्माण के माध्यम से बेहतर रोजगार के अवसर उपलब्ध कराने द्वारा उनके रहन-सहन के स्तर और उनके जीवन की गुणवत्ता में सुधार करने में महत्वपूर्ण भूमिका निभाती है।

राज्य के लिए सभी स्तरों पर अपने लोगों को शिक्षा के अवसर उपलब्ध कराना एक अनिवार्यता है। साथ ही यह सुनिश्चित किया जाना भी महत्वपूर्ण है कि प्रत्येक व्यक्ति पर्याप्त गुणवत्ता की बुनियादी शिक्षा हासिल करे तथा प्रगति कौशल प्राप्त करने हेतु पूर्ण अवसर प्राप्त हो। मध्य प्रदेश में शिक्षा के क्षेत्र में काफी प्रगति की गई है। साक्षरता दर 1991 में 44% (सम्पूर्ण भारत 56%) से 2001 में 64.11% (सम्पूर्ण भारत में 65%) हो गई। प्राइमरी स्कूलों में नामांकन में 104% (2004) की वृद्धि हुई है, लेकिन सामने गंभीर चुनौतियां हैं। कुछ वर्गों में विशेषतः महिलाओं तथा जनजातियों में असमानता विद्यमान हैं। पढ़ने के नामांकन करने वालों में पढ़ाई छोड़ने वालों का प्रतिशत 31 के आसपास बना हुआ है। राज्य एक शिक्षित राज्य बनना चाहता है केवल साक्षर राज्य नहीं ताकि स्कूली समाज के बजाय विद्वान समाज की रचना हो सके। इसलिए राज्य सरकार सबको गुणवत्तापूर्ण तथा प्रासंगिक शिक्षा के अवसर उलब्ध कराने पर बल दे रही है तथ अधिकाधिक रोजगार परक कौशल विकास पाठ्यक्रमों पर ध्यान केंद्रित कर रही है। इस क्षेत्र में भी, सरकार निजी उद्यमियों को प्रोत्साहन दे रही है ताकि इन उद्देश्यों को साकारी रूप दिया जा सके। उद्देश्य निम्नलिखित हैं :–

सभी स्कूलों में अपेक्षित सुविधाओं की उपलब्धता सुनिश्चित करने हेतु प्रयास किए जा रहे हैं :–

- प्रारंभिक शिक्षा के सामान्यीकरण तथा आधार संरचना सहायता हेतु सर्वशिक्षा अभियान प्रारंभ किया गया है; तथा
- प्रत्येक जनपद में एक डिजिटल पुस्तकालय स्थापित किया गया है।
- स्कूलों में प्रदान की जाने वाली शिक्षा की गुणवत्ता के सुधार हेतु निम्नलिखित कदम उठाए गए हैं :
- प्रत्येक वर्ष लगभग एक लाख अध्यापकों को प्रशिक्षण उपलब्ध कराने हेतु कार्यक्रम का कार्यान्वयन।
- स्कूली शिक्षा के पाठ्यक्रम तथा पाठ्य सामग्री की नियमित समीक्षा एवं आद्यतकीकरण।
- कक्षा –I से अंग्रेजी भाषा का परिचय।
- प्रत्येक जनपद में उत्कृष्टता के स्कूल का स्थापन। इन स्कूलों में कक्षा 9 से कक्षा 12 तक कक्षाएं होती हैं तथा पढ़ाई हिंदी तथा अंग्रेजी दोनों भाषाओं में होती है। इन स्कूलों में सर्वश्रेष्ठ अध्यापक नियुक्त किए जाते हैं।

- हायर सेकेण्ड्री स्कूलों में व्यावसायिक शिक्षा। सरकार ने इस कार्यक्रम को नया रूप देने तथा अधिक प्रभावी बनाने का निर्णय किया है।

स्कूली शिक्षा विभाग का शैक्षिक पक्ष राज्य शिक्षा केन्द्र की देख रेख में है। मध्य प्रदेश पाठ्य पुस्तक निगम पाठ्य पुस्तकों के मुद्रण एवं वितरण का कार्य देखता है। परीक्षाओं का संचालन मध्य प्रदेश सेकेण्ड्री एजुकेशन बोर्ड द्वारा किया जाता है। संस्कृत संबंधी योजनाओं का विकास मध्य प्रदेश संस्कृत परिषद् के अधीन है। स्कूली शिक्षा विभाग द्वारा चलाई जा रही राज्य योजनाओं में अध्यापक कल्याण कार्यक्रम, खेलकूद तथा शारीरिक शिक्षा कार्यक्रम, बुक बैंक स्कीम, लड़कियों को साईकिल वितरण, निजी स्कूलों को अनुदान, छात्रवृत्तियों का वितरण तथा निजी स्कूलों को मान्यता प्रदान करना सम्मिलित है। केन्द्रीय योजनाओं में अपंग बच्चों हेतु एकीकृत शिक्षा योजना, मध्याह्न भोजन योजना तथा मदरसा शिक्षा का आधुनिकीकरण, संशोधित कथा परियोजना, विज्ञान शिक्षा का सुधार, संस्कृत शिक्षा का सुधार, राष्ट्रीय प्रतियोगिता समूह योजना, सूचना प्रौद्योगिकी, व्यवसायिक शिक्षा, 7वां अखिल भारतीय शिक्षा सर्वेक्षण इत्यादि सम्मिलित हैं।

इसकी विविध नव प्रवर्त्तक गतिविधियों के अलावा राजीव गांधी शिक्षा मिशन ने अध्यापन शिक्षण प्रक्रिया की गुणवत्ता के सुधार हेतु सूचना तथा संचार प्रौद्योगिकी के उपयोग का प्रयास किया है। इसकी शुरुआत कम्प्यूटर-समर्थित शिक्षा कार्यक्रम के माध्यम से की जा चुकी है। इस शुरुआत की विशेषता बच्चों द्वारा प्रयोग किए जाने हेतु हिन्दी, गणित, पर्यावरण अध्ययन तथा अंग्रेजी में प्रचलित सांस्कृतिक रूप से अनुकूल शैक्षिक सॉफ्टवेयर का विकास है। मल्टीमीडिया समृद्ध पाठों का लक्ष्य छात्रों तथा अध्यापकों की सीखने की क्षमता का दृढ़ीकरण ज्ञानाधार का विस्तार तथा उनके मध्य कम्प्यूटर साक्षरता का विकास है। ये केन्द्र संसाधनों के परिवर्तन के माध्यम से प्रचालनरत हैं तथा सफलतापूर्वक चल रहे हैं। प्रशिक्षुओं की अपेक्षित क्षमता के विकास हेतु मल्टीमीडिया युक्त पाठों का उपयोग कर अध्यापकों को 10 दिन का प्रशिक्षण दिया जा रहा है। इस प्रशिक्षण में सॉफ्टवेयर पर भी ध्यान दिया गया है ताकि अध्यापक बच्चों की सहायता से अपने स्वयं के पाठ और गतिविधियां विकसित कर सकें। इस प्रस्ताव में बर्डवेयर, सॉफ्टवेयर, प्रशिक्षण, बीमा, वार्षिक अनुरक्षण अनुबंध (क्रय किए गए हार्डवेयर हेतु) तथा उपभोज्य सामग्री हेतु आकस्मिक व्यय इत्यादि शामिल हैं।

उच्चतर शिक्षा

क्र.सं.	*राज्य में विश्वविद्यालय*	*प्रारंभन का वर्ष*
1.	डॉ. हरिसिंह गौड़ विश्वविद्यालय, सागर	1946
2.	विक्रम विश्वविद्यालय, उज्जैन	1957
3.	रानी दुर्गावती विश्वविद्यालय, जबलपुर	1957
4.	देवी अहिल्या विश्वविद्यालय, इंदौर	1964
5.	जीवाजी विश्वविद्यालय, ग्वालियर	1964
6.	जवाहरलाल नेहरू कृषि विश्वविद्यालय, जबलपुर	1964
7.	अवधेश प्रताप सिंह विश्वविद्यालय, रीवा	1968
8.	बरकतुल्लाह विश्वविद्यालय, भोपाल	1970
9.	माखन लाल चतुर्वेदी राष्ट्रीय पत्रकारिता विश्वविद्यालय, भोपाल	1970
10.	चित्रकूट ग्रामोदय विश्वविद्यालय, सतना	1991
11.	भोज मुक्त विश्वविद्यालय, भोपाल	1991

तकनीकी शिक्षा

आर्थिक उदारीकरण और वैश्विक बाजार के खुलने के कारण विनिर्माण तथा सेवाओं दोनों के लिए कुशल तकनीकी कर्मियों की मांग की तादाद और दायरा दोनों में वृद्धि हुई है। बदलते विश्व परिदृश्य में मध्य प्रदेश ने युवाओं को तकनीकी शिक्षा का कार्यक्रम प्राथमिकता सूची में रखा है। राज्य में तकनीकी शिक्षा के आधुनिकीकरण, गुणात्मक सुधार हेतु अनवरत प्रयास जारी हैं। तकनीकी शिक्षा एवं प्रशिक्षण विभाग अंतरंगता अधिनियम 1961 के कार्यान्वयन के उत्तरदायित्व का भी वहन कर रहा है। आज के इस सूचना युग और उदायमान नई अर्थव्यवस्था में कार्य-जीवन में सूचना प्रौद्योगिकी का आयोग मुख्य अपेक्षा बन चुकी है। राज्य में आई टी उद्योग के विकास और आई टी अनुप्रयोगों के विस्तार हेतु प्रशिक्षित और सुदक्ष मानव संसाधन एक पूर्व-अपेक्षा है। राज्य सरकार प्रशिक्षित श्रम शक्ति की गुणवत्ता तथा उपलब्धता सुधार हेतु प्रतिबद्ध है।

मध्य प्रदेश में साक्षरता की निम्न दर

2001 की जनगणना रिपोर्ट के अनुसार मध्य प्रदेश राज्य में 3,19,06,109 व्यक्ति साक्षर हैं जिसमें 1,99,32,013 पुरुष तथा 1,19,74,096 महिलाएं हैं। वर्तमान साक्षरता दर 64.65% है। मार्च 2001 के अनुसार साक्षरता का विस्तृत विवरण निम्नानुसार हैं :–

मध्य प्रदेश में साक्षरता

सूचिका	*(%)*
साक्षरता दर	64
पुरुष साक्षरता दर	77
महिला साक्षरता दर	51
ग्रामीण साक्षरता दर	58
ग्रामीण पुरुष साक्षरता दर	72
ग्रामीण महिला साक्षरता दर	43
शहरी साक्षरता दर	80
शहरी पुरुष साक्षरता दर	88
शहरी महिला साक्षरता दर	71
सकल नामांकन अनुपात कक्षा I-V (6-11 वर्ष)	115
बालक सकल नामांकन अनुपात कक्षा I-V (6-11 वर्ष)	127
महिला सकल नामांकन अनुपात कक्षा I-V (6-11 वर्ष)	103
अध्यापक छात्र अनुपात (प्राइमरी स्कूल) 1999-2000	115

राज्य में साक्षरता दर निम्न होने के महत्वपूर्ण कारण जनसंख्या घनत्व कम होना, अनुसूचित जनजाति समूहों का उच्च प्रतिशत, दुर्गम भू क्षेत्र तथा संसाधनों का अभाव हैं। सितम्बर 1999 के अनुसार जूनियर प्राइमरी, प्राइमरी स्कूल, मिडिल तथा हाई और हायर सेकेण्ड्री स्कूलों की संख्या 67.40 हजार, 17.90 हजार तथा 7.10 हजार क्रमानुसार थी जिनमें पढ़ने वाले विद्यार्थियों की संख्या क्रमशः 84.72 लाख, 35.99 लाख और 14.71 लाख थी तथा लड़कियों का प्रतिशत 42.60, 36.20 तथा 32.60 प्रतिशत क्रमानुसार था। प्राइमरी शिक्षा के प्रसार में लोगों की भागीदारी और शैक्षिक

प्रशासन के विकेन्द्रीकरण हेतु प्रबंधन दायित्व जिला/जनपद/ग्राम पंचायतों को ग्रामीण क्षेत्रों में तथा नगरपालिका/नगर निगमों को शहरी क्षेत्रों में सौंप दिया गया ताकि वे शिक्षा कर्मियों की नियुक्ति कर सकें तथा स्कूल भवनों की मरम्मत इत्यादि का कार्य करा सकें। इसके अतिरिक्त शैक्षिक संस्थाओं की विशिष्ट समस्याओं के समाधान हेतु ग्रामीण/शहरी शिक्षा समितियां भी गठित की गई हैं।

प्रमुख शैक्षिक संस्थाएं

किसी राज्य की वास्तविक सभ्यता उसके नागरिकों की गुणवत्ता में निहित होती है। मध्य प्रदेश द्वारा शैक्षिक संस्थाओं में किया गया निवेश प्रचुर लाभ प्रदान कर रहा है। राज्य में 14 इंजीनियरिंग कालेजों, 40 पोलीटेक्नीक कॉलेज तथा 76 आई टी आई से प्रतिवर्ष 25,000 सुयोग्य इंजीनियर तैयार हो रहे हैं। इसके अतिरिक्त 12 विश्वविद्यालयों तथा 37 व्यावसायिक कालेजों से निरंतर प्रबंधकीय, तकनीकी और निरीक्षण-कर्मिक तैयार हो रहे हैं। प्राइमरी स्कूल पर शिक्षक-छात्र अनुपात 1:46 (1993-94) है।

इसके अलावा प्रारंभिक शिक्षा का सर्वसुलभ किया जाना एक ऐतिहासिक अवसर है, चूंकि यह देश और मध्य प्रदेश के सामाजिक-आर्थिक परिवर्तनों को प्रेरित करेगा तथा बच्चों के बेहतर भविष्य के नए मार्ग प्रशस्त करेगा। यह 6-14 वर्ष की आयु समूह के बच्चों को आठ वर्ष की शिक्षा प्रदान करने के संवैधानिक निर्देश को भी पूर्ण करता है।

अब, प्रत्येक आबादी के एक किलोमीटर के दायरे में एक प्राइमरी स्कूल प्रत्येक तीन किलोमीटर के दायरे में एक मिडिल स्कूल उपलब्ध है। बच्चों के निवास के निकट स्कूल उपलब्ध होने से बच्चों को स्कूल पहुंचना सुगम हो गया है। घर से स्कूल बहुत दूर होने के कारण बड़ी संख्या में लड़कियां और अनुसूचित जॉति एवं अनुसूचित जनजाति के बच्चे स्कूल नहीं पहुंच पाते थे। प्राइमरी स्कूल स्तर पर लड़कियों का दाखिला नहीं लेने या उसके बाद पढ़ाई जारी नहीं रखने का यह एक बड़ा कारण था।

जनजातियों की आबादी माजरों और टोलों में बिखरी होने के कारण भी जनजातियों से सम्बद्ध बच्चों की पहुंच शिक्षा तक नहीं बन पा रही थी। अब, पहुंच के सामान्यीकरण से शिक्षा हेतु दूरी की बाधा प्रभावी रूप से हटा दी गई है। प्रारंभिक शिक्षा का सामान्यीकरण मध्य प्रदेश में अधिक उल्लेखनीय है क्योंकि यह ऐसे समय पर किया गया है जब समस्त राज्य सरकारें वित्तीय संकट से जूझ रही हैं। राज्य

सरकार ने प्रत्येक गांव में स्कूल खोलने का सर्वोच्च प्राथमिकता दी। कक्षा आठ तक शिक्षा की पहुंच के सामान्यीकरण हेतु कार्यक्रम दो चरणों में पूर्ण किया गया। अगस्त 1994 में मध्य प्रदेश सरकार ने समयबद्ध ढंग से शिक्षा और साक्षरता के प्रसार हेतु राजीव गांधी शिक्षा मिशन का सृजन किया। मिशन अपने सृजन के साथ ही व्यवस्थित ढंग से अपने कार्य में जुट गया। एक राज्य व्यापी सम्पर्क अभियान के माध्यम से उन आबादियों को चिह्नित किया गया जहां कोई स्कूल सुविधा मौजूद नहीं थी।

जनवरी 1947 में शिक्षा मिशन ने जनजातीय क्षेत्रों में माजरों तथा टोलों की आबादी को ध्यान में रखते हुए शिक्षा गारंटी योजना प्रारंभ की। अगस्त 1998 में प्राइमरी शिक्षा के सामान्यीकरण की घोषणा कर दी गई। इस योजना के अंतर्गत सरकार मांग किए जाने पर उन आबादियों के एक किलोमीटर के दायरे में स्कूल खोलने की गारंटी देती है जहां कोई प्राइमरी स्कूल नहीं है तथा जनजातीय क्षेत्रों में स्कूल जाने वाले कम से कम 25 बच्चे हैं तथा गैर जन-जातीय क्षेत्रों में 40 बच्चे हैं। स्थानीय समुदाय ग्राम सभाओं के माध्यम से एक स्थानीय शिक्षित व्यक्ति का चयन स्कूल के गुरु जी के रूप में कार्य करता है। शिक्षा मिशन गुरु जी को प्रशिक्षण उपलब्ध कराता है तथा पढ़ने पढ़ाने की सामग्री की व्यवस्था करता है। इस योजना के तहत, राज्य में 26 प्राइमरी स्कूल खोले गए हैं। शिक्षा मिशन 1998 तक 30,540 प्राइमरी स्कूल प्रारंभ करके प्राइमरी स्कूल बच्चों के द्वार तक पहुंचा चुका है।

द्वितीय चरण में, राज्य में प्रारंभिक शिक्षा में कमियों का चिन्हांकन किया गया। इससे पता चला कि 902 मिडिल स्कूलों का अभाव पूर्ण किया जाना है। तब राज्य में 11000 से अधिक मिडिल स्कूल प्रारंभ किए गए और इस प्रकार प्रारंभिक शिक्षा का सामान्यीकरण हासिल किया गया। यहां यह उल्लेख करना आवश्यक है कि 1993 में राज्य में केवल 52,786 प्राइमरी स्कूल तथा 12,745 मिडिल स्कूल मौजूद थे।

आठवीं कक्षा तक की शिक्षा प्रत्येक बच्चे की पहुंच में ले जाना बच्चों के लिए समान अवसर पैदा करने की दृष्टि से एक ऐतिहासिक घटना है। प्रत्येक बच्चे की संभाव्यता के दोहन हेतु गुणवत्तापूर्ण शिक्षा भी कम महत्वपूर्ण नहीं है। शिक्षा में गुणवत्ता का उत्तरदायित्व, सुनिश्चित करने के लिए एक कानून 'मध्य प्रदेश जन शिक्षा अधिनियम' बनाया गया है। यह कानून देश में अपनी तरह का एक अनूठा कानून है, जिसमें शिक्षा की गुणवत्ता के लिए सरकार और जनता दोनों उत्तरदायी होंगे। लोगों की शिक्षा रिपोर्ट स्कूल, जनपद तथा राज्य स्तर पर तैयार की जाएगी।

जनपद तथा राज्य स्तर की रिपोर्ट विधानसभा निर्वाचन क्षेत्रों के अनुसार तैयार की जाएंगी। ताकि जनता के निर्वाचन प्रतिनिधि अपने संबंधित निर्वाचन क्षेत्र में शिक्षा की प्रगति का आकलन कर सकें। राज्य स्तर की लोगों की शिक्षा रिपोर्ट राज्य विधानसभा में पटल पर रखी जाएगी। गुणवत्ता सुधारने के संबंध में इस वर्ष से सरकारी प्राइमरी स्कूलों तथा शिक्षा गारंटी स्कूलों में पढ़ने वाले बच्चों को पाठ्यपुस्तक मुफ्त उपलब्ध कराई गई हैं। इससे 77 लाख बच्चे लाभान्वित हुए हैं। इसके अतिरिक्त मिडिल स्कूलों में पढ़ने वाले अनुसूचित जातियों तथा अनुसूचित जनजातियों के बच्चों को भी पाठ्यपुस्तक निःशुल्क उपलब्ध कराई गई हैं।

इस योजना में राज्य में कक्षा 6 से 8 तक के 16 लाख से अधिक बच्चे लाभान्वित हुए हैं। पाठ्य पुस्तकों के निःशुल्क वितरण से बच्चों के माता-पिता का बोझ हल्का हो रहा है तथा शिक्षा को और अधिक बढ़ावा मिल रहा है। बच्चों की शिक्षा एक संवेदनशील मुद्दा है तथा हर बच्चे की पहुंच में स्कूल होना बच्चों को जीवन में कुछ कर सकने के समान अवसर प्रदान करना है। प्रारंभिक शिक्षा का सामन्यीकरण दूरदराज के क्षेत्रों में रहने वाले बच्चों के लिए अत्यंत महत्वपूर्ण है।

साक्षरता अभियान

स्व जीवनक्षम विकास के लिए लोगों के प्रवृत्ति मूल्यों, जानकारी तथा कौशल में तदनुसारी परिवर्तन आवश्यक है और यह परिवर्तन केवल शिक्षा के माध्यम से लाया जा सकता है। भारत की 48% जनता अभी निरक्षर है। इस समस्या के समाधान हेतु सन् 1978 से प्रौढ़ शिक्षा कार्यक्रम किसी न किसी रूप में जारी है। राष्ट्रीय साक्षरता मिशन के तहत 1988 में एक अभियान प्रारंभ किया गया है। प्रौढ़ शिक्षा कार्यक्रम के लिए शैक्षिक तकनीकी संसाधन मुहैया कराने हेतु प्रत्येक राज्य में राज्य संसाधन केन्द्र शैक्षिक ऊर्जा गृह के रूप में कार्य करते हैं। सन् 1985 में स्थापित एस आर सी, इंदौर एक राष्ट्रीय स्तर के एन जी ओ (बीजी एम एस) को सौंपा गया है जो 1961 से ग्रामीण महिलाओं नेतृत्व विकास हेतु कार्यरत है। यह संगठन प्रौढ़ शिक्षा के क्षेत्र में अपने असाधारण कार्य के लिए 1979 में नेहरू साक्षरता पुरस्कार भी प्राप्त कर चुका है।

मानव संसाधन तथा विकास मंत्रालय, भारत सरकार की सहायता से एस आर सी मध्य प्रदेश में अपने प्रारंभन काल से साक्षरता मिशन के लिए गुणात्मक, शैक्षिक तथा तकनीकी-शिक्षा, शास्त्रीय सहायता उपलब्ध करा रहा है। इस सहायता प्रणाली में पढ़ने-पढ़ाने तक प्रशिक्षण सामग्री तैयार करना, साक्षरता कार्यकर्ताओं को प्रशिक्षण प्रदान करना, टी एलसी/पी एल सी के अनुसंधान अध्ययन संचालन का मूल्यांकन,

नव साक्षरों हेतु साहित्य तैयार करना तथा वितरण, मल्टीमीडिया कार्य और नव प्रवर्तनकारी, सहायक तथा अनुसंधानपरक परियोजनाओं का कार्यान्वयन सम्मिलित है। प्रौढ़ शिक्षा कार्यक्रम के कार्यान्वयन में परम्परागत केन्द्र आधारित कार्यक्रम से अभियान दृष्टिकोण का सैद्धान्तिक परिवर्तन जहां जनपद समसत साक्षरता अभियान चलाते हैं और अनुवर्ती उत्तर साक्षरता तथा निरंतर शिक्षा द्वारा एस आर सी जनपदों को पूर्ण साक्षरता अभियान के योजना चरण से उनके पूर्ण होने तक तथा उसके पश्चात् उत्तर साक्षरता और निरंतर शिक्षा द्वारा संसाधन सहायता उपलब्ध कराने में बहुविधि भूमिका निभाते हैं।

यद्यपि एस आर सी कार्यक्रम का कार्यान्वयन नहीं करते हैं, लेकिन यह स्वयं को कार्यान्वयन अभिकरणों तथा जिला साक्षरता समिति (जिला साक्षरता अभियान समिति) तथा बाह्य अभिकरणों यथा स्वैच्छिक संगठन और शैक्षिक संस्थाओं (राज्य में कार्यक्रम कार्यान्वित कर रही) के कार्यान्वयन में निकट सम्बद्धता रखते हैं। पूर्ण साक्षरता अभियान तदनंतर उत्तर साक्षरता तथा निरंतर शिक्षा एस आर सी की विभिन्न भूमिकाएँ हैं।

4

महिलाओं की स्थिति

भारत के अधिकांश क्षेत्र की तरह मध्य प्रदेश में भी महिलाओं की स्थिति अधिक संतोष जनक नहीं है। मध्य प्रदेश में महिलाएँ कुल आबादी का 50% हिस्सा है तथा सम्पूर्ण प्रदेश की अर्थव्यवस्था में एक अहम भूमिका निभाती हैं। परन्तु इसके बावजूद वे अपनी मूलभूत आवश्यकताओं की पूर्ति व अधिकारों से वंचित रह जाती हैं तथा अपने ही परिवार के द्वारा तिरस्कार तथा उपेक्षा की शिकार बनती हैं। इसके लिये सामाजिक रूढ़िवादिता से ग्रस्त मानसिकता उत्तरदायी है।

जनजातीय महिलाएँ

वहीं दूसरी ओर सहरिया समाज एक समतामूलक स्थिति प्रस्तुत करता है, तो भी महिलाओं तथा पुरुषों की स्थिति समान नहीं है, जैसा कि श्रम विभाजन और पंचायतों में उनकी भूमिका से स्पष्ट हुआ। जब सहरिया समाज में श्रेणीबद्ध समाज के साथ सम्पर्क में आने के बाद विभिन्न जाति तथा वर्ग की विशेषताएं आ गईं, तब लिंग आधारित ये अंतर और स्पष्ट हो गए तथा विविध रूपों में प्रकट हुए।

सहरियाओं के बाहरी समाज के लोगों के साथ परस्पर सहक्रिया के कारण क्षेत्रीय श्रेणीक्रम में उनकी निम्नतर स्थिति बनी, उनका आर्थिक पिछड़ापन और नए परिवर्तनों को अंगीकार करने की अयोग्यता थी। विभिन्न जाति समूहों के साथ सम्पर्क के परिणामस्वरूप सहरिया महिलाओं पर विभिन्न प्रतिबंध लागू कर दिए गए तथा उनकी स्थिति एवं भूमिका गैर जनजातीय महिलाओं के मुकाबले नीची मानी गई। स्वतंत्रता प्राप्ति के पश्चात् जब उनकी पंचायतों की स्वायत्तता पर प्रतिबंध लागू किए गए, जिससे निजी सम्पत्ति का नियम बना और वर्ग विशेषताएं उभरने लगीं। सहरिया महिलाओं को उनके पेशागत ढांचे में कैद कर दिया गया और उन्हें पुरुषों पर आश्रित माना गया।

इसलिए भूमि उनके नामों में आवंटित नहीं की गई, उन्हें कोई नई प्रौद्योगिकी

अथवा प्रशिक्षा नहीं दी गई तथा उनमें निरक्षरता की दर अत्यन्त ऊंची थी। इन बदली स्थितियों में सहरिया महिलाओं ने परिवार की मूल आवश्यकताओं की व्यवस्था का दायित्व संभाल लिया है। यह संघर्ष बढ़ता गया क्योंकि पुरुषवर्ग पैसा शराबखोरी पर बर्बाद करता रहा। ऐसी स्थिति में वे तेजी से बदली परिस्थिति में ढल गईं और जीवन के नए ढंग को स्वीकार कर लिया। इससे संकेत मिलता है कि यदि महिलाओं को उपयुक्त कार्य अवसर, प्रशिक्षण तथा सुविधाएं दी जाएं तो वे बेहतर कार्य कर सकती हैं। यह कार्य लिंग तथा समुदाय विशेष की समस्याओं को समझ कर किया जा सकता है, चूंकि ऐसा करने से भारत में जनजातीय महिलाओं के विकास हेतु संदर्भगत प्रासंगिक योजनाएं सूत्रबद्ध किए जाने की आवश्यकता आलोकित हो सकेगी।

सहरिया महिलाओं के जीवन के विभिन्न पक्षों में परिवर्तन का अध्ययन किया जा रहा है जबकि जनजातीय समाज (1) व्यवसाय की एकरूपता से, विशेषतः वन-अर्थव्यवस्था से सम्बद्ध, व्यवसायिक संरचना के विविधीकरण की ओर बढ़ रहा है; (2) राजनैतिक संगठन की स्वायत्तता तथा राज्य के शासकों के साथ सीमित सम्पर्क से कल्याणकारी राजा की विचारधारा तथा जनजातीय विकास कार्यक्रमों तथा वर्द्धित परस्पर व्यवहार की ओर बढ़ रहा है तथा (3) एक खण्डीय समाज से सामाजिक स्तरविन्यास की विशेषता युक्त समाज की ओर बढ़ रहा है। सहरियाओं में सामाजिक सहचर्या में महिलाओं की स्थिति का विश्लेषण निम्न मान्यताओं पर आधारित है (i) परिवर्तन महिलाओं तथा पुरुषों को भिन्न प्रकार से प्रभावित करता है तथा (ii) एक जनजाति, विशेषकर बाह्य लोगों के साथ इसके संबंधों के अध्ययन के अधीन, की विशेषताएं समझना उस जनजाति की महिलाओं की बदलती स्थिति समझने के लिए अनिवार्य है। अध्ययनाधीन जनजातियों में सहरिया जनजाति छोटी, गरीब तथा कम जानी जाने वाली जनजाति है।

क्षेत्र के मूल्य तथा सिद्धान्त उच्च जातियों द्वारा निर्धारित किए जाते थे तथा महिलाओं के बारे में उनकी धारणा सहरिया महिलाओं पर भी लागू होती थी और उनकी स्थिति व भूमिका भी तदनुसार आंकी जाती थी। क्षेत्र की पितृवंशी तथा जातिगत विचारधारा का प्रभाव और इन मूल्यों से स्वयं को आजाद न करा सकने की महिलाओं की अक्षमता आज भी स्पष्ट देखी जा सकती है।

अज्ञानता, औषधीय जड़ी बूटियों के अभाव तथा उपचार के आधुनिक तरीकों तक पहुंच न होने के कारण स्वास्थ्य संबंधी समस्याओं में वृद्धि हुई है। महिलाओं की गर्भधारण, प्रसव तथा उत्तरीय समस्याएं भी गंभीर हैं। गर्भपात अथवा निष्फलता

सामान्य समस्या है और लगभग 40 प्रतिशत सहरिया बच्चे 5 वर्ष की आयु तक काल के ग्रास बन जाते हैं हालांकि बालक या बालिका का कोई विभेद नहीं किया जाता है।

परिवार में श्रम का विभाजन पूरी तरह लिंग आधारित नहीं है क्योंकि पुरुष घरेलू कार्यों में महिलाओं का हाथ बंटाते हैं। तथापि, महिलाओं के प्रमुख कार्य घर की देखभाल, सफाई, इसे सजाना, बच्चे पैदा करना तथा पालना, भोजन बनाना, ईंधन, पानी तथा चारे की व्यवस्था करना है। इससे स्पष्ट होता है कि महिलाओं के ऊपर कार्यभार अधिक है। बालिकाएं अक्सर अपनी मां की सहायता करती हैं, खासकर छोटे बच्चों का ध्यान रखने में बहुत सहायक होती हैं। इसके अतिरिक्त परिवार के सदस्य सुरक्षा में सहायता करते हैं। गृहस्थी में घरेलू कार्यों में सहकारिता तथा सामूहिकता की भावना होती है। यह विशेष रूप से त्योहारों अथवा विवाह समारोहों के अवसर पर महिलाओं के हाथ बंटाने में नज़र आता है। सजावट, सफाई तथा भोजन बनाने के काम में पूरे कुल की महिलाएं मिलजुल कर हाथ बंटाती हैं। विवाह समारोह स्थल के आसपास छोटे चूल्हों पर चपातियां तैयार करता महिलाओं का समूह सहरिया गांवों का सामान्य दृश्य है।

विवाह

विवाह एक साधारण समारोह होता है जो 'मढ़ी' कहे जाने वाले व्यक्ति द्वारा सम्पन्न कराया जाता है तथा ब्राह्मण पुरोहित की कोई आवश्यकता नहीं होती है। विवाह के बाबत पति अथवा पत्नी का वरण, इसकी तिथि, समय इत्यादि का निर्णय परिवार के मुखिया द्वारा परिवार के अन्य सदस्यों के साथ परामर्श से किया जाता है। विवाह समारोह के कार्यों में महिलाएं बढ़-चढ़ कर भाग लेती हैं। सहरिया समाज में कन्या देने वाले और कन्या लेने वाले तथा बारातियों एवं घरातियों में कोई भेद नहीं किया जाता है। सामान्यतः भोजन कराया जाता है और भोजन जैसा भी हो सहरिया लोग उसे बिना चूँ चपड़ स्वीकार करते हैं और दुबारा भोजन की मांग नहीं करते हैं। गैर-जनजातीय विवाहों में अंतिम समय का तनाव यहां नदारद होता है। विवाह जनजाति के भीतर तथा गांव और कुल से बाहर किए जाते हैं। एक व्यक्ति को अपने पिता की कुल अपनी माता और दादी के कुल में विवाह करने पर प्रतिबंध है।

विधवाओं को हेय दृष्टि से नहीं देखा जाता है तथा वे दूसरा विवाह करने और अपनी पसंद के वस्त्र पहनने हेतु स्वतंत्र हैं। कई बार एक विवाहित महिला का

सम्बन्ध किसी पराये पुरुष से हो जाता है और यह सम्बन्ध 'नाता' कहलाता है। इस संबंध को सामाजिक स्वीकृति दी जा सकती है यदि दूसरा पुरुष उस महिला के पति को क्षतिपूर्ति राशि अदा कर देता है जिसे 'झगड़ा' कहा जाता है। यह क्षतिपूर्ति राशि पंचायत द्वारा तय की जाती है। बाहरी लोगों के साथ साहचर्य की प्रक्रिया के फलस्वरूप महिलाएं अधिक निर्भरता की ओर बढ़ रही हैं उनके आवागमन पर अधिक प्रतिबंध लागू किए जा रहे हैं तथा कई बार प्रतिबंध उल्लंघन को अपराध माना जाता है। सामुदायिक मूल्यों तथा कुल की ैगम भूमिका में गंभीर गिरावट आयी है तथा परिवार में महिलाओं का कार्यभार बढ़ गया है। इस परिवर्तन को वहां देखा जा सकता है, जहाँ पति कार्यभार में हाथ नहीं बंटाते और शराबखोर हो जाते हैं तथा अपनी पत्नियों को पीटते हैं। महिलाओं का कार्यभार घर में तथा घर के बाहर दोनों जगह बढ़ा है।

आर्थिक जीवन

सहरिया महिलाएं इस कृषिकार्य में प्रारंभ से ही हाथ बंटाती थीं। वे प्रमुखतः बुवाई, निराई, कटाई, थ्रैशर-कार्य, छानने बीनने तथा फसल भंडारण में हाथ बंटाती थीं। पुरुष आमतौर पर निर्माण कार्य जैसे छत पर छप्पर डालना, पेड़ों की कटाई तथा उनको जलाना आदि में संलिप्त रहते थे, परन्तु कई उत्पादों यथा लकड़ी का कोयला, कत्था, साबुन इत्यादि के निर्माण में पुरुष एवं महिलाएं दोनों साथ मिलकर काम करते थे। शिकार करना तथा मत्स्य पालन प्रमुख रूप से पुरुषों का कार्य था लेकिन वनोत्पादों का एकत्रीकरण जिनमें फल, कंद फूल, मूल, बीज इत्यादि शामिल थे महिलाओं का काम था। इनके अलावा, महिलाओं को धर का काम, बच्चों की देखभाल, ईंधन, चारा तथा परिवार के पानी की व्यवस्था भी करनी पड़ती थी।

आज महिलाएं या तो कृषि मजदूर के रूप में अथवा लघु वन उपज के एकत्रीकरण के साथ गृहस्थी के काम और पानी, ईंधन व चारे की व्यवस्था का कार्य कर रही हैं जिनका कोई मूल्य नहीं समझा जाता है।

कई मामलों में जहां पुरुष महिलाओं के साथ दुर्व्यवहार करते हैं, उन्हें पीटते हैं अथवा किसी और महिला के लिए उन्हें छोड़ देते हैं, तब महिलाओं के पास कोई घर, सम्पत्ति, भूमि अथवा अन्य आश्रय नहीं होता है। सहरिया महिलाएं अपनी भूमि, इसके उपयोग-अधिकार तथा अल्प वन्य उपज ईंधन, चारा जैसे मूल्यवान वन संसाधनों से वंचित होने के कारण (वन कटाई तथा जनजातीय अधिकारों के संबंध में कठोर वन कानूनों के कारण) अधिक असहाय और पराश्रित हो गई हैं। सिंचाई

तथा बेहतर खेती की सभी नई तकनीक और जानकारी केवल पुरुषों को दी जा रही है। महिलाएं 'सूर' कृषि के अपने ऊपर कर के उपयोग से भलीभांति परिचित हैं।

आज भी महिलाओं की समस्याओं की जड़ें उनकी शिक्षा और जागरुकता के अभाव में है।

जनजातियों तथा गैर-जनजातियों की साक्षरता दर के एक तुलनात्मक विश्लेषण के अनुसार भारत में जनजातियों की साक्षरता दर (1981 जनगणना—16.35 प्रतिशत) सामान्य आबादी की साक्षरता दर (1981 जनगणना —36.23 प्रतिशत) से काफी कम है जबकि इसी अवधि में जनजातीय महिलाओं की साक्षरता दर 8.04 प्रतिशत जनजातीय पुरुषों की साक्षरता दर 24.52 प्रतिशत तथा गैर-जनजातीय महिलाओं की साक्षरता दर 24.82 प्रतिशत थी। यद्यपि विगत दस वर्षों में प्रत्येक वर्ग में साक्षरता दर में वृद्धि हुई है, लेकिन अन्तर अभी भी बहुत विशाल है। सन् 1991 की जनगणना के अनुसार साक्षरता दर अनुसूचित जनजाति 23.63 प्रतिशत, सामान्य 52.21 प्रतिशत, अनुसूचित जनजाति महिला 14.50 प्रतिशत तथा अनुसूचित जनजाति पुरुष 32.50 प्रतिशत और सामान्य महिलाएं 39.29 प्रतिशत है। लड़कों के मुकाबले स्कूल जाने वाली लड़कियों की संख्या बहुत कम है तथा पढ़ाई छोड़ने वालों की दर बहुत ऊंची है। तथापि, यह निश्चित है कि सहरिया बच्चों की साक्षरता दर और उसके परिणामस्वरूप महिलाओं तथा पुरुषों की साक्षरता दर में अच्छा खासा सुधार होगा यद्यपि लड़कों तथा लड़कियों के शैक्षिक स्तर में अंतर कुछ और समय तक जारी रहेगा।

2001 की जनगणना बताती है कि 1991 से 2001 के बीच महिला शिक्षा के क्षेत्र में अभूतपूर्व व अत्यंत उत्साहवर्धक परिवर्तन हुआ तथा शिक्षा की दर 29.4% से बढ़कर 50.6% हो गई।

दतिया, इन्दौर, भोपाल नरसिम्हापुर व जबलपुर में 73% की शिक्षा दर सन्तोषजनक है, वहीं झाबुआ बरवानी तथा श्योपुर में दर 50% से भी कम है।

राजनैतिक योगदान व जनजातीय महिलाएँ

सहरिया महिलाओं को पारम्परिक पंचायतों में कोई महत्वपूर्ण स्थान नहीं दिया जाता था, जहां केवल बुजुर्ग पुरुष ही सदस्य बन सकते थे। महिला न तो पटेल और न सरपंच बन सकती थी और न ही पंचायत ही सदस्य बन सकती थी। उन्हें पंचायत कार्यवाही में भाग लेने की भी अनुमति नहीं थी।

महिलाओं को सीधे प्रभावित करने वाले मुद्दे जैसे परिवार के सदस्यों हेतु भोजन व्यवस्था, मदिरापान, पत्नी को पीटना, बच्चों की देखभाल न करना, कुछ नहीं कमाना अथवा कार्य में पत्नी की सहायता नहीं करने के मुद्दे ग्राम पंचायत में कभी नहीं ले जाए गए। पंचायत अधिकतर विवाह और गोत्र संबंधी समस्याओं पर विचार करती थीं। ज्यादातर मामले "नाता" से संबंधित होते थे। विधवाओं अथवा विवाहित महिलाओं के साथ नाता स्थापित करना एक सामान्य चलन है।

तथापि, अपने ही गांव अथवा कुल की महिला अथवा गैर-सहरिया महिला के साथ संबंध स्थापित करना गंभीर दृष्टि से देखा जाता था। चूंकि लड़कियों के विवाह की आयु काफी कम है इसलिए एक महिला द्वारा 'नाता' स्थापित करने की संभावना प्रायः नहीं होती है।

अधिकांश जनजातीय लोग, विशेष रूप से महिलाएं, अनपढ़ होती हैं तथा उन्हें नियमों एवं प्रक्रियाओं की जानकारी नहीं होती है। निर्वाचन प्रक्रिया के लिए पैसा और छलबल की आवश्यकता होती है जो महिलाओं के रुचि विषय नहीं है। पंचायतों के माध्यम से कार्यान्वित की जाने वाली नई योजनाओं में राजनीति की उठापठक और दांव-पेच होते हैं, जिसके कारण महिलाएँ इनसे अलग रहना पसंद करती हैं। पंचायतों के माध्यम से अनेक विकास काय्रक्रमों के प्रारंभन से जनजातीय क्षेत्र बाहरी लोगों के लिए खुल गए हैं, जो वैसी ही पितृवंशी परम्परा तथा जाति पक्षपाती होते हैं। यदि कोई पंचायत पूर्ण रूप से जनजातीय है तो भी गैर-जनजातीय सरपंचों तथा स्थानीय प्रभावशाली लोगों का साहचर्य जारी रहता है। ऐसा देखा गया है कि बहुत से गैर-जनजातीय लोग बड़े जनजातीय लोगों के साथ निकट संबंध बनाकर उनके माध्यम से लाभ उठा रहे हैं। चूंकि क्षेत्र में जनजातीय लोगों की जनसंख्या कम है, जनजातीय लोगों की समस्याएं बड़ी हैं जिसका एक कारण इन दोहनकारी ताकतों के साथ सम्पर्क होना है। सहरिया महिलाएं चुनावों तथा वैधानिक पंचायतों के कार्यक्रमों में बहुत कम दिलचस्पी लेती हैं। वे बिना कोई बेहतर विकल्प पाए अपनी पुरानी पारम्परिक समस्या समाधानकारी एजेन्सी गंवा चुकी हैं। मध्य प्रदेश में पिछले वर्ष हुए चुनावों, जो 73वें संविधान संशोधन के प्रावधानों पर आधारित महिलाओं समेत एक तिहाई महिला प्रतिनिधित्व परिणाम रूप में सामने आया है। इस महत्वपूर्ण कदम के प्रभाव का अध्ययन और विश्लेषण अभी किया जाना शेष है।

राज्य सरकार द्वारा महिला सशक्तिकरण

सरकार द्वारा राज्य की शहरी ग्रामीण तथा जनजातीय महिलाओं के आर्थिक

सामाजिक तथा शैक्षिक स्तर को ऊँचा उठाने से संबंधित मुद्दों को प्राथमिकता दी जा रही है। 2009 में महिला पंचायत की शुरूआत करके महिलाओं का राजनीति में योगदान स्पष्ट किया गया वहीं पंचायत राज में महिलाओं हेतु 50% से अधिक आरक्षण दिया गया। सरकारी सेवाओं में 33%, पुलिस में 10% तथा मेडिकल कोटे में 30% का आरक्षण महिलाओं हेतु उपलब्ध है। इसके अतिरिक्त नारी सशक्तिकरण हेतु स्वयंसिद्धा, तेजस्विनी, लाडली लक्ष्मी, उषा किरण कन्या साक्षरता योजना, मुफ्त साइकल योजना, जननी सुरक्षा योजना, SC/ST राहत योजना, मुख्यमंत्री कन्यादान योजना आदि कई योजनाओं द्वारा महिलाओं को आर्थिक व शैक्षिणिक क्षेत्र में आत्मनिर्भर बनाया जा रहा है।

5

समाज और सामुदायिक जीवन

ऐतिहासिक काल में मध्य प्रदेश क्षेत्र को पुराने भौगोलिक नाम मध्य देश अथवा मध्य क्षेत्र नाम से जाना जाता था। उत्तर में चम्बल नदी तथा दक्षिण में गोदावरी के बीच फैला यह राज्य एक पेटी सा प्रतीत होता है—ग्वालियर के आसपास देहात क्षेत्र, बुदेलखंड तथा बघेलखंड, मालवा का पहाड़ी क्षेत्र – तथा 487 मीटर की औसत ऊंचाई और नर्मदा घाटी (निमाड संहित)। भौतिक विशिष्टताओं, जलवायु, भूदृश्य, लोग तथा बोलियों में विविधता के बावजूद राज्य अपने प्राकृतिक प्रभावों के बीच उल्लेखनीय घनिष्ठता प्रस्तुत करता है। भारत की 1961 की जनगणना में राज्य का वर्णन इस प्रकार किया गया है :

यह पांच क्षेत्रों से मिलकर बना है जिनमें से तीन मध्य भारत, विन्ध्य प्रदेश तथा भोपाल पूर्ण राज्य के रूप में शामिल हैं। मध्य भारत तथा राजस्थान के बीच विदेशी अंतःक्षेत्रों के संबंध में छोटा सा समायोजन इसका अपवाद है। यही समायोजन दो अन्य क्षेत्रों—विदिशा जनपद का सिरोंज उप प्रभाव जो पहले राजस्थान का अंग था—का वर्तमान राज्य में मिलाए जाने की व्याख्या भी करता है। पांचवां क्षेत्र महाकोशल है जिसमें पूर्व मध्य प्रदेश के सत्रह जनपद शामिल हैं।

सामाजिक विविधता

मालवा के पठार ग्रामीण आबादियों के आसपास आम और इमली के वृक्षों के झुरमुट के साए में लहलहाते खेतों और चमकदार हरियाली का दृश्य प्रस्तुत करते हैं। इस पठार के निवासी अधिकतर कृषक हैं। मालवा के उत्तर में निचला क्षेत्र जो ग्वालियर के आसपास भू-भाग तक फैला है एक अलग आकर्षण लिए हुए है। इसका पूर्वोत्तर भाग धीरे-धीरे बुंदेलखण्ड की ओर बढ़ता है तथा बघेलखंड में कैमूर पहाड़ियों से जाकर मिलता है। यहां के लोग मालवा के किसानों की अपेक्षा नाटे लेकिन सुगठित शरीर वाले होते हैं। पहाड़ी क्षेत्र प्रमुखतः विन्ध्य और सतपुड़ा श्रृंखला का

क्षेत्र हैं, जहां झील, गोंड, कोरकुस तथा मिश्रित वंश की अन्य जनजातियां कृषि कार्य करती हैं।

मध्य प्रदेश में जनसंख्या का बड़ा भाग हिन्दू समुदाय है। इनमें राजपूत भूस्वामी, पारम्परिक व्यापारी वर्ग बनिया और स्थापित कृषक जैसे अहीर, खटीक, कुनबी, लोधी, माली और अन्य जातियां हैं। शहरी क्षेत्रों में उद्योगों तथा कारखानों में सभी वर्गों के मजदूर काम करते हैं। मध्य प्रदेश की जातीय पच्चीकारी में कुछ प्रतिशत अंश पारसी समुदाय, मुस्लिम तथा जैन समुदाय का भी है।

प्रारंभ काल से ही हम मध्य प्रदेश में दो पृथक एवं विशिष्ट संस्कृतियों को पल्लवित होते देख रहे हैं, जो मैदानी संस्कृति से निष्फल संघर्ष के फलस्वरूप वनों तथा पर्वतों के आश्रय लेने हेतु विवश थीं। पर्वतों एवं वनों की संस्कृति तथा मैदानी संस्कृति का अन्तरहस्तक्षेप अति प्राचीन काल से चला आ रहा है।

तथापि, संकेत स्पष्ट हैं कि पुरातन संस्कृति मैदानी संस्कृति के प्रभाव तले तेजी से बिखर रही है। यह बिखराव विगत दो तीन दशकों में विशेष स्पष्ट हुआ है। मध्य प्रदेश के केवल निचले भाग में आदिवासी अपनी स्वदेशी संस्कृति को कायम रखे हुए हैं।

देश की स्वतंत्रता प्राप्ति के पश्चात् लोगों की सामाजिक-आर्थिक स्थिति में भारी सुधार हुआ है। लोग सामान्यतः अपने अधिकारों के प्रति जागरूक हुए हैं। राज्य की अर्थव्यवस्था में संतोषजनक सुधार हुआ है। बाह्य प्रभावों तथा आंतरिक नेतृत्व के चलते राज्य की जनजाति वर्ग में सामाजिक परिवर्तन होने अनिवार्य थे। सामाजिक कल्याण अभिकरणों ने उन्हें कई चीज़ों से अवगत करा दिया गया। कुछ आदिवासियों द्वारा हिन्दू रीति रिवाज तथा परम्पराएं अपनाए जाने के उदाहरण भी देखे जा सकते हैं। मध्य प्रदेश के राज-मोहिनी देवी आन्दोलन द्वारा प्रारंभ किए गए तत्वों के विश्लेषण से यह स्पष्ट हो जाता है कि अलौकिक रूप से संस्तुत संस्कृति के तत्व अधिकांशतः स्वयं हिन्दुत्व के भीतर समकालीन सुधार आंदोलनों अथवा विरल मामलों में ईसाई सम्पर्कों से ग्रहण किए गए हैं।

जनजातियां

राज्य में हर सातवाँ व्यक्ति जनजातीय समुदाय से सम्बद्ध है। भूमध्यसागरीय अथवा जंगली प्रकार के पहाड़ी मड़िया लोग सर्वाधिक प्राचीन निवासी माने जाते हैं। परन्तु इनकी जनसंख्या बहुत कम है। अन्य लोग पूर्व-द्रविड़ शैली के हैं। वे अन्य लोगों की अपेक्षा पहले से यहां बसे हैं। भील और गोंड जनजातियां पूर्व-ऐतिहासिक

काल से मध्य प्रदेश से जुड़ी हैं। वस्तुतः, मध्य प्रदेश जनजातीय जनसंख्या के मामले में भारत का प्रथम स्थान पर राज्य है, जहां राज्य की जनजातीय जनसंख्या इसकी कुल जनसंख्या की 19.94 प्रतिशत तथा देश की कुल जनजातीय आबादी का 22.73 प्रतिशत है। मध्य भारत के जनजातीय लोगों के 46 जातीय समूहों के साथ मध्य प्रदेश राज्य में जीवन की जनजातीय शैली की विविधतापूर्ण एवं स्पष्ट तस्वीर का लघु निदर्श प्रस्तुत करता है। राज्य के दक्षिणी तथा दक्षिण पूर्वी भाग में जनजातीय आबादी का बृहत् संकेन्द्रण है, जो वास्तव में, मध्य भारत के प्रमुख जनजातीय आवासीय क्षेत्र का विस्तार है। यह झाबुआ, धार, बरवानी तथा खारगौन जनपदों समेत राज्य के पश्चिमी भाग तक विस्तृत है। झाबुआ में जनजातीय आबादी का घनत्व उच्चतम है। मध्य प्रदेश की जनजातियों आज भी आदिकालीन सभ्यता के युग में भारतीय समाज की मुख्यधारा से एकदम अलग रह रहे हैं।

वे अधिकांशतः जंगल में रहते हैं तथा अपनी आजीविका के लिए वन्य फल, जड़ी, कंद तथा मूल, काष्ठ इत्यादि पर निर्भर रहते हैं। इसके अतिरिक्त कुछ जनजातीय समुदाय खेतों में भूमिहीन मजदूरों के रूप में कार्य करते हैं तथा कुछ लोगों के पास भूमि भी है। जनजातीय समुदाय के घर पहाड़ी ढलानो पर और जंगल में बांस और घास-फूस से बने होते हैं तथा यहां-वहां छितरे होते हैं।

ये जनजातीय समूह लगभग सभी 45 जनपदों में बसे हैं, लेकिन उनकी जनसंख्या प्रतिशत भिन्नता लिए है। भिंड जनपद में जनजातीय जनसंख्या सबसे कम है यहां कुल 3291 जनजातीय लोग हैं, जबकि लगभग 85.67 प्रतिशत जनजातीय आबादी भाबुआ जनपद में है, जहां उनकी जनसंख्या 9, 68, 372 व्यक्ति है। प्रमुख जनजातियां गोंड, कोर्कू, सहरिया, निहाल, भील, भिलाला, बिरहोर, मवासी, धनवार, नेत, गबादा, पनिका, पावो, सूर, सोवर, खिरवार, खादिया कीर, खिंड, गोगिया, कोल, भिलमिना, कोलम, दमौर, गसरिया, झझतार, सहरिया, बेड़िया इत्यादि हैं।

राज्य में जनजातीय आवास को चार भागों में विभाजित किया जा सकता है : (i) मध्य भाग–प्रमुख जनजातियां गोंड, कोल, कोर्कू तथा बेगा (ii) पूर्वी भाग–प्रमुख जनजाति बैगा (iii) पश्चिम भाग–इसमें झाबुआ धार तथा खंडवा सम्मिलित हैं तथा प्रमुखतः भील जनजातियां हैं (iv) दक्षिण भाग–प्रमुख जनजातियां झरिया, मड़िया तथा हल्ला हैं, जो मालवा तथा शहडोल जनपदों में बसी हुई हैं।

इसके अलावा सहरिया तथा बेड़िया जनजातियां मध्य प्रदेश के उत्तर पश्चिम भाग में शिवपुरी, मुरैना तथा श्योपुर जनपदों में बसी हैं।

मध्य प्रदेश में जनजातियों की कुल आबादी का सबसे बड़ा हिस्सा गोंड जनजाति का है जिसमें मड़िया तथा मुड़िया शामिल हैं दूसरा स्थान भील और भिलाला को प्राप्त है। इसके अलावा कोल, कोर्कू सहरिया तथा बैगा प्रमुख जनजातियां हैं। राज्य में जनजातीय जनसंख्या के मामले में झाबुआ जनपद प्रथम तथा मांडला जनपद दूसरे स्थान पर है। भारत सरकार में पिछड़ी जनजातियों के तीन समूहों को मान्यता दी है—मांडला की बैगा जनजाति, छिंदवाड़ा जनपद के पातालकोट क्षेत्र की भाटिया जनजाति और शिवपुरी, मुरैना तथ श्योपुर जनपदों की सहरिया जनजातिं प्रमुख जनजातियाँ गोंड (परिधान, अगड़िया, ओझा, नगरची, सोल्हास भील), (बरेला, भीलासा, परलिया), बैगा (विझावर, नरोतिया, नाहर, राय भैना, काद भैना) तथा कोर्कू (मोवेसीरम व नाहला) आदि हैं।

गोंड

गोंड जनसंख्या के मामले में केवल मध्य प्रदेश की जनजातियों में ही नहीं बल्कि भारत की सभी जनजातियों में विशालतम जातीय समूह है। यद्यपि जनजातीय लोग पूरे प्रदेश में बसे हुए हैं, लेकिन वे प्रमुख रूप से विन्ध्ययन एवं सतपुड़ा पहाड़ियों में नर्मदा नदी के दोनों ओर घाटियों में रहते हैं। गोंड शब्द की उत्पत्ति का मूल स्रोत तेलुगु शब्द कोंड है, जिसका अर्थ वन में निवास करना है। इसलिए जनजातीय लोग अधिकतर जंगलों एवं पहाड़ी क्षेत्रों में रहते हैं। गोंड लोग खेतों में काम करते हैं तथा शिकार में व्यस्त रहते हैं। वे जंगली फल और जड़ी बूटियां एकत्रित कर अपनी जीविका चलाते हैं। अधिकतर जनजातीय लोग अपने भोजन में आम, आंवला, जामुन, महुआ, मछली, चावल और जंगली फल शामिल करते हैं। वे सामान्यतः अर्द्धनग्न रहते हैं तथा बांस एवं घास-फूस की बनी झोपड़ियों में रहते हैं। वे संयुक्त परिवार में रहते हैं। विधवा पुनर्विवाह का चलन विद्यमान है। गोंड जनजाति के युवजन अपने विवाह अपने परिचितों और संबंधियों में करते हैं। वे जादू में विश्वास करते हैं।

कोल तथा गोंड लोग छिंदवाड़ा जनपद के अतिरिक्त सिवनी और बालाघाट की पहाड़ियों में बेतुल नदी के किनारे बसे हैं। बस्तर की जनजातियां इस समूह के अंतर्गत आती हैं। मोटे तौर पर गोंड लोग बढ़िया याददाश्त तथा काव्य की शौकीन

महान जनजाति है। उनके ऐतिहासिक अभिलेखों से स्पष्ट होता है कि चौदहवीं सदी में मध्य भारत के कई भागों में शासक वर्ग थे।

उनके द्वारा महल, किलों, तालाबों, झीलों का निर्माण करवाया गया किन्तु अपनी अति-सादगी और सहनशीलता के कारण अपने प्रतिष्ठानों पर अधिकार कायम नहीं रख सके। अठारहवीं सदी के अंत तक वे अनेक जनजातियों के रूप में बिखर चुके थे। बैगा लोग गोंड जनजाति के याजक वर्ग से संबंधित हैं। तुलनात्मक रूप से वे अपने संरक्षकों से अधिक आदिवासी प्रतीत होते हैं। गोंड लोगों की मान्यता के अनुसार ये वे लोग हैं, जो दुष्ट आत्माओं के विषय में सब कुछ जानते हैं तथा जादुई कार्यों से उनसे बचाव कर सकते हैं। मांडला जनपद में एक लघु भू-भाग है, जिसे बैगा चक कहा जाता है, जो बैगा आबादी के लिए विख्यात है। अपनी विगत जंगली प्रकृति के विपरीत बैगा लोग बहुत बदल चुके हैं। इसी प्रकार गोंड लोग भी गैर-आदिवासियों के सम्पर्क में आकर कुछ हद तक बदल चुके हैं। परधान लोग सभी प्रयोजनों के वास्ते गोंड तथा बैगा लोगों के संगीतज्ञ हैं। यदि एक बैगा उपलब्ध नहीं है तो गोंड धार्मिक कार्यों के लिए किसी परधान को बुला लेते हैं। कोर्कू लोग नर्मदा घाटी में एक छोटे भाग तक ही सीमित हैं। इनमें से कुछ लोग छिंदवाड़ा जनपद के आसपास कोयले की खानों में मजदूरी करने लगे हैं।

भील

भील मध्य प्रदेश में दूसरी सबसे बड़ी जनजाति है। भील जनजाति के लोग अधिकतर धार, झाबुआ तथा पश्चिम निमाड़ जनपदों में पाए जाते हैं। इस जनजाति की जनसंख्या सन् 2001 की जनगणना के अनुसार 25,05,888 है। भील शब्द की उत्पत्ति बिल्लूवर शब्द से हुई है जिसका अर्थ धनुष है। इस जनजाति के लोग धनुष का प्रयोग करते हैं, इसलिए भील कहलाते हैं। वे प्रमुखतः भीली बोली बोलते हैं जो राजस्थानी, गुजराती तथा मराठी भाषाओं का मिश्रण है। भील लोग प्रमुख रूप से कृषि कार्य करते हैं। कुछ लोग श्रमिक भी हैं। वे आर्थिक रूप से पिछड़े हुए हैं। वे छोटे-छोटे गांवों में संयुक्त परिवार में रहते हैं। भील जनजाति में प्रेम विवाह की प्रथा विद्यमान है। वे हिन्दू धर्म को मानते हैं तथा महादेव, राम, गणेश और हनुमान की पूजा करते हैं।

भील जनजाति के लोग नर्मदा के किनारे भी जहां तहां बसे हुए हैं। चूंकि वे राज्यों के बीच सीमा को मान्यता नहीं देते हैं, अतः उनकी मौजूदगी निकटवर्ती राज्यों राजस्थान, महाराष्ट्र और गुजरात में भी काफी तादाद में देखी जा सकती है तथा

उनकी बोली पर स्थानीय भाषाओं का स्पष्ट प्रभाव भी देखा जा सकता है। अनेक मान्यताएं और अंधविश्वास उन्हें हिन्दू सामाजिक पद्धति से अलग करते हैं। मालवा में प्रचलित एक अन्य लोकोक्ति के अनुसार भील शाही राजकुमार होते हैं : कुलरी भर दाना, भील भाई राणा अर्थात् एक मुठ्ठी भर अनाज भील को जमींदार जैसी संतुष्टि देता है। जब भोजन उपलब्ध है, भील उत्तेजित नहीं होगा।

राजपूत अभी तक भीलों को इस भूमि के पूर्व निवासी तथा अधिभोगी मानते हैं क्योंकि राजपूत सरदार के गद्‌दी पर बैठने अथवा राजसी सिंहासन पर आरूढ़ होने के समय उनके मस्तक पर भील के रक्त का तिलक अनिवार्य परम्परा है। आज भी जब भी कोई सिसोदिया मुखिया गद्‌दी पर बैठता है भील के रक्त से उसके मस्तिक पर तिलक किया जाता है। ओगुना तथा उन्द्री के भील आज भी सिसोदिया लोगों के रक्त तिलक को अपना विशेषाधिकार मानते हैं। ओगुना भील मुखिया के मस्तक पर स्वयं अपने अंगूठे के रक्त का तिलक लगाते हैं और फिर मुखिया को बांह पकड़कर सिंहासन पर विराजमान करते हैं, जबकि उन्द्री भील तिलक लगाने के लिए थाली में कुंकुभ और अक्षत का उपयोग करते हैं।

मड़िया

मड़िया जनजाति मध्यप्रदेश के छिंदवाड़ा, जबलपुर तथा बिलासपुर जनपदों में बसती है। सन 2001 की जनगणना के अनुसार, इस जनजाति की जनसंख्या लगभग 195,490 है। इसकी उप-जनजातियां भूमिया, भुइहार तथा पांडो हैं। अधिकांशतः मड़िया जनजाति पहाड़ियों में बसती है, लेकिन कुछ लोग मैदानी भाग में भी बसे हैं। मैदानी भाग में ये लोग नदी के किनारे बसे हैं तथा खेतों में काम करते हैं। यह जनजाति गोंड जनजाति की तरह है।

धार्मिक रूप से वे हिंदू हैं तथा हिन्दू देवी देवताओं की पूजा करते हैं। उनके मुख्य देव भीमसेन हैं। इसके अतिरिक्त कुछ लोग सर्प तथा बाघ की पूजा करते हैं। इन जनजातियों का सामाजिक संगठन 'वनिस्वत' कहलाता है, जो लोकतांत्रिक है। इनके परिवार संयुक्त तथा एकल दोनों प्रकार के होते हैं। बच्चों से लेकर बूढ़ों तक सबके बीच कार्य का विभाजन स्पष्ट रूप से किया जाता है।

कोल

कोल जनजाति मध्य प्रदेश के रीवा प्रभाग और जबलपुर जनपद में पाई जाती है। कोल जनजाति की कुल जनसंख्या लगभग 1,23,811 है। उन्हें कोलरी तथा

मुण्डारी जनजाति भी कहा जाता है। रोहिया तथा रोठेल इनकी उपजातियां हैं। ये हिन्दू देवी-देवताओं की पूजा करते हैं। इस जनजाति के प्रमुख देव दूल्हा-देव, बैरम तथा बड़े देव हैं। ये लोग भूत और जादू में विश्वास करते हैं। इन लोगों का मुख्य व्यवसाय कृषि है। वे कृषि मजदूर तथा पशु चरवाहे भी हैं। इन लोगों की अपनी पंचायत होती है, जिसे गोहिया कहा जाता है। इनकी राजनीतिक जागरुकता बहुत ऊंची है।

सहरिया

सहरिया जनजाति के लोग शिवपुरी, श्योपुर तथा मुरैना जनपदों में आबाद हैं। इनकी कुल जनसंख्या 2,61,816 है। पारसी भाषा में सहर शब्द का अर्थ जंगल होता है। चूंकि सहरिया जनजाति के लोग जंगलों में बसे हैं, अतः सहरिया कहलाते हैं। वे जंगलों में रहते हैं, जंगली फल इत्यादि एकत्रित कर अपनी जीविका चलाते हैं। इनमें कुछ लोग खेतिहर मजदूर भी हैं। वे जड़ी बूटी का उपयोग औषधि रूप में करने में विशेषज्ञता रखते हैं। सहरिया जनजाति के लोग हिन्दू देवी देवताओं की पूजा करते हैं। वे प्रमुखतः दुर्गा के पुजारी हैं। उनकी अपनी स्वयं की पंचायत होती है। वे आमतौर पर छितरे हुए आबाद हैं।

कोर्कू

कोर्कू जनजाति अधिकतर पश्चिम निमाड़, होशंगाबाद, बेतूल तथा छिंदवाड़ा जनपदों में बसी है। यह मुंडा तथा कोलेरिया जनजातियों की शाखा है। इनकी जनसंख्या लगभग 66,781 है। इनकी प्रमुख उपजातियां मोवासी, बाबरी, रुमा, नाहला, बोडोया इत्यादि हैं। मूलतः ये लोग किसान हैं। जिन लोगों के पास जमीन है उन्हें राज कोर्कू तथा पोथरिया कोर्कू कहा जाता है। वे हिन्दू देवताओं की पूजा करते हैं।

सावरा तथा कुछ अन्य समूह अधिकांशतः श्योपुर (मुरैना जनपद), ईसागढ़, नरवल (ग्वालियर जनपद) तथा भीलसा में बसे हैं। अन्य जनजातियों में मैकाल पहाड़ियों के कोल हैं, जो प्रमुखतः कृषक हैं तथा कारखानों में मजदूरी करते हैं। रायगढ़ तथा सरगुजा जनपदों के कोखा और ओराऊं जनजातियों की अर्थव्यवस्था कृषि-सह-वन उत्पादों पर आधारित है। पातालकोट और निकटवर्ती छिंदवाड़ा जनपदों के भरिया लोगों का सहायक व्यवसाय कुक्कुट पालन है। बिलासपुर के बिंझवार खेती पर निर्भर हैं।

बंजारा लोग—यायावर जनजाति—अब नर्मदा घाटी में स्थापित होने के बाद कृषि कार्य को अपना चुके हैं।

बंजारा समुदाय का अपना स्वयं का लोकसाहित्य है तथा उनके भीतर मजबूत समुदाय भावना विद्यमान है।

मध्य प्रदेश में विशाल जनजातीय क्षेत्र है और यहां जनजातियों की जनसंख्या चालीस लाख के करीब है। इनमें चालीस से अधिक अनुसूचित जनजातियां तथा कुछ अन्य छोटे समूह हैं। केन्द्र में स्थित होने के कारण मध्य प्रदेश में चारों दिशाओं से प्रवासी लोग आए हैं और यही कारण है कि राज्य में द्रविड़, मुण्डा तथा साइदियनों की मिश्र संस्कृति मौजूद है। यहां अबूझमार जैसे वनवासी कोरवा तथा पांढी जैसे शिकारी हैं। खैवारी तथा पानिक हैं जो कृषि की स्वदेशी पद्धतियों पर निर्भर हैं। इसके अलावा कई जनजातियां गाने नाचने का काम करती हैं जैसे मंगेतरी प्रधान अथवा नागाची या बेड़िया। मध्य प्रदेश बहेलियों तथा शिकारियों से लेकर आधुनिक किसान तथा कारखाना मजदूरों तक की जनजातीय संस्कृति का अनोखा विविधतापूर्ण मिश्रण प्रस्तुत करता है।

सामुदायिक जीवन

आदिम जनजातीय समुदाय भारत के प्राचीन ग्राम समुदायों की छवि प्रस्तुत करते हैं कि प्राचीन काल में इन समुदायों की सामाजिक, सांस्कृतिक तथा धार्मिक संरचना कैसी रही होगी। इसमें कोई संदेह नहीं कि परिवर्तन की हवा से कोई जनजातीय समुदाय अछूता नहीं बचा है, लेकिन समुदायों में यह परिवर्तन, उसके केन्द्र से एक विशिष्ट समुदाय की दूरी पर निर्भर करते हुए, स्तर और व्यापकत्व में भिन्नता लिए है। वे समुदाय, जो परिवर्तन के केन्द्र से अधिक दूरी पर स्थित हैं, आर्थिक रूप से आत्म-निर्भर, राजनीतिक स्वायत्तताधारी, सामाजिक रूप से सु-एकीकृत हैं जो विस्मयकारी स्थायित्व और उच्च्व स्तरीय सामाजिक विकास के धारक हैं। वे केवल आर्थिक रूप से पिछड़े हैं, लेकिन सामाजिक क्षेत्र में वे अपनी संस्कृति में गहन आस्था के साथ विकास के अत्युच्च चरण का प्रतिनिधित्व करते हैं। अपनी सामाजिक संरचना की अति सुदृढ़ बुनियाद के कारण ही वे बाहर की हर प्रकार की बाधाओं को भली भांति पार कर चुके हैं। यदि लोकतांत्रिक विकेन्द्रीकरण की वैधानिक संस्थाओं के प्रारंभ में कोई प्रगति करनी है तो जनजातीय समाजों में नेतृत्व की वास्तविकताओं तथा प्राधिकार-पद्धति की हकीकतों का गहन अध्ययन आवश्यक है।

6

विवाह-पद्धति

विवाह एक संस्कार माना जाता है जिसमें एक व्यक्ति अपने पितृवंश को आगे बढ़ाने का महत्वपूर्ण कार्य करता है। विवाह के द्वारा वह मनु द्वारा संस्तुत अनिवार्यता पूरी करता है। वंश को निरंतरता बनाए रखने के लिए अपनी जाति के भीतर ही विवाह किया जाता है। इस नियम का उल्लंघन किए जाने पर गांवों में रहने वाली अनेक जातियां उल्लंघनकर्ता को जातिच्युत कर देती हैं। विजातीय विवाह की अनुमति है, लेकिन अपने स्वयं के वंश समूह से बाहर विवाह योग्य लड़का अथवा लड़की ढूंढना जटिल कार्य होता है। साधारणतः एक गांव को विजातीय इकाई माना जाता है। एक ही गोत्र में विवाह पर मध्य प्रदेश के कृषि समुदायों में सख्त प्रतिबंध नहीं है।

हिन्दू समुदाय का पुरातनपंथी वर्ग वैदिक पद्धति का अनुसरण करता है। सभ्य समाज में विवाह की व्यवस्था इच्छुक युगल अथवा उनके अंग्रेजों द्वारा की जाती है। विन्ध्यवासी भीलों में हरण द्वारा विवाह की पद्धति अभी तक विद्यमान है, लेकिन इसकी पुष्टि समारोहपूर्वक वधू मूल्य अदा कर दिए जाने के पश्चात् ही होती है। एक ही पंथ अथवा कुल के सदस्यों को विवाह की अनुमति नहीं है। राज गोंड हिन्दू परम्परा से विवाह करते हैं। गोंड विवाह की सबसे बड़ी विशेषता यह है कि बारात वधू के निवास से प्रस्थान करती है तथा विवाह समारोह वर के निवास पर सम्पन्न होता है।

जब गोंड लोग विवाह के इच्छुक होते हैं तब वे सबसे पहले अपनी बहनों के बच्चों को देखते हैं, उनको अपने खुद के लिए मांग का अधिकारी मानता है, ऐसे विवाह को 'दूध वापस लाना' कहा जाता है। मुड़ियां जनजाति में अपने ही घोटुल परिसर में विवाह पूर्व संबंध संभव हैं। लेकिन जब यह संबंध वैवाहिक स्थिति को प्राप्त कर लेते हैं तब अपने बड़े बुजुर्गों के माध्यम से विवाह अनिवार्य हो जाता है।

अबूझमार समुदाय में लड़के के माता-पिता लड़की के माता-पिता के घर जाते हैं तथा महुआ शराब का एक पात्र भेंट करते हैं। यदि वह पात्र स्वीकार कर लिया जाता है तथा अन्य सभी बातों पर सहमति बन जाती है तो लड़के तथा लड़की का वाग्दान मान लिया जाता है। पैठू अथवा पैसा मुंडी ऐसा विवाह है जिसमें लड़की अपनी इच्छा से लड़के के घर रहने चली जाती है। किटियारी परस्पर चचेरे विवाह का विस्तार है। मुडिया लोगों के इस विवाह की तुलना गोंड जनजाति के 'दूध लौटाना' से की जा सकती है। वास्तविक विवाह समारोह बहुत लम्बा और बहुत छोटा भी होता है, लेकिन अनिवार्य वैवाहिक प्रथाएं एक समान हैं। हल्दी व तेल का उपयोग पवित्र अग्नि के फेरे अथवा खम्भ के फेरे तथा अन्य रस्में लोगों की एकता दर्शाती हैं। विवाह भोज संबंधित समूह के रीति रिवाजों और आर्थिक स्थिति पर निर्भर करता है।

कोर्केन जनजाति में लड़की का पिता ठीक-ठाक लड़के को देख कर उसे पकड़कर अपने घर ले आता है। वह लामसेना कहलाता है। यदि लामसेना लड़की को पसंद कर लेता है तो उसको दो शर्तें पूरी करनी पड़ती हैं। पहली शर्त के अनुसार उसको 6-12 माह तक घरेलू नौकर के रूप में कार्य करना पड़ता है और फिर उसको अपना पुरुषत्व सिद्ध करना होता है। अपना पुरुषत्व सिद्ध करने के लिए उसको लड़की के साथ संभोग करने की अनुमति होती है किन्तु यदि एक वर्ष के भीतर लड़की गर्भवती नहीं होती है तो लामसेना को भगा दिया जाता है और उसके स्थान पर दूसरे लामसेना को पकड़ लिया जाता है। कोर्केन लोगों में एक अन्य परंपरा भी है, जिसमें लड़की अपने प्रेमी के घर चली जाती है। यदि लड़का विवाह के लिए सहमत होता है तो विवाह तय कर दिया जाता है। अन्यथा लड़के को अपना घर छोड़कर जाना पड़ता है और उसकी समस्त सम्पत्ति पर लड़की का अधिकार हो जाता है। ऐसी ही एक अन्य परंपरा के अनुसार लड़की का पिता अपनी पुत्री को जीवनसाथी की तलाश के लिए भेजता है। कुछ कोर्केन लोगों में पिता अपनी पुत्री के लिए वर की तलाश स्वयं करता है। उपयुक्त लड़का ढूंढ लेने पर शेष बातें तय कर ली जाती हैं तथा लड़के का पिता वधू को अपने घर ले जाता है।

ब्राह्मण विवाह

मध्य प्रांतों के अधिकतर ब्राह्मण ऋग्वेदी अथवा यजुर्वेदी हैं और इन लोगां में विवाह इन्हीं वेदों के अध्ययन करने वाले ब्राह्मणों में होते हैं। विवाह संबंधी प्रतिबंध, शाखा तक भी विस्तारित किया जाता है तथा एक व्यक्ति अपनी शाखा के भीतर

ही विवाह कर सकता है। यह प्रतिबंध यजुर्वेदी समुदाय पर विशेष रूप से लागू होता है, जो कन्नव, अपस्तम्भ तथा मध्यन्दिना शाखाओं से संबंधित हैं। विवाह प्रस्ताव के समय परिवार के मुखिया से यह प्रश्न किए जाने की परम्परा है कि वह पाठ के समय अपनी शिखा के दाएं अथवा बाएं अर्द्ध में गांठ बांधते हैं तथा धार्मिक समारोह मे वह अपने दाँऐ अथवा बाँऐ पांव का प्रक्षालन पहले करते हैं। ब्राह्मणों की विजातीय व्यवस्थाएं भी बहुत जटिल हैं।

बहिर्जात विवाह की परम्परा आदि मानवीय जातियों के समान है केवल समूह बहुत बड़े हो गए हैं। एक ही उपनाम के परिवारों के बीच विवाह संबंध प्रतिबंधित है, चूंकि वे संबंधी माने जाते हैं।

गोत्र अथवा बहिर्जात वर्ग के भीतर विवाह प्रतिबंध पुरुषों के आधार पर होता है। इसके अतिरिक्त हिन्दू कानून के अनुसार एक ब्राह्मण को अपनी माता अथवा मातामह के गोत्र की कन्या के साथ विवाह नहीं करना चाहिए अथवा अपने पिता अथवा मातामह के सपिण्ड की कन्या से विवाह नहीं करना चाहिए। सपिण्ड वे व्यक्ति होते हैं जो एक ही व्यक्ति के अंश के माध्यम से संबंधित होते हैं। चार पीढ़ियों के पश्चात् विवाह पर प्रतिबंध समाप्त हो जाता है। यदि युगल का सपिण्ड संबंध माता के माध्यम से है, जो यह प्रतिबंध तीसरी पीढ़ी तक लागू होता है। सामान्य पूर्वज और प्रस्ताविक युगल के बीच हस्तक्षेपकारी संबंधों का पुल्लिंग अथवा स्त्रीलिंग होना महत्वपूर्ण नहीं है; वंशज यदि पिता के माध्यम से है तो पुरुष और यदि माता के माध्यम से है तो स्त्री माना जाएगा।

व्यवहार रूप में पुरुष संबंध में एक ही पूर्वज की चौथी पीढ़ी तथा स्त्री संबंध में तीसरी पीढ़ी के व्यक्ति के बीच विवाह मान्य होता है, अर्थात एक ही परदादा के पुरुष अथवा स्त्री पीढ़ी में चौथी पीढ़ी के व्यक्तियों के बीच विवाह विधिमान्य होता है। एक अन्य नियम के अनुसार दो परिवारों के बीच विवाह विनियम नहीं होना चाहिए तथा एक पुरुष दो बहनों से विवाह नहीं कर सकता है, यद्यपि वह अपनी मृत पत्नी की बहन से विवाह कर सकता है। वधू अपने वर से आयु तथा कद में कमतर होनी चाहिए। बड़ी बहन के अविवाहित रहते छोटी बहन का विवाह नहीं होना चाहिए।

अपने से उच्च घर में विवाह की परंपरा ब्राह्मणों में विद्यमान है अथवा हाल विगत तक विद्यमान थी। यह वह नियम है जिससे एक परिवार की प्रतिष्ठा ऊंची होती है यदि कन्या का विवाह अपनी स्वयं की सामाजिक प्रतिष्ठा के उच्चतर वर्ग में होता

है। उच्च वर्ग के लोग निम्नवर्ग की पुत्रियां स्वीकार करते हैं लेकिन अपनी पुत्रियों का विवाह निम्नतर वर्ग में नहीं करते हैं।

सरवरिया उपजाति, जो सर्वोच्च मानी जाती है, कन्नौजिया तथा झिझोतिया ब्राह्मणों की पुत्रियां लेते हैं तथा कन्नौजिया झिझोतिया ब्राह्मणों की पुत्रियां स्वीकार करते हैं। ये तथा अन्य उपजातियां जैसे कि खेड़ावाला प्रायः भिन्न प्रतिष्ठा समूहों में विभाजित होते हैं। जिनमें से उच्चतर उपजातियां निम्नतर उपजातियों से पुत्रियां स्वीकार करते हैं। आमतौर पर लड़की के माता-पिता धनराशि अथवा आभूषणों के रूप में उदारतापूर्वक वर मूल्य देते हैं। राज्य में उच्चतर उपजातियों में दो या कभी-कभी किसी मामले में तीन पत्नियां तक देखी गई हैं। कन्नौजियाओं का एक हिस्सा सतकुल अथवा सात परिवार कहलाता है तथा सर्वोच्च माना जाता है। दूसरे कन्नौजिया, जो पछादर कहलाते हैं, इस समूह के वरों को भारी भरकम राशि अदा करते हैं तथा बताया जाता है कि यदि ऐसा विवाह सम्पन्न होता है और कन्या पक्ष द्वारा वर मूल्य अदा नहीं किया जाता है तो पति अपनी पत्नी को उसके माता-पिता के पास छोड़ देता है। सुनारों की कुछ उपजातियों में भी यह प्रथा विद्यमान है। इसके अतिरिक्त यह प्रथा अंगी तथा राजपूतों में देखी गई है, जहां शुद्ध राजपूत उच्च कुल के डांगियों की कन्याओं से विवाह स्वीकार करते हैं।

विवाह निमंत्रण हल्दी से रंगे चावलों के माध्यम से भेजा जाता है। पीले रंगे चावल के दाने पीतल के कटोरे में रखे जाते हैं जिनके ऊपर सुपारी रखी जाती हैं। मेजबान के साथ भोजन करने वाले जाति अथवा उपजाति के सभी सदस्य अथवा नगर या कस्बे में रहने वाले घनिष्ठ और निकट-दूर बसे समस्त सम्बन्धियों को आमंत्रित किया जाता है। परिवार का मुखिया स्वयं सभी अतिथियों के निवास पर जाता है तथा विनम्रतापूर्वक आमंत्रित करता है। विवाह से पूर्व परिवार के पूर्वजों तथा देवी मां की भी पूजा की जाती है। बारात के आगे जल से भरे कलश होते हैं जिसमें हरी पत्तियां एवं टहनियां ऊपर तैरती हैं। कलश ब्रह्माण्ड का प्रतीक होता है जिसमें समस्त देवी-देवताओं का वास होता है तथा जल सात सागरों का प्रतीक है। ये सभी विवाह के साक्षी होते हैं। फल, मेवा, खाद्य पदार्थ, आभूषणों आदि का विनिमय किया जाता है जिसे चोली का भरना कहा जाता है। ये सब वधू की जनन शक्ति के उद्‌देश्य की भावना से भरे होते हैं। तब पिता एक निर्धातिर व्याख्यान के साथ अपनी कन्या का दान करता है। सूर्य और चन्द्रमा की गति के अनुसार युग, संवत, माह तिथि एवं समय का सटीक वर्णन करते हुए भगवान विष्णु का नाम लेकर (तीन बार), जो ब्रह्माण्ड के सृजनकार एवं पालनहार हैं, मानवजाति को बढ़ाने के उद्‌देश्य

के साथ अपना नाम तथा वर्ग इत्यादि उच्चारित करते हुए कहता है मैं अपनी विवाहित पत्नी के साथ अपनी पुत्री – प्रभु उसे दीर्घायु प्रदान करें – जो सभी गुणों से युक्त, लक्ष्मीस्वरूपा है को तुम्हें (वर को) – प्रभु तुम्हें दीर्घायु करें – समस्त देवगणों, गुरुजनों, ब्राह्मणों, अग्नि की उपस्थिति में सौंपता हूं। उसको कुश घास, अक्षत, जल तथा भेंटों सहित स्वीकार करो। तदपुरान्त पिता धर्म, सामाजिक सुख तथा धन अर्जन के मामले में अपनी पत्नी की भावनाओं तथा संवेदनाओं का कभी निरादर नहीं करने का आग्रह करता है तथा वर इसे स्वीकार करता है। विवाह समारोह के बंधनकारी हिस्से में पवित्र अग्नि के सात फेरे लिए जाते हैं तथा सातवां फेरा पूर्ण होते ही विवाह का बंधन अटूट हो जाता है।

बंजारा विवाह

बंजारा समुदाय कई भागों में विभाजित है तथा बंजारा जाति का चरित्र अत्यंत मिश्रित प्रकार का है।

निमाड़ में वाग्दान के अवसर पर वर और उसके मित्र वधू के ग्राम के निकट ग्राम आकर ठहरते हैं। दोनों पक्ष गांव की सीमा पर मिलते हैं तथा वधू-मूल्य तय किया जाता है जो बहुधा बड़ी राशि होती है। वधू का मूल्य चुकाए बिना पिता वर को अपने घर में प्रवेश की अनुमति नहीं देता है। यवतमाल में वाग्दान के लिए दोनों पक्ष मदिरालय जाते हैं, जहां प्रत्येक व्यक्ति को पान का पत्ता तथा मुठ्ठी भर चीनी वितरित की जाती है। यहां वधू की कीमत और चार बछड़े दिए जाते हैं। विवाह से पूर्व वर एक माह तक वधू के पिता के घर जाकर रहता है, जहां उसको वधू के पुरुष सम्बन्धियों के लिए प्रतिदिन मदिरा की व्यवस्था करनी होती है। पहले यह अवधि अधिक होती थी परन्तु अब यह अधिकतम एक माह होती है। वर जब वधू के घर रहता है वह अपने सिर व चेहरे को एक कपड़े से ढक कर रखता है ताकि उसका चेहरा देखा न जा सके। बेरार में यह नियम है कि सगाई तथा विवाह के बीच चरार कन्या वर के घर का न तो कुछ खा पी सकती है और न अपना चेहरा उसको अथवा उसके संबंधियों को दिखा सकती है। मथुरिया कन्या का विवाह सात वर्ष की आयु से पहले कर दिया जाता है जबकि चरन किशोरवस्था तक कन्या का विवाह नहीं करते हैं।

बंजारा जाति की शादियां अक्सर बरसात के मौसम में की जाती हैं, इस ऋतु में हिन्दू विवाह नहीं होते हैं, परन्तु स्वाभाविक रूप से यह ऋतु बंजारों के लिए अनुकूल होती है क्योंकि शेष समय वे यात्रा में रहते हैं। विवाह समारोह के लिए

वे शामियाने की जगह तम्बू गाड़ते हैं तथा जमीन के धान कूटने की दो मूसली गाड़ते हैं जिनके चारों ओर वर वधू द्वारा सात फेरे लिए जाते हैं। मूसली का अन्य विकल्प अनाज के भरे दो बोरे हो सकते हैं जो उनके शिविर जीवन का प्रतीक है। फेरों के समय कन्या का हाथ जोशी अथवा गांव के याजक अथवा किसी अन्य ब्राह्मण द्वारा थामा जाता है। इस समय कन्या का गिरना बड़ा अपशगुन माना जाता है। इसके पश्चात् लड़की भाग जाती है तथा ब्राह्मण को उसका पीछा कर पकड़ना होता है। भंडारा में लड़की हल्का लहंगा तथा वक्षवस्त्र ही धारण करती है तथा लड़की के बदन पर खूब तेल लगाया जाता है ताकि वह पकड़ी न जा सके। इस दौरान वधू पक्ष के लोग ब्राह्मण पर चावल, हल्दी तथा सुपारी और कभी-कभी पत्थरों की भी वर्षा करते हैं तथा यदि वह पीड़ा से रो पड़े तो सौभाग्यशाली माना जाता है। लेकिन यदि वह लड़की को पकड़ लेता है तो ब्राह्मण को मंच पर लाया जाता है तथा वहां बैठाकर उसको पीतल की थाली दी जाती है जिसमें वर पक्ष के लोग अपनी भेंट अर्पित करते हैं। बिरार के मथुरिया बंजारों में विवाह हिन्दू विधि से सम्पन्न होता है। विवाह से पहले दोनों परिवार आठ दस प्रकार के वृक्षों शाखाएँ लाकर यज्ञ करते हैं। एक ब्राह्मण वर वधू के वस्त्रों में गांठ लगाई जाती है तथा अग्नि के फेरे लिए जाते हैं। विवाह के पश्चात् वधू जब वर के गांव पहुंचती है उसको पीतल के दो पात्र दिए जाते हैं, वह इन पात्रों में पानी भर कर लाती है तथा वर परिवार की महिलाओं को सौंप देती है, वह कन्या जो अब तक बिना जाति की मानी जाती थी अब मथुरिया मान ली जाती है। इस जल से भोजन बनाया जाता है तथा वर और वधू को औपचारिक रूप से पति के 'कुड़ी' अथवा गांव में प्रवेश कराया जाता है। कुछ क्षेत्रों में विवाह के पश्चात् वर और वधू को दो बैलों के ऊपर खड़ा किया जाता है तथा बैलों को आगे बढ़ाया जाता है। मान्यता है कि दोनों में से जो भी पहले गिरेगा उसकी मृत्यु पहले होगी।

बनिया विवाह

अधिकांश बनिया उपजातियों में असगोत्रा विवाह पद्धति व्यापक रूप से प्रचलित है। वे बड़ी संख्या में वर्गों में अथवा थोड़े से गोत्रों, सामान्यतः बारह, में विभाजित हैं तथा इनमें से प्रत्येक आगे और उपवर्गों में विभाजित हैं। कोई व्यक्ति अपने पूर्ण वर्ग अथवा अपनी माता के उपवर्ग तथा दादी व परदादी के उपवर्गों को छोड़कर पत्नी का चयन कर सकता है। इसका अर्थ है कि पुरुष अथवा नारी वर्ग में पांच या अधिक पीढ़ियों के पश्चात् ही संबंध स्थापित किए जा सकते हैं। विवाह विनिमय अथवा दो बहनों से विवाह नियमतः प्रतिबंधित है। गोत्र अथवा प्रमुख

उपवर्ग प्रायः ब्राह्मण ऋषियों अथवा संतों के नाम पर हैं, जबकि उपवर्ग क्षेत्रीय अथवा औपाधिक आधार पर हैं।

साधारणतः वधू अथवा वर मूल्य अदा करने की कोई मान्य परम्परा नहीं है, किन्तु कुछ छिटपुट अपवाद अवश्य हैं। वाग्दान के अवसर पर, कुछ उपजातियों में, लड़के के पिता कन्या के घर जाते हैं तथा कन्या को गले का हार अथवा अंगूठी भेंट करते हैं। वाग्दान कार्यक्रम गांव के मंदिर में सम्पन्न किया जाता है तथा जाति के साथी दोनों पक्षों पर हल्दी और जल के छींटे मारते हैं। विवाह से पूर्व बेने की रस्म अदा की जाती है, जिसमें वर एक घोड़े पर सवार होकर तथा वधू एक सुसज्जित पालकी में सवार होकर अपने गांव का चक्कर लगाते हैं तथा अपने मित्रों एवं संबंधियों से विदा लेते हैं। कभी-कभी वे इस प्रकार का चक्कर विवाह मण्डप का लगाते हैं। मारवाड़ी बनियों में विवाह के अवसर पर दरवाजे पर आम के पत्तों का एक तोरण सजाया जाता है जो विवाहोपरान्त छह माह तक लगा रहता है। दरवाजे के ऊपर लकड़ी का एक त्रिकोण होता है, जिसके ऊपर गौरेया की आकृति बनी होती है। विवाह वेदी अथवा स्तम्भ के सात फेरे विवाह का बाध्यकारी हिस्सा होता है। कुछ जैन उपजातियों में वर स्तम्भ के बगल में खड़ा होता है तथा वधू सात फेरे लेती है, जबकि वर हर फेरे पर उसके सिर पर चीनी की वर्षा करता है। विवाह के पश्चात् नवयुवक से पीतल की थाली में आकृतियां बनाने को कहा जाता है। वधू परिवार द्वारा बाराती को 'सीधा' अथवा एक दिन के लिए पर्याप्त बिना पका भोजन और जाति के प्रत्येक व्यक्ति को दो से पांच दिन तक के लिए पर्याप्त बिन पका भोजन दिए जाने की प्रथा है। यह सांध्य भोज के अतिरिक्त है तथा काफी व्ययकारी है। कभी-कभी विवाह समारोह आठ दिन तक चलता है तथा चार दिन के भोज का प्रबंध वर पक्ष द्वारा और चार दिन की भोज की व्यवस्था वधू द्वारा की जाती है।

7

विद्वज्जन और उनकी कृतियां

मध्य प्रदेश की धरा ने भारतवर्ष को साहित्य के क्षेत्र में विद्वानों के रूप में कई अमूल्य रत्न दिये है, जिन्होंने सम्पूर्ण विश्व में अपनी लेखनी का लोहा मनवाया है।

मध्य प्रदेश के इतिहास में साहित्य समेत अध्ययन की विविध विधाओं में विद्वानों तथा सावन्तों का विशाल उत्तम समुदाय है। इन उच्च कोटि के विद्वानों में संस्कृत के कवि-नाटककार कालिदास सबसे ऊपर के स्थान पर हैं, उनके पश्चात् वाराहमिहिर जो एक ज्योतिषी थे। जिनके द्वारा सुविख्यात पुस्तकों ब्रह्म-संहिता, पंच-सिद्धान्तिका तथा बृहद-जातक इत्यादि की रचना की गई थी। इन विद्वज्जनों में सर्वाधिक प्रसिद्ध विद्वान हैं :–

कालिदास

भारत में उन्हें 'महाकवि' कहा जाता है, कवि शब्द का अर्थ कवि एवं नाटककार दोनों ही होता है। वह सर्वसम्मति से संस्कृत के महानतम कवि और महानतम नाटककार हैं। कालिदास का जन्म स्थान अभी तक अज्ञात है तथा उनकी जन्म तिथि के विषय में भी विरोधाभास है। कालिदास के महाकाव्य कुमारसंभव का नाम चंद्रगुप्त द्वितीय (सी. 375-415) के उत्तराधिकारी युवा कुमारगुप्त के नाम पर रखा गया प्रतीत होता है। वह उन्हीं के दरबार के कवि माने जाते हैं। यह काल प्राचीन भारतीय संस्कृति का स्वर्णिम काल माना जाता है। कालिदास के नाटक विक्रमोर्वशीय का नाम संभवतः उनके संरक्षक चंद्रगुप्त द्वितीय की स्मृति से सम्बद्ध है जिनको विक्रमादित्य (शौर्य में सूर्य) की उपाधि दी गई थी।

कालिदास को चन्द्रगुप्त द्वितीय तथा कुमारगुप्त प्रथम (415-455) का राजसी संरक्षण प्राप्त था और उस समय भारतीय दरबारी संस्कृति अपने चरमोत्कर्ष पर थी, जो उनके काव्य और नाटकों में परिलक्षित होता है। कालिदास की रचनाओं में महाकाव्य रघुवंश तथा कुमारसंभव हैं, तो खण्डकाव्य मेघदूत और ऋतुसंहार हैं। उनके तीन नाटक विक्रमोर्वशीय, मालविकाग्निमित्र और अभिज्ञानशाकुन्तलम् हैं।

ऋतुसंहार में भिन्न शैली के 158 छन्द छह सर्गों में पिरोए गए हैं, जो भारत की ग्रीष्म ऋतु से वसंत ऋतु तक छट ऋतुओं के वर्णन से युक्त हैं। जबकि ऋतुसंहार उनके युवाकाल की कृति है तो मेघदूत की रचना प्रौढ़ अवस्था में की गई है। इस काव्य में मंडक्रान्त शैली में एकरूप लगभग 115 छन्द हैं।

वह रघुवंश का प्रारंभ दैवीय युगल की वन्दना सम्पूर्ण सृष्टि के जनक के रूप में करते हैं। रघुवंश में उन्नीस सर्ग तथा कोई 1570 श्लोक हैं। भारतीय परम्परा कालिदास की इस दीर्घ कविता को महाकाव्य की मान्यता प्रदान करती है, जो सिद्धान्तवादियों द्वारा निर्धारित इस शैली की विशेषताओं के पूर्णतया अनुरूप है। इस महाकाव्य में महाराज रघु के वंश के जीवन तथा उनकी उपलब्धियों का वर्णन किया गया है। कथा रघु के पिता दिलीप से प्रारंभ होती है, रघु के पड़पौत राम की कथा के सविस्तार वर्णन के उपरान्त उनके बाद के वंशजों (अग्निवर्ण) कान्तहीन जीवन पर समाप्त होती है, यह उल्लेख योग्य है कि कुमारसंभव एक बालक के जन्म (कुमार अर्थात् बालक और संभव अर्थात् जन्म) के विषय में है तो रघुवंश में भी बालक का जन्म प्रमुख उद्देश्य रहा है, उदाहरण के लिए इसका प्रारंभ सर्ग प्रथम में महाराज दिलीप की पुत्र प्राप्ति की कामना से होता है तथा अंतिम सर्ग (सर्ग सं. 19) में अंत में उपरोक्तानुसार गर्भ में बालक के पूर्वानुमान का वर्णन है।

कालिदास की कृति मालविकाग्निमित्र संभवतः सर्वप्रथम नाटक है। यह रनिवास की जटिलताओं का हास्य है, इसमें विदिशा के राजा अग्निमित्र का मालविका के साथ प्रेम संबंधों का चित्रण किया गया है। मालविका मालवा के राजा की छोटी बहन है, जो अग्निमित्र के महल में दो राजसी नृत्यु-शिक्षकों में से एक की शिष्या के रूप में गुप्त वास करती है। विक्रमोर्वशीय पारम्परिक रूप से त्रोतका प्रकार का नाटक माना जाता है। यह पृथ्वी के राजा पुरुरवास तथा अप्रतिम सौन्दर्य की प्रतीक अप्सराओं के वंश की नृत्यांगना सुन्दरी उर्वशी के प्रेम का चित्रण प्रस्तुत करता है। मूल कथा का संकेत ऋग्वेद के श्लोक (X . 95) में दिया गया है तथा शतपथ ब्राह्मण में सविस्तार वर्णन किया गया है। ये दो नाटक आनंददायक हैं, जिनमें सुरुचिपूर्ण सौन्दर्य वर्णन तथा सारगर्भित कहावतें प्रस्तुत की गई हैं।

परन्तु अभिज्ञानशाकुन्तलम अत्यंत उच्चकोटि की कृति है। एक भारतीय पारम्परिक मतानुसार 'नाटक साहित्यिक रूपों में सर्वश्रेष्ठ है तथा सभी नाटकों में शाकुन्तलम् सर्वेश्रेष्ठ (काव्येषु नाटकम रम्यम् तत्र रम्य शाकुन्तलम्)। कथा पहले से विद्यमान थी, परन्तु उसका चित्रण निस्तेज था। महाकवि कालिदास ने उस रचना को अनेक अभिनवों तथा शैली के माध्यम से उत्कृष्ट कृति का रूप दे दिया। मिलन

में प्रेम तथा विरह में प्रेम दोनों का चित्रण इस नाटक में उपलब्ध है, और यह चित्रण आदर्श चित्रण है। नाटक का संदेश यह है कि प्रेम के कारण मनुष्य को समाज के दायित्व से विमुख नहीं होना चाहिए। दुष्यन्त ने शकुन्तला के माता-पिता से अनुमति लिए बिना उससे विवाह करने तथा उसके जीवन यापन की व्यवस्था के बिना आश्रम छोड़ कर जाने की गलती की थी और शकुन्तला ने दुर्वासा ऋषि जैसे अतिथि के प्रति कर्तव्य में लापरवाही करने की गलती की थी। अतः उनको विरह की पीड़ा झेलनी पड़ी। यौवन की उन्मन्तता द्वारा प्रदूषित प्रेम, विरह की पीड़ा और तपस्या की प्रक्रिया से उसी प्रकार शुद्ध हो गया जैसे सोना आग में तपकर कुन्दन बन जाता है और इसीलिए मारीच के आश्रम में उनका पुनर्मिलन गहन दाम्पत्य प्रेम का प्रतीक था, जो शारीरिक सौन्दर्य की बाहरी चमक पर निर्भर नहीं था तथा तपस्यारत प्रेयसी के चिथड़ों जैसा परिधान भी प्रेम को डिगा नहीं सका था। इस नाटक में प्रकृति की भूमिका एक अन्य विशिष्टता है। महर्षि कण्व शकुन्तला के पोषक पिता थे तथा प्रकृति उनकी पालक माता थी। प्रकृति का शकुन्तला के लिए माता के समान प्रेम सुस्पष्ट था। कालिदास बिना किसी सन्देह भारत के सभी कालों के महानतम कवि हैं।

परन्तु उन्हें भारत का राष्ट्रीय कवि भी कहा जा सकता है, क्योंकि वह भारत के किसी एक भाग से सम्बद्ध नहीं थे। उनके काव्य में भारत के प्रत्येक भाग से उनकी अन्तरंगता झलकती है। कालिदास की महानता का उल्लेख भारतीय ही नहीं अपितु विदेशी विद्वानों द्वारा भी किया गया है।

वस्तुतः विश्व का कोई भी कवि इतना कम लिखकर इतनी प्रशंसा अर्जित नहीं कर सकता है। संख्या में कम होने के बावजूद उनकी कृतियों साहित्य सृजन की उच्चतम सीमाओं, गहराइयों, मानवीय अनुभवों तथा राष्ट्रीय लोकाचार पर सूक्ष्म एवं पैनी दृष्टि किसी भी मानदण्ड के अनुसार उल्लेखनीय हैं। कालिदास ऐसी काव्य प्रतिभा थे जो प्रत्येक उद्धरण सज्जित कर सकते तथा अन्य महान कवियों की तरह वह अपनी ऊर्जा नए शब्दार्थों तथा महत्व, दीप्ति अथवा चमक की खोज पर व्यय नहीं करते थे।

धनपाल

वह अपभ्रंश के एक सुविख्यात कवि थे। उनका जन्म 10वीं शताब्दी (A.D.) में मेवाड़ क्षेत्र (टोंक जनपद) में विदिशा के निकट सिरौंजा से आए धक्कड़ परिवार में हुआ था। धनपाल मालवा और राजस्थान के बीच रहते थे। उनके पिता का नाम

मायेश्वर तथा माता का नाम धनश्री था। वह एक विद्वान कवि थे। वह प्राकृत तथा अपभ्रंश के विद्वान थे। यह सुनिश्चित है कि कवि धनपाल दिगम्बर समुदाय से संबंधित थे। अब तक लेखक की केवल एक पुस्तक खोजी जा सकी है, जो 'भविष्यत कथा' अथवा 'भविष्तकथा' है जिसका सम्पादन 1918 में बॉन विश्वविद्यालय के हर्मन जैकोबी द्वारा किया गया था।

जैकोबी, सी.डी. दलाल, पी. डी. गुने, एच. सी. भायानी तथा परमानंद शास्त्री जैसे विद्वानों के अनुसार भविष्यतकथा के रचनाकार धनपाल का जीवनकाल 10वीं शताब्दी था, यद्यपि डी.के. शास्त्री द्वारा भविष्यतकथा तथा अपभ्रंशकथाकाव्य नामक पुस्तकों में धनपाल को 14 वीं शताब्दी का साहित्यकार बताया है।

एक अन्य धनपाल भी इसी काल में हुए थे जो गद्य लेखक थे। वह सर्वदेव के पुत्र तथा श्वेताम्बर जैन थे और धारा के परमार शासक मुञ्ज के संरक्षण में थे (10 वीं शताब्दी A.D.)। उनकी एकमात्र उपलब्ध रचना तिलकमंजरी (एन. एस. प्रेस मुंबई 1938) उनके संरक्षक के आदेश पर लिखी गई थी। यह तिलकमंजरी और समरकेतु की प्रेम कथा है, जिसकी कहानी बृहतकथा में मौजूद है। धनपाल की शैली बाण की शैली के समान है यद्यपि कुछ पात्रों का चित्रण बाण की शैली से थोड़ा हटकर किया गया है। अपनी रचना के प्रारंभिक श्लोकों में धनपाल द्वारा बाण, वाल्मीकि, व्यास, बृहत्कथा और सेतुबन्ध तथा कुछ परमार राजाओं की प्रशंसा की गई है।

भर्तृहरि

एक व्याकरणविद्, दार्शनिक और कवि के रूप में वह एक असाधारण रचनाकार थे। उनके भाषा के दर्शन पर लेख असाधारण हैं तथा स्फोट सिद्धान्त सर्वश्रेष्ठ है। मान्यता है कि वह एक राजा थे, शूद्रक के राजा विक्रमादित्य के भाई थे तथा इस सांसारिक जीवन को त्याग कर एकान्तवासी हो गए थे।

जैन लेख सिंहसुरीगनी कहते हैं कि भर्तृहरि वासुरत के शिष्य थे, जो स्वयं वासुबन्धु के शिष्य थे (400 A.D)। इस प्रकार भर्तृहरि 450-500 A.D. के हुए। भर्तृहरि की प्रमुख रचनाएं इस प्रकार हैं :– (1) महाभूष्य की प्रथम पुस्तक के प्रथम तीन पदों पर महाभाष्यदीपिका अथवा त्रिपरी ; इसकी आंशिक पांडुलिपि उपलब्ध है। (2) वाक्यपदीय अथवा निकाण्डी जिसके तीन अध्याय हैं–ब्रह्मकाण्ड, पदकाण्ड तथा प्रकीर्णकाण्ड जो संस्कृत के विशेष संदर्भ के साथ भाषा के दर्शन के विषय में (3) वृत्ति अथवा **वाक्यपदीय** के अध्याय एक तथा दो पर टिप्पणी (4) शब्दधातुपरीक्षा

अंतिम कृति जो केवल पश्च संदर्भों से ज्ञात है। कुछ पुरानी मान्यताओं द्वारा भतृहरि की पहचान भट्टी के रूप में की जाती है, जो संभव नहीं है।

कवि भर्तृहरि, नीति, श्रृंगार तथा वैराग्य पर तीन लोकप्रिय शतकों के रचयिता, सामान्यतः व्याकरणविद के रूप में जाने जाते हैं। यह संभव है क्योंकि नीतिशतक के प्रारंभिक श्लोक को रामानन्द द्वारा अपनी शिवदृष्टि में भर्तृहरि की धातुसमीक्षा से लिये गए के रूप में उद्धृत किया गया है। तीन शतकों के श्लोक उनके गहन चिन्तक और जीवन के दार्शनिक रूप को प्रकट करते हैं। भर्तृहरि के स्फोट सिद्धान्त के अनुसार वक्ता एक पूर्ण वाक्य बोलता है तथा श्रोता सुनता है जो वाक्य स्फोट है, वाक्यों का शब्दों में तथा शब्दों का वर्णों में विभाजन कोई परम सत्य नहीं है, लेकिन वाक्यों का अंश हैं, जो उच्चारण तथा समझने में सहायक होते हैं।

भर्तृहरि के राजनीति एवं नीतिविषयक नीतिशतक, अनुराग प्रेम का श्रृंगार शतक तथा संन्यास पर वैराग्यशतक आज भी अत्यंत लोकप्रिय हैं। भोग और वैराग्य पर कवि ने विस्तारपूर्वक लिखा है। प्रत्येक श्लोक अपने आप में एक इकाई है, जिसमें अत्यंत जटिल विचार और भावनाएं भर दी गई हैं।

गजानन माधव मुक्तिबोध

वर्तमान काल के लेखकों में मुक्तिबोध का एक सर्वाधिक चर्चित नाम है। वह नई कविता आंदोलन के कवियों में एक हैं तथा तारसप्तक में उनकी कविताएं अपनी पहचान की खोज का प्रयास हैं। उनका जन्म ग्वालियर जनपद में शिवपुरी नामक स्थान पर हुआ था। उनके जीवन की सबसे बड़ी उपलब्धि उनके द्वारा रचित पुस्तक 'भारत इतिहास एवं संस्कृति' का एक पाठ्य पुस्तक के रूप में मंजूरी थी।

उनका काव्य कुल मिलाकर पीड़ा और अत्याचार का काव्य है। लेकिन उनकी कविता का मुख्य संदेश प्रगतिवादी है और इससे भी आगे जाता है। यह आवाज तार सप्तक, चाँद का मुंह टेढा है तथा भूरी भूरी खाक धूल से मुखरित हुई है। निम्नवर्ग तथा उपेक्षित लोगों के प्रति उनकी सहानुभूति 'पूँजीवादी समाज के प्रति' तथा 'नाश देवता' जैसी कविताओं और 'विपात्रा' जैसी कहानियों में देखी जा सकती है।

मुक्तिबोध अपने काव्य तकनीक के कारण नई कविता के कवियों में अद्वितीय माने जाते हैं। वह कल्पना को अनुभव की पुत्री मानते हैं। वह अपनी छवियों में मानसिक अवस्थाओं की अभिव्यक्ति के लिए काली, गहरी भूरी तथा केसरिया छवियों का प्रयोग करते हैं। उनके द्वारा पुरातन पौराणिक, ऐतिहासिक, सांस्कृतिक तथा औद्योगिक पृष्ठभूमि से आहरित छवियों का उपयोग किया गया है।

मूल रूप से कवि होते हुए भी उनके द्वारा लघु कथाएं तथा आलोचनाएं भी लिखी गई हैं। उनके जीवन पर आधारित एक फिल्म हाल ही में बनाई गई थी (सतह से उठता हुआ आदमी) तथा उनकी सम्पूर्ण कृतियां मुक्तिबोध ग्रंथावली (5 भाग) में प्रकाशित हुई हैं। उनकी कृतियां हैं :–(1) कविताएं–तार सप्तक में कविताएं (1943), चाँद का मुंह टेढ़ा है (1954), भूरी भूरी खाक धूल। (2) कहानियां : कथा का सपना (1967), विपात्रा (1970), सतह से उठता आदमी (1971), (2) डायरी : एक साहित्यिक की डायरी (1964), (4) आलोचना : कामायनीः एक पुनर्विचार (1961), नई कविता का आत्मसंघर्ष और अन्य निबंध (1964), नए साहित्य का सौन्दर्य शास्त्र (1971), आखिर रचना क्यों (1982)।

शरद जोशी

वह हिन्दी साहित्य को अपने हास्य-विनोद, कटाक्ष और व्यंग्य से समृद्ध करने वाले रचनाकारों में अग्रणी हैं।

लेकिन शरद जोशी के लेखन ने न केवल अपनी व्यंग्य लेखन शक्ति का परिचय दिया बल्कि इसे अभिव्यक्ति का एक प्रभावशाली माध्यम होने की पहचान भी प्रदान की थी।

उनके द्वारा राजनीतिक, आर्थिक, सामाजिक तथा सांस्कृतिक विषयों पर सैकड़ों व्यंग्य रचनाएं लिखी गई हैं जैसे अथ श्री गणेशाय नमः, भैंसन्हिमांहि रहत नित बकुला, जीप पर सवार एलियन, बिल्लियों का अर्थशास्त्र, मनीप्लाण्ट और कैक्टस, बुद्धिजीवी, साहित्य का महाबली अध्यक्ष महोदय, घास छीलने का पाठ्यक्रम, आग लगने पर कविधर्म इत्यादि। ये निबंध हमें न केवल हंसाते हैं बल्कि आंतरिक हालात उनकी अनियमितताओं तथा छिपाव को अभिव्यक्त करते हैं। शरद जोशी के गद्य लेखन ने हिन्दी गद्य को एक नई ताजगी एवं जीवन प्रदान करने में महत्वपूर्ण योगदान देने के साथ-साथ इसे एक नया वैचारिक दृष्टिकोण भी प्रदान किया है।

वह व्यंगात्मक निबन्ध लेखन 1945 से करते रहे हैं तथा उनकी व्यंग्य शैली की उत्कृष्टता एवं बारीकी उनके निरंतर अभ्यासरत का परिणाम है। राष्ट्रीय और अंतर्राष्ट्रीय मुद्‌दों को ऐसे विषयों से आलोकित किया है जो देखने में तुच्छ प्रतीत हो सकते हैं। उनके प्रमुख गद्य लेख हैं परिक्रमा, रहा किनारे बैठ, किस बहाने, जीप पर सवार एलियन, तिलस्म, दूसरी सतह, पिछले दिनों तथा यथासंभव हैं। यथासंभव उनके एक सौ सर्वश्रेष्ठ निबंधों का संग्रह है। इस संग्रह को उनके व्यंग्य लेखन का प्रतिनिधि संग्रह कहा जा सकता है।

शरद जोशी ने अपने दो व्यंग नाटकों नामतः 'अंधों का हाथी' और 'एक था गधा और अलादाद खान' के लेखन से अपने लिए विशेष स्थान बना लिया है। अंधों का हाथी में नाम लोगों के प्रति व्यवस्था की उदासीनता दर्शाई गई है। एक था गधा भारतेन्दु हरिश्चन्द्र के अंधेर नगरी की भांति सत्ता द्वारा सामान्य जन के प्रयोग की कहानी कहता है। शरद जोशी ने उन बुद्धिजीवियों पर जम कर व्यंग्य किया था जो आम आदमी को धोखा देकर सत्ता पर काबिज होने के बाद आम आदमी के दुःख तकलीफ़ों के प्रति लगातार उदासीनता का रुख अपनाए हुए हैं। उनके तीखे व्यंग्य बाण हिन्दी में अन्य व्यंग्य लेखनों पर भारी पड़ते हैं।

माखन लाल चतुर्वेदी

माखन लाल चतुर्वेदी के व्यक्तित्व और काव्य लेखन ने युवा पीढ़ियों को स्वतंत्र विचारों तथा राष्ट्रीय उत्थान हेतु सदैव प्रेरणा प्रदान की है। उनकी कविताएं उत्साह और राष्ट्रीय भावनाओं से ओतप्रोत हैं। उन्होंने एक नई काव्य तकनीक ईजाद की तथा उनका गद्य लेखन भी उनके काव्य के समान प्रभावशाली है। वह आधुनिक हिन्दी कवियों में शीर्ष कवियों की पंक्ति में हैं।

उनकी प्रथम पुस्तक, जो 'कृष्णार्जुन युद्ध' शीर्षक का नाटक था, सन् 1918 में प्रकाशित हुई थी। तदुपरांत उनका प्रथम कविता संग्रह 'हिम किरीटिनी' 1942 में प्रकाशित हुआ। सन् 1949 में एक कविता संग्रह 'साहित्य देवता' प्रकाशित हुआ जो गहन रहस्यवाद और राष्ट्रीयता के सुरों से ओत प्रोत था। सन् 1951 में 'माता' नाम से एक अन्य रचना प्रकाशित हुई। सन् 1956 में 'समर्पण' और उसी वर्ष एक अन्य कविता संग्रह 'युगचरण' प्रकाशित हुआ। सन् 1954 में 'कला का अनुवाद' शीर्षक से एक लघु कथा संग्रह प्रकाशित हुआ। सन 1960 में 'अमीर इरादे, गरीब इरादे' नामक निबंध संग्रह तथा 'वेणु लो गूंजे धरा' नामक काव्य संग्रह प्रकाशित हुआ। उनका एक अन्य काव्य संग्रह 'बिजुरी काजल अंजा राही' 1962 में तथा 'मरण ज्वर' 1963 में प्रकाशित हुआ। वह 'एक भारतीय आत्मा' के नाम से लिखते थे।

उन्होंने मुक्त छन्दों में हिन्दी गीतों की रचना भी की जिन्हें मुक्तक कहा जाता है। मुक्तक शब्द का अर्थ ऐसी कविता है जो अन्य किसी भी कविता से स्वतंत्र है। भारतीय काव्यशास्त्र में 'प्रबंध' में वर्गीकृत करता है तथा 'मुक्तक' के लिए अग्निबद्ध काव्य कहा गया है।

ठाकुर जगमोहन सिंह

ठाकुर जगमोहन सिंह "विजय" राघवगढ़ के राजकुमार थे। ये भारतेन्दुकाल के कवि थे। इनका जन सं. 1914 वि. श्रावण शुक्ल 14 को हुआ था। इन्होंने कालिदास के महाकाव्य मेघदूत का ब्रजभाषा के कवित्त सवैयों में बहुत सुन्दर ढंग से अनुवाद किया था। इनके काव्य संग्रहों में (1) प्रेम सम्पत्ति लता (2) श्यामालाल तथा (3) श्यामासरोजनी आदि प्रमुख हैं। "श्यामास्वप्न" ठाकुर जगमोहन सिंह की प्रमुख गद्य रचना है।

श्रीकान्त वर्मा

उनकी कृतियों का सम्मान उनकी साहित्यिक उत्कृष्टता के लिए मध्य प्रदेश सरकार द्वारा किया गया था। उन्हें सन् 1981 में मध्य प्रदेश राज्य कला परिषद् द्वारा शिखर सम्मान प्रदान किया गया। उनकी कविताओं के संग्रह 'जलसागर' को सन् 1976 में तुलसी पुरस्कार दिया गया था। वह 1982 ई. में नई दिल्ली में आयोजित 'अफ्रीकी एशियाई लेखक सम्मेलन के अध्यक्ष थे। उनका जन्म बिलासपुर (मध्य प्रदेश) में हुआ था।

श्रीकान्त वर्मा का गद्य और काव्य लेखन दोनों में मानव अनुभव के प्रति सतर्क, आलोचनात्मक एवं मुक्त दृष्टिकोण रखा गया है जो मानव-निर्मित विचारधाराओं एवं राजनैतिक सिद्धान्तों से ऊपर उठ जाता है। उनकी रचनाएं अंग्रेजी, रुसी, बुल्गारियाई, स्पेनी, जापानी, फ्रांसीसी तथा पोलैंड की भाषाओं में अनुवाद की गई हैं।

भावुकता का पूर्ण अभाव और भारतीय मध्य वर्ग की साधारण पद्धतियों की संवेदनशील अभिव्यक्ति उनकी रचनाओं की मुख्य विशेषताएँ रही हैं।

हरिशंकर परसाई

वह हिन्दी साहित्य के प्रसिद्ध हास्यकार थे। परसाई का जन्म मध्य प्रदेश में जबलपुर में हुआ था तथा उनकी शिक्षा एम. ए. तक हुई थी। उनका जीवन एक अध्यापक के रूप में प्रारंभ हुआ लेकिन स्वतंत्र लेखन-कार्य के लिए अध्यापन कार्य छोड़ दिया। उनकी पहली रचना 1949 में प्रकाशित हुई थी। उसके पश्चात् उनका पहला लघु-कथा संग्रह 'हंसते हैं रोते हैं' (1951) प्रकशित हुआ। सन 1954 में उनका उपन्यास 'टाट की खोज' प्रकाशित हुआ। सन 1956 में उनका निबंध प्रकाशित हुआ जिसका शीर्षक 'तब की बात और थी' था। इसके पश्चात् 1958 'ज्वाला और जल' उपन्यास, 1962 में 'भूत के पांव पीछे' निबंध, 1962 में एक अन्य

उपन्यास रानी नागफनी की कहानी' तथा 1963 में लघु-कथा संग्रह 'जैसे उनके दिन फिरे' प्रकाशित हुआ। बाद में उनकी कृतियां 'बेईमानी की परतें', 'सदाचार का तावीज' और 'और अन्त में' भी प्रकाशित हुई थीं।

परसाई को आधुनिक साहित्य का एक विख्यात हास्य एवं व्यंग्य लेखक की श्रेणी में रखा जाता है। उनकी रचनाओं में अधिकांशतः समकालीन सामाजिक-राजनैतिक जीवन की निरर्थकताओं एवं अतिरंजनाओं पर व्यंग्य कसा गया है तथा उत्पीड़ित वर्ग के प्रति सहानुभूति और उत्पीड़नकारी वर्ग के प्रति विरोध की भावना प्रकट की गई है। उनकी पुस्तक 'विकलांग श्रद्धा का दौर' को वर्ष 1982 का साहित्य अकादमी पुरस्कार प्राप्त हुआ था।

द्वारका प्रसाद मिश्र

द्वारका प्रसाद मिश्र जी एक पत्रकार, साहित्यकार होने के अतिरिक्त स्वतन्त्रता संग्राम सैनानी तथा मध्य प्रदेश के मुख्य मंत्री भी रह चुके थे। बहुमुखी प्रतिभा के धनी मिश्र जी "श्री शारदा", "दैनिक लोकमत" तथा 'सारथी' का सम्पादन कर चुके थे।

1942 में स्वंतन्त्रता संग्राम के समय जेल में रहते हुए "कृष्णायन" नामक महाकाव्य की रचना की। इस काव्य में श्री कृष्ण के जन्म से लेकर स्वर्गारोहण तक की सम्पूर्ण कथा है। उन्होंने "लीविंग एन द्वारा" नाम से अपनी आत्मकथा लिखी "स्टडीज़ इन द प्रोटो हिस्ट्री ऑफ इण्डिया" और "सर्च ऑफ लंका" नामक् दो ऐतिहासिक शोधग्रन्थ भी लिखे।

8

चित्रकला एवं मूर्तिकला

भारतवर्ष की हृदयस्थली के रूप में ख्याति प्राप्त मध्य प्रदेश मूर्तिकला व चित्रकला के क्षेत्र में अपनी मिसाल आप है। मूर्तिकला में तो सम्पूर्ण विश्व में खजुराहो की मूर्तियाँ अद्वितीय है, जिनकी जीवन्तता मानस पटल पर गहरी तथा अमिट छाप छोड़ जाती है। इतनी भाव प्रणव मूर्तियाँ तथा नयनाभिराम चित्र विश्व में अत्यंत दुर्लभ हैं। ये बात आज भी एक जटिल पहेली है कि जिस काल में संसाधनों की कमी थी, उस काल में इतने टिकाऊ चित्र तथा एक ही पत्थर को इतनी ऊँचाई में तराश कर मूर्तियाँ बनाना किस प्रकार सम्भव हुआ? साथ ही नित नई शैलियाँ भी विकसित की जा रही थीं।

मध्य प्रदेश में (मालवा लोगों द्वारा बसाए जाने के बाद मालवा कही जाने लगी) में चित्रकला की एक नई शैली विकसित हुई, जिसे मालवा शैली नाम दिया गया। यद्यपि कुछ विद्वान इसे राजस्थानी चित्रकला शैली की उप-शैली कहते हैं, लेकिन मालवा शैली की अपनी खास विशेषताएं हैं। क्षेत्र के दृष्टिकोण से यह शैली राजस्थानी शैली की कई शैलियों के कुल क्षेत्र से अधिक व्यापक क्षेत्र में विद्यमान है। यह शैली वर्तमान मध्य प्रदेश के मालवा क्षेत्र के अतिरिक्त बुंदेलखंड के बड़े भाग तथा गुजरात एवं दक्षिण के कुछ क्षेत्रों में भी व्याप्त है।

यह जानना रुचिकर होगा कि पूरे देश में शैल-चित्रकला सबसे बड़ी संख्या में सागर, रायसेन, सीहोर तथा होशंगाबाद जनपदों में पाई गई हैं तथा ये सभी जनपद इसी क्षेत्र में स्थित हैं। ये चित्र पूर्व-ऐतिहासिक काल से लेकर 1400 A.D. तक से संबंधित हैं। सम्पूर्ण मालवा तथा बुदेलखण्ड में गुप्त वंश की प्रभुसत्ता थी। गुप्त काल के पश्चात् मालवा तथा विन्ध्य क्षेत्र में शासन करने वाले प्रमुख वंश गुर्जर-प्रतिहार, चंदेल, कच्छपघाट, कलचूरी तथा परमार थे।

उनके शासन काल में भी वास्तुकला, मूर्तिकला एवं चित्रकला के क्षेत्र में गुप्त कालीन ललित कला परम्परा विद्यमान थी। मध्य प्रदेश के धार जनपद में बाग स्थित

अजन्ता की गुप्तकालीन दृश्य चित्रकला स्पष्ट बोधगम्य है। बुंदेलखंड क्षेत्र मध्य काल में दृश्य चित्रकला की अपनी स्वयं की शैली का विकास हुआ। इस शैली के चित्र ओरछा, मदनपुर, दतिया, झांसी, छतरपुर, रीवा तथा अन्य अनेक केंद्रों पर पाए गए हैं। मदनपुर में लोक परम्पराएं चित्रकला के रूप में भली प्रकार संरक्षित हैं। रामायण, महाभारत, हरिवंश तथा मध्यकालीय काव्य कृतियों की अनेक सचित्र पांण्डुलिपियां विख्यात हैं। ललित कलाओं की गहन स्थापित परम्पराएं, जो मालवा और इसके निकट क्षेत्र में विगत 1500 वर्षों के दौरान विकसित हुई थीं, मुस्लिम शासन काल में समाप्त नहीं की जा सकी थीं।

मालवा चित्रकला की विषयवस्तु अन्य अनेक राजस्थानी उपशैलियों में पाए जाने वाले लोकप्रिय विषयों के समान है। इन चित्रों में रामायण, कृष्णलीला तथा देवीपाठ के चित्र शामिल हैं। अमारुशतक, ढोलामारु, लौर चंदा, रागमाला तथा बारामासा की लोकप्रिय कथाओं का चित्रण भी भरपूर किया गया है।

रामायण और कृष्ण लीला की लोकप्रिय दृश्य बहुत अधिक संख्या में हैं। सीता हरण, हनुमान की वीरता और रावण के साथ युद्ध के दृश्य विशेष लोकप्रिय हैं। इसी प्रकार कृष्ण की गोपियों के साथ रासलीला, कंसवध तथा अन्य असुरों का वध मालवा की चित्रकला में प्रचुरता से चित्रित किए गए हैं। यहां यह बताना दिलचस्प होगा कि मध्य भारत की प्लास्टिक कला में रामलीला तथा कृष्णलीला का चित्रण देवगढ़, नचना, ऐरान, खारोड़ तथा अन्य कई स्थलों पर पाया जाता है। नचना के पैनल विशेष दिलचस्प हैं जिनमें सीता हरण, शूर्पनखा प्रकरण तथा वानरों द्वारा सेतुनिर्माण का चित्रण किया गया है। ऐरान में कृष्ण के जीवन से संबंधित अनेक चित्र पाए गए हैं। कृष्ण जन्म, यमलार्जुन, चीर हरण तथा कंस वध प्रमुख विषय हैं। मालवा के इन चित्रों को ध्यान से देखने पर कुछ उल्लेखनीय विशेषताएं दृश्यमान होती हैं।

रावण द्वारा सीता का हरण किए जाने के एक दृश्य में रावण के धारीदार वस्त्र विशेष दिलचस्प है। ऐसी पोशाक मालवा के वैरागी पहनते हैं। एक अन्य चित्र में हनुमान तथा जम्बूमाला को ऐसी ही पोशाक में दिखाया गया है। रागमाला चित्रों में अनेक लोग तत्वों के दर्शन किए जा सकते हैं।

पार्वती द्वारा शिव की पूजा तथा गणेश और शिव के चित्रों में इन देवों की प्रतिमा सिद्धान्तों की सदृशता का आभास होता है, जो पूर्व मध्यकाल तथा बाद में प्लास्टिक कला में मौजूद थे।

यद्यपि मालवा एक निश्चित भौगोलिक क्षेत्र है, लेकिन इस शब्द का इस्तेमाल

ललित एवं महत्वपूर्ण चित्रों तथा सत्रहवीं सदी के लघु चित्रों के उद्गम के संभावित स्थान का संकेत देने हेतु एक सुविधाजनक प्रतीक के रूप में किया गया लगता है। रागमाला प्रतिमाकला राजस्थानी शैली जैसी ही है तथा पड़ोसी मेवाड़ की प्रारंभिक चित्रकला से साम्य रखती है। साथ ही एक शैली के आदिवासी जंगलीपन तथा दूसरी शैली के काव्यात्मक गाम्भीर्य में इतना बड़ा अन्तराल है कि दो और स्रोत होने से इनकार नहीं किया जा सकता है। एक स्रोत मालवा के दक्षिण-पश्चिम में मांडू है, जो किसी समय चित्रकला का केन्द्र था और दूसरा स्रोत बुंदेलखण्ड है, (मध्य प्रदेश के पश्चिम में) जिसके द्वारा रतलाम दरबार में अनेक चित्र उपलब्ध कराए गए थे। सन् 1650 में औरंगाबाद में चित्रित एक पांडुलिपि जिसमें 'मालवा' की कोई विशेषता नहीं है, शैली की दक्षिणी सीमा निर्धारित करती है।

सभी प्रमुख तीन शैलियों में नक्काशी में दो क्षैतिज तथा सीधी धारियां हैं तथा सबसे नीचे कमल के फूल चित्रित हैं। मालवा की सबसे प्राचीन कृति 1634 की रसिकप्रिय है, जिसमें सफेद रंग की लहरदार क्षैतिज बाह्यरेखा है, जो प्रायः पृष्ठ के एक कोने में दी जाती है तथा वास्तुकला तत्वों की इसकी नितांत सादगी कौरापंकसिका से बहुत अलग नहीं है यद्यपि इसमें वह उत्कृष्टता नहीं है। कनोड़िया संग्रह में रामायण के चित्र इसी शैली में हैं तथा रागमाला सीरीज, जिसका अधिकांश भाग भारत कला भवन में है, पालथी मारे बैठी सगर्भ आकृतियों में अधिक सुदृढ़ लोक तत्व है। क्षितिज अर्द्ध चन्द्राकार अथवा दोहरे हो सकते हैं तथा अन्य स्वाभाविक विशेषताएं जंगल-प्रभाव में गुम हैं।

सत्रहवीं शताब्दी के मध्य के पश्चात् मालवा की चित्रकला में लोक तत्व मौजूद हैं लेकिन इसकी प्रभावशीलता में कमी आ गई है। तीसरी शैली एकमात्र ऐसी शैली है जो उत्तरी मालवा के साथ सम्बद्ध की जा सकती है। यह नितान्त भिन्न है। महिलाएं कभी-कभी लम्बे कद की तथा सुनम्य अंग वाली हैं। कुछ चित्रों में निचले हिस्से में नक्काशी की धारी अरबस्क है जो इतनी स्पष्टता लिए हुए है कि त्रिआयामी होने का आभास देती है। संयोजन तदपि नीरस और कल्पनाहीन प्रतीत होता है। ललित कलाओं के बोस्टन संग्रहालय में उपलब्ध कुछ रागमाला पेंटिंग्स तथा अमारु (1651) कुछ श्रेष्ठ उदाहरण हैं।

बौद्ध चित्र

बाग़ में पाऐ गये बौद्ध चित्र कला और सुरूचि के दृष्टिकोण से उल्लेखनीय हैं। ये गुफा चित्र गुप्त काल के हैं, जब यह कला अपने चरम बिन्दु पर थी। ये चित्र

अजन्ता के भित्तिचित्रों से प्रभावित प्रतीत होते हैं, जिनमें सांची, भारहुत और अमरावती की विविधता तथा गांधार की विविधता का भी स्पष्ट प्रभाव दृष्टिकोण होता है। बाग चित्र, यद्यपि बौद्धवाद से प्रेरित हैं, देखने में धर्मनिरपेक्ष हैं।

बाग़ कलाकारों ने, अजन्ता के कलाकारों की भांति, अलंकारात्मक डिजाइनों का प्रयोग किया है। बाग़ और अजन्ता दोनों जगह कलाकारों ने बुद्ध और बोधिसत्त्वों का चित्रण किया है। अजन्ता के चित्रकारों ने अपनी आकृतियों को 'अंगुलि भाषा' प्रदान की है। ऐसा बाग़ के कलाकारों ने भी किया है। अजन्ता की तरह यहां भी हम रेखाओं की कोमलता, रंगों की भव्यता तथा अभिव्यक्ति की समृद्धि के दर्शन करते हैं, जो चित्रकारों को सर्वकालिक महानता का दर्जा प्रदान करते हैं। दोनों स्थानों के चित्रों में भावों का काव्य और सारांकन की गुणवत्ता प्रदर्शित की गई है। उपरोक्त समानताओं के बावजूद, इन में असमानताएं भी हैं। बाग़ चित्रों की बोधिसत्त्व आकृतियां अजन्ता की अपेक्षा अधिक इहलौकिक तथा मानवीय लगती हैं।

इसके अतिरिक्त, अजन्ता की अधिकांश चित्र टुकड़ों में बनाए गये प्रतीत होते हैं जबकि बाग़ के चित्र एक ही समय अभिकल्पित किये गये प्रतीत होते हैं या कि एक ही योजना का अंग प्रतीत होते हैं। बाग के चित्रों में विषय-वस्तु को तीन भागों में बांटा जा सकता है– (1) चित्रण (2) वर्णन तथा (3) अलंकरण।

जहां तक चित्रण का संबंध है गुफा सं. 2 में हम पद्माणि का चित्र देखते हैं। गुफा सं. 3 में पांच प्रकोष्ठों के बाह्य समूह में केन्द्रीय प्रकोष्ठ, मूलतः, बुद्ध और बोधिसत्त्वों के चित्रों से अलंकृत किया गया है, जिनके अब केवल प्रभामंडल शेष हैं। एक स्थान पर उष्णीश के साथ सिर तथा दोनों कंधों पर पड़ी चादर के अंश संरक्षित हैं। पांच प्रकोष्ठों के भीतरी समूह के केन्द्रीय प्रकोष्ठ की दीवारें भी कमल के पुष्पों पर खड़े बुद्ध तथा अण्डाकार आभामण्डलों से अलंकृत की गई हैं। कमल पुष्प, इन आकृतियों में एक का पैर, एक श्रद्धावनत श्रद्धालु दाएं हाथ में दीपक की हत्थी पकड़े तथा बाएं हाथ में पहचान से परे कोई वस्तु थामे अब भी देखे जा सकते हैं। इस प्रकोष्ठ के प्रवेश के दोनों तरफ दीवारों पर आकृतियों के धुंधले चिह्न भी दिखाई देते हैं।

गुफा सं. 4 में एक दृश्य में बुद्ध को केले के वृक्ष की छांव में दिखाया गया है। कुंचित केशों के बिना यह चित्र सामान्य से भिन्न है। इस गुफा के धुर उत्तरी द्वार के सबसे निचली पंक्ति में बुद्ध अथवा बोधिसत्त्व के कुछ धुंधले चित्र देखे जा सकते हैं।

बाग गुफा में अलंकृत डिजाइनों में पक्षी, फूल, वृक्ष इत्यादि सम्मिलित हैं। गुफा सं. 2 की छत और दीवारों पर इस प्रकार के अलंकरण विद्यमान हैं। गुफा सं. 4 के मण्डप की छत पर पक्षियों के दो जोड़े चित्रित हैं, जो संभवतः नील कपोत हैं। इन पक्षियों ने पूरे चित्र को जीवंत बना दिया है। पांचवीं आकृति (बच्चा अथवा वामन), जो गुफा सं. 4 के दक्षिणी द्वार के ऊपर दूसरे दृश्य की चार प्रमुख आकृतियों के अतिरिक्त है, किसी उद्यान, वाटिका अथवा वन में बैठे युगल के समीप बैठी दर्शाई गई है। गुफा सं. 4 के मध्य द्वार के उत्तरी ओर निचली पंक्ति में किन्नर तथा यक्षों के चित्र हैं। ये आकृतियां संभवतः खाली स्थानों को भरने के लिए अलंकरण डिजाइन्स के रूप में चित्रित की गई है। अलंकरण के उद्देश्य हेतु शरीर पर आभूषणों के अतिरिक्त आकृति के परिधान पर बिन्दु एवं धारियों का भी प्रयोग किया गया है।

ब्रश का प्रयोग सदैव मुक्त एवं सुस्पष्ट, विशेषकर बाह्य रेखांकन में, था। लेकिन दुर्भाग्यवश हमें ब्रश की किस्म के संबंध में कोई जानकारी नहीं है। बाग़ चित्रकारों द्वारा प्रयोग किए गए रंगों में लाल, पीला, नीला, सफेद इत्यादि प्रमुख हैं। इन रंगों का प्रयोग प्रसंग और स्थानीय माहौल के अनुसार किया गया था।

लोक चित्रकला

हम, इतिहास के विभिन्न कालों में, छतों तथा दीवारों पर दैनिक उपयोग की वस्तुओं की चित्रकारी की एक सुस्थापित परम्परा देखते हैं तथा हर चित्र में दिया गया वर्णन किसी परम्परा से सम्बद्ध है। मध्य प्रदेश की लोक पेंटिंग्स, खासकर बुंदेलखंड, गोंडवाना, निमाड़ तथा मालवा के भित्ति चित्र इस क्षेत्र के लोगों की सामाजिक-सांस्कृतिक परिवेश की जीवंत अभिव्यक्ति है। ये चित्र मात्र अलंकरण नहीं बल्कि धार्मिक श्रद्धा की नैसर्गिक अभिव्यक्ति है।

करवाचौथ, दीपावली, अहोई अष्टमी, नागपंचमी तथा सांझी इत्यादि स्थानीय त्यौहारों पर आधारित पेंटिंग्स सामान्यतः महिलाओं द्वारा घर में तैयार किए गए रंगों से तैयार की गई हैं। बुंदेलखण्ड में पेंटिंग का कार्य सामान्यतः एक पेशवर चित्रकारों की जाति द्वारा किया जाता है, जिन्हें चितेरा कहा जाता है। इन पेंटिंग्स में पंक लेप का प्रयोग किया जाता है, जिसके ऊपर अंगुलियों से रेखाचित्र बनाए जाते हैं। यह प्रक्रिया लिपाई कहलाती है। राजवर समुदाय की महिलाएँ लिपाई कार्य की विशेषज्ञ हैं, जबकि पांडो तथा सतनामी समुदाय की महिलाएँ वस्त्र बुनाई की भांति रेखाचित्र तैयार करती हैं। भील और भिलाला जनजातियां सृष्टि से संबंधित कथाएँ चित्रित

करते हैं जिन्हें पिथोरा पेंटिंग कहा जाता है। चमकदार रंगों के इस्तेमाल के साथ घोड़े, हाथी, बाघ, पक्षी, देवता, मनुष्य एवं दैनिक उपयोग की वस्तुओं के चित्र बनाए जाते हैं। मध्य प्रदेश के मालवा, निमाड़ तथा तंवरघर क्षेत्र अपनी माँडाना तथा फर्श चित्रण के लिए सुप्रसिद्ध हैं। लाल मिट्टी तथा गोबर के मिश्रण से आधार तैयार किया जाता है, जिसके ऊपर सफेद रेखांकन से वैषम्य पैदा किया जाता है। मोर, बिल्ली, शेर, गूजरी, बावरी, स्वास्तिक तथा चौक इस शैली के मूलभाव हैं।

मूर्तिकला

भारत की शैल उत्कीर्णन परम्परा विश्व की समृद्धतम परम्पराओं में एक है। शैल चिनाई तथा शैल-कटाई उत्कीर्णन कलाकारों का संघ 7वीं सदी B.C. से अस्तित्व में रहा है। प्रारंभ में प्रशिक्षुता प्रणाली विद्यमान थी। बाद में गुरु-शिष्य परम्परा बदलकर पिता-पुत्र परम्परा हो गई। विदिशा की चट्टानों को काटकर बनाए गए मंदिर, खजुराहो के शैलमूर्ति मंदिर, ओरछा और ग्वालियर के स्मारक मध्य प्रदेश के शैल उत्कीर्णन कलाकारों की उत्कृष्टता और मौलिकता के प्रमाण हैं। प्रत्येक क्षेत्र की अपनी एक विशिष्ट शैली है। ग्वालियर जाली कार्य के लिए, जबलपुर तथा टीकमगढ़ सजावटी वस्तुओं के लिए जैसे कि पशुओं तथा मानवों की आकृतियां इत्यादि के लिए प्रसिद्ध हैं।

नृसिंह की गुप्त कालीन प्रतिमाओं के लिए उदयगिरि, ऐरान तथा टिगबा अधिक प्रसिद्ध रहे हैं। ऐरान में तीन श्रद्धा स्थलों पर विष्णु, वाराह तथा नृसिंह की मूर्तियां प्राप्त हुई हैं।

मध्य प्रदेश की मूर्तिनिर्माण कला व्यान्तर देवताओं की प्रतिमाओं के रुचिपूर्ण उदाहरण प्रस्तुत करती हैं। नाग, नागिनों, यक्ष, यक्षिणियों, नदी, देवियों तथा अन्य व्यान्तर देवताओं की प्रतिमाएँ देश के कई भागों में पाई गई हैं।

जबलपुर जनपद में त्रिपुरी से कुछ दिलचस्प बौद्ध प्रतिमाएँ प्राप्त हुई हैं। कुछ समय पूर्व जबलपुर नगर में नर्मदा के ग्वारीघाट तथा नीले सिस्ट की दो गांधार प्रतिमाएं प्राप्त हुई थीं। वे सम्भवतः गांधार क्षेत्र से वहां लाई गई थीं। इन्द्रगढ़ तथा हिंगलाजगढ़ (दोनों मंदसौर जनपद में) से कुछ दिलचस्प पाषाण प्रतिमाएँ प्राप्त हुई हैं। इन्द्रगढ़ में पद्माणि अवलोकितेश्वर की एक कलात्मक मूर्ति प्राप्त हुई है जो सन् 800 A.D. की बताई जाती है।

हिंगलाजगढ़ में दस भुजाओं वाली एक बौद्ध देवी की मूर्ति प्राप्त हुई है। इसी

जनपद में धमनार में कई बौद्ध स्तूप मौजूद हैं। कुछ बौद्ध प्रतिमाएँ चट्टानों को काटकर बनाई गई हैं। कुछ वर्ष पहले मध्य प्रदेश में बुरहानपुर के निकट फोपनार से बुद्ध की सात मूर्तियां और एक छत्र प्राप्त हुआ था, जो सभी ताम्र निर्मित थे। सभी मूर्तियों में बुद्ध को अभय मुद्रा में खड़ा दिखाया गया है। ये सभी वस्तुएँ उत्तर गुप्त काल से संबंधित हैं। तुमैन (गुना जनपद) तथा ग्यारसपुर (विदिशा जनपद) में बौद्ध स्तूपों के अवशेष देखे गए हैं। इन स्तूपों का निर्माण मध्य भारत से गुजरने वाले मुख्य मार्गों पर किया गया था। ग्यारसपुर में अनेक बौद्ध प्रतिमाएं पाई गई हैं।

मल्हार कला का सिरपुर से पुराना केन्द्र था। चतुर्भुज विष्णु की शिलालेख युक्त प्राचीनतम प्रतिमा सन् 200 B.C. की बताई जाती है मल्हार (प्राचीन सरभपुर तथा मल्लाल-पट्टन) में पाई गई हैं। यहां 1975-78 में हुई खुदाई में एक विशाल बौद्ध मंदिर के अतिरिक्त अन्य महत्वपूर्ण सामग्री प्राप्त हुई है।

भित्रिचित्रों के मामले में अजन्ता के बाद दूसरा स्थान बाग़ को प्राप्त है। यह 5वीं सदी से 8वीं सदी A.D. तक एक प्रमुख बौद्ध केन्द्र था। बाग़ में बुद्ध तथा बोधिसत्व की अनेक मूर्तियां तथा अनेक उपाख्यान और अलंकारात्मक नमूने चित्रित हैं, जिनमें उल्लेखनीय कला उत्कृष्टता के दर्शन किए जा सकते हैं। बाग़ की चित्र का तकनीक के मामले में अजन्ता के समकक्ष रखी जा सकती है। इसकी रचना की सम्पन्नता और सुरुचि मानक अद्वितीय हैं।

मध्य प्रदेश के छतरपुर जनपद में खजुराहो को भारत के कला इतिहास में एक गौरवपूर्ण स्थान प्राप्त है। चंदेल वंश के संरक्षण में खजुराहो वास्तुकला तथा मूर्तिकला के एक महान केन्द्र के रूप में विकसित हुआ। एक स्थानीय मान्यता के अनुसार यहां 85 मंदिरों का निर्माण करवाया गया था। वर्तमान समय में खजुराहो और इसके आस-पास के क्षेत्र में कुल पच्चीस मंदिर देखे जा सकते हैं। इसका निर्माण 900 से 1050 A.D. के बीच होने का अनुमान है। पूर्ण मंदिर समूह में कंडरिया मंदिर सबसे भव्य प्रतीत होता है। इन मंदिरों का निर्माण उत्तर भारत की नगर अथवा शिखर शैली में हुआ है। इनकी गणना शास्त्रीय निषेधों के निर्मित भव्य प्रासादों के रूप में की जाती है। खजुराहो मंदिरों का आंतरिक तथा बाह्य भाग अत्यधिक अलंकृत है। खजुराहों के मंदिर, अपने धार्मिक महत्व के अतिरिक्त मध्य भारत के लोगों के सांसारिक जीवन के दिलचस्प पहलू भी प्रस्तुत करते हैं।

इन मंदिरों में उत्कृष्ट ढंग से तराशी गई सुरासुंदरियों की सुन्दर आकृतियां विशेष उल्लेख के योग्य हैं। उनके कामोत्तेजक रूपों तथा मुग्धकारी मुद्राओं का चित्रण

खजुराहो के कलाकारों द्वारा अत्यंत कौशलपूर्ण ढंग से किया गया है। खजुराहो शैव, वैष्णव, जैन सर्वेश्वरवाद की प्रतिमा-विज्ञान के अध्ययन हेतु उल्लेखनीय समृद्ध सामग्री प्रस्तुत करता है। खजुराहो के मंदिर अनेक सदियों की अवधि में उत्तर भारतीय मंदिर वास्तुकला के विकास के अध्ययन हेतु प्रचुर सामग्री प्रस्तुत करते हैं। चूंकि ये पूर्ण संरक्षण की स्थिति में हैं, अतः इनके विविध भागों का विस्तृत अध्ययन शास्त्रीय कृतियों में पाए गए लेखों के साथ करना संभव है। जहां तक मूर्ति निर्माण कला का संबंध है, खजुराहो में अनेक विशिष्ट संवर्ग ध्यान देने योग्य हैं।

ये संवर्ग हैं :–

(1) देवी एवं देवताओं की सम्प्रदाय प्रतिमाएँ।

(2) गौण देव, जिनमें गण, दिक्पाल, गंधर्व तथा शासनदेवता सम्मिलित हैं।

(3) सुर-सुन्दरियां, अप्सराएं अथवा मदनिकाएँ। मंदिरों में इनकी अलंकरण-आकृतियों का वर्चस्वी तथा मुग्धकारी समूह देखा जा सकता है।

(4) घरेलू दृश्य—ये समाज के भिन्न समूहों के जीवन के विविध पक्षों को आलोकित करते हैं।

(5) पशु एवं पक्षी—सर्वाधिक महत्वपूर्ण पशु शर्दूल अथवा व्याल है। प्राचीन साहित्य में इसका उल्लेख दहगृह के रूप में किया गया है जिसके कुछ रुचिकर समन्वयवादी रूप हैं।

(6) प्राकृतिक दृश्य और विविध प्रतीक—वे इस क्षेत्र के जीव-जन्तुओं तथा वनस्पति के अध्ययन के लिए महत्वपूर्ण हैं। प्रतीक भौगोलिक तथा धार्मिक महत्व दर्शाते हैं।

भोज के शासनकाल में कला का उत्थान हुआ। केवल अगमास ही नहीं अपितु तन्त्र और शिल्पशास्त्र इस उत्थान का संकेत देते हैं साथ ही अनेक वर्तमान स्मारकों तथा मूर्तियों के अवशेष इस काल में ललित कलाओं की सम्पूर्ण प्रगति के साक्षी हैं। राजा भोज को अपने साम्राज्य में बड़ी संख्या में शैव मंदिरों के निर्माण का श्रेय प्राप्त है। इस काल में मंदिर वास्तुकला की भूमिका शैली लोकप्रिय थी। इस संबंध में मालवा, गुजरात और राजस्थान के अनेक वर्तमान मंदिरों का उदाहरण मौजूद है।

उदयपुर में उदयेश्वर मंदिर में इसका अंतिम उदाहरण देखा जा सकता है, जिसमें नगर शैली की भूमिका शैली की समस्त विशेषताएँ विद्यमान हैं। अधिकांश परमार मंदिर पंचायतन प्रकार के हैं। परमार शासन काल में गढ़ी गई ब्राह्मण परम्परा के

देवी देवताओं की मूर्तियां मंदिरों तथा अन्य स्थानों पर आज भी संरक्षित हैं। कुछ मूर्तियां इंदौर, धार, उज्जैन, भोपाल और ग्वालियर स्थित संग्रहालयों में संरक्षित हैं। हिंगलाजगढ़ नीमवार, झालारपाटन, चित्तौड़, विदिशा, बदोहपथारी, उज्जैन, मंदसौर तथा अन्य अनेक स्थलों पर यक्ष, यक्षिणियों तथा सुरा-सुंदरियों का उत्कृष्ट चित्रण है। मध्यप्रदेश के मंदसौर तथा हिंगलाजगढ़ में हाल की खोजों में परमार काल की पांच सौ से अधिक शैल प्रतिमाएं प्राप्त हुई हैं। उनमें से कुछ मूर्तियाँ भारतीय कला इतिहास के अध्ययन की दृष्टि से बहुत महत्वपूर्ण हैं।

काष्ठशिल्प

काष्ठ उत्कीर्णन की कला मध्य प्रदेश के कई हिस्सों में फली फूली है तथा सुन्दर ढंग से अलंकृत काष्ठ छतें (भीतरी छतें), दरवाजे और सूक्ष्मता के साथ उत्कीर्णन युक्त लेंटर इसकी यशगाथा के मौन प्रमाण हैं। मध्य प्रदेश के काष्ठ शिल्पियों ने अपनी उच्च कोटि की संवेदना तथा कौशल के माध्यम से विभिन्न प्रजाति की लकड़ियों यथा शीशम, टीक, धूदी, साल और कीकर की लकड़ी को कला के नमूनों में ढाल दिया है। प्रसिद्ध काष्ठ स्मारकों के अतिरिक्त मालवा, नीमाड़ तथा बुंदेलखंड, श्योपुर कलां तथा रीवा काष्ठशिल्पी पाइप, मास्क, दरवाजों, खिड़कियों तथा मूर्तियों का भी निर्माण करते हैं। मध्य प्रदेश में काष्ठशिल्प के पेंट तथा लैकर युक्त काष्ठशिल्प की वस्तुएं जैसे खिलौने, संदूक, पलंग, पालने तथा गुलदस्ते भी उपलब्ध हैं। ग्वालियर, श्योपुर कलां (मुरैना), रीवां तथा बुधनी (रायसेन) इस कला के प्रमुख केन्द्र हैं।

हस्तशिल्प का उत्कृष्ट कौशल मध्य प्रदेश की विभिन्न जन जातियों की महत्वपूर्ण विशेषता है। बस्तर के मुड़िया तथा मारिया लोग आला दर्जे के काष्ठशिल्पी हैं। उनकी कला के नमूने उनके घरों में इस्तेमाल किए गए लकड़ी के लठ्ठों पर अथवा दैनिक उपयोग की अन्य विविध वस्तुओं पर देखे जा सकते हैं। मुड़िया लोगों की तम्बाकूदानी अपने कच्छप तथा सूर्य-चन्द्र के मूल भाव और डिजाइनों से किसी को भी अपनी ओर खींच सकती हैं। मुड़िया लोगों की कला-महारत घोटुल कन्याओं द्वारा इस्तेमाल किए जाने वाले, केशों के अवलम्बन हेतु काष्ठ गुटके और केश विन्यास हेतु उपयोग की जाने वाली काष्ठ पिनों में देखी जा सकती है। इस जनजाति द्वारा बनाई गई कंघियां विशेष आकर्षण की वस्तुएं हैं। अनेक कंघियों पर तेंदुआ और अन्य जानवरों की आकृतियां उत्कीर्ण की जाती हैं।

जिनकी सामर्थ्य है वे लोग अपने मृतक संबंधियों की स्मृति में शोक स्तम्भ

स्थापित करवाते हैं। मुड़िया तथा मारिया लोग इन स्तंभों को 'मुंडे' अथवा 'खम्बा' कहते हैं। ये अधिकतर साज अथवा सरिया लकड़ी से बनाए जाते हैं और इन पर सभी तरफ नक्काशी की जाती है। इन स्तंभों पर सभी प्रकार की आकृतियां उत्कीर्ण की जाती हैं।

नव उत्सव के अवसर पर कुम्हार मिट्टी की चक्कियां, बैल, घोड़े, गाड़ियों में लगाने के लिए पहिए, खाना बनाने के बरतन और छोटे चूल्हे बनाते हैं। मुड़िया और सावरा लोग अधिक परिष्कृष्ट खिलौने बनाते हैं, जिनका उपयोग उनके आनंदोत्सवों के नृत्यों में किया जाता है। एक लम्बे बांस में वे लकड़ी के बने अनेक जानवर जैसे बंदर, छिपकली आदि जोड़ते हैं, जिनमें एक डोरी बंधी रहती जिसके द्वारा उन्हें ऊपर नीचे चलाया जाता है जो उनके ऊपर चढ़ने या नीचे उतरने का आभास देता है। बस्तर की जनजातियों को पीतल के कार्यों में महत्वपूर्ण स्थान प्राप्त है। उनके द्वारा पीतल और कांस्य से निर्मित छवियों में उनकी सृजनशीलता की झलक मिलती है।

लौह मूर्तिकला

मध्य प्रदेश में लौह मूर्ति कला का विकास उत्तर भारत के लुहारों द्वारा किए जाने वाले पारम्परिक लौह कार्य से हुआ है। ये कलाकार पारम्परिक रूप से ग्रामवासियों के साधारण उपयोग की विविध वस्तुएं जैसे छोटे-बड़े लैम्प, जंजीर, कड़े, खेती के औज़ार, गृहस्थी की वस्तुएं, देवताओं द्वारा धारण किए जाने वाले शस्त्रास्त्र (जैसे कि शिव का त्रिशूल) तथा देव प्रतिमाएं इत्यादि बनाया करते थे। ये वस्तुएं आमतौर पर विविध स्रोतों से एकत्रित लौह कबाड़ से बनाई जाती थीं।

मध्य प्रदेश के ग्रामीण क्षेत्रों में लुहार लौह शिल्प की अपनी पारम्परिक प्रवीणता और तकनीकी का अभ्यास नकल न की जा सकने वाली अनेक रूपों में करते हैं। लौह शिल्प का कार्य स्थानीय खानों से लौह और अयस्क प्राप्त करने के साथ प्रारंभ होता है, जिसकी इन लुहारों द्वारा विविध रूप और आकृतियां प्रदान की जाती हैं। गोंड, मुड़िया, भतरा, ध्रुव प्रमुख लुहार जनजातियां हैं। विवाह के अवसर पर अपनी पुत्रियों को उत्कृष्ट कलाकारी युक्त दीये भेंट करने का चलन लोकप्रिय है। बदलते समय और ग्राहकों की रुचि के अनुसार अब ये शिल्पी पक्षी, दीया, मोमबत्ती स्टैंड, जाली, फर्नीचर, लैम्प और सजावटी वस्तुएं बनाते हैं। जनजातीय मूर्तियों को आधुनिक काल की आंतरिक सज्जा में अति विशेष स्थान प्राप्त है तथा जनजातीय शिल्पकारों ने अपने शिल्प को एक नई पहचान दिलाई है, जिसके वे सर्वथा योग्य हैं।

धातुशिल्प

मध्य प्रदेश का धातुशिल्प सदियों से अवधारणा और कारीगरी के मामले में एक अलग मुकाम पर है। धातु के आभूषण बक्से, लैम्प, दानपात्र, पशु आकृतियां मध्य प्रदेश के शिल्पियों की कला विदग्धता के कुछ उदाहरण हैं। ये धातु प्रतिमाएं विशिष्ट स्वदेशी सामाजिक-धार्मिक इतिहास के परिप्रेक्ष्य में मंगलकारी मानी जाती हैं।

ये धातुकर्मी 'लुप्त-मोम' प्रक्रिया का उपयोग करते हैं।

लुप्त-मोम ढलाई की परम्परा भारत में प्राचीन काल से विद्यमान है तथा संभवतः सिंधु घाटी की सभ्यता जितनी पुरानी है। मध्य काल में दक्षिण भारत के चोल साम्राज्य में यह कला अपने चरमोत्कर्ष पर थी। आज भी यह परम्परा जनजातीय ग्राहकों के लिए जनजातीय समूहों अथवा हिन्दू धातुकर्मियों द्वारा छोटी-चीजों के निर्माण द्वारा जीवित रखी जा रही है। मध्य प्रदेश का बस्तर क्षेत्र लुप्त मोम ढलाई के लिए विशेष ख्याति अर्जित कर चुका है। जनजातीय शिल्पियों के निर्माण विषयों में हिन्दू अथवा जनजातीय देवी-देवताओं की मूर्तियां, अथवा गजारूढ़ देवगण, संगीतज्ञ, घोड़ा और घुड़सवार, हाथी, जानवर तथा लोगों, जानवरों, पक्षियों की मूर्तियां शामिल हैं।

पेपियर मैशे (Papier Mache)

पेपियर मैशे, अनंत काल से विद्यमान कला है, जो विभिन्न रूपों में अभिव्यक्ति पाती रही है। मध्य प्रदेश में पेपियर मैशे का प्रमुख केन्द्र उज्जैन है, यद्यपि यह ग्वालियर, भोपाल और रतलाम में भी दृश्यमान है। मिट्टी के खिलौने तथा गुड़िया बनाने वाला नागवंशी समुदाय पेपियर मैशे वस्तुएं भी बनाता है। पारम्परिक रूप में यह कला फूलदान, आकृतियों तथा प्रतिमाओं के रूप में देखी जा सकती थी।

टेराकोटा

मध्य प्रदेश में प्रत्येक क्षेत्र के टेराकोटा उत्पादों की अपनी अलग पहचान और विशिष्टता है। ग्रामीण क्षेत्रों में कुम्हारों द्वारा निर्मित टेराकोटा की जानवरों की आकृतियां पैड़ों के नीचे तथा पूजास्थलों पर देखी जा सकती हैं। हाथियों, सर्पों, पक्षियों तथा घोड़ों की प्रसिद्ध पारम्परिक मूर्तियां सादगी में अतुलनीय हैं। मानव रूपों की मानवाकार मूर्तियां बुंदेलखंडी टेराकोटा के सर्वश्रेष्ठ उदाहरण हैं।

9

नृत्य

मध्य प्रदेश में नृत्य का इतिहास अत्यंत प्राचीन हैं। मध्य प्रदेश में जितने भी नृत्य प्रचलित हैं, उनमें अधिकांशतः पूर्णतया मौलिक हैं। इनमें किसी भी प्रकार का बाह्य प्रभाव नहीं है। इसका कारण है कि यहाँ कि अधिकांश आबादी जनजातीय है, अतः अधिकतर नृत्य भी जनजातीय है और ये बाहरी संस्कृति से अत्यंत अल्प मात्रा में प्रभावित है।

शास्त्रीय नृत्य

प्राचीन भारत में अनेक शास्त्रीय, लोक एवं जनजातीय नृत्य विद्यमान थे। लोकरंजन कार्यक्रम नृत्य के विविध रूपों को एक मंच पर संचारित करने का एक प्रयास है। लोकरंजन उत्सव का आयोजन आदिवासी लोक कला अकादमी द्वारा प्रत्येक वर्ष 8 से 12 दिसम्बर तक खजुराहो में मध्य प्रदेश पर्यटन विकास निगम के लिए किया जाता है।

एक अन्य खजुराहो नृत्योत्सव में देश भर के सर्वश्रेष्ठ शास्त्रीय नर्तक एकत्रित होते हैं, जो प्रत्येक वर्ष फरवरी/मार्च में दूधिया प्रकाश की पृष्ठभूमि के समक्ष अपनी कला का प्रदर्शन करते हैं। कथक, भरतनाट्यम, कुचिपुड़ी, ओडिसी, मणिपुरी तथा अन्य अनेक शैलियां भिन्न शास्त्रीय भारतीय शैलियों की सर्वश्रेष्ठ व्याख्या प्रस्तुत करती हैं।

लोकरंग नृत्य उत्सव, भोपाल

पिछले 19 बरसों से गणतंत्र दिवस के पावन अवसर पर संस्कृति अकादमी भोपाल में जनजातीय एवं लोक प्रदर्शन कलाओं का पांच दिवसीय उत्सव आयोजित कर रहा है। यह उत्सव पूर्ण रूप से राज्य और देश की समृद्ध लोक परम्पराओं पर आधारित है और 'लोकरंग' कहलाता है।

मध्य प्रदेश में सामाजिक संगठन का मूलभूत ढांचा विशेषतः जाति आधारित है। सांस्कृतिक विविधता के बावजूद जनजातियों और गैर-जनजातियों के रीति रिवाजों, संगीत, नृत्य और नाटकों में दिलचस्प समानता देखी जा सकती है। राज्य के कुछ लोक नृत्य इस प्रकार हैं।

गौर नृत्य

सींग मारिया अथवा तालगुड़ा मारिया लोगों का गौर नृत्य मध्य प्रदेश का सर्वाधिक लोकप्रिय नृत्य है। यह नृत्य जनजातियों का शि्कारी भावना का प्रतीक है। 'गौरे' शब्द का अर्थ एक भयंकर गवल है। बांस की लकड़ी से बनी एक तुरही जैसे बाजे की आवाज़ से नृत्य हेतु आमंत्रित किया जाता है। सिर पर झालरदार बंधी कौड़ियों तथा मोर के पंखों बंधे परिधान के साथ पुरुष वर्ग बांसुरी तथा ढोल लेकर नृत्य स्थल पर पहुंचते हैं, महिलाएं पीतल की पट्टिका और गुदना गुदे शरीर पर मनकों की माला पहने नृत्य सभा में पहुंचती हैं। उनके दाएं हाथ में छड़ी होती है जिसे तिरुडूडी कहा जाता है तथा उन छड़ियों को ढोल की ताल के समस्वर कर टकराती हैं। महिलाएं पुरुष वर्ग से अलग उन्हीं के निकट अपने समूह में नृत्य करती हैं। लेकिन उन्हें पुरुष नर्तकों तथा ढोल बजाने वालों के समूह में जाने और वापस लौटने की आजादी होती है।

पुरुष आमतौर पर ढोल के साथ गोल घेरा बनाकर नृत्य के उत्साह में विविध प्रकार का अंग संचालन करते हैं। गौर नृत्य में वे एक दूसरे पर आक्रमण करते हैं तथा महिला नर्तकियों का पीछा करते हैं।

अबूझमार पहाड़ियों के पहाड़ी मारिया लोगों का नृत्य अलग प्रकार का होता है। उनके एक प्रकार के नृत्य में वे अपने कंधों पर नकड़ी घोड़ा रखते हैं तथा एक बड़े वृत्त में धीरे-धीरे नाचते आगे बढ़ते हैं।

अबूझमार के पहाड़ी मारिया लोगों के विपरीत मुड़िया लोगों को उनके सामुदायिक नृत्यों के लिए घोटुल में प्रशिक्षण दिया जाता है। किसी विवाह अथवा अन्य उत्सव के अवसर पर नृत्य प्रारंभ करने से पूर्व मुड़िया लोग पहले अपने ढोलों की पूजा करते हैं। वे अक्सर जनजाति के लैंगिक देवता तथा घोटुल परम्परा के संस्थापक लिंगो पेन के आह्वान के साथ शुरुआत करते हैं। विवाह उत्सव के अवसर पर मुड़िया लड़के तथा लड़कियां 'हर इन्दाना' नामक नृत्य करते हैं। उनका 'हुलकी' सभी नृत्यों में सर्वश्रेष्ठ है। 'करसाना' नृत्यु केवल आमोद-प्रमोद के लिए किया जाता है। दोनों ही नृत्य तेज और अनेक ताल अर्थवेदों के समृद्ध हैं। 'हुलकी' नृत्य में लड़के एक गोला

बनाकर चलते हैं जबकि लड़कियां उनके बीच से अपना रास्ता बनाती हैं। ये रूप उन प्रदर्शन समूहों के बीच अधिक लोकप्रिय हैं जो विवाह समारोहों अथवा मेला आयोजनों के अवसर पर दूसरे गांवों को जाते हैं। उनका पूस कोलांग अभियान फरवरी माह में होता है। ग्रीष्म ऋतु में लड़के तथा लड़कियों का मिलन छटदादर अभियान में होता है। इन आयोजनों से जुड़े अनेक नृत्य छड़ी नृत्य हैं। मंदरी नृत्य ऐसे अवसर पर एक बार पुनः दर्शकों के समक्ष आ जाता है। नृत्य की शुरुआत में लड़कों की एक टोली परम्परागत अर्पण तथा उपहार के साथ वर को समारोह स्थल तक ले जाती है। यहां लड़कों तथा लड़कियों द्वारा गोला बनाकर, दिशाओं में परिवर्तन करते हुए, झुकते, मुड़ते और कूदते हुए उल्लासपूर्ण ढंग से नृत्य किया जाता है। ढोल वादकों का ढोल वादन तथा ताल पर अंग संचालन, कभी-कभी एक हाथ और कभी दोनों हाथों से ताल देना चित्ताकर्षक होता है।

शैला नृत्य

शैला नृत्य मध्य प्रदेश का लोकप्रिय छड़ी नृत्य है। शैला नृत्य में बहुधा अनेक वैभिन्य तथा भरपूर मसखरापन देखा जा सकता है। कभी नर्तक एक गोला बनाते हैं, प्रत्येक नर्तक एक टांग पर खड़ा होता है तथा सहारे के लिए अपने सामने वाले व्यक्ति को पकड़े रखता है। फिर वे सभी एक टांग पर कूदते घूमते नृत्य करते हैं कभी वे जोड़ी बनाकर एकल या दो कतारों में होते हैं तो कभी एक दूसरे की पीठ पर सवार होते हैं। शैला की पराकाष्ठा महान सर्प नृत्य से होती है। शैला में छह से अधिक रूप होते हैं। इन्हें बैठिकी शैला, अर्टारी शैला, ठाडी शैला, चमका कुंडा, चक्करमार शैला और शिकारी शैला कहा जाता है।

नृत्य के हर रूप का एक निश्चित विषय तथा खास विशिष्टता होती है। शैला की सहज रूप दशेरा नृत्य होता है, जो दीवाली से पूर्व केवल बैगाओं द्वारा किया जाता है। दीवाली के उत्सव आयोजनों के अवसर पर कुछ फसल कटाई के पश्चात् होने वाले नृत्य भी शामिल होते हैं। अहीरों तथा रावतों के दीवाली नृत्य में काफी जोश तथा आकर्षण होता है। चुस्त कमीज पहन, घुंघरूओं के बाजूबंद तथा छोटी घंटियों के साथ अहीर जोश के साथ डण्डा नृत्य प्रस्तुत करते हैं।

कर्मा नृत्य

मध्य प्रदेश के उत्तर-पश्चिम सीमा भागों के गोंड-बैगा तथा ओरावों के बीच कर्मा नृत्य बहुत लोकप्रिय है। यह रूप उर्वरता पूजा पद्धति से सम्बद्ध है तथा कर्मा उत्सव

अगस्त माह में आयो।जत किया जाता है। कर्मा नृत्य बसंत में बन में नई शाखाओं के फूटने का प्रतीक है। कभी-कभी इसका स्थापन गांव में किया जाता है तथा लोग इसके चारों ओर नाचते हैं।

पुरुष वर्ग ढोल की तेज थाप पर आगे छलांग लगा कर नृत्य में शामिल होता है। महिलाएं भूमि की ओर नीचे झुककर नृत्य करती हैं। उनके पांव, गायकों के उनकी ओर बढ़ने तक, ताल के साथ आगे पीछे चलते हैं। कर्मा के अन्य रूप भी हैं। प्रत्येक रूप के साथ गीत भी परिवर्तित हो जाता है। ठाडी, लहकी, खाल्हा, झूमर तथा झारपट बैगा आदिवासियों के नृत्य रूप हैं। कर्मा नृत्य मध्य प्रदेश के आदिवासियों का सबसे प्राचीन नृत्य प्रतीत होता है। यह एक अकेला ऐसा नृत्य है जो भारत के अनेक जातीय समूहों के बीच समान लोकप्रिय है।

काकसर नृत्य

अबूझमार पर्वतों के पहाड़ी मारिया लोगों का नृत्य बिल्कुल भिन्न है। वे अपने एक नृत्य रूप में नकली घोड़ों के साथ प्रविष्ट होते हैं तथा एक बड़े वृत्त में धीरे-धीरे आगे बढ़ते हैं। काकसर एक उत्सव नृत्य है। वर्षा ऋतु से पूर्व मारिया किसान अपने-अपने गांव में अच्छी फसल के लिए इन्द्र देव की पूजा करते हैं। देवता को प्रसन्न करने के लिए काकसर समूह नृत्य का आयोजन किया जाता है जिसमें जवान लड़के तथा लड़कियां भाग लेती हैं।

लड़के एक सफेद लबादानुमा पोशाक पहनते हैं तथा लड़कियां पूरी सजधज के साथ नृत्य करती हैं। इस नृत्य के माध्यम से लड़कों तथा लड़कियों को अपना जीवन साथी चुनने का अद्वितीय अवसर प्राप्त होता है तथा बाद में धूम धाम के साथ विवाह सम्पन्न कराया जाता है।

चैत्र उत्सव नृत्य

गोंड लोगों का एक अन्य देवी अन्नपूर्णा प्रसिद्ध नृत्य चैत्र उत्सव नृत्य है। इसका आयोजन अच्छी फसल होने के बाद देवी अन्नपूर्णा को धन्यवाद देने के लिए किया जाता है। पुरुष तथा महिलाएं एक वृत्त, अर्द्ध वृत्त अथवा पंक्तियां बना कर नृत्य करती हैं। सभी नर्तक एक दूसरे की कमर पकड़ कर नृत्य करते हैं।

सिर पर मोर का पंख नर्तकों की विशिष्ट पहचान है तथा नर्तक रंगीन पोशाक पहनते हैं, मालाओं, सीपों तथा मोतियों से शृंगार करते हैं। नर्तकगण नृत्य करते हुए

शहनाई नगाड़ा, टिमकी, तपड़ी, ढोलक और माडुरी की ताल के साथ पदचाप को मिलाकर नृत्य करते हैं। कभी-कभी सिंघा तथा कोहुक (वायु गद्ययंत्र) भी बजाए जाते हैं। महिलाओं द्वारा 'रीना' नृत्य किया जाता है। बैगा लोग इसे तापड़ी कहते हैं। मांडला जनपद की गोंड महिलाएं दीवाली उत्सव के ठीक बाद रीना प्रारंभ कर देती हैं।

सुआ अथवा सुग्गा नृत्य

मध्य प्रदेश तथा निकाल पहाड़ियों की महिलाओं का सुआ अथवा सुग्गा नृत्य अपनी उत्कृष्टता तथा लालित्य के लिए प्रसिद्ध है। सुआ अथवा सुग्गा का अर्थ तोता है। यह नृत्य दीवाली से एक माह पूर्व महिलाओं द्वारा किया जाता है। महिलाएं नृत्य के दौरान अपने पग इस प्रकार आगे बढ़ाती हैं मानो तोता चल रहा है, फिर पक्षियों के समान झुकती हैं तथा अपने सिर को झटका देती हैं व साथ में हाथों से तालियां बजाती हैं। लड़कियों के समूह नृत्य कला का प्रदर्शन करने के लिए प्रायः पड़ोस के गांवों में भी जाते हैं।

इसी प्रकार से वे दूसरे गांवों की लड़कियों की मेजबानी अपने गांव में करती हैं। इस नृत्य के लिए वे एक काठ का सुग्गा (तोता) बनाती हैं और उसको धान की भूसी से भरे मिट्टी के पात्र पर स्थापित करती हैं। एक लड़की उस पात्र को अपने सिर पर धारण करती है तथा समूह के मध्य में स्थान ग्रहण करती है। इस नृत्य में लड़की की बनी 'ठिस्की' के अलावा कोई साज प्रयोग नहीं किया जाता है। विन्ध्य के पहाड़ी क्षेत्रों के लोक नृत्य अधिक स्वदेशी तथा मनोरंजक हैं। वहां एक भी समारोह उत्सव बिना संगीत और नृत्य के सम्पन्न नहीं होता है। विन्ध्य पर्वत श्रृंखला वासी और नर्मदा के तटों पर रहने वाले भील पारम्परिक रूप से भगोरिया तथा गावर नृत्य के अधिक निकट हैं। उनके साज में मंडल (बड़ा ढोल) तथा पीतल की थाली होती है। सैकड़ों पुरुष व महिलाएं वृत्ताकार मंडल में नृत्य करते हुए ढोल की थाप के साथ कामुक गीत गाते हैं।

भगोरिया एक ठेठ मौज और मस्ती का अवसर है। पुरुष तीर कमान लहराते हुए जोश के साथ पद थाप और अंग संचालन में सामंजस्य बैठाते हैं। फाल्गुन माह में होली के दौरान भील अैर गरसिया लोगों द्वारा गेर नृत्य किया जाता है। इन दोनों जनजातियों की महिलाएं लूर नामक नृत्य करती हैं। वे एक दूसरे का हाथ थामे एक गोल दायरे में आगे-पीछे चलते हुए नृत्य करती हैं। पाली नृत्य में महिलाएं दो पंक्तियां बनाकर नृत्य करती हैं। दुपाली, पचमुंड्य पाली तथा ओन्दी-चिती पाली पाली नृत्य के ही रूपभेद हैं।

यायावर जनजातियों के लोक नृत्य

मध्य प्रदेश के कुछ स्वदेशी लोक-नृत्य भोपाल कमिश्नरी की बंजारा और कंजर जैसी जनजातियों द्वारा किए जाते हैं। इस क्षेत्र में एक नृत्य 'लहंगी' किया जाता है। वर्षा ऋतु के मध्य में जब प्रकृति बहार की अवस्था में होती है, तब जवान लड़के हाथों में छड़ी बजाते हुए उसकी ताल पर नृत्य करते हैं। कंजर पेशेवर नट होते हैं। वे अपने पूर्ण संतुलन तथा नट करतबों का प्रदर्शन अपने नृत्य में भी करते हैं।

निमाड़ के कंजर राखी के अवसर पर लहंगी नृत्य करते हैं। दशहरा त्योहार के आगमन पर वे गरबी और डांडिया नृत्य करते हैं। बंजारा नर्तकों की नृत्य विधि में उल्लेखनीय समानता होती है। पुरुष गीत अथवा संगीत के साथ महिलाओं का साथ देते हैं। बंजारा महिलाएं गहनों (चांदी के) से लकदक होती हैं तथा रंगीन पोशाकों में सजी होती हैं, जिनमें छोटे-छोटे शीशों का काम देखते ही बनता है। लोटा नृत्य में, अपने भारी गहनों तथा कपड़ों के साथ, वे सीधे अथवा गोलाकार नृत्य में अपने सिर पर रखे बड़े आकार के धातु पात्र का संतुलन शानदान तरीके से करती हैं।

मटकी नृत्य

मालवा के पठारी क्षेत्र में अपेक्षाकृत कम नृत्य होते हैं। विवाह आदि के अवसर पर देहाती महिलाएं सिर पर मटकी रख कर नृत्य करती हैं, जिसे मटकी नृत्य कहा जाता है। यह नृत्य अधिकतर एक नर्तकी द्वारा किया जाता है। यदाकदा मनोरंजन के लिए महिला युगल मुख्य नर्तकी का साथ देने आ जाती हैं, जो प्रायः घूंघट डाल कर नृत्य करती है। मटकी नृत्य के दो रूपभेद 'आड़ा' तथा 'खड़ा' नृत्य हैं।

फूलपत्ती नृत्य

फूलपत्ती एक अलग प्रकार का नृत्य है, जो केवल अविवाहित लड़कियों द्वारा किया जाता है। यह नृत्य अर्द्ध-ग्रामीण महिला समूह का नृत्य है।

ग्रीडा नृत्य

जब रबी की फसल खेतों में लहलहा रही होती है तब अलग-अलग गांवों के लोग इकठ्ठे होकर ग्रीडा नृत्य करते हैं। यह नृत्य प्रातः काल से प्रारंभ होकर संध्या तक चलता है। मेजबान गांव अगले वर्ष अतिथि गांव नृत्य करने जाता है। इस नृत्य के तीन भिन्न दौर होते हैं (1) सेला – पद संचालन धीमा और अपेक्षाकृत कठोर होता है (2) सेलालार्की – पद संचालन तीव्र एवं फुर्तीला हो जाता है (3) सेला भदोनी

– संगीत की गति तेज होने के साथ-साथ शरीर का हर अंग खुशी एवं उल्लास में झुमने, मटकने लगता है।

"नृत्य और नृत्य के संग गायन गोंड जनजाति के सामाजिक मनोरंजन तथा दिल बहलाने का माध्यम है, तथा वे लोग इसके बेहद शौकीन होते हैं। वे इस नृत्य को सर्दी तथा गर्मियों की रातों में भी जारी रखते हैं, जब कभी उनके पास आमोद का समय और मदिरा उपलब्ध होती है, जो लगभग अपरिहार्य है। मारिया पुरुष एवं महिलाएं साथ मिलकर नाचते हैं, वे एक बड़ा गोला बनाते हैं, प्रत्येक पुरुष एक हाथ अपने साथ वाली लड़की की गर्दन पर और दूसरा हाथ उसकी कमर पर रखता है। वे पंक्तिबद्ध रहकर वृत्ताकार चलते हुए समसामयिकी का सुन्दर चित्र उपस्थित करते हैं। मारिया नृत्य में केवल अविवाहित लड़कियां भाग ले सकती हैं तथा विवाह होने के पश्चात् वह फिर कभी नृत्य नहीं कर सकती है। निःसंदेह गृहस्थी की खुशी के लिए यह एक वंदनीय प्रावधान है क्योंकि कभी-कभी युगल नृत्य और मदिरा की उत्तेजना में नृत्य स्थल छोड़कर जंगल में भाग जाते हैं और एक या दो दिन वहीं रहते हैं, जब तक कि उनके संबंधी उन्हें घर लाकर विवाहित नहीं मानते हैं। मारिया नृत्य में, पुरुष बाघ, चीता, हिरन अथवा अन्य जानवरों की खाल पहनते हैं और कभी-कभी मोरपंखों का मुकुट भी धारण करते हैं। वे लोग कमर पर कौड़ियों की करधनी पहनते हैं जिसमें पीठ पर घंटी बांधते हैं जो उनके हिलने-डुलने अथवा चलने पर बजती है। संगीतकार बीच में बैठकर विभिन्न प्रकार के वाद्य बजाते हैं। अन्य स्थानों पर नृत्य इतना आकर्षक नहीं होता है। पुरुष और महिलाएं एक दूसरे के सामने दो लम्बी कतारें लगाते हैं। विवाहित महिलाएं नृत्य कर सकती हैं तथा पुरुष महिलाओं को नृत्य में कभी थामते नहीं हैं। नृत्य के अंतराल में छोटे पत्तों के दोनों में मदिरा दी जाती है और यदि दोनें नहीं होते हैं तो हाथ के चुल्लू में दी जाती है।

कोरवा नृत्य "एक बड़ा वृत अथवा कुंडली बनाकर जंगली ढंग से नृत्य करते हैं। कंधे पर धनुष, बाएं हाथ में नुकीले तीर और दाएं हाथ में फरसा लिए होते हैं। कुछ लोग ढोल की चाप पर कुछ गाते भी हैं। थोड़ी संख्या में महिलाएं भीतरी कुंडली में नृत्य करती हैं जो बहुत कम वस्त्र धारण किए होती हैं। केन्द्रीय भाग में संगीतकार होते हैं तो अपने साज से नृत्य की गति और जोश बनाए रखते हैं।"

वे लोग कर्मा नृत्य वसंत ऋतु में करते हैं तथा मानते हैं कि इससे उन्हें अच्छी फसल प्राप्त होगी। यह नृत्य देवी-देवताओं की स्तुति गान के साथ एक प्रकार की परम्परा है। यदि वर्षा नहीं होती है तो वे प्रत्येक रात्रि को नृत्य करते हैं कि देवगण प्रसन्न होकर वर्षा करेंगे।

नृत्य परिधान

पुरुष सफेद मलमल तथा कभी-कभी सिल्क की पगड़ी पहनते हैं। पगड़ी में मोर मुकुट सजाया जाता है। नीचे एक बंद सफेद सलूका और धोती पहनते हैं जो घुटनों तक होती हैं जिसका एक छोर पीछे पीठ पर खोंसा जाता है। गले में चांदी अथवा सोने या मूंगे का हार पहनते हैं। उनके हाथों में चांदी के कड़े तथा पांवों में पीतल या लोहे के कड़े होते हैं। वे अपने दाएं हाथ में लाठी और बाएं हाथ में सफेद रुमाल या मोरपंख लिए होते हैं। संगीतकारों की ड्रेस नर्तकों से भिन्न होती है। वे कमीज या जैकेट और रंगीन पगड़ी पहनते हैं तथा कौड़ियों का प्रयोग नहीं करते हैं।

महिला समूह रंगीन धोतियां कमर पर लपेट कर बांधती हैं, जो घुटनों तक नीची होती हैं तथा एक छोर वक्षस्थल को ढकता हुआ कमर पर पड़ा होता है। वे अपने बालों के जूड़े में खजूर या अन्य पत्तियों का मुकुट लगाती हैं जिसमें मूंगों का जाल लटका रहता है। उनके गले में सिक्कों अथवा मूंगों की माला लटकी रहती है। इसके अलावा वे गले में चांदी की हंसली भी पहनती हैं। उनके कानों में चांदी के भारी झुमके लटकते हैं जिनमें चांदी की हल्की चेन लटकती है। इसके अलावा वे अपनी बांहों में बांहुटा, कलाई में चांदी की चूड़ियां तशा पांवों में तोड़ी पहनती हैं। नृत्य के समय उनके दाएं हाथ में ठिस्की तथा बाएं हाथ में रंगीन रुमाल होता है।

मुड़िया तथा मारिया गोंड जनजाति के लोग उत्सवों तथा धार्मिक समारोहों के अवसर पर बनावटी घोड़े के साथ नृत्य करते हैं। मांडला जनपद के गोंड मनोरंजन के लिए घुड़सवारी करते हैं। लड़के बनावटी घोड़ों पर सवार होकर आते हैं। वे अपने घोड़ों की पूंछ की तरफ बैठे लोगों को मारते हैं और फिर घोड़े पर सवार होकर भागने का ढोंग करते हैं थोड़ी दूर जाकर वे अपना घोड़ा फेंक देते हैं तथा वापस लौट आते हैं।

कोकसर

अबूझमार क्षेत्र अत्यंत दुर्गम क्षेत्र हैं जहां आसानी से पहुंचना कतई संभव नहीं है। इस क्षेत्र में राज्य की सबसे कम आक्रान्त जनजाति पर्वतीय मारिया जनजाति निवास करती है। भौगोलिक तथा ऐतिहासिक कारणों से यह क्षेत्र हाल विगत तक शेष राज्य से कटा रहा है और आज भी यह कहना गलत नहीं होगा कि ऐसे लोगों की संख्या अधिक नहीं है जो सम्पूर्ण अबूझमार क्षेत्र देख चुके हैं। पर्वतीय मारिया लोगों का कोकसर उत्सव कटाई के समापन पर होने वाला उत्सव है। पर्वतीय मारिया लोगों की अपनी संस्कृति, धर्म और अर्थव्यवस्था है जो बृहत्तर सभ्यता की संस्कृति,

धर्म और अर्थव्यवस्था से अधिक प्रभावित नहीं हुई है। वे राज्य में बनाए जाने वाले उत्सवों से परिचित नहीं हैं तथा उनके त्योहारों में दीवाली, फागुन – तिहार तथा छड़छेड़ा भी शामिल नहीं हैं जो अन्य जनजातियों द्वारा मनाए जाते हैं। वे जगदलपुर के दशहरा में भी भाग नहीं लेते हैं जिसमें राज्य के लगभग सभी जनजातीय समूह शामिल होते हैं। उनके लिए इन उत्सव, त्योहारों का कोई मतलब नहीं है। उनका त्योहार केवल 'नया भोजन' है जिसे वह कोरता तिन्दाना कहते हैं।

कोकसर उत्सवों का आयोजन विभिन्न वंशों द्वारा अलग-अलग तिथियों पर किया जाता है। ये आयोजन पूसी (दिसम्बर-जनवरी) से प्रारंभ होते हैं तथा चैत्र (मार्च-अप्रैल) तक चलते हैं। मार क्षेत्र का सबसे बड़ा कोकसर ओरछा गांव में होता है तथा इसका आयोजन उसेंडी वंश द्वारा किया जाता है। ओरछा के आस पास दूर-दूर तक के अन्य वंश अपने युवजनों को आरछा के कोकसर में भाग लेने के लिए भेजते हैं। कोकसर युवाओं का नृत्य है तथा कोकसर युवाओं का उत्सव है क्योंकि यहां विवाह बन्धन के कार्यक्रम होते हैं, जिनकी परिणति विवाह के रूप में होती है। साल भर युवक और युवतियां उत्सुकतापूर्वक कोकसर की प्रतीक्षा करते हैं और जब यह समय आता है, तो वे वनों के पशु पक्षियों जैसे ऊर्जावान एवं आनन्दमग्न हो जाते हैं।

कोकसर नृत्य प्रारंभ होने के समय तक चन्द्रमा आकाश में ऊपर पहुंच चुका होता है। चन्द्र किरणों के सौंदर्य को किसी कृत्रिम प्रकाश द्वारा बिगाड़ा नहीं जाता, इसकी आवश्यकता भी नहीं होती है। पुरुष अर्द्धचंद्राकार रचना में नृत्य करते हैं तथा लड़कियां एक पृथक समूह में नृत्य करती हैं। लेकिन जैसे जैसे नृत्थ पराकाष्ठा की ओर अग्रसर होता है तथा नृत्य की गति तेज होती है लड़कियों का समूह अधिकाधिक निकट आ जाता है। जब तक कुछ प्रेमी युगल जंगल की तरफ भाग जाते हैं तथा कुछ देर बाद वापस लौट आते हैं। नृत्य रात भर चलता रहता है और अगले दिन भोर होने पर दूसरे ग्रामों की टोलियां किसी अन्य कोकसर में भाग लेने के लिए चल पड़ते हैं। जनजातियों के आर्थिक जीवन में कोकसर का महत्वपूर्ण स्थान है।

मुड़िया लोगों का घोटुल

घोटुल के बारे में ग्राम की शयनशाला अथवा विवाह पूर्व संबंधों हेतु अविवाहितों का कक्ष होने का संदेह निराधार है। यदि वहां लाइसेंस है तो प्रतिबंध भी है। यदि युवाओं को स्वतंत्रता है तो वे जीवन के कठोरतम शिष्टाचार में भी प्रवेश करते हैं,

जो मुड़िया लोगों के विवाह पूर्व संबंधों के बारे में कहा जाता है। मुड़िया लोग अपनी घोटुल संस्था की उत्पत्ति के अनेक स्रोत बताते हैं। कुछ लोग इसे जनजाति के युवाओं को अपने माता-पिता को परेशानी बनने से बचने के लिए पृथक्करण मानते हैं। 'लिंगो पैंन कथा' संकेत करती है कि घोटुल एक गृहस्थी में छोटे भाई को अपने बड़े भाई की पत्नी के साथ खतरनाक घनिष्ठता से दूर करने का प्रयोजन सिद्ध करता है।

घोटुल के प्रकार

दो प्रकार के मरिया घोटुल विद्यमान हैं। उनमें नियमों तथा रीति-रिवाजों और मानसिक स्थितियों की तीव्र भिन्नता है। पहली प्रकार की लड़की, जिसको कभी-कभी जोड़ीदार या मजाकिया लड़की भी कहा जाता है का मूल सिद्धान्त यह होता है कि वह विवाह पूर्व संबंधों में एकल साथी के प्रति निष्ठावान रहती है। प्रत्येक चेलिक (लड़का) एक मोटियारी (लड़की) के साथ जोड़ी बनाकर रहता है। दूसरी प्रकार के घोटुलों में चेलिक तथा मोटियारी के बीच किसी प्रकार के स्थायी संबंधों की मनाही है। आजकल यह दूसरी प्रकार के घोटुल बहुमत में हैं। चेलिक दिन भर की कड़ी मेहनत के बाद यहां पहुंचने लगते हैं। वे अपने साथ अपनी शयनिका तथा ड्रम भी लाते हैं। लगभग उसी समय, मोटियारी भी किसी व्यक्ति के घर अथवा कोने के आस-पास एकत्रित हो जाती हैं। वे अंततः एक साथ मिलकर घोटुल में प्रवेश करती हैं तथा आग जला लेती हैं।

कुछ देर बाद वे चेलिकों के बीच बिखर जाती हैं और कुछ देर आराम करने के बाद घोटुल लड़कों तथा लड़कियों की धुनों पर धड़कने लगता है। तब सोने का समय होने तक जोरदार नाच गाना चलता है। नाच, गाना कहानी, खेल इत्यादि के दौर के बाद अपेक्षाकृत कम उम्र के लड़के, जिन्हें अब तक कोई उपाधि नहीं मिली होती है, मुखिया लड़के से शुरू करते हुए प्रत्येक वरिष्ठ लड़के के पास जाते हैं। वे घोटुल उपाधि से पहले जुहार शब्द का प्रयोग करते हुए नमस्कार करते हैं जैसे जुहार सरदार, जुहार कोटवार आदि। यही क्रिया लड़कियों द्वारा दोहराई जाती है। जुहार के बाद एक लड़की द्वारा चेलिकों के बीच तम्बाकू अथवा चिलम वितरित की जाती है। उसके पश्चात् कुछ समय के लिए घोटुल से बाहर आ जाती हैं तथा बेलोसा (मुखिया) के पास जमा हो जाती हैं। तब बेलोसा यह तय करती है कि कौन लड़की उस रात्रि किस लड़के की जोड़ीदार बनेगी।

तत्पश्चात् वे तैयार होकर घोटुल में लौटती हैं तथा सीधे अपने जोड़ीदार के पास पहुंचती हैं। वे अपने जोड़ीदारों की मालिश करती हैं। थोड़ी ही देर में वे सब सो जाते हैं, सब एक दूसरे के अति निकट सो जाते हैं। भोर होने से पहले ही मोटियारी दैनिक कार्यों के लिए अपने घर लौट जाती हैं।

मुड़िया, जीवन, खासकर घोटुल जो उनकी एक अद्वितीय विशिष्टता है, के बारे में काफी कुछ सुना गया है तथा उपहास किया गया है।

घोटुल अथवा शयनागार पद्धति युवा अविवाहित मुड़िया लड़कों तथा लड़कियों के लिए एक प्रकार का प्रशिक्षण केन्द्र है। बड़े लड़के तथा लड़कियां छोटे लड़कों तथा लड़कियों को जनजातीय बोली में सामाजिक तथा वैवाहिक कर्तव्यों के बारे में समझाते हैं। घोटुल नियमों तथा परम्पराओं का उल्लंघन अपराध माना जाता है तथा दोषी को कड़ी सजा दी जाती है।

10

नाटक

मध्य प्रदेश के महान कवि नाटककार कालिदास के सम्मान में शास्त्रीय संस्कृत साहित्य, पारम्परिक रंगमंच और कलाओं का उत्सव 'कालिदास समारोह' प्रतिवर्ष आयोजित किया जाता है। महाकवि कालिदास हमारी राष्ट्रीय विरासत का सबसे बड़ा खजाना है। अगले छह दिन तक समारोह में शास्त्रीय नाटकों, नृत्य, समूह नृत्य कला शास्त्रीय संगीत की इन्द्रधनुषी छटा बिखरती है, जो भारतीय कला और संस्कृति की महानता के दर्शन कराती है।

निस्संदेह कालिदास मध्य प्रदेश के सबसे महान नाटक लेखक हैं जिनके जन्म और जीवन संबंधी विवरण अनिश्चित हैं। विद्वान लोग महाकवि कालिदास के जीवन काल तथा उनकी रचनाओं के काल के संबंध में विभिन्न मत रखते हैं। व्यापक रूप से माना जाता है कि वह विक्रमादित्य मौर्य के दरबार के नव रत्नों में से एक थे, जिनका शासनकाल पहली शताब्दी B.C. के आसपास माना जाता है। वह जाति के ब्राह्मण माने जाते हैं तथा शिव के उपासक माने जाते हैं, जिनकी आशीष याचना वह अपने नाटकों के प्रारंभ में करते हैं।

महाकवि कालिदास ने केवल नाटकों की रचना की है। 'अभिज्ञानशाकुन्तलम' उनकी सर्वश्रेष्ठ कृति है। उनके अन्य नाटक हैं 'मालिविकाग्निमित्र' तथा 'विक्रमोर्वशीय तथा इन दोनों के नाम इनके मुख्य पात्रों के आधार पर रखे गए हैं।

भवभूति

मध्य प्रदेश के एक अन्य नाटक लेखक भवभूति का नाम प्राचीन भारत के विख्यात नाटककारों में सम्मान के साथ लिया जाता है। कुछ विद्वान उनकी कृति 'उत्तररामचरित' को इस काल की सर्वश्रेष्ठ कृति मानते हैं। भवभूति ने केवल तीन नाटक लिखे हैं। उनका जीवन काल अपेक्षाकृत निश्चित है, जो 700 A.D. है, तथा वह संभवतः उत्तर प्रदेश के किसी राजा के दरबार में कवि थे। संस्कृत साहित्य के

अन्य महत्वपूर्ण लेखकों में सम्राट हर्ष जिनके द्वारा 7वीं सदी A.D. में तीन रचनाएं की गई, विशाखदत्त जिनकी कृति 'मुद्राराक्षस' संस्कृत नाटक साहित्य के चंद राजनीतिक नाटकों में गिनी जाती है तथा महेन्द्र कुमार वर्मन हैं जो दक्षिण के राजा थे जिनके द्वारा हास्य विनोद के अनेक लघु नाटकों की रचना की गई थी।

अभिज्ञान शाकुन्तलम्

शाकुन्तलम में कालिदास ने मुख्य पात्रों की सूक्ष्म एवं सुकोमल मानवीय भावनाओं के चित्रण में अधिक रुचि दर्शाई है।

कथानक का मुख्य उद्देश्य नायक का उद्देश्य के प्रति संघर्षरत रहना और अंत में अपने अभीष्ट उद्देश्य की प्राप्ति रहा है। कथानक अथवा कथावस्तु को नाटक की काया माना जाता है। इस विषय की सम्पूर्ण चर्चा में मानवजातीय सदृशता विद्यमान है। इस कार्य के विकास में पांच चरण हैं। पहला चरण बीज के बोने का संकेत देता है–जो नायक के मन में अपना उद्देश्य प्राप्त करने की इच्छा है। शकुन्तलम में राजा द्वारा शकुन्तला से विवाह और उससे अपने राजा का उत्तराधिकारी प्राप्त करने के उद्देश्य के रूप में विद्यमान है। अंक प्रथम से उद्धरणों में इन दोनों उद्देश्यों को स्पष्ट चित्रित किया गया है। दूसरे अंक में शकुन्तला को अपनी पत्नी बनाने की दुष्यन्त की दृढ़ इच्छा उसकी चाह को स्पष्ट प्रकट करती है। तीसरा चरण सफलता की आशा है। तीसरे अंक में दुष्यन्त को शकुन्तला को जीत लेने का पूर्ण विश्वास है, यद्यपि शकुन्तला राजा की इच्छापूर्ति का कोई वचन नहीं देती है। अंक 4, 5 और 6 में दुष्यन्त की मूल इच्छा निष्फल और विलम्बित होती हैं। चौथे अंक में हमें पता चलता है कि शकुन्तला राजा द्वारा भुला दिए जाने हेतु शापित है, जब शकुन्तला राजा के दरबार में पहुंचती है, तब राजा उसे नहीं पहचानता तथा इस प्रकार अपमानित होने की अवस्था में शकुन्तला दैव अप्सरा द्वारा अज्ञात स्थान पर ले जाई जाती है।

छठे अंक में राजा द्वारा शकुन्तला को दी गई निशानी अंगूठी मिलती है तो उसे तुरंत सब कुछ याद आ जाता है तथा वह अपनी प्रेयसी के बिछुड़ जाने से व्यथित हो जाता है। कथा के विकास के पांचवें चरण में नायक अपने उद्देश्य की प्राप्ति में सफल हो जाता है। शाकुन्तलम् के अंतिम अंक में दुष्यन्त और शकुन्तला का पुनर्मिलन हो जाता है तथा दुष्यन्त को पता चलता है कि वह एक सुन्दर पुत्र का पिता है तथा उसे राज्य का उत्तराधिकारी प्राप्त हो चुका है।

संस्कृत नाटकों में अंत सुनिश्चित होता था। यह अंत सुखद अंत होता था जिसमें नायक अथवा मुख्य पात्र की इच्छापूर्ति नायिका के सहयोग से होती थी।

जहां तक कालिदास की भाषा का प्रश्न है, उनके छन्दों में गद्यांश मिश्रित किए गए हैं। समालोचकों ने स्वीकार किया है कि कालिदास रचित नाटकों में संस्कृत के कुछ अति सुन्दर गद्यांशों का उपयोग किया गया है। संस्कृत भाषा की सूक्ष्मता किसी सामान्य जन के लिए समझ पाना असंभव है क्योंकि संस्कृत वक्रोक्तियों तथा सारगर्भित वाक्यांशों से परिपूर्ण एक टेलीग्राफिक भाषा है। व्यापक विचारों तथा अर्थों को कम से कम शब्दों में व्यक्त करना अन्य भाषाओं में सदैव संभव नहीं है। विभिन्न पात्रों द्वारा बोली गई संस्कृत के स्तरों में अन्तर करना अनुवाद द्वारा संभव नहीं है।

विक्रमोर्वशीय

यह कालिदास द्वारा रचित एक अन्य प्रसिद्ध नाटक है। यह तकनीकी दृष्टि से त्रोटक अर्थात् पांच अंकीय नाटक है, जिसमें नायिका एक स्वर्गीय अप्सरा है तथा नायक एक नश्वर नरेश है। नाटक प्रेम कथा पर आधारित है। कालिदास द्वारा स्वर्ग की अप्सरा उर्वशी और सूर्यवंशी राजा पुरुरवारन के प्रेम का चित्रण किया गया है। एक बार सूर्य को अपनी श्रद्धांजलि अर्पित करने हेतु वायु यात्रा के दौरान राजा पुरूरवास ने उर्वशी को एक दैत्य के पंजों से स्वतंत्र कराया था, किन्तु राजा स्वयं उर्वशी से प्रेम करने लगा। उधर उर्वशी प्रेम के वशीभूत होकर अपनी सखी चित्रलेखा के साथ भूलोक में आ गई। वह भोजपत्र पर लिखे संदेश के माध्यम से राजा के प्रति अपने प्रेम को प्रकट करती है। उर्वशी और पुरूरवास विवाह करने के उपरान्त अपने मधुमास हेतु स्वर्ग के गंध उद्यान जाते हैं। वहां राजा पुरूरवास ने मरु पर खेलती एक विद्याधर कन्या को देखा और उस दृश्य में लीन हो गया। अधिस्वत्वबोध के अधीन उर्वशी ने आपत्ति की तथा पुरूरवास को छोड़कर अपने अंधे क्रोध में कार्तिकेय उपवन में पहुंच गई, जो महिलाओं हेतु निषिद्ध था। वह तत्काल एक वल्लरी के रूप में परिवर्तित हो गई यद्यपि उसका इन्द्रियबोध पूर्ववत बना रहा। पुरूरवास के लिए यह एक बड़ा आघात था। तथा वह उर्वशी की खोज में पशु, पक्षियों, मेध, नदी, पर्वत, वल्लरियों से अपने प्रेयसी का पता पूछता वन-वन भटकने लगा।

सौभाग्यवश उसने एक रक्तवर्णीय शिला को उठा लिया, जो वास्तव में मां गौरी के चरणों पर लगाए गए लाल-रंग का जमा स्वरूप था। एक आकाशवाणी ने पुरूरवास से उठा लेने का आदेश दिया, तथा जैसे ही उसने वल्लरी को स्पर्श किया

उसकी उर्वशी वापस प्राप्त हो गई। मानव दृष्टि से ओझल रहकर उर्वशी ने राजा पुरुरवास के अपने प्रति प्रेम को देखा था। पुनर्मिलन से प्रसन्न वे दोनों राजा की राजधानी लौट आए। कुछ वर्ष सुखपूर्वक व्यतीत हो गए, परन्तु राजा को एक पुत्र की अभिलाषा थी। एक दिन एक नदी के किनारे शिविर में वह बहुमूल्य मणि जो पुरुरवास ने स्नान करते समय एक पत्ते पर रख दी थी। एक गिद्ध द्वारा मांस का टुकड़ा समझ कर उठा ली गई। यह गिद्ध उड़ता हुआ राजा के बाणों की परिधि से बाहर चला गया, लेकिन किसी अज्ञात दिशा से चलाए गए बाण ने उस पक्षी को बींध कर पृथ्वी पर गिरा दिया। इस बाण पर कुमार आयुष का नाम अंकित था जो उर्वशी और राजा पुरुरवास का पुत्र था। वह छह वर्षीय कुमार एक महिला तपस्विनी द्वारा राजा पुरुरवास के समक्ष लाया गया। यह तपस्विनी उर्वशी के अनुरोध पर राजा से छिपकर उस कुमार का पालन-पोषण च्यवन ऋषि के आश्रम में कर रही थी। च्यवन ऋषि ने आदेश दिया था कि बालक को उसके माता-पिता के पास पहुंचा दिया जाए क्योंकि उस बालक ने पक्षी की हत्या कर आश्रम के अनुशासन को भंग किया था। कुमार के आने के पश्चात् उर्वशी की राजा के साथ रहने की अवधि समाप्त हो गई, जैसा कि इन्द्र का आदेश था, और उसे स्वर्ग वापस जाना था। इस प्रकार हर्ष का यह अवसर विषाद में परिवर्तित हो गया। पुरुरवास ने अपना साम्राज्य कुमार को सौंपकर एकांत वासी होने का निर्णय कर लिया।

एक बार पुनः इन्द्र ने हस्तक्षेप किया, इन्द्र को अपने शत्रुओं के दमन हेतु राजा पुरुरवास की सहायता की आवश्यकता थी। इसलिए उसने उर्वशी को पृथ्वी पर राजा पुरुरवास के साथ उसके जीवन पर्यन्त रहने की अनुमति प्रदान कर दी।

आधुनिक थियेटर

भोपाल में प्रसिद्ध भारत भवन के सृजनकार अशोक वाजपेयी मध्य प्रदेश में नए थियेटर आंदोलन की शुरुआत का श्रेय मुख्यतः बी. बी. कारंत को देते हैं। वाजपेयी की यादों के झरोखों में झांकते हुए बताते हैं कि 1973 में हमारे निमंत्रण पर बी.वी. करंत द्वारा थियेटर का प्रशिक्षण सह–निर्माता शिविर आयोजित किया गया। वह 1980 में भारत भवन में रंग मंडल संग्रहालय की स्थापना हेतु वापस लौटे थे। यह उस समय भारत भर में एक मात्र रंगशाला संग्रहालय था। वह ऐतिहासिक भारत भवन के पीछे मुख्य सृजन शक्ति के रूप में थे। उनके साथ पेंटर जे. स्वामीनाथन थे। रंगमंडल ने, सर्वप्रथम बार, समकालीन अभिनेताओं के प्रशिक्षण हेतु लोक पेशेवरों का उपयोग किया तथा लोक प्रदर्शकों को रंगमंडल का सदस्य बनाया। उनके द्वारा

न केवल हिन्दी अपितु बुंदेलखंडी मालवी तथा छत्तीसगढ़ी जैसी प्रादेशिक बोलियों में भी नाटक तैयार किए गए। वाजपेयी ने आगे बताया कि करंत के प्रेरक मार्गदर्शक तथा दण्डकारी कार्य अनुसूची के अधीन रंगमंडल हेतु बड़ी संख्या में टिकट क्रेता दर्शकवर्ग तैयार हुआ। इस प्रकार मध्य प्रदेश में नव थियेटर आंदोलन के विकास में करंत का योगदान कोई छोटा मोटा योगदान नहीं था। करंत समकालीन भारतीय थियेटर की बहुत बड़ी हस्ती थे। उन्हें एक सदस्यीय संस्था कहा जाता था–वह थियेटर और फिल्मों के निदेशक, संगीतकार, अभिनेता और लेखक थे–करंत को कन्नड़ और भारतीय थियेटर को एक नया जोश एक नई ऊर्जा प्रदान करने का श्रेय प्राप्त है। करंत के मित्र, सहकर्मी और छात्र उन्हें थियेटर की अद्‌भुत प्रतिभा मानते हैं। वह अपने पीछे शहरों तथा सुदूर गांवों तक में अपने प्रशंसकों की भारी संख्या छोड़ गए हैं।

करंत द्वारा एक सौ से अधिक नाटकों का निर्देशन किया गया है। इनमें आधे से थोड़ा अधिक कन्नड़ में थे और उसके बाद हिन्दी का स्थान है। उनके द्वारा अंगरेजी, तेलुगु, मलयालम, पंजाबी, उर्दू, संस्कृत और गुजराती नाटक भी निर्देशित किए गए हैं। उनके प्रसिद्ध कन्नड़ नाटकों में हयवदन (गिरीश कर्नाड द्वारा), कट्टाले बेलाकु, हुचु कुडुरे, एवम् इंद्रजीत, ओडिपस, संक्रान्ति, जोजुम्बर, स्वामी, सत्तावरा नेलालू, हत्तवा बिदारे तथा गोकुल निर्गमन शामिल हैं। उनके द्वारा 40 से अधिक हिन्दी नाटकों का निर्देशन किया गया जिनमें मैक्बेथ (पारम्परिक यक्षगण नृत्य नाटक रूप का प्रयोग करते हुए), किंग लियर, चन्द्रहास, हयवदन, घासीराम कोतवाल, मृच्छकटिका, मुद्रा राक्षस और मालविकाग्नि मित्र शामिल हैं। करंत को बाल कलाकारों के साथ काम करने का श्रेय भी प्राप्त है। उनके द्वारा निर्देशित बाल नाटकों में पांचार शाले, नीली कुदुरे, हेड्डायन, अलिलु राम तथा दि ग्रेटफुल मैन शामिल हैं।

करंत का कन्नड़ थियेटर के आकाश में उदय सन् 1960 में हुआ और 1970 तक वे पारम्परिक थियेटर जगत में आमूल परिवर्तन ला चुके थे। जब करंत कन्नड़ थियेटर में आए उस समय पुरानी औपचारिक रंगपीठ शैली विद्यमान थी। वह अपने आप में सम्पूर्ण थियेटर थे जहां भाषा, संगीत, गीत, शैलीकरण बहुधा लोक रूप में, आदि सब कुछ मौजूद था।

मध्य प्रदेश में थियेटर जगत में एक अन्य प्रसिद्ध व्यक्तित्व हबीब तनवीर का रहा है।

तीजन बाई

तीजन बाई 1988 में प्रतिष्ठित पद्‍मश्री के अतिरिक्त अहिल्याबाई सम्मान, 1994 में श्रेष्ठ कला आचार्य और 1996 में प्रतिष्ठित संगीत नाटक अकादमी पुरस्कार प्राप्त कर चुकी हैं। इसके अतिरिक्त 2002 में गुरु घासी दास विश्वविद्यालय, बिलासपुर तीजनबाई कोई मानद डी.लिट. उपाधि प्रदान कर चुका है।

मंच पर तीजन बाई लाल साड़ी, बेंगनी ब्लाउज, संतरी सिंदूर लगाए अलग ही नज़र आती हैं। माथे पर गोल बड़ी बिन्दी पान में रंगे ऊपर के दांत, चांदी के आभूषण, गुलाबी फुंदने, टैटू और बहुमूल्य मोरपंख जड़ा लाल तम्बूरा उनके हाथ में सुशोभित होता है। तीजन बाई का कहना है कि यदि उनके हाथ में तम्बूरा न हो ता वह एक पंक्ति भी नहीं गा सकती हैं। वह इसे संगीत वाद्य के रूप में इस्तेमाल नहीं करती हैं, बस जब तब इसके तारों पर हाथ की अंगुलियां फिराती हैं और उसके तत्काल पश्चात् वह एक अलग रूप होता है। दुःशासन की भुजा, अर्जुन का रथ, द्रौपदी के केश, भीम की गदा और अर्जुन का बाण।

वह महाभारत की प्रसिद्ध कहानियां अपनी विशिष्ट पंडवानी शैली में गाकर जोशीले ढंग से सुनाती हैं तथा छत्तीसगढ़ी परम्परा में पांडवों की वीरगाथा जीवन्त करती हैं। उन्होंने यह कला मध्य प्रदेश के एक गांव में अपने पितामह से सीखी थी, जो अंततः उनका व्यवसाय बन गई और जिसके बल पर वह अनेक देशों की यात्रा करने के अलावा 1988 में पद्‍श्री उपाधि प्राप्त कर चुकी हैं। महाभारत जैसी भारतीय विरासत देश से बाहर ले जाने में वह गौरव महसूस करती हैं क्योंकि वहां के वासी इस महाकाव्य के बारे में कोई जानकारी नहीं रखते हैं।

इंग्लैंड, फ्रांस, स्विटज़रलैंड, जर्मनी, टर्की, ट्यूनीशिया, माल्टा, साइप्रस देशों में वे अपनी प्रस्तुतियां दे चुकी है।'

उनकी देहाती गायन शैली की ऊर्जा ने तीजन बाई को चमत्कारी प्रदर्शक बना दिया है। महाभारत के धार्मिक मूल्यों से कोई समझौता किए बग़ैर वह उसमें नए प्रयोग करती रही हैं। उनकी कहानियां स्थानीय अपभ्रंश बोली के शब्दों में गुंथी बनी है। जिन्हें वह गाते, नाचते, उच्च स्तर में संवाद बोलते हुए प्रस्तुत करती हैं।

तीजन बाई महाभारत की व्याख्या पारम्परिक ढांचे के भीतर अपनी स्वयं की समझ के अनुसार करती है। उनकी प्रस्तुति में संगत करने वाले लोग उन्हीं के परिवार के हैं। उनके पति, बहनोई, चाचा और गांव के दो अन्य सहयोगी हारमोनियम, ढोलक, बैंजो और तबला पर उनकी संगत करते हैं।

अपने कार्यक्रमों के लिए उन्हें भिलाई में अपने परिवार से कई बार महीने तक के लिए दूर रहना पड़ता है।

तीजन बाई के जीवन में मां सरस्वती की कृपा उनके जीवन काल में प्रारंभ में ही हो गई थी। लेकिन उन्हें अपने इस सुरुचिपूर्ण शौक को पूरा करने के मार्ग में कई बाधाएं थीं। वह पारम्परिक बहेलिया परिवार से सम्बद्ध थीं जो चटाई और झाड़ू बनाने के काम के बाद खेती मजदूर हो गया था। वह अपने माता-पिता के पांच बच्चों में सबसे बड़ी थीं। बारह वर्ष की आयु में उनका विवाह कर दिया गया। उनके पांडवानी प्रेम की वजह से विवाह खंडित हो गया तथा उन्हें समाज से निष्कासित कर दिया गया। उनकी सबसे पहली प्रस्तुति निकट के एक ग्राम में एक अस्थायी मंच पर रु. 10/- पारिश्रमिक के एवज में हुई थी। इसके पश्चात् उन्हें दूसरे गांवों से निमंत्रण मिलने लगे। इसी दौरान मध्य प्रदेश की थियेटर की एक जानी पहचानी हस्ती हबीब तनवीर की नज़र उन पर पड़ गई। वह उन्हें इंदिरा गांधी के समक्ष अपनी कला प्रदर्शन के लिए ले गए। उन्होंने अनेक राष्ट्रीय सांस्कृतिक समारोहों में भाग लिया और पांडवानी शैली की प्रथम महिला प्रस्तोता बन गईं।

उन्होंने पांडवानी की कपालिक शैली को अपनाया जिसमें प्रस्तुतिकर्ता दृश्य की व्याख्या करता है और उसमें निरंतर सुधार करता रहता है। उस समय तक महिलाएं वेदमति शैली को अपनाती थीं जिसमें कलाकार बैठकर कथा सुनाता है इस अवधि में उनके तीन पुनर्विवाह हुए तथा अब चौथे पति और पांच बच्चों के साथ रहती हैं।

बहुत से कलाकारों के उलट वह अपनी लोकप्रियता का श्रेय सरकारी संरक्षण को देती हैं। वे हमें अलग जगहों पर बुलाते हैं, हमें मंच देते हैं, लोगों को लोक शैली की जानकारी देते हैं तथा कला दूसरों तक पहुंचाने में हमारी सहायता करते हैं। इससे अधिक एक कलाकार को क्या चाहिए। तीजन बाई का मानना है कि उन पर भगवान श्रीकृष्ण की कृपा है। और वह बचपन में स्वप्न में लाल तम्बूरा देखती रही है, जो कोई संयोग नहीं था बल्कि उनके जीवन का अभिन्न अंग बन चुका है।

मंच

मंच जो कि ओपेरा बैले का एक रूप है मालवा में बहुत लोकप्रिय है। मंच शब्द की उत्पत्ति संस्कृत लोक-रूप से हुई है। स्वदेशी लोक-रूप में मंच का प्रारंभ सत्रहवीं सदी से हुआ है। मंच का प्रदर्शन आमतौर पर खुली हवा में कम से कम थियेटर सामग्री के साथ किया जाता है। एक गोल चबूतरे को मंच बनाया जाता है। यह

सभी ओर से खुला होता है। पृष्ठभूमि में कोई पर्दा नहीं लगाया जाता है। मंच के निकट, पीछे के हिस्से में बुजुर्गों के लिए स्थान सुरक्षित होता है। इसको 'बारा घांट का पट' कहा जाता है जिसका अर्थ अनुभवी व्यक्तियों के स्थान हैं। दोनों तरफ आयोजकों तथा कर्मियों के लिए आसन होते हैं। गुरु मंच पर विराजमान होते हैं। मंच पर बाएं कोने में वादकों के लिए स्थान होता है। प्रदर्शन के दौरान गायन में सहयोग करने वाले व्यक्ति को 'बारा घांट का पट' अथवा मंच पर वादकों के साथ आसन दिया जाता है।

बांस और बल्लियां की सहायता से भूमि में लगभग पांच से छह फुट ऊपर मंच स्थापित किया जाता है। मंच की लम्बाई साधारणतः तीस फुट रखी जाती है जबकि चौड़ाई करीब बारह फुट होती है।

मालवा में एक और प्रकार के मंच का चलन लोकप्रिय है जिसमें वाद्य कलाकार एक अलग काफ़ी ऊंचे मंच पर बैठते हैं। अभिनय मंच इससे काफी नीचा होता है। दोनों मंच एक दूसरे के साथ जुड़े होते हैं। इस प्रकार के मंच अभिनेताओं के लिए विशेष असुविधाजनक होते हैं। अभिनेताओं को गायन के दौरान ढोलक तथा सारंगी वादकों की तरफ ध्यान रखना पड़ता है। जब उन्हें उनकी तरफ देखने के लिए सिर उठाना पड़ता है तो दर्शकों के साथ उनका सम्पर्क टूट जाता है, जो इस लोक रूप में लिए अत्यंत महत्वपूर्ण है।

नाटक सांध्य वेला में कलाकारों द्वारा देवी-देवताओं के आह्वान के साथ प्रारंभ होता है। इसकी शुरुआत प्रायः मंच मंडल के संस्थापक और पटकथा-लेखक की प्रशस्ति से होती है। तदुपरांत मां सरस्वती, गणेश और भैंरों एवं चौंसठ योगिनी आदि की वन्दना की जाती है। वन्दना में सभी कलाकार मंच पर अग्रभाग में दोनों हाथ जोड़कर प्रार्थना मुद्रा में खड़े होते हैं।

इसके पश्चात् चोपदार कथा परिचय के लिए आता है। उसने पूर्व वह जमीन पर पानी छिड़कने के लिए भिश्ती को बुलाता है। उसके बाद फरासन को फर्श कालीन बिछाने के लिए बुलाया जाता है। वे अपने कार्यों का स्वांग भरते हैं तथा मंच को प्रदर्शन हेतु तैयार करते हैं। भिश्ती और फरासन दोनों आधे घंटे तक गीत गाते हुए अपना प्रदर्शन प्रस्तुत करते हैं।

चोपदार को असल नाटक प्रारंभ होने से पूर्व एक महत्वपूर्ण भूमिका निभानी होती है। वह कलाकारों को मंच पर आमंत्रित करता है तथा कुछ शब्दों के साथ उनका परिचय श्रोताओं को देता है। मंच पर संवाद का अन्त टेक के साथ होता

है जो कलाकारों द्वारा मंच के एक कोने पर साथ खड़े होकर अथवा वाद्य कलाकारों के निकट साथ खड़े होकर गाई जाती है। यहां ढोलक का कार्य मुख्य होता है। वाघ वृंद नाटकीय छन्द को दोहराता है तथा कलाकार को प्रत्येक दोहे की समाप्ति पर वृत्त में नृत्य करने हेतु सहायक होता है। ढोलक की अपनी अलग शैली है। यह इस क्षेत्र की ठेठ लोक संगीत शैली का रूप लेती है। सारंगी का प्रयोग वाघ वृंद का प्रभाव पैदा करने हेतु किया जाता है।

मंच की प्रस्तुति तकनीक, इसके विषय तत्व, समृद्ध संगीत तथा भड़कीली पोशाकों की समृद्ध परम्परा है। अभिनेताओं को प्रदर्शन के दौरान इधर उधर आने जाने की स्वतंत्रता है। मंच औपचारिक के कोई कड़े नियम कायदे नहीं हैं। कभी-कभी कोई काम न होने पर वे दर्शकों के बीच जाकर बैठ जाते हैं। कभी-कभी कलाकार मंच बिल्कुल नहीं छोड़ते हैं। वे कुछ कदम पीछे जाकर खड़े हो जाते हैं तथा अपनी बारी की प्रतीक्षा करते हैं। कुछ पात्र मंच पर अपनी प्रविष्टि आडम्बरपूर्ण तरीके से करते हैं।

मंच में संवाद भिन्न सुरों में ढाले जाते हैं जिन्हें रंगत दोहा कहा जाता है। सम्पूर्ण संरचना में संगीत का भाव व्याप्त होता है। दोहे प्रायः तीन शैलियों में गाए जाते हैं नामतः इकहरी रंगत, टोकड़ी रंगत तथा लंगड़ी रंगत। दोहों के बीच में झेला का अक्षुण्ण माधुर्य मिश्रित किया जाता है जो एक परिवर्तन के रूप में आता है। प्रत्येक दोहा अथवा संवाद इकाई समूह गान में गाए गीत की टेक के साथ समाप्त होती है।

ताल का पैमाना पूरी तरह ढोलक के अनुरुप होता है जबकि सामान्यतः गायक का अनुसरण करती है। मंच में प्रायः चौबीस धुनों का प्रयोग किया जाता है। रंगत इकहरी रंगत, दोकड़ी, कालीगारा रंगत, झेला, छोटी रंगत, सिंधु बाधवा, उडय्या इत्यादि कुछ ज्ञात प्रकार हैं। हैलूर का अंत एक वाक्यांश के साथ होता है जिसे महरा राज कहा जाता है। गज़ल का इस्तेमाल भी किया जाता है। यह तेज गति में गाया जाने वाला एक अलग प्रकार का छन्द है।

मंच में प्रारंभिक पंक्ति समूह को गेर कहा जाता है जिसका अर्थ है प्रारंभ और उसके बाद उडापा प्रारंभ होता है। तेज गति से गाए गीत को दौड़ कहा जाता है। नाटक में स्थिति के अनुरूप लोक धुनों का प्रयोग किया जाता है। मंच की एक विशिष्ट धुन पूरे नाटक में चलती है। इसकी अपनी अलग पहचान होती है। इससे एक जोश और परिपूर्णता जुड़ी होती है।

मंच में प्रयुक्त पोशाकें स्थायी स्तर पर तैयार की जाती हैं। हर पात्र अभिनेता की पोशाक चिरपरिचित प्रकार की होती है। मुख्य पात्र की पोशाक कुछ अलग होती हैं जिसमें अंगरखा, बहुरंगी साफू तथा इसके साथ कल्दी जुड़ी होती है। वह मंच पर एक प्रतिष्ठापूर्ण वातावरण में प्रवेश करता है। महिलाओं के चरित्र पुरुषों द्वारा निभाए जाते हैं। दर्शकों को उनकी दाढ़ी, मूंछ से कुछ मतलब नहीं होता है।

ये कलाकार मंच का पर्याप्त प्रयोग करते हैं। वे अपने संवाद बोलते हुए अथवा गीत गाते हुए इधर से उधर पूरी मंच पर टहलते हैं जबकि ढोलक की संगत लगातार जारी रहती है। कलाकारों के चेहरे के भाव तथा शारीरिक मुद्राएं और हाथ एवं पैरों का संचालन दर्शकों पर नाटकीय प्रभाव छोड़ता है।

11
संगीत

मध्य प्रदेश का संगीत व वहाँ के गीत अतुल्य है। समय की मार भी इनके माधुर्य को विचलित नहीं कर पाई है। चाहे वे वहाँ के लोक गीत हों, धार्मिक गीत हों या शास्त्रीय संगीत सभी आत्मा का भोजन स्वरूप हैं। मध्य प्रदेश के संगीत में ग्रामीण लोक और जनजातीय धार्मिक संगीत तथा भारतीय शास्त्रीय संगीत सम्मिलित है।

शास्त्रीय संगीत

राज्य की सांस्कृतिक विरासत अति प्राचीन और उतार चढ़ाव से भरी है। मध्य प्रदेश को संगीत के इतिहास में एक विशिष्ट स्थान प्राप्त है। ग्वालियर घराना शास्त्रीय शैली का सर्वाधिक विख्यात विवाचक है। बैजू बावरा तथा तानसेन की प्रतिद्वंद्विता आज भी पूर्ण विस्तार से याद की जाती है।

लोक संगीत मध्य प्रदेश के साल बन क्षेत्र में विकसित हुआ तो शास्त्रीय संगीत का विकास राजदरबारों की सुख सुविधा में विकसित हुआ। ग्वालियर के तोमर शासक, बहादुरी और शौर्य के लिए विख्यात होने के अलावा संगीत के प्रति गहरा अनुराग रखते थे। राजा मान सिंह अनेक संगीत समारोहों, वाद-विवाद तथा बैजू बावरा, तानसेन, बक्सू, महमूद और लोहांग की प्रतिद्वंद्विता के मेजबान थे। माना जाता है कि राजा मान सिंह स्वयं एक महान गायक थे तथा उनके द्वारा गुजरी तोड़ी, गुजरी मल्हार तथा मंगल गुजरी आदि राग विकसित किए गए थे तथा इनका नामकरण अपनी प्रिय गुजरी रानी मृगनयनी के नाम पर किया था।

इसके साथ ही उन्होंने अपने दरबार में संगीत संघ की स्थापना की तथा भाम, चारजू, ढूंढीबार व चंचल शशि नामक चार महान संगीतज्ञों को “संगीत नायक” की उपाधि दे कर अपने दरबार में नियुक्त किया। तथा इनके सहयोग से संगीत की ध्रुपद पद्धति को पुर्नजीवित किया।

तानसेन – अकबर के दरबार में नवरत्नों में एक

तानसेन 1562 में अकबर के दरबार में पहुंचे थे। बादशाह अकबर के बारे में अनेक किस्से बयां किए जाते हैं कि वह अपनी शाम तानसेन के सान्निध्य में गुज़ारा करते थे। जहां तानसेन उनको अपनी नई रचनाएं सुनाया करते थे तथा नए रागों का सृजन करते थे। उनके द्वारा सृजित रागों में दरबारी कानड़ा, मियां की मल्हार और मियां की तोड़ी शामिल हैं। उनके ऐतिहासिक दीपक राग को भला कौन भुला सकता है जिसके गाने से बादशाह अकबर के महल के दीपक जल उठते थे। इससे प्रसन्न होकर अकबर ने उन्हें अपने दरबार के नव रत्नों में स्थान दिया था। कहा जाता है कि तानसेन अपने गायन से चमत्कार कर सकते थे। संस्कृत में इसे नाद सिद्धि कहा जाता है। उन्हें यह चमत्कारिक सिद्धि स्वामी हरिदास के सान्निध्य में रहकर प्राप्त हुई थी। कहा जाता है कि वह अपने राग मेघ मल्हार से वर्षा कराने की सामर्थ्य रखते थे। तानसेन ने अपने जीवन का अंतिम समय ग्वालियर में व्यतीत किया था। उनकी मृत्यु 1600 से 1610 के बीच हुई थी।

ग्वालियर गायकी

ग्वालियर गायकी अपनी स्पष्ट और पूरे खुले गले से गाने के लिए प्रसिद्ध है। ग्वालियर घराना के गायक टप्पा और तराना के उस्ताद माने जाते हैं। टप्पा उत्तर पश्चिम भारत के ऊंटगाड़ी चालकों के प्रेम गीत हैं जिनमें छोटे वाक्यांश होते हैं, तराना में ना, री, ता, द्रुम तथा दीरी, दीरी शब्दों का प्रयोग किया जाता है।

ध्रुपद ग्वालियर घराना का गौरव है। वास्तव में, ग्वालियर घराना संगीत की इस शैली पर अपना स्वामित्व होने का दावा कर सकता है। ग्वालियर घराना का ख्याल का भी कोई सानी नहीं है। खयाल हिन्दी शब्द विचार का उर्दू रूप है। खयाल गायक कल्पना, विस्तान से राग को अपनी इच्छानुसार अलंकृत करता है। ग्वालियर घराना के कुछ प्रसिद्ध नाम बालकृष्ण बुआ इचलकरंजीकर, कृष्णाराव, शंकर पंडित ओंकार नाथ ठाकुर और डी. वी. पलुस्कर हैं।

तानसेन संगीत समारोह, ग्वालियर

मध्य प्रदेश को भारतीय शास्त्रीय संगीत में एक विशिष्ट स्थान प्राप्त है। हिन्दुस्तानी शास्त्रीय संगीत के रत्न महान तानसेन की कब्र ग्वालियर में मौजूद है। यहां प्रतिवर्ष नवम्बर-दिसम्बर में भारतीय शास्त्रीय संगीत का उत्सव आयोजित किया

जाता है। देश भर के जाने माने शास्त्रीय गायक अपने शास्त्रीय रागों से पांच रात्रि सत्रों में श्रोताओं को आनंद के सागर में डुबोते हैं।

यह उत्सव पूर्व काल में ग्वालियर रियासत का अत्यंत महत्वपूर्ण संगीत समारोह हुआ करता था। अब यह सिलसिला संस्कृति विभाग की अकादमी द्वारा जारी रखा जा रहा है। देश-विदेश के महान एवं सुविख्यात संगीतज्ञ और संगीत प्रेमी सर्वकालिक महान संगीतज्ञ तानसेन को अपनी श्रद्धांजलि देने के लिए समारोह में भाग लेते हैं।

तानसेन संगीत घराना (सोनिया घराना)

मियां तानसेन के वंशजों द्वारा तानसेन घराने की स्थापना की गई थी, जिन्हें रामपुर तथा जबलपुर रियासतों का संरक्षण प्राप्त था। रामपुर के बाद के नवाब खुद संगीत के बड़े कद्रदान थे। नवाब हैदर अली खान, हमिद अली खान तथा छम्मन साहेब अच्छे गायक और वादक थे तथा उनके दरबार में अमर बहादुर हुसैन खां, संगीत नायक वज़ीर खां (अलाउद्दीन खां के गुरु) तथा मुहम्मद अली खां थे, जो तानसेन के वंशज थे। वज़ीर खां स्वयं न केवल एक महान संगीतकार अपितु एक महान संगीतशास्त्री भी था, जिसके द्वारा संगीत विषय पर रिसाला मौसिक़ी नामक ग्रंथ की रचना की गई थी। छम्मन साहेब द्वारा रिसाला तानसेन, नूरल हौदायक के अलावा संगीत के फलसफ़ा पर भी रचनाएं की गई थीं जो रामपुर के नवाब के दरबार में सावधानी के साथ संरक्षित रखी गई हैं। मुहम्मद अली खां और वज़ीर खां के पुत्र का शिष्य होने के नाते वर्तमान अनेक संगीतज्ञों ने इन कृतियों से बहुत कुछ सीखा है।

तानसेन के वंशजों का कहना है कि तानसेन की संगीत शिक्षा, विशेषतः वे जो रागों की संरचना पर आधारित हैं, गुरु एवं शिष्य परम्परा के माध्यम से आगे ले जाई जा रही है। तानसेन स्वयं अवध के बाबा रामदास और वृन्दावन के स्वामी हरिदास जी के शिष्य थे तथा वे दोनों ही भगवान शिव को राग, रागिनियों का सर्जक तथा हनुमान को प्रचारक मानते थे। तानसेन ने मध्य पूर्व के कुछ मूल अरबी तथा फारसी सिद्धान्तों को भी मिश्रित किया था।

अकबर महान ने भारत की विभिन्न सांस्कृतियों के संयोजन की नीति बनाई थी। अकबर के गुरु के रूप में तानसेन द्वारा भी इसी आदर्श को अपनाया गया तथा बादशाह अकबर तथा तानसेन ने मिलकर ध्रुपद शैली को उच्चतम स्थान पर स्थापित किया। इस प्रकार पठान दरबार के विपरीत मुगल दरबार में कव्वाली संगीत को दूसरा

स्थान दिया गया था। अकबर के दरबार में संगीत के नौ रत्न थे, जिनके नायक तानसेन थे। तानसेन ने अनेक नए रागों को जन्म दिया, जो आज भी उत्तर भारत के प्राचीनतम राग माने जाते हैं। उनमें से कुछ विशेष उल्लेख किए जाने योग्य हैं उदाहरण के लिए दरबारी कनाद, दरबारी तोड़ी, मियां की मल्हार तथा मियां की सारंग इत्यादि। तानसेन द्वारा एक हजार से अधिक ध्रुवपदों की रचना की गई थी, जो आज भी उनमें निहित रागों की आश्चर्यजनक उत्कृष्टता के लिए अपित अत्युच्च काव्यमान के लिए विख्यात है। उनमें देवताओं तथा सर्वोच्चा सत्ता के अनेक भक्ति गीत हैं। उनके द्वारा राजाओं की प्रशंसा में अनेक असाधारण गीत रचे गए थे। इन गीतों में वेदान्त, भक्ति शास्त्र और सूफ़ी पंथ के रहस्यवाद का अद्भुत मिश्रण है।

तानसेन द्वारा धुवपद संगीत में भींड, गामका इत्यादि में नए अलंकरण जोड़कर एक नया स्वरूप प्रदान किया गया। उनके गीतों में विशेष आकर्षण और भावनात्मक मार्मिकता थी। अकबर के गुरु के रूप में उन्हें तमाम उच्च सम्मान प्राप्त हुए तथा उनके द्वारा ध्रुवपद संगीत की स्थायी शैली प्रतिष्ठापित की गई। संगीत वाद्यों के क्षेत्र में भी उनका योगदान उल्लेखनीय था। उनके द्वारा रबाब (रुद्र वीणा) तथा हिंदुस्तानी सारस्वत वीणा का विकास किया गया था। उनके वंशजों द्वारा उनके संगीत का ज़िन्दा रखा जाना उल्लेखनीय है।

अकबर के ज़माने 21वीं सदी के प्रारम्भ तक तानसेन के वंशजों, जो सेनी संगीतज्ञ कहलाते हैं, को हिन्दुस्तानी शास्त्रीय संगीत पर वर्चस्व हासिल था।

आज हम अनेक ऐसे संगीतज्ञों से परिचित होते हैं, जो स्वयं को उत्तर भारत के संगीत के भिन्न घरानों से सम्बद्ध होने का दावा करते हैं। लेकिन ये सभी घराने उन संगीतज्ञों द्वारा स्थापित किए गए थे जो प्रत्यक्ष अथवा अप्रत्यक्ष रूप से तानसेन के वंशजों के शिष्य रह चुके थे। इस प्रकार हमें पता चलता है कि हिन्दुस्तानी शास्त्रीय संगीत की उत्पत्ति तानसेन के वंश से हुई है।

बैजू बावरा

बैजू बावरा एक ऐतिहासिक गायक-संगीतज्ञ हैं जो मुग़ल बादशाह अकबर (1556-1605) के दरबार में नियुक्त थे। ऐतिहासिक रूप से बैजू बावरा के विषय में अधिक जानकारी उपलब्ध नहीं है। एक किंवदन्ती के अनुसार वह अमीर खुसरो के समकालीन और संगीत के ध्रुपद रूप से सर्जक थे। एक अन्य मान्यता के अनुसार वह तानसेन के समकालीन थे तथा उनका वास्तविक नाम बैजनाथ मिश्र था। वह स्वामी हरिदास के शिष्य माने जाते थे, जो तानसेन के भी गुरु थे।

तानसेन और बैजू बावरा के बीच शाही दरबार के द्वंद्व की अनेक कहानियां भी प्रचलित हैं। लोकप्रिय हिंदी फिल्म 'बैजू बावरा' (1953) इन्हीं कहानियों पर आधारित है। बैजू बावरा एक ऐतिहासिक भारतीय ध्रुपद गायक थे। उन्हें ग्वालहर (वर्तमान ग्वालियर) के राजा मानसिंह का दरबारी संगीतज्ञ भी बताया जाता है। यह भी कहा जाता है कि वह गुजरात के सुल्तान बहादुर शाह के संरक्षण में थे।

एक किंवदंती के अनुसार बैजू का वास्तविक नाम बैजनाथ मिश्र था तथा वह तानसेन के गुरु स्वामी हरिदास के शिष्य थे।

नीमाड़ उत्सव, महेश्वर

पवित्र नदी नर्मदा के तट पर स्थित एक छोटी नगरी तथा किसी जमाने में होल्कर रानी अहिल्या बाई की राजधानी महेश्वर सम्पूर्ण विश्व में अहिल्या घाट और साड़ियों के लिए प्रसिद्ध एक तीर्थ स्थान है। निमाड़ उत्सव देश के उन विरल उत्सवों में शामिल है, जो देश में ऐसी नदियों से प्रवाहित युगों पुरानी संस्कृति के प्रतीक के रूप में नर्मदा नदी के तटों पर आयोजित किया जाता है। तीन दिवसीय निमाड़ उत्सव संगीत, नृत्य, नाटक, बोटिंग तथा कैमोइंग का उत्सव है। इस उत्सव का आयोजन प्रत्येक वर्ष कार्तिक पूर्णिमा को किया जाता है।

अलाउद्दीन खां समारोह, मैहर

20वीं सदी के महान संगीत उस्ताद पद्म विभूषण अलाउद्दीन खां की स्मृति में यह समारोह अकादमी द्वारा प्रत्येक वर्ष आयोजित किया जाने वाला समारोह उनके सुविख्यात संगीत स्थल मैहर (जिला सतना) में आयोजित किया जाता था। यह समारोह 1970-80 से लगातार आयोजित किया जा रहा है। इस संगीत उत्सव में उस्ताद खां की शैली में गायन, वादन करने वाले अनेक प्रतिष्ठित कलाकारों के अतिरिक्त अन्य अनेक प्रभावशाली कलाकार, जिनमें युवा एवं बुजुर्ग सभी शामिल हैं, स्वर्गीय उत्साद अलाउद्दीन खां को अपनी संगीत श्रद्धांजलि अर्पित करते हैं। यह संगीत उत्सव प्रति वर्ष फरवरी माह में आयोजित किया जाता है जिसमें देश विदेश के कलाकार और संगीत रसिया भाग लेते हैं। इस संगीत उत्सव को राष्ट्रव्यापी मान्यता तथा प्रतिष्ठा प्राप्त है।

कुमार गंधर्व समारोह, देवास

कुमार गंधर्व समारोह देवास में हर साल उनके जन्म दिवस 8 अप्रैल को उनकी स्मृति में, वर्तमान काल के महान शास्त्रीय गायक को अपनी संगीत श्रद्धांजलि अर्पित

करने हेतु 1992-93 से लगातार आयोजित किया जाता रहा है। कुमार गंधर्व के लोक-शास्त्रीय गायन मिश्रण की जादुई संगीत शैली के अतिरिक्त बड़ी संख्या में सुप्रतिष्ठित और प्रतिभाशाली युवा कलाकार अपनी संगीत प्रतिभा का परिचय देते हैं। बड़ी संख्या में संगीतकारों और गायकों की शिरकत से यह समारोह देश के बड़े संगीत समारोहों में शुमार किया जाता है। पंडित कुमार गंधर्व के जन्म दिवस की 75वीं वर्षगांठ मनाने के लिए कुछ वर्ष पूर्व विभिन्न नगरियों में पूरे वर्ष भर संगीत कार्यक्रमों का आयोजन किया गया था, जिन्हें लोगों के बीच बड़ी लोकप्रियता प्राप्त हुई थी।

उनका वास्तविक नाम शिवपुत्र सिद्ध रामिया कोमकली था। उनके पिता राम स्वामी एक प्रसिद्ध संगीतज्ञ थे तथा उनकी संगीत शिक्षा अपने पिता के अधीन ही प्रारंभ हुई थी। उन्हें अनेक पुरस्कार प्राप्त हुए, जिनमें पद्मभूषण, पद्मविभूषण, संगीत नाटक अकादमी पुरस्कार तथा मध्य प्रदेश सरकार द्वारा 29 मार्च 1991 को दिया गया कालिदास सम्मान शामिल है। 12 जनवरी, 1992 को देवास में उनका स्वर्गवास हो गया। उन्हें मार्च 1992 को मरणोपरांत हाफ़िज अली खां पुरस्कार से भी सम्मानित किया गया था।

राज्य के अन्य प्रसिद्ध संगीतज्ञों में उस्ताद अब्दुल हलीम ज़फ़र खान का नाम भी शामिल है, जिनका जन्म 1929 में मध्य प्रदेश में इंदौर में जाब्रा में हुआ था। वह एक सुप्रसिद्ध सितारवादक थे। उनके पिता ज़फ़र खान एक आध्यात्मिक व्यक्ति होने के साथ-साथ एक प्रतिष्ठित वादक भी थे। अब्दुल हलीम के स्वर में गज़ब की मिठास थी। वह नौ बरस की उम्र से ही रेडियो पर गज़लें गाने लगे थे। उनकी संगीत शिक्षा अपने पिता के सान्निध्य में प्रारंभ हुई। अब्दुल हलीम उभरते सितारवादक थे तथा उनके द्वारा अपनी खुद की शैली 'ज़फ़रखानी बाज़' विकसित की गई थी। उनके द्वारा व्यवस्थागत प्रदर्शन हेतु अनेक राग भी विकसित किए गए थे। उन्हें 1973 में पद्मश्री प्रदान की गई, 1988 में संगीत नाटक अकादमी पुरस्कार और 1990-91 में मध्य प्रदेश सरकार द्वारा 'शिखर सम्मान' पुरस्कार प्रदान किया गया था।

उस्ताद हाफ़िज़ अली खान (1888-1972), जो नन्हें खां के द्वितीय पुत्र थे, का जन्म ग्वालियर में हुआ था। उनकी माता जी रामपुर दरबार में हारमोनियम वादक थीं। हाफ़िज अली खां ने सरोदवादन नन्हें खां से सीखा तो ध्रुपद और धमान वृन्दावन के चौबे चुक्खा और गणेशीलाल चौबे से, सितारवादन जयपुर के अमीर खां से और सुर श्रृंगार रामपुर के वज़ीर खां से सीखा था। अन्ततः वह एक महान सरोदवादक

हुए तथा ग्वालियर के दरबार में संगीतज्ञ नियुक्त हो गए। उन्हें सरोद का जादूगर कहा जाता था तथा आफ़ताब-ए-सरोद की उपाधि प्रदान की गई थी। उन्हें अन्य अनेक पुरस्कारों से नवाज़ा गया था, जिनमें विश्वभारती द्वारा देसीकोत्तमा, खैरागढ़ विश्वविद्यालय द्वारा डी. लिट् 1953 में राष्ट्रीय पुरस्कार तथा 1960 में पद्म भूषण प्रमुख हैं। वह संगीत नाटक अकादमी के अध्येता और भारतीय कला केन्द्र के सलाहकार थे।

बीसवीं सदी में अनेक महिलाओं ने शास्त्रीय संगीत में दक्षता हासिल की तथा सार्वजनिक रूप से गायन का साहस भी दिखाया। अनेक महिलाओं ने संगीत का उत्साह एवं अध्यवसाय के साथ अध्ययन किया। इन महिलाओं में प्रोफेसर सुमति भुटाटकर एक प्रतिष्ठित गायिका रही हैं। उनका जन्म 1916 में मध्य प्रदेश में दमोह जनपद में टट्टा नामक स्थान पर हुआ था। उन्होंने राजा भैया पूछवाले, अनंत मनोहर जोशी, डॉ. एस. एन. रतनजनकार, मुश्ताक हुसैन खां तथा विलायत हुसैन खां जैसे दिग्गजों से संगीत शिक्षा प्राप्त की थी। उन्होंने बी. म्यू., एम. म्यू. तथा डी. म्यू. की डिग्रियां भातखण्डे संगीत विद्यापीठ, लखनऊ से प्राप्त की थी। उन्हें बुरहानपुर के महान पखावजी गोविंद राव देव राव द्वारा भी प्रशिक्षण दिया गया था। वह 45 वर्षों तक ऑल इंडिया रेडियो की शीर्ष स्तर की गायिका रही थीं। 11 वर्ष तक दिल्ली विश्वविद्यालय के संगीत एवं ललित कला संकाय की डीन तथा विभागाध्यक्ष भी रही थीं। बाद में वह भारत सरकार के संस्कृति विभाग की सेवामुक्त अध्येता बन गई थीं।

लोक संगीत

राज्य के लोक संगीत को तीन भागों में विभाजित किया जा सकता है। सर्वप्रथम जनजातीय संगीत, जो विषयवस्तु की दृष्टि से निस्संदेह अत्यंत समृद्ध है। दूसरा भाग ग्रामीण संगीत है। इसमें पौराणिक कथाएं, समारोह-गीत, कार्य-गीत तथा परम्पराओं, प्रेम अभिलाषाओं तथा व्यवसायों से जुड़े गीत हैं। इसका संगीत सामाजिक संबंधों की परस्पर सांस्कृतिक विशिष्टताओं में विद्यमान है। अलग-अलग जाति और क्षेत्र में इसके अलग रूप देखे जा सकते हैं। तीसरा भाग मध्य कालीन भक्ति पंथ से निकट सम्पर्क रखता है। इन गीतों का विशाल संगम अपना विषय प्रसंग पुराणों से प्राप्त करता है तथा इसका दायरा पारम्परिक हरिकथा से पुराने सादा भजनों, कला गीतों, चन्द्रसखी तथा सुखई के गीतों और रामदेव के भक्ति गीतों तक फैला है।

धार्मिक तथा भक्ति उत्साह के अधीन विविध रंगों में रंगे हजारों गीत और वैष्णव पद गाए जाते हैं। मध्य प्रदेश के लोक संगीत में कुछ प्रबल विशेषताएं मौजूद हैं। लोग धार्मिक अथवा विवाह आदि के अवसर पर गाए जाने वाले गीतों को छोड़कर स्वयं को किसी विशेष प्रकार के गीत गाने की सीमा में नहीं बंधते हैं। कृषक वर्ग में अन्य नस्ली समूहों के लोकप्रिय गीत गाने पर कोई वर्जना नहीं है। मध्य प्रदेश का लोक संगीत जनजातीय क्षेत्रों से सम्बद्ध है। रेलो मुड़िया जनजाति का उल्लेखनीय गीत है। यह मुड़िया लड़के लड़कियों का लोकप्रिय गीत है। वे किसी भी अवसर पर रेलो गा सकते हैं।

मुड़िया लोग साधारणतः उच्च स्वर में गाते हैं तथा प्रायः पांचवें या छठे सुर में गाते हैं। इन जनजातियों के संगीत और नृत्य परस्पर निर्भर हैं। मुड़िया, सींग भारिया, भील और कोर्कुस के अपने पारपरिक संगीत की विशेषताएं भिन्न हैं जबकि गोंड तथा मुड़िया लोगों के संगीत में थोड़ी बहुत समानता है। उनके गीत छोटे होते हैं तथा कभी-कभी ही अष्टपदी का प्रयोग करते हैं। लेजा गीत का संबंध अपने किस प्रिय की विदाई से है। कई लेजा गीत काफ़ी लम्बे होते हैं। लेजा गीतों का विषय प्रसंग कुछ भी हो सकता है। जनजातीय आबादी के भतरा और पंका वर्ग अनेक लेजा गीत गाते हैं। कमारा लोगों के वैवाहिक गीत अक्सर छोटे होते हैं।

मध्य प्रदेश में रोमानी गीत लेद तथा पाई गाए जाते हैं। पाई का संबंध वर्षा ऋतु के सायरा नृत्य के साथ है। बुंदेलखंड में बम्बुलिया धार्मिक गीतों का गायन हमेशा दूरस्थ नदियों में स्नान की यात्रा के दौरान उत्साहपूर्वक किया जाता है। ये गीत मिथिला में गाए जाने वाले वरगमनी गीतों की तरह होते हैं। जागनिक की आल्हा में आल्हा और ऊदल भाइयों द्वारा दिल्ली के पृथ्वीराज के विरुद्ध लड़े गए बावन युद्धों की कहानी है। आल्हा गाने वालों को अल्हेत कहा जाता है। मिमाड़ के दिगे करुणा से भरे होते हैं जबकि मालवा के सती गीत विषाद भरे होते हैं। जोगिरा तथा राजा भर्तृहरि के बारे में गीत कबीर के साखी प्रकार के भक्ति गीत इस नश्वर जगत की प्रकृति के गीत हैं। नर्मदा घाटी की गरबी में निमाड़ के गरबा गीतों की अपेक्षा कुछ मृदुल माधुर्य है। इसके तीन प्रकार होते हैं यथा रेवाड़ी गरबी, साधारण गरबी तथा गुजराती गरबी। मालवा में मराठों के आगमन के साथ लावनी गीतों का भी आगमन हुआ था। दक्षिण निमाड़ में निर्गुनी तथा शृंगारी दो प्रकारके लावनी गीत गाए जाते हैं। ग्रामीण लोग पंवार गीत गाते हैं। ये तीव्र गति से गाए जाते हैं। लोक संगीत की मूल धुनों की शुद्धता अधिकांशतः देहाती महिलाओं के पारम्परिक तथा

समारोही गीतों में पाई जाती है। भिण्ड और मुरैना की चम्बल घाटियों के लोक कवि सुखई के गीत जोश और उतसाह से परिपूर्ण हैं।

ब्रज भाषा भाषी क्षेत्र से सटे क्षेत्रों में प्रेम गीतों की प्रधानता है। ग्वालियर के लोगों पर ब्रज संगीत का स्पष्ट प्रभाव देखा जा सकता है। मालवा और निमाड़ के बड़े भू भाग में जनजातियां बसी हुई हैं। भीलों के गीत, जिनके साथ नृत्य भी होता है, तथा उनके उत्सवों एवं विवाह समारोहों के गीत उनकी जीवन-पद्धति के दर्शन कराते हैं। ये गीत स्थिर गति पर गाए जाते हैं जिसमें नियमित उतार चढ़ाव होते हैं। गीतों की पंक्तियों में अंतराल को भरने के लिए अर्थहीन शब्द भर दिए गए हैं। भील सदैव समूहगान करते हैं। उनके संगीत से नृत्य को अलग किया जाना संभव नहीं है। इसका एकमात्र अपवाद ढाक गीत है जो एक रोगी के रोगमुक्त हो जाने के विश्वास के साथ गाया जाता है। वे इस गीत को परम पावन मानते हैं चूंकि ढाक के संगीत में जादुई प्रभाव होने की मान्यता है। बुंदेलखंड में ये गीत करस देव के समक्ष गाए जाते हैं जिन्हें गोतन कहा जाता है।

बंजारा गीतों जैसे श्री महराज री बेल तथा रास्तुरावन; गूजरों तथा अहीरों के लम्बे व्याख्यात्मक हीडा और अकादशी, मालवा में लोकप्रिय नैन सिंह तथा अन्य वीर गाथाओं का संगीत स्थायी प्रकार का संगीत है। मंच कहे जाने वाले लोक नाटक का संगीत अपनी विशिष्ट संरचना के लिए विख्यात है। मंच का सौन्दर्य, बहुधा इसके संगीतमय संवादों में प्रकट होता है जहां गायन ढोल की थाप पर होता है। मालवा का लोक संगीत भिन्न अवसरों के लिए उपयुक्त है। वे चार से पांच स्वरों तक निर्भर करते हैं। विरल मामलों में छह स्वर प्रयोग किए जाते हैं। सुदूर ग्रामीण क्षेत्रों में किसी परम्परा अथवा बलि के समय गाए जाने वाले गीतों का संगीत कौतुहल पैदा करता है, जबकि झूला गीतों की धुन सचमुच हिलोर पैदा करती है। राग भूप के स्वर निमाड़ के गरबी गीतों में साफ महसूस किए जा सकते हैं।

भीलों के वाद्य यंत्र

जनजातियों के विभिन्न प्रकार के ढोल और उनका ढोल बजाने का तरीका मनमोहक होता है। भील जाति के लोग भारी ढोल और मंडलों का प्रयोग करते हैं। वैसे उनके छोटे आकार के ढोल भी होते हैं। भीलों के दरबारी, गोंड जनजाति का डुमरी दण्डकारण्य के गौआ ढोल के सदृश होता है। छोटे मंडल को मंदरी कहा जाता है। डफला, चंग, दमाहू, टिमकी तथा तासा झिल्लीदार वाद्ययंत्रों के प्रकार हैं। ढोल बजने का अर्थ नृत्य हेतु आमंत्रण होता है। वायुध्वनिक वाद्यों में मध्य प्रदेश का बांस

विशिष्ट वाद्य है। यह एक चार फुट लम्बा एक बांस का टुकड़ा होता है जो मध्य प्रदेश के चरवाहा समुदाय रावतों द्वारा बजाया जाता है। बांसुरी वर्ग का एक असामान्य वाद्ययंत्र बांस दक्षिण के अयारकुझल के समान है। इस वाद्ययंत्र से विचित्र प्रकार की आवाजें निकलती हैं जो जंगली जानवरों की टापों या मेघों की गरजन जैसी होती हैं।

इस वर्ग के अन्य वाद्यों में भीलों के पावली और अलगोज़ा गाते हैं, जो बांसुरी का जोड़ा होता है। पेशेवर संगीतज्ञ देवार पौराणिक कथाओं को सुनाने के लिए एक अपरिष्कृत प्रकार की सारंगी का प्रयोग करते हैं। यह वाद्य यंत्र नारियल के खोल का बना होता है, जिस पर घोड़े के बाल के तार कसे जाते हैं। सींधी अथवा सींग एक सींग जैसा दिखने वाला वाद्य है, जिसका प्रयोग पूरे राज्य में देखा जा सकता है। बीन अथवा पुंगी सँपेरों का वाद्य है। भीलों के मोर चंग तथा घांगली ग्रामीण बालकों के पसंदीदा लघु वाद्य हैं।

उभय संगीत वाद्य

मध्य प्रदेश में विभिन्न प्रकार के ढोल पाए जाते हैं। इनमें बस्तर के लम्बे ढोल, भीलों द्वारा बजाए जाने वाले ढोल और मंडल, मुड़िया लोगों के परांग और घेरा, दमहू, टिमकी, तासा, ढंग तथा डफला शामिल हैं। बांस मध्य प्रदेश का अद्‌भुत वाद्ययंत्र है, यद्यपि यह दक्षिण भारत के अयार कुझाल से मिलता जुलता है। यह वायुध्वनि प्रकार का वाद्य है, जो करीब चार फुट लम्बे बांस के टुकड़े का बना होता है। तथा रावतों द्वारा बजाया जाता है।

पवन वाद्य

मध्य प्रदेश की जनजातियों द्वारा प्रयोग की जाने वाली बांसुरी तथा तुरही साधारण पवन वाद्ययंत्र होते हैं, जो धार्मिक समारोह आदि अवसरों पर आनन्द और उल्लास के साथ बजाए जाते हैं। सिंघा को मनुष्य द्वारा निर्मित सर्वप्रथम पवन वाद्ययंत्र माना जाता है। यह एक मृत जानवर का सींग होता है, जिसका शीर्ष काट दिया जाता है। अनसिंघा अंग्रेजी अक्षर S आकार का पीतल, तांबा अथवा सिलवर का बना होता है।

पुंगी अथवा बीन सम्पूर्ण भारत में जोगी अथवा सँपेरों का वाद्य माना जाता है। इस वाद्य में बांस के दो पाइप समानान्तर जोड़े जाते हैं, जिनके सिरे पर सूखे कद्‌दू का खोल जुड़ा होता है। इनमें से एक भिनभिनाहट की ध्वनि देता है तथा दूसरे पाइप में अंगुलियों के लिए छिद्र बने होते हैं।

मारिया लोग एक पर्याप्त अलंकृत पीतल की तुरही का प्रयोग करते हैं, जिसे बिन्नूर कहा जाता है। सींग जैसी आकृति की तुरही धार्मिक जलसों तथा मंदिर समारोहों के अवसर पर बजाई जाती है। मोहुरी बांस की एक बेलनाकार बांसुरी होती है, जिसमें सात छेद होते हैं, जिनसे तीक्ष्ण कर्णभेदी ध्वनि उत्पन्न होती है। इस क्षेत्र के लगभग सभी समुदाय इस वाद्य यंत्र का उपयोग करते हैं।

आधुनिक बंशी को बांसुरी कहा जाता है। सामान्यतः इसमें अंगुलियों के लिए छह छिद्र होते हैं तथा यह प्रत्येक संगीत एवं नृत्य प्रदर्शन का अभिन्न अंग है। आधुनिक बांसुरी जैसा एक वाद्य बेलनाकार बांस नली का बना होता है, जिसमें केवल चार छिद्र होते हैं।

तालवाद्य यन्त्र

मध्य प्रदेश के लोक संगीतज्ञ हाथ में पकड़ी जाने वाली एक छोटी ढोलकी बजाते हैं जिसे खंजरी कहा जाता है। अंगूठा, अंगुलियों, पोर तथा हथेली का प्रयोग कर वादक अनेक प्रकार की विस्मयकारी ध्वनियाँ पैदा करते हैं।

मंडल गाय की पूँछ की आकृति की ढोलक होती है। (इसे गऊपूछवाद्य भी कहा जाता है। इसका प्रयोग जनजातियों द्वारा उनके नृत्य के समय किया जाता है। लेकिन ढोल की आवाज़ इन सबसे बढ़कर होती है। यह एक बड़ा एकल मुखी ढोल होता है, जिसे दो छोटी छड़ियों से बजाया जाता है। छोटे ढोल नर्तकों तथा थियेटर अभिनेताओं द्वारा चमड़े के पट्टे के सहारे गले में लटकाए जाते हैं।

ढोलक लकड़ी का बेलनाकार ढोल होता है, जिस पर जानवरों की खाल मढ़ी जाती है तथा छड़ियों से बजायी जाती है। यह प्रधान तथा अचालपुर के लोगों के बीच अधिक लोकप्रिय है। छोटे कटोरे जैसी टिमकी भी गले में लटकाई जाती है तथा लम्बी पतली तीलियों से बजाई जाती है। टिमकी आमतौर पर ढोल की संगत में बजाई जाती है। पखावज एक असमान क्षैतिज ढोल होता है, जिसे दोनों हाथों से बजाया जाता है। यह हिन्दुस्तानी अथवा उत्तर भारतीय शास्त्रीय संगीत का अभिन्न अंग है। इसकी गहरी गूँजती आवाज़ में वह गांभीर्य तथा गरिमा होती है, जिसका मुकाबला अन्य कोई ढोल नहीं कर सकता है। आजकल पखावज का स्थान दो टुकड़ों में बँटे पखावज के अन्य रूप ने ले लिया है, जिसे तबला कहा जाता है। चौड़े मुँह वाला तबला दायाँ तथा छोटे मुँह वाला तबला बायाँ कहलाता है और इसी प्रकार रखकर बजाया जाता है।

स्वध्वनिक वाद्य

गीतों की लय बनाए रखने के लिए विभिन्न प्रकार के लोलक सम्पूर्ण भारतवर्ष में अत्यंत लोकप्रिय हैं। मध्य प्रदेश की जनजातियों द्वारा लकड़ी के दो टुकड़ों से खड़खड़ाहट की जटिल ताल उत्पन्न करने हेतु अनेक उत्कृष्ट विधियाँ खोज निकाली हैं। टपरी सर्वाधिक प्राचीन काष्ठ लोलक है, यह दो काष्ट लोलकों के साथ एक पोली डिस्क होती है जिसका प्रयोग जनजातियों द्वारा किया जाता है। टपरी वास्तव में जानवरों के गले में लटकाई जाती थी ताकि झुंड से बिछड़े जानवरों की खोज की जा सके।

सेला नर्तकों तथा कोर्कू जनजातियों ने चटकुला बजाने में महारत हासिल कर रखी है जो काष्ठ अथवा कांसे से अंडाकार आकृति में बने होते हैं। दोनों छोर पर बँधी छोटी घंटियाँ चटकुला की टनटन में मधुर टिनटिन की झनकार पैदा करती हैं। 'खिड़की' बांस का बना एक झुनझुना होता है, जो मध्य प्रदेश की गोंड जनजाति के बीच बहुत लोकप्रिय है। त्रिभुजाकार ठिस्की का इस्तेमाल संगत के लिए किया जाता है। इसमें लकड़ी के चार गोल टुकड़े होते हैं जो तार चौखटे के सहारे चलते हैं तथा लकड़ी की प्लेट या डिस्क से टकराकर संगीतमय ध्वनि उत्पन्न करते हैं।

सादा छड़ी संगीत

लोक नर्तक साधारण छड़ियों से भी संगीत पैदा कर देते हैं। सैला नर्तक बराबर लम्बाई की दो छड़ियों का इस्तेमाल करते हैं, जिन्हें डंडा कहा जाता है। वे इन डंडों को आपस में या दूसरे साथी के डंडे से टकराकर ताल संगीत पैदा करते हैं। 'गेडी' बांस की लकड़ियों की जोड़ी होती है, जिसमें पायदान भी होता है तथा गेडी का प्रयोग नर्तकों द्वारा किया जाता है। ये नर्तक गोल घेरे में घूमते हुए इनको जमीन पर टकराकर साधारण सुरताल पैदा करते हैं। धातु के गोलाकार प्याले जैसी आकृति के मंजीरा तीक्ष्ण ध्वनि पैदा करते हैं। इनका प्रयोग भक्ति संगीत में किया जाता है।

तन्त्री वाद्य

भरहुत और खजुराहो की मूर्तियों में अनेक संगीतज्ञों को तार वाद्य बजाते दर्शाया गया है। यद्यपि इनमें से अधिकांश ने अपने एक हजार वर्ष पूरे नहीं किए हैं, इनकी विविधता राज्य के लोक कलाकारों में देखी जा सकती है। कोई भी प्रदर्शन चिकारा की झंकार के बिना पूर्ण नहीं माना जाता है। चिकारा तार तारों का वाद्य होता है, जो छोटी घंटियाँ जड़े धनुषाकार काष्ठ से बजाया जाता है।

प्राचीन काल के ध्रुपद गायकों ने विशेषकर इस प्रकार की गायकी हेतु वीणा की गहरी, सुरीली आवाज़ की खोज की थी। आजकल वीणा वादन अकेले तौर पर बजाई जाती है।

12

खान-पान

मध्य प्रदेश राज्य भारत के निर्धनतम राज्यों में एक है। राज्य की 40 प्रतिशत जनसंख्या गरीबी रेखा के नीचे जीवन यापन करती है। क्षेत्रफल के मामले में भारत का विशालतम राज्य राजपूत राजाओं तथा मुग़ल और मराठा सेनापतियों की रियासतों को मिलाकर बनाया गया राज्य है। यह राज्य सोयाबीन, धान, बाजरा, गेहूँ, फलियों तथा मटर का मुख्य उत्पादक है। राज्य की कुल जनसंख्या का 93 प्रतिशत भाग हिन्दू है तथा उनका खान-पान उत्तर प्रदेश के हिन्दुओं के समान है। उनका मुख्य भोजन गेहूँ और दाल है। राज्य की 45% जनसंख्या शाकाहारी है। तथापि मुग़ल रसोई की परम्परा भोपाल रियासत में फली-फूली है। स्थानीय स्तर पर लोग कोरमा, रिज़ाला, कबाब तथा बिरयानी आदि खाते हैं। दक्षिणी मध्य प्रदेश की रसोई महाराष्ट्र के समान है।

राजस्थान, गुजरात तथा महाराष्ट्र के स्वाद का सम्मिश्रण मध्य प्रदेश के भोजन में मिलता है। मध्य प्रदेश का भोजन क्षेत्रवत अलग-अलग है। दक्षिण व पूर्वी भाग में मछली तथा चावल और उत्तरी व पश्चिमी भाग में गेहूँ व माँस का आहार लिया जाता है। हालाँकि ये प्रदेश शाकाहार बाहुल्य क्षेत्र है, परन्तु जनजातीय क्षेत्रों में मांसाहार प्रबलता से विलक्षण रूप में दृष्टिगत होता है।

जनजातीय भोजन

जनजातीय लोगों के भोजन के प्रोटीन का स्रोत चूहा है। उनके धान के खेतों में चूहे रहते हैं जो धुएँ के माध्यम से बाहर निकाले जाते हैं तथा उबाले या भूने जाते हैं। वे लाल चींटियों को पीस कर चटनी भी बनाते हैं। जनजातीय लोग फल, वन्य कसावा, अरबी को भी उबालते हैं तथा कद्दू भूनते करते हैं और फूलों का स्क्वैश बनाया करते हैं।

बड़ी संख्या में आदिवासी लोग घर की बनी मदिरा पीते हैं। मध्य प्रदेश में गोंड लोग सुल्फी नामक वृक्ष से सुल्फी नामक पेय तैयार करते हैं। प्रारंभ में यह हल्का

मादक होता है, लेकिन एक या दो दिन के बाद इसपें किण्वन होता है तथा यह गाढ़ा हो जाता है। एक अन्य पेय, एक साफ़ स्प्रिट होती है जो महुआ के फूलों से अति प्राचीन काल से तैयार की जाती रही है तथा अंग्रेजों के ज़माने में इसका वाणिज्यिक उत्पादन किया जाता था।

वे लोग आमतौर पर दिन में दो बार भोजन करते हैं, पहला भोजन दोपहर के समय होता है तथा दूसरा भोजन सायं 7-8 बजे के करीब होता है। किसान लोग सुबह खेतों में काम पर जाने से पहले कुछ खाकर जाते हैं जो अकसर रात का बचा बासी भोजन होता है। दोपहर और शाम का भोजन लगभग एक ही प्रकार का होता है जिसमें चावल या ज्वार मुख्य खाद्यान्न होते हैं। चावल पानी में उबालकर बनाए जाते हैं तथा मूँग, उड़द, अरहर और तिउरा दाल के साथ खाए जाते हैं। दालें भी पानी में उबालकर बनाई जाती हैं। प्रायः दाल में घी अथवा तिल का तेल डाला जाता है तथा हल्दी अवश्य डाली जाती है। देसी घी का विकल्प गुल्ली या महुआ का तेल अथवा तिल का तेल होता है। कभी-कभी स्वाद के लिए चावल को छाछ में भी उबाला जाता है। जो लोग चावल नहीं जुटा सकते वे कोदों तथा कुटकी का प्रयोग करते हैं। जिन लोगों का मुख्य भोजन चावल नहीं है वे लोग रोटी, सब्जी, दाल आदि का सेवन करते हैं। उत्सव त्योहार के दिन घी में पूड़ियाँ तली जाती हैं। गर्मी में शाम के वक्त प्रायः छाछ का सेवन किया जाता है।

मराठा क्षेत्र में तथा अन्य सम्पन्न लोगों द्वारा दोपहर के भोजन के पश्चात् पान खाया जाता है तथा सुपारी चबाई जाती है। राज्य में अधिकांश लोग धूम्रपान करते हैं। बीड़ी, सिगरेट, चिलम आदि धूम्रपान के साधन हैं।

बनियों का खान-पान

बनिया समुदाय खान-पान के प्रति बहुत सख्त होता है। अधिकांश समुदाय मांसाहार तथा मदिरासेवन से दूर रहता है। केसरवानी लोग साफ़ जानवरों का मांस भक्षण करते बताए जाते हैं, लेकिन बनिया समाज शाकाहारी भोजन करता है। बहुत से लोग तो प्याज और लहसुन तक का सेवन भी नहीं करते हैं। बनिया समुदाय के कई बुजुर्ग विदेशी चीनी का भी प्रयोग नहीं करते हैं क्योंकि वे विदेशी चीनी में मौजूद अशुद्ध तत्वों के बारे में बहुत कुछ सुन चुके और सदैव सशंकित रहते हैं। विकल्प के तौर पर वे देसी खांड का उपयोग करते हैं। औषध की मनाही नहीं है किन्तु वे इसके आदी नहीं होते हैं। जैन लोग तम्बाकू का सेवन नहीं करते हैं, परन्तु जैन और हिन्दू दोनों धूम्रपान करते हैं तथा महिलाएँ कभी-कभी तंबाकू का सेवन करती हैं।

ब्राह्मण आहार

एक ब्राह्मण को जल के बिना बनाया गया पक्का खाना यथा मिठाई इत्यादि भी ग्रहण करने की अनुमति नहीं है, यदि ये स्वयं उसके अपने घर में तैयार नहीं किए गए हैं। एक ब्राह्मण को गाय के गोबर से लिपी रसोई में अपने स्वयं के घर में अथवा अपने संबंधी द्वारा तैयार किया गया जलयुक्त भोजन ही ग्रहण करना चाहिए। वह भोजन करने से पूर्व स्नान करता है तथा भोजन के समय केवल रेशमी वस्त्र धारण करता है, जो केवल इसी प्रयोजनार्थ होता है। सूती कपड़ा अशुद्ध माना जाता है। लेकिन ये सभी नियम प्रचलन से बाहर होते जा रहे हैं, चूंकि शिक्षित ब्राह्मण इन नियमों से सामाजिक व्यवहार पर पड़ने वाले दुष्प्रभावों को समझ चुके हैं। अंग्रेजी स्कूलों में शिक्षा प्राप्त कर रहे बच्चे अधिक स्वतंत्र एवं स्वच्छंद होते जा रहे हैं। एक ब्राह्मण को धूम्रपान भी नहीं करना चाहिए। लेकिन अब अनेक ब्राह्मण धूम्रपान करने लगे हैं तथा जब वे अपने मित्रों के पास जाते हैं तो अपना हुक्का साथ ले जाते हैं क्योंकि वे किसी के साथ हुक्का साझा नहीं कर सकते हैं। मराठा और खेंडवाल ब्राह्मण आज भी धूम्रपान नहीं करते हैं, यद्यपि तम्बाकू चबाते हैं।

गोंड जनजाति द्वारा नरभक्षण

मि. विल्सन 1820 में लेफ्टिनेंट प्रेन्डरगास्ट द्वारा लिखे गए विवरण को उद्धृत करते हुए बताते हैं कि उनके द्वारा गोंड लोगों की एक जनजाति की खोज की गई थी जो नरभक्षी थे, लेकिन केवल अपने संबंधियों का भक्षण ही करते थे। इन लोगों की प्रथा के अनुसार परिवार के ऐसे व्यक्ति, जो भयंकर रोग से पीड़ित हो तथा जिसके जीवित रहने की कोई आशा नहीं बची हो, उसकी गर्दन काट दी जाती थी। ऐसा करते समय समस्त सगे संबंधी मौजूद रहते थे। किसी व्यक्ति के बहुत अधिक वृद्ध होने के कारण नितांत दुर्बल एवं अशक्य हो जाने पर भी ऐसा किया जाता था। अन्य दृष्टि से यह एक भोली भाली जाति है लेकिन वे माँ काली की कृपा प्राप्त करने हेतु ऐसा कर सकते थे।

यहाँ ध्यान देने योग्य बात यह है कि यह सुनी सुनाई कहानी है और ऐसी कहानियाँ जंगली जातियों के बारे में अकसर प्रचलित कर दी जाती हैं। परन्तु यदि यह सत्य है तो यह संभवतः बलि देने की परम्परा होगी। गोंड लोगों द्वारा अपने संबंधियों के मांस भक्षण का तात्पर्य उनके जीवन को अपने भीतर समाहित करने से रहा होगा ताकि वे पुनः उनके बच्चों के रूप में पुनर्जन्म ले सकें। संभवतः वे अपने माता-पिता की देह का भक्षण करते थे। जिस प्रकार कई जातियाँ पशु देवों

का मांस भक्षण करती हैं ताकि उनके दैवीय गुण स्वयं उनमें समाहित हो जाए।

गोंड जनजाति में इस प्रकार की प्रथा का कोई चिह्न विद्यमान नहीं है, लेकिन कर्नल डाल्टन ने छोटानागपुर की छोटी बिरहोर जनजाति के बारे में ऐसा ही विवरण प्रस्तुत किया है, जो अमरकंटक से अधिक दूर नहीं है। इसके अतिरिक्त बिलासपुर के भुंजिया लोगों में अपने मृतक संबंधियों की देह का एक छोटा-सा अंश भक्षण देखने में आया है।

जहाँ तक खान-पान का संबंध है, गोंड जनजाति में आहार संबंधी कोई प्रतिबंध नहीं है। वे कबूतर, गोमांस, सूअर का मांस, मगरमच्छ, कुछ सर्प, छिपकली, कछुआ, चूहा, बिल्ली, लाल चींटी, गीदड़ तथा कुछ स्थानों पर वानरों का मांस भक्षण करते हैं। खटोला तथा राज-गोंड लोग सामान्यतः गौ मांस तथा भैंस और बंदर का मांस नहीं खाते हैं। वे खेतों में पाए जाने वाले चूहे-चुहिया को स्वादिष्ट व्यंजन मानते हैं किन्तु उन्हें खोजना व उनके बिल खोदना परेशानी भरा होता है। मारिया गोंड लाल चींटियों के बहुत शौकीन हैं और बस्तर में वे लोग चींटियाँ भून कर अथवा तल कर गर्भवती महिलाओं को खिलाते हैं। मेहनत मज़दूरी करने वाले गोंड लोगों का सामान्य भोजन चावल या बाजरे का पानी में उबाला हुआ चूरा है, जिसमें पानी की मात्रा उसकी आर्थिक स्थिति के अनुसार कम ज्यादा होती है। यह सबसे सस्ते प्रकार का भोजन है, जिससे मनुष्य जीवित रह सकता है और जितनी मात्रा में यह भोजन गोंड लोग करते हैं वह वास्तव में बहुत कम है।

वे कोदों तथा कुटकी भी उगाते हैं, जो अपने लिए रखते हैं। जबकि अधिक कीमती फसलें किराए व अन्य खर्चों के लिए बेच देते हैं। महुआ के फूल भी उनके भोजन का प्रमुख हिस्सा है, तथा उनसे मदिरा भी तैयार की जाती है। इसके अलावा गोंड लोगों को वन के अन्य मूलों तथा फलों की भी जानकारी है। वे लोग यह भोजन दिन में कई बार करते हैं तथा सिवनी में, यह कहा जाता है, कि वे लोग हर तीन चार घंटे के बाद भोजन करते हैं अथवा कुछ पीते हैं। गोंड दूसरे लोगों से भोजन ग्रहण करने के मामले में कुछ अधिक सख्त हैं तथा कुछ क्षेत्रों में तो वे ब्राह्मणों से भोजन लेने से भी इनकार कर देते हैं। अन्य स्थानों पर वे अधिकांश हिन्दू जातियों से भोजन स्वीकार करते हैं। होशंगाबाद में पुरुष उच्च हिन्दू जातियों से भोजन ले सकते हैं, किन्तु स्त्रियाँ नहीं। राज गोंड हिन्दू रीति रिवाजों की नकल करते हैं और समारोहिक शुद्धता के मामले में हिन्दुओं से भी बढ़कर हैं। ब्राह्मण रसोइया जिस ईंधन से भोजन तैयार करता है। उस ईंधन को जलाने से पहले शुद्ध किया जाता है।

ए. के. स्मिथ के अनुसार एक गोंड किसी चमार द्वारा स्पर्श किए गए हिरण का मांस का भक्षण नहीं करेगा तथा कुछ इलाकों में पत्नी अपनी पति द्वारा छोड़ा गया भोजन नहीं खा सकती है। गोंड तथा हिन्दुओं के बीच पारम्परिक वैमनस्यता है जो संभवतः हिन्दुओं द्वारा उनको अधीन बनाए जाने के संबंध में है। बहुत थोड़ी हिन्दू जातियाँ गोंड लोगों से अन्न जल ग्रहण करती हैं, लेकिन कुछ लोग जो गोंड लोगों को खेती मजदूर आदि के रूप में रखते हैं, सुविधा के लिए ऐसा करने लगे हैं। गोंड अशुद्ध नहीं माने जाते हैं, यद्यपि हिन्दू दृष्टिकोण से उनकी कुछ आदतें अशुद्ध जातियों की आदतों से भी अधिक आपत्तिजनक हैं। अधिकतर गोंड काश्तकार और जमींदार हैं तथा कभी भी गाँव के टहलुआ नहीं बनाए जा सके हैं। हिन्दुओं का कहना है कि वे उन ज़ातियों को कभी अशुद्ध नहीं मान सकते, जो कभी उनके राजा रहे हैं। कई इलाकों में ब्राह्मण राज-गोंड तथा खटोला-गोंड से जल ग्रहण करते हैं, लेकिन यह कुएँ से लाया गया ताजा जल होना चाहिए, जो उनके घर में नहीं रखा गया हो।

गोंड लोगों में बहुत अधिक मदिरापान एक सामान्य बुराई है और यही वह मुख्य कारण है, जो उन्हें हिन्दुओं की बराबरी से रोकता है। वे महुआ से बनी मदिरा पीते हैं तथा दक्षिण में खजूर से बनी ताड़ी भी पी जाती है। बस्तर में गोंड लोग नरक की कल्पना ऐसे स्थान के रूप में करते हैं, जहाँ मदिरा नहीं मिलती है। गोंड लोग जो कभी बड़ी भू-सम्पदाओं के स्वामी हुआ करते थे, उनकी सम्पदा क्षय का सबसे बड़ा कारण यही दुर्गुण है तथा अनेक हिन्दू मदिरा विक्रेता अपने लाभ के लिए इसे बढ़ावा देते रहे हैं। गोंड लोगों का कोई उत्सव अथवा विवाह समारोह मदिरापान और उसके बाद लड़ाई के बिना पूरा नहीं होता है। खजूर के मौसम में गाँव की आबादी खजूर के पेड़ों के आस पास मत्त अवस्था में पड़ी देखी जा सकती है। वे महुआ के वृक्ष को बहुत पवित्र मानते हैं तथा विवाह के समय फेरों के लिए महुआ की लकड़ी का स्तम्भ बनाते हैं। सभी समारोहों में मदिरा अनिवार्य है तथा इसमें शुद्धता का गुण होने की मान्यता है, अतः यह अंतिम संस्कार के बाद भी पी जाती है। मृतक का परिवार मदिरा की व्यवस्था करता है, लेकिन दूसरे परिवारों के शोकाकुल जन भी अपने-अपने साथ मदिरा की बोतल लाते हैं। व्यवहार रूप में गोंड लोगों के जीवन की समस्त घटनाएँ बच्चे का जन्म, सगाई, विवाह, स्वास्थ्य लाभ, अतिथि आगमन, घर में फसल आना, कर्ज लेना, बैल खरीदना, खेती का ठेका मिलना आदि सभी घटनाएँ मदिरा पान द्वारा समारोह बना दी जाती हैं।

जब कोई गोंड किसी धार या तालाब से पानी पीता है तो वह नीचे झुकता है और अपना मुँह तल से लगा देता है। वह हिन्दुओं की भाँति चुल्लू नहीं बनाता है।

मुण्डा लोगों के सहभोज-सम्बन्ध

मुण्डा लड़कों को अन्य जातियों द्वारा बनाया गया भोजन (कुछ बहुत नीची जातियों को छोड़कर) अपने विवाह होने से पूर्व खाने की अनुमति है तथा लड़कियों को अपने बाल बड़े होने की आयु तक (लगभग सात-आठ बरस की आयु तक) ऐसा करने की अनुमति है। इसके पश्चात् वे एक जनजाति के रूप में अन्य जातियों से भोजन ग्रहण नहीं करते हैं यहाँ तक कि किसी ब्राह्मण से भी नहीं। जबलपुर में कोल लोग कुर्मियों, धमार तथा अहीरों से भोजन ग्रहण करते हैं। मुण्डा सभी प्रकार का मांस खाते हैं जिनमें बाघ तथा सूअर भी शामिल हैं, जबकि रायगढ़ में बंदर का मांस स्वाद से खाया जाता है तथा वे कुत्ते साथ लेकर बंदरों का शिकार करते हैं। मध्य प्रदेश में इन लोगों ने हिन्दुओं की भावनाओं का सम्मान करते हुए गौ-मांस खाना छोड़ दिया है। तथापि कोल अथवा मुण्डाओं को अशुद्ध नहीं माना जाता है तथा नाई और धोबी उनके लिए काम करते हैं। सम्बलपुर में किसी अशुद्ध गोंड, घासिया अथवा डोम के साथ सम्पर्क हेतु महिला को जातिच्युत कर दिया जाता है और पुरुष को इन जातियों की महिलाओं से भोजन ग्रहण करने पर जातिच्युत कर दिया जाता है, लेकिन इनके साथ व्यभिचार के लिए बड़ी दावत दी जाती है। अन्य अपराध हिन्दुओं के समान हैं।

तथापि समय के साथ अधिकांश खान-पान की आदतों, पारम्परिक समाज में सहभोज आदि के संबंध में बड़ा बदलाव आया है। उनकी रसोई तथा चाटुकारिता दोनों पर बाहरी प्रभाव पड़ा है, जो अंग्रेजों के भारत आगमन तथा पाक-कला की पुस्तकों के प्रकाशन के पश्चात् अधिक तीव्रगति से हो रहा है।

देवों को भोग लगाना

वल्लभ सम्प्रदाय में अर्पण को आलौकिक पर शुद्ध भाव कहा गया है, यह कोई लौकिक वस्तु नहीं है। वल्लभ सम्प्रदाय में मंदिर में भोग लगाने से पूर्व 'भोग' तैयार करने की क्रिया अवधारणात्मक रूप से विशिष्ट और अपरिवर्तनीय चरणों से गुजरती है। भोग तैयार करने के लिए जो सामान प्राप्त किया जाता है उसे सामग्री कहा जाता है। मंदिर की रसोई में भोग तैयार किए जाने की अवस्था में भी इसे सामग्री कहा जाता है, जब भोग तैयार हो जाता है, तब इसे सिद्ध सामग्री कहा जाता है। यह सिद्ध सामग्री देव चरणों में अर्पित किए जाने के गुण के कारण भोग कही जाती है। अन्त में, देव द्वारा भोग स्वीकार किए जाने के पश्चात् अर्थात् जब भक्त मान लेता है कि भगवान ने भोग स्वीकार कर लिया है, तब शेष भोग प्रसाद के रूप में श्रद्धालुओं में

वितरित कर दिया जाता है। यह प्रसाद दैवीय प्रसन्नता और उनकी कृपा का प्रतीक होता है। दीक्षा में श्रद्धालु द्वारा परम समर्पण की भावना के अनुरूप उपभोग हेतु रखा गया समस्त भोजन सर्वप्रथम भगवान श्री कृष्ण को अर्पित किया जाना चाहिए। अतः श्रद्धालुओं द्वारा उपभोग किया जाने वाला समस्त भोजन पवित्र होना चाहिए। उज्जैन में घर में एक आला अथवा ताक विशेषतः पूजा के लिए बनाई जाती है, जिसमें बाल कृष्ण की मूर्ति अथवा तस्वीर रखी जाती है तथा प्रत्येक भोजन से पूर्व उनको भोजन अर्पित किया जाता है।

ब्राह्मण लोग कुछ भोजन अर्पण हेतु निषिद्ध मानते हैं तथा कुछ भोजन ऋतु एवं मौसम के अनुसार अर्पित किए जाते हैं। निषिद्ध भोजन में समस्त मांस पदार्थ; जैसे—मांस, मछली, अंडा तथा उनसे बने पदार्थ, अल्कोहल, लहसुन, प्याज, मूली, गाजर, गोभी, तरबूज और लाल मसूर शामिल हैं। इन पदार्थों के संबंध में श्रद्धालुओं द्वारा भिन्न-भिन्न कारण बताए जाते हैं। एक सामान्य तर्क वर्गीकरण के संबंध में है, जिसे पदार्थों के तापीय गुणों से सम्बद्ध बताया जाता है। कुछ पदार्थों का गुण उष्ण तथा अन्य का शीतल बताया जाता है। आहार और भौतिक-एवं मानसिक स्थिति में गहरा संबंध बताया जाता है। उष्ण पदार्थ शरीर में ताप पैदा करते हैं जो क्रोध, घमंड, शारीरिक शक्ति, रोग, उग्रता के जनक होते हैं। शीतल पदार्थ मानसिक सौम्यता, संयम, शान्ति, विनम्रता और सुदृढ़ शारीरिक शक्ति प्रदान करते हैं, जो सेवा के निष्पादन हेतु परम आवश्यक हैं। एक वैष्णव को शान्त स्वभाव का होना चाहिए अतः उसको उष्ण पदार्थों के सेवन से बचना चाहिए जैसे कि मांस, मदिरा, प्याज, लहसुन और मूली। शान्त स्वभाव का गुण ब्राह्मण और बनिया जाति के लिए उपयुक्त बताया गया है। उज्जैन में बल्लभ सम्प्रदाय के लोगों में ब्राह्मण तथा बनियों की बहुलता है।

बनिये तुष्टिवादी बताए जाते हैं तथा बनिये लोग व्यवसाय कार्य में शान्त स्वभाव के लाभों पर बल देते हैं। राजपूत लोग उष्ण पदार्थों के समर्थक होते हैं तथा उन्हें क्रोध भी जल्दी आता है और हिंसा पर शीघ्र उतारू हो जाते हैं। उनके इस स्वभाव का कारण उनकी राजाओं और योद्धाओं की भूमिका रही है। भोजन के इस द्वि-वर्गीय वर्गीकरण के अतिरिक्त एक त्रिवर्गीय वर्गीकरण भी उपलब्ध है जो अधिक सूक्ष्म है। यह वर्गीकरण भोजन के गुणों के आधार पर किया गया है। इसमें भोजन तीन प्रकार का सात्त्विक, राजसिक और तामसिक बताया गया है। श्री कृष्ण भगवान को सात्त्विक भोजन में आनंद प्राप्त होता है, विशेषकर दूध से बने भोज्य पदार्थ और चावल, फल, हरी सब्जियाँ तथा दालें इत्यादि। वह राजसिक/तामसिक भोज्य पदार्थों

को तनिक भी पसंद नहीं करते हैं; जैसे—लहसुन, प्याज, मूली, घी में तली मिठाइयाँ इत्यादि।

निषिद्ध भोजन का एक अन्य वर्ग उष्ण/शीतल द्वि-भाजन से संबंधित है, जो अलबत्ता अप्रत्यक्ष रूप से है, इस वर्ग में टमाटर, गाजर, लाल मसूर तथा तरबूज आते हैं। ये पदार्थ सेवा में सम्मिलित नहीं किए जाते हैं क्योंकि इनका रंग लहू के समान लाल होता है इनमें गैर-शाकाहारी भोजन का अर्थ प्रकट होता है। इसी कारण से भोग के लिए सामग्री तैयार करने वाले श्रद्धालु सब्जियों को काटने हेतु 'काटना' क्रिया शब्द का प्रयोग नहीं करते हैं बल्कि वे इसके लिए 'सँवारना' शब्द का प्रयोग करते हैं। वल्लभ सम्प्रदाय से बाहर के कुछ लोग पशु बलि के स्थान पर वनस्पति की बलि देते हैं, बलि खून की एक बूँद बहाए बिना दी जाती है। जब कभी देवी को बकरी या मुर्गे की बलि चढ़ाई जाती है, तब उसका वध नहीं किया जाता है। विकल्प रूप में उसे जीवित रखा जाता है। उज्जैन में देवी हरसिद्धि के मंदिर में नियमित रूप से जाने वाले एक ब्राह्मण द्वारा दिया गया विवरण इस बिन्दु की अधिक स्पष्ट व्याख्या करता है। देवी के श्रद्धालु मांसाहार का भक्षण करते हैं। उनके ग्रन्थों में पशु बलि अनिवार्य बताई गई है। इसलिए उनके लिए ऐसा करना आवश्यक है। हम पशु बलि के समर्थक नहीं हैं अतः हम इस कार्य को भिन्न तरीके से करते हैं। कल्पना कीजिए कि हमें देवी पूजा के लिए बलि देनी है, हम पशु के स्थान पर एक कद्‌दू लाते हैं। कद्‌दू दो प्रकार के होते हैं (1) पीला कद्‌दू (2) सफेद कद्‌दू। हम ब्राह्मण लोग देवी को सफेद कद्‌दू अर्पित करते हैं। हमारे धर्म में अनेक देवियाँ हैं—दुर्गा जी, हर सिद्धिमाता, कालिका देवी। एक व्यक्ति जो देवी का आराधक होता है वह नवरात्रि के दिनों में नौ दिन तथा नौ रात्रि तक मंत्रोच्चार के साथ देवी की पूजा करता है। पूजा समापन के दिन बकरे अथवा मुर्गे की बलि की जरूरत होती है। उज्जैन में ठाकुर, राजपूत और क्षत्रिय बलि देते हैं, परन्तु हरसिद्धि माता हेतु बलि कभी नहीं दी जाती है। विगत एक हजार वर्षों में हरसिद्धि माता को कोई पशु बलि अर्पित नहीं की गई है। इसके स्थान पर कद्‌दू की बलि दी जाती है। या फिर बकरा देवी मंदिर में लाया जाता है तथा जिन्दा ही देवी को अर्पित किया जाता है।

इस प्रकार भोजन और मानसिक वृत्ति के बीच संबंध के बारे में दो महत्वपूर्ण बातें उभरती हैं। प्रथम यह कि भिन्न प्रकार के भोजन में उपभोक्ता के मानसिक -सह-शारीरिक स्थिति को प्रभावित करने की क्षमता रखने वाले भिन्न गुण विद्यमान होते हैं। दूसरी यह कि भोजन में तथा उसके द्वारा सकारात्मक एवं नकारात्मक

वृत्तियाँ स्थापित तथा उत्तेजित की जा सकती हैं और इसीलिए एक से प्राप्त कर अन्य को संचारित की जाती हैं। भोग सेवा के लिए भोजन तैयार करने का कार्य उसकी कच्ची सामग्री प्राप्त करने के साथ प्रारंभ किया जाता है। सभी सामग्री कच्ची अवस्था में ही प्राप्त की जानी चाहिए अर्थात् कतरना, छीलना, कूटना और पीसना आदि नहीं किया गया हो। सामग्री खरीदने के लिए बाजार जाने वाले सेवकों को वह सामग्री सूँघनी अथवा चखनी नहीं चाहिए। कटी हुई सब्जियाँ अथवा फल नहीं खरीदे जाने चाहिए। भोजन तैयार करने की प्रक्रिया काटने, छीलने, धोने का कार्य मानवीय रूप से किया जाता है। सर्वप्रथम सारे पदार्थों को प्रदूषण के बाह्य स्रोतों से मुक्त किया जाना चाहिए। सभी पदार्थ बाजार से खरीदे जाते हैं, जहाँ विक्रेता कोई भी हो सकता है। कुछ दशक पूर्व मिष्ठान्न बनाने के लिए बनारस की देसी चीनी इस्तेमाल की जाती थी लेकिन अब यह अनुपलब्ध है, इसलिए विदेशी चीनी का प्रयोग करना पड़ता है। पहले दालें भक्तों द्वारा तैयार की जाती थीं।

कच्ची सामग्री बाजार से लाकर भंडार में रखी जाती है। सूखी सामग्री लम्बे समय तक भंडार में रखी जा सकती है (अनाज, चावल, सूखे मेवा तथा मसाले इत्यादि)। सब्जी, फल तथा अन्य शीघ्र नष्ट हो जाने वाले पदार्थ नियमित रूप से क्रय किए जाते हैं। प्रत्येक सुबह सेवकों का समूह मंदिर के प्रांगण में बैठा, भंडारी के निरीक्षण में, भोग सामग्री की प्रारंभिक प्रक्रिया में संलग्न देखा जा सकता है। इस तैयारी के पश्चात् यह सामग्री मंदिर के भीतरी कक्षों में अगली प्रक्रिया के लिए पहुँचा दी जाती है। तदुपरान्त यह भोज्य पदार्थ सेवकों द्वारा प्रसाद के रूप में ही देखे जा सकते हैं। भोग के सभी पदार्थ रसोइयों द्वारा शुद्धतम तरीके से कड़ी प्रक्रिया का पालन करते हुए तैयार किए जाते हैं। याजकों द्वारा शुद्धता का विशेष ध्यान रखा जाता है। क्योंकि भोग का सामान पकाते समय प्रदूषण का खतरा अधिक बढ़ जाता है।

13

वस्त्र और आभूषण

प्राचीन मध्य प्रदेश में पोशाक का हर वस्त्र सूती कपड़े से बनता था। शरीर के ऊपरी भाग के लिए वह एक ढीली कमीज़ का प्रयोग होता था, जिसमें गले तक बटन होते थे अथवा छोटा कोट जो कमर तक नीचा होता था। इस कोट में एक पेंट सिली होती थी, जो सामने अथवा पीठ पर बाँधी जाती थी। लम्बे कोट में दोहरे फ्लैप होते थे, जो सीने पर मुड़े होते थे तथा नीचे घुटनों तक लम्बे होते थे, जो पहले सर्वसामान्य पोशाक हुआ करती थी, अब प्रचलन से बाहर है। सर्दी के मौसम में कोट में रुई भरी जाती है ताकि गर्मी मिल सके। गरीब किसान और मज़दूर प्रायः शरीर के ऊपरी भाग को खुला ही छोड़ देते हैं। शिक्षित वर्गों में खासकर सरकारी नौकर अंग्रेजी चलन के सर्ज, ऊन, टसर सिल्क के बने कोट पहनते हैं। उच्च वर्गों के लोग धोती की जगह सफेद पतलून पहनते हैं। पुराने समय में सिर पर पगड़ी पहनी जाती थी, जो कम चौड़े लेकिन 150 से 200 फीट लम्बे कपड़े की होती थी तथा इसमें अनगिनत तह पड़ी होती थीं। फिर इसकी जगह दुपट्टा आ गया जिसे पहननेवाला स्वयं ही तहबंद कर लेता था। यह दुपट्टा टसर सिल्क, नर्म मद्रासी कपड़े अथवा नैनसुख का बना होता था, परंतु आजकल ये भी चलन में नहीं है। छत्तीसगढ़ के किसान लोग प्रायः नंगे सिर रहते हैं, यद्यपि गरीब लोगों के माथे पर कपड़े की पट्टी उनकी कहानी बयां कर देती है। महिलाएँ सामान्यतः साड़ी पहनती थीं, जो करीब 3 फीट चौड़ी और 18 से 24 फीट लम्बी होती है। यह कमर तक लपेटी जाती थी तथा एक छोर सीने को ढकता हुआ कंधों व सिर को ढकता था। आमतौर पर यह हाथ से बुना कपड़ा होता था, जो लाल, नीला, हरा या नीला रंगा जाता था तथा इस पर कई तरह के छापे छपे होते हैं। उत्तरी जनपदों में लहँगा अथवा घाघरा और साथ में सिर तथा शरीर का ऊपरी भाग ढकने के लिए दूसरा कपड़ा होता है। अब साड़ी धीरे-धीरे इन पोशाकों का स्थान ले रही है। साड़ी के नीचे चोली पहनी जाती है जो एक छोटी बिना बाजू की जैकेट होती है जो सीने पर या पीठ पर बटनों द्वारा बाँधी जाती है। घर में

कमर पर एक कपड़ा लपेटकर कंधों पर डाल लिया जाता है। पुरुष सामान्यतः सफेद कपड़े पहनते हैं सिवाय कोट के जिसका रंग गहरा हल्का होता है।

परिवर्तनशील प्रवृत्तियाँ

लोगों के पहनावे में एक बड़ा परिवर्तन देखा जा रहा है। राज्य के किसान लोग धोती पहनते हैं। एक सफेद या काले रंग की जैकेट पहनते हैं जिसे बंडी या मिरज़ई कहा जाता है जो बुंदेलखंड और मालवा में विशेष लोकप्रिय है। राज्य के पूर्वी भागों में सिर पर साफ़ा बाँधा जाता है जबकि पश्चिमी भागों में पगड़ी या पाग को तरजीह दी ज़ाती है। नई पीढ़ी के लोगों में पैंट कमीज़, जुराब सामान्य हो गए हैं। महिलाएँ रंगीन लहँगा तथा चोली पहनती हैं। कपड़े का एक टुकड़ा जिसे ओढ़नी या लुगड़ा कहा जाता है, सिर तथा कंधों को ढकने के लिए प्रयोग किया जाता है। कुछ क्षेत्रों में इनका रंग लाल अथवा काला होता है। एक रंगीन कपड़े के टुकड़े से कंचली सिली जाती है। यह एक छोटी चोली होती जो केवल स्तनों को ढकने के लिए होती है तथा पीठ पर डोरियों से बाँधी जाती है, जिसे मालवी बोली में कसना कहा जाता है।

अधिकतर जंगली जनजातियों की भाँति कोर्कू भी विगत में अत्यंत कम वस्त्र धारण करते थे। लेकिन वर्तमान काल में वे नीची हिन्दू जातियों की तरह वस्त्र धारण करने लगे हैं, यद्यपि उनमें कुछ विशिष्ट परिवर्तन होते हैं, जिससे उनकी अलग पहचान बनी रहती है। देशी अथवा मोवासी कोर्कू लोगों की वेशभूषा करीब-करीब हिन्दुओं जैसी है। उनका फ़ैशन व्यवहारिक रूप में कभी नहीं बदलता है।

जनजातीय परिधान

अक्सर कोर्कू लड़के लगभग 15 वर्ष की आयु तक नंगे घूमते हैं। उनकी कमर पर मात्र एक डोरी बँधी होती है जिसे कोंधनी कहा जाता है। केवल उत्सव आदि के अवसर पर वे कमीज पहनते हैं या कपड़े के एक टुकड़े से अपने गुप्तांग ढकते हैं। समस्त वयस्क कोर्कू कमर पर धोती बाँधते हैं तथा कमीज़ पहनते हैं। वे कभी-कभी कोट पहनते हैं। धोती प्रायः मोटी हाथ से बुने कपड़े की होती है। वे इसकी किनारी पर गहरे लाल रंग का बार्डर (अचर ओनेल) चाहते हैं। गरीब कोर्कू आधी लम्बाई की धोती से काम चलाते हैं और कभी-कभी तो और छोटी धोती से गुजारा कर लेते हैं। कमर पर बाँधे जाने वाला बहुत छोटा कपड़ा पेंचा कहलाता है, जबकि लांगुटी कपड़े की एक पट्टी मात्र होती है, जिसे दोनों जांघों पर लपेटते तथा गुप्तांगों को ढकते हुए कसा जाता है, जिसे पैरना भी कहा जाता है।

कुछ दशक पूर्व तक वृद्ध लोग पैरना ही पहना करते थे, लेकिन आजकल किसी

कोर्कू को पैरना में नहीं देखा जा सकता है। कोर्कू लोग धोती कमर पर बहुत कस कर बाँधते हैं, जिससे कभी-कभी उन्हें त्वचा रोग हो जाता है।

कोर्कू लोग सिर पर पगड़ी धारण करते हैं, जो प्रायः एक लम्बा पतला कपड़ा होता है, जिसे कोर्कू लोग सिर पर बेतरतीब लपेट लेते हैं। भोज उत्सव के अवसर पर अथवा बाज़ार या नृत्योत्सव में जाने के लिए वे साफ पगड़ी सही तरीके से पहनते हैं, जिनमें छोटे-छोटे शीशे, एक फूल या हरी पत्तियाँ सजाते हैं।

कोर्कू लोग चुस्त कोट (अंगा) अथवा घासो पहनते हैं, जिसकी बाजू पूरी या आधी या बिलकुल नहीं होती है। इस कोट में कोई बटन नहीं होते हैं तथा इसे डोरियों अथवा फीतों के द्वारा बाँधा जाता है। बिना बाजू की जैकेट (अंदगी) प्रायः खुली ही पहनी जाती है। कोर्कू कमर में धातु की जंजीर या सूत की डोरी बाँधते हैं। वे सिर पर पगड़ी पहनते हैं जिसमें सिर का शीर्ष भाग खुला रहता है। पगड़ी का एक सिरा पीछे पीठ पर लटकता है तथा दूसरा सिरा सामने की तरफ पगड़ी की तहों के बीच खोंसा जाता है।

वर्षा ऋतु के दौरान कोर्कू लोग वर्षा से बचाव के लिए एक विशेष प्रकार का छाता प्रयोग करते हैं जिसे मोरा कहा जाता है। यह बाँस की पट्टियों से गुँथा होता है तथा पट्टियों को टीक अथवा बड़े आकार के पत्तों से ढका जाता है। सर्दी में पुरुष एवं महिलाएँ ऊनी कम्बल ओढ़ते हैं। वृद्ध लोग हज़ामत नहीं करते हैं और प्रायः उनके चेहरे पर लम्बी दाढ़ी देखी जा सकती है। कोर्कू लोगों के गालों तथा होठों के ऊपर घने बाल होते हैं।

युवा कोर्कू अपने केश गर्दन की लम्बाई तक रखते हैं। वृद्ध लोग कभी-कभी अपने बाल अर्द्धचन्द्राकार कटवाते हैं।

कोर्कू परिधान

कोर्कू महिलाओं का प्रमुख वस्त्र लाएंगा होता है जो वास्तव में कपड़े की एक चादर होती है। इसकी लम्बाई ग्यारह-बारह हाथ और चौड़ाई ढाई हाथ होती है। यह कटिवस्त्र की भाँति धारण किया जाता है, लेकिन महिलाओं की पीठ, कंधे और सिर को भी ढकने का काम करता है। कोर्कू महिलाएँ इसे अपने विशिष्ट अंदाज में धारण करती हैं। यह कपड़ा सफेद या गुलाबी, लाल कभी-कभी पीला या हरा भी हो सकता है। यह कपड़ा काफ़ी मोटा होता है। इसपर करीब ढाई इंच चौड़ा गोटा लगा होता है, जो लम्बाई के समांतर होता है तथा कपड़े के दोनों छोर पर विभिन्न रंगों की भरनी लगाई जाती है जो लगभग एक फुट चौड़ी होती है तथा कपड़े के एक छोर से दूसरे छोर तक होती है।

आजकल कोर्कू महिलाएँ चोली भी पहनती हैं। यह चुस्त, आसमानी नीले रंग की, लाल धारीदार तथा छोटी बाजू की होती है। पाँच साल तक की बच्चियाँ निर्वस्त्र घूमती फिरती हैं, पाँच बरस की आयु के बाद वे टाँगों के बीच से कपड़ा लपेटती हैं, जो पीछे कमर में खोंसा जाता है। आठ से दस साल की उम्र में वे लाएंगा पहनना शुरू करती हैं, लेकिन ये लाएंगा बिना चोली के पहना जाता है। बाद में वे चोली पहनना प्रारंभ करती हैं। कोर्कू महिलाएँ अधिकतर अपने बाल खुला रखती हैं या पीछे की तरफ गाँठ लगा देती हैं। वे चोटी नहीं गूँथती हैं।

बनियों की वेशभूषा

बनियों की पोशाक साधारण होती है वे कट्टर हिंदूवादी परम्परा के अनुसार लम्बा सफेद कोट तथा कटिवस्त्र धारण करते हैं। कुछ बनिये अपनी दुकान में कंधों पर एक कपड़ा रखते हैं तथा कटिवस्त्र धारण करते हैं। कारडोरा अथवा चाँदी की तगड़ी बनियों का पसंदीदा गहना है और हालांकि वे सामान्य जीवन में सादा पोशाक पहनते हैं, लेकिन धनी मारवाड़ी खास मौकों पर कीमती गहने पहनते हैं। मारवाड़ी सिर पर कस कर बँधी पगड़ी धारण करते हैं जो प्रायः रंगीन गुलाबी या पीली होती है। हरी तथा काली पगड़ी शोक का प्रतीक मानी जाती है।

महिलाओं के वस्त्राभूषण

धँवर जनजाति की पोशाक बहुत कुछ प्राचीन फैशन के अनुरूप होती है तथा उनकी पोशाक में विशिष्ट कुछ नहीं है। महिलाओं के शरीर पर गोदना गुदा होता है, जो उनके माता-पिता के घर में रहने के दौरान गुदवाया जाता है। यह गोदना विवाह से ठीक पूर्व या पश्चात् गुदवाया जाता है। कहा जाता है कि गोदना के निशान मृत्यु के पश्चात् भी आत्मा पर अंकित रहते हैं तथा वह अपनी पहचान के लिए भगवान को गोदना दिखाती हैं। कहावत है कि सभी सुख आते जाते हैं, लेकिन गोदना के निशान जीवन के साथी होते हैं। एक धँवर किसी बिना गोदना वाली महिला के हाथ से जल कभी ग्रहण नहीं करता है।

चारण लड़की बारह वर्ष की आयु तक केवल घाघरा पहनती है तथा उसके साथ कंधों पर कपड़ा रखती है जो पीछे पीठ पर खोंसा जाता है और बाएँ हाथ तथा सिर को ढकता है। इसके अलावा वह पायल और चूड़ियाँ पहन सकती है। लेकिन विवाह से पूर्व बांकरी पहनने की अनुमति नहीं होती है। लभाना लड़की को दस बरस की होने पर दो छोटे बंडल दिए जाते हैं, जिनमें गिरी, कुछ कौड़ी तथा चावल होते हैं, जो दुपट्टे के दो कोनों पर गाँठ में बाँध दिए जाते हैं। यह उसके कुँआरेपन के प्रतीक

होते हैं। ये बंडल पवित्र माने जाते हैं तथा हमेशा गाँठ बाँधकर रखे जाते हैं तथा लड़की के विवाह के अवसर पर खोलकर कमर में बाँधे जाते हैं, जो मृत्यु पर्यन्त पहने जाते हैं। ये बंडल लभाना तथा मधुरिया महिलाओं के बीच एकमात्र पहचान है। ये महिलाएँ अधिकतर अपने केश खुले रखती हैं, जो पीछे की ओर लटके रहते हैं। वे अपने बालों में चाँदी के घंटी जैसी आकृति के आभूषण गूँथ कर रखती हैं, जो कानों के पास तक लटके रहते हैं। इन आभूषणों के खोखले भाग में लाल रंग में रंगी भेड़ की ऊन भरी रहती है, जिनमें छोटी-छोटी घंटियाँ लटकी होती हैं। पैरों में पाजेबों में छोटी-छोटी घंटियाँ लटकी रहती हैं, जो चलते समय रुनझुन की मधुर ध्वनि उत्पन्न करती हैं। वे घाघरा पहनती हैं तथा कंधों पर आर पार ढकने के लिए उत्तरी भारत के चलन के अनुसार ओढ़नी होती है, जो प्रायः लाल या हरे रंग की होती है। घाघरे की किनारी पर कौड़ियों की दोहरी सिलाई की जाती है। इनके अंगवस्त्रों पर ढेर सारी कशीदाकारी होती है तथा इसमें काँच के छोटे-छोटे टुकड़े भी सिले जाते हैं। इन्हें बाँधने के लिए पीछे पीठ की ओर कई रंग की डोरियाँ सिली होती हैं। गले में कौड़ियों की माला पहनती हैं। कौड़ी उनका पसंदीदा आभूषण है, जो उनकी पोशाक में, घर की सज्जा तथा बैलों के साज-सामान में शामिल हैं। वे हाथों में दस-बारह हाथी दाँत की बनी या लाख, सींग अथवा नारियल के खोल से बनी चूड़ियाँ पहनती हैं। तथापि, एक विवाहित बंजारा स्त्री का सर्वाधिक विशिष्ट आभूषण खैर अथवा काजू की लकड़ी से बनी लगभग छह इंच लम्बी एक छोटी डंडी होती है। निमाड़ क्षेत्र में यह डंडी महिला को विवाह के समय उसके पति द्वारा दी जाती है तथा वह इसको अपने सिर के ऊपर धारण करती है, उस महिला के बाल इस डंडी में गुँथे होते हैं तथा सिर के ऊपर सुन्दर ढंग से ओढ़नी से ढके होते हैं। विधवाएँ इसको पहनना छोड़ देती हैं, लेकिन पुनर्विवाह होने पर फिर पहनने लगती हैं। इस स्टिक को चूंडा कहा जाता है, लेकिन बाहरी लोग इसे सींग कहते हैं। यवतमाल में महिलाएँ एक के स्थान पर दो छोटी स्टिक धारण करती हैं। एक महिला की प्रतिष्ठा इस चूंड के धारण करने के कोण से दर्शित होती है। पुरुषों की पोशाक में कोई विशिष्टता नहीं होती है। निमाड़ में वे सामान्यतः मूँगों की माला पहनते हैं, दाँत या कान कुरेदने की तीली तथा एक छोटा शीशा व कंघी पगड़ी में खोंस कर रखते हैं ताकि प्रसाधन कहीं भी सुलभ हो सके।

ब्राह्मण परिधान

एक ब्राह्मण की पोशाक सफेद होनी चाहिए तथा वह रंगीन पगड़ी अधिमानतः लाल रंग की पगड़ी धारण कर सकता है। बटन का प्रयोग नहीं किया जाता था, चूंकि

वे हड्डी के बने होते थे तथा जूते चमड़े के बने होने के कारण अशुद्ध माने जाते थे। पूर्वकाल में ब्राह्मण कभी जूते पहन कर घर में प्रवेश नहीं करते थे, क्योंकि ऐसा करने से घर अशुद्ध माना जाता था। तथापि, अब शिक्षित ब्राह्मण आधुनिक वस्त्र पहनते हैं तथा जूते और बूट पहनते हैं जिन्हें वे घर के भीतर रखते हैं। लड़के सिर पर चोटी रखना छोड़ रहे हैं और अपने बाल अंग्रेजी शैली में कटवाने लगे हैं।

पुरुषों का गोदना नहीं किया जाता है, लेकिन स्त्रियों का गोदना मुक्त रूप से चेहरे तथा शरीर पर किया जाता है। माथे पर बीचों बीच एक तथा बाएँ नथुने पर त्रिकोण बनाते तीन गोदना बिन्दु गोदे जाते हैं। सभी अंगों, अंगुलियों तथा पैर के पंजों पर भी गोदना गोदा जाता है। इस हेतु सर्वाधिक पसंद की जाने वाली आकृतियाँ पंख फैलाकर नाचता मोर, मछली, कोयल, बिच्छू, बच्चों की गुड़िया, चलनी, सीता की रसोई तथा महिलाओं के सभी आभूषण हैं। कुछ महिलाओं का मानना है कि वे, अगले जन्म में, अपने शरीर पर गुदे आभूषण गोदनाओं को बेचकर अपनी जीविका अर्जित कर सकेंगी।

यज्ञोपवीत

ब्राह्मण लड़कों को यज्ञोपवीत धारण कराया जाता है। यह पाँच से नौ वर्ष की आयु के बीच किया जाता है। यज्ञोपवीत बाँऐ कंधे पर लटकाया जाता है जो दाँऐ नितम्ब तक लटका होता है। कभी-कभी जब किसी पुरुष का विवाह होता है, उसको दोहरा यज्ञोपवीत (छह सूत्रों का) धारण कराया जाता है। यह दूसरा यज्ञोपवीत उसकी धर्मपत्नी का होता है तथा वह व्यक्ति अपने पिता की मृत्यु के बाद तिहरा यज्ञोपवीत धारण करता है। यज्ञोपवीत दीक्षा के समय लड़के के नाखून काटे जाते हैं, सिर का मुंडन किया जाता है तथा वह यज्ञ करता है। यज्ञोपरांत वह ब्रह्मचारी अथवा शिष्य का पद प्राप्त कर लेता है तथा पूर्व काल में वह किसी धार्मिक नगरी को प्रस्थान करता था ताकि पवित्र धार्मिक ग्रन्थों का अध्ययन कर सके। यज्ञोपवीत रक्षाबंधन परिवार में किसी के जन्म अथवा मृत्यु के अवसर पर भी बदला जाता है। इसके अलावा यह ग्रहण अथवा टूट जाने पर बदला जाता है। आजकल अन्य जातियाँ भी यज्ञोपवीत धारण करने लगी हैं जो ऐसा करने की अधिकारी मान्य नहीं हैं। वास्तव में वे ब्राह्मणों जैसी प्रतिष्ठा पाने के लिए ऐसा करती हैं।

गोंड परिधान

लगभग एक शताब्दी पूर्व, गोंड लोग निर्वस्त्र रहने वाली जंगली जनजाति मानी जाती थी। माना जाता था कि ये लोग कन्द, मूल, फल तथा शिकार द्वारा जीवन

निर्वाह करती हैं। मारिया जनजाति की स्त्रियाँ एक डोरी में पेड़ों की पत्तेदार टहनियाँ बाँधकर अपने गुप्तांगों को ढकती थीं। अब पुरुष वर्ग कपड़े की पतली लंगोटी तथा महिलाएँ चौड़ी लंगोटी धारण करती हैं, लेकिन बस्तर के दक्षिण में वे अपना वक्ष अभी तक निर्वस्त्र ही रखती हैं। यहाँ स्त्रियाँ अपना वक्ष सर्वप्रथम गर्भवती होने पर ढकती हैं। यदि कोई युवा स्त्री ऐसा करती है तो उसको बालक की माँ समझा जाता है। अन्य क्षेत्रों में पुरुष एवं स्त्रियाँ दोनों कमोबेश हिन्दुओं की भाँति वस्त्र धारण करते हैं, लेकिन स्त्रियाँ अपनी जंघाओं का अधिकांश भाग खुला छोड़ती हैं तथा पुरुष कमर पर एक कपड़ा लपेटते हैं और एक और कपड़ा सिर पर लपेटते हैं। वे काँच, पीतल, जस्ते की चूड़ियाँ पाँवों में पीतल के बड़े छल्ले पहनते हैं, यद्यपि यह चलन अब समाप्ति पर है। पुरुष व स्त्रियाँ दोनों अपने गले में दस से बीस तक पीतल के छल्ले पहनते हैं तथा इन छल्लों में पीतल की छोटी-छोटी घंटियाँ लटकी रहती हैं। मांडला में स्त्रियाँ पीले तथा नीले-सफेद रंग के मूँगों की मालाएँ पहनती हैं। विवाहित स्त्रियाँ दोनों रंग की मालाएँ पहनती हैं, जिनमें बहुत सारी कौड़ियाँ भी लटकाई जाती हैं। विधवाएँ तथा लड़कियाँ केवल नीली सफेद मालाएँ पहनती हैं तथा कौड़ियाँ धारण नहीं करती हैं। इस प्रकार पीली मालाएँ केवल विवाहित स्त्रियों के लिए है। गोंड स्त्री को चोली पहनने की अनुमति नहीं है। यदि वह ऐसा करती है तो उसे जाति से बाहर कर दिया जाता है।

कर्ण छेदन

लड़कियों के कान एक कील से बींधे जाते हैं तथा इस प्रकार किए गए छेद में लकड़ी का एक तीला फँसाया जाता है। गोंड स्त्रियाँ कानों में तरखी अथवा खजूर की पत्ती की आकृति में छोटी पट्टी पहनती हैं, जो रंगीन काँच से ढकी होती है तथा लगभग एक इंच मोटी सन की डंडी से बँधी होती है या फिर धारा नामक चाँदी का आभूषण पहनती हैं। स्त्रियाँ अपने कान एक दर्जन या अधिक स्थानों पर छिदवाती हैं तथा प्रत्येक छेद में एक बाली पहनती हैं।

गोंड पुरुष अब अपने बाल कटवाते हैं। इससे पहले वे अपने बाल पीछे गर्दन पर गाँठ बाँध कर रखते थे तथा अधिक लम्बे हो जाने पर कुल्हाड़ी से काटते थे अथवा जला देते थे। लेकिन जंगलों में रहने वाले गोंड अपने बाल लगातार बढ़ने देते हैं जो कभी कंघी न होने के कारण उलझ कर जटाओं का रूप धारण कर लेते हैं। पंडा लोग अपने बाल नहीं कटवाते हैं। महिलाएँ बकरी या अन्य जानवरों के बालों की नकली चोटियाँ लगाती हैं। मांडला में गोंड लड़की अपना विवाह होने तक सिर पर बीच में माँग नहीं निकाल सकती है। जब उसका विवाह होता है, तब बैगा प्रथम

बार उसकी माँग निकालता है तथा उसके माथे पर चंडी माता का गोदना गुदवाया जाता है।

आभूषण

मध्य प्रदेश राज्य इसके रंगीन परिधान तथा आभूषण कला के लिए सुविख्यात है। इस विशाल क्षेत्र की महिलाएँ उत्सवों के दौरान अपने सर्वश्रेष्ठ परिधान और आभूषण धारण करती हैं। शहरी महिलाएँ सोने के तथा ग्रामीण महिलाएँ अधिकांशतः चाँदी के आभूषण पहनती हैं। जनजातीय क्षेत्रों में पीतल, जस्ता अथवा टिन के आभूषण प्रचलित हैं। बस्तर में मुड़िया लोगों का मूँगे का काम कला कार्य माना जाता है। माथे की पट्टियाँ अथवा लाल, नीले, सफेद मूँगे या कोड़ियाँ लटकती बालियाँ इत्यादि जेवर आदिवासी महिलाओं का मन लुभाते रहे हैं। महिलाएँ पीतल की घंटी जड़ी बालियाँ तथा अंगूठी और तमाम तरह के जेवर पहनती है, जो उनके घाघरे व रंगीन ओढ़नी पर खूब फबते हैं।

मालवा की स्त्रियाँ गोल टीका धारण करती हैं जिसे राखड़ी, बोर (बोरला अथवा बोरडो) कहा जाता है। इस बोर में छोटे मोती तथा चमकदार पत्थर जड़े होते हैं। इनसे जुड़ी जंजीर झेला कहलाती है जो सोने या चाँदी की बनी होती है तथा कानों तक लटकती है। ये नाक में नथ तथा गले में हार पहनती हैं। पारम्परिक किसान वर्ग के आभूषणों के डिजाइन बेहद आकर्षक होते हैं। गरीब से गरीब स्त्री भी कोई न कोई आभूषण अवश्य धारण करती है। कुछ स्त्रियाँ आभूषणों को अपनी वैवाहिक स्थिति से भी सम्बद्ध करती हैं।

पुरुष वर्ग कलाई में कड़े तथा हाथों में अंगूठी (मुंदरी) पहनता है। गोंड लोग कान के ऊपरी हिस्से में बारी (बाली) पहनते हैं। कान के मध्य भाग में बाला पहना जाता है। तथा नीचे के हिस्से में लुर्की पहनी जाती है। गोंड लोग पाँव की अँगुली में छल्ला पहनने के शौकीन हैं, जिसे चुटका कहा जाता है।

सामान्य प्रकार के आभूषण

मध्य प्रदेश के लोक आभूषण बड़े विशिष्ट प्रकार के, उच्च कलात्मक, विविधतापूर्ण होते हैं। विभिन्न सांस्कृतिक क्षेत्रों के अपने विशिष्ट शैली के आभूषण हैं। ये आभूषण सोने, चाँदी, कांस्य तथा मिश्र धातुओं से बनाए जाते हैं। टीकमगढ़, झाबुआ और श्योपुरकलां लोक आभूषणों के प्रमुख केन्द्र हैं। जनजातीय लोग मूँगा, कौड़ी तथा पंखों के आभूषण पहनते हैं। मालवा तथा निमाड़ की ग्रामीण तथा जनजातीय स्त्रियाँ

आभूषणों की असाधारण रूप से शौकीन हैं तथा पुरुष व स्त्रियाँ दोनों आभूषण धारण करते हैं।

मध्य प्रदेश में ग्रामीण स्त्रियों द्वारा धारण किए जाने वाले आभूषण

क्र. सं.	*शरीर का अंग*	*आभूषण*
1.	नाक	नथ या नथनी, बाला, कुट्टल्या अथवा लौंग, बेसर अथवा तुई
2.	सिर	राखड़ी, बोर (माथे पर लटकता आभूषण), बिन्दी, कान-फूल, बेडलिया, माला तथा झेला (हाँकलिया) अथवा बीजा (माथे के बीच से कनपटियों तक पहुँचने वाला आभूषण)
3.	गर्दन	हार, खम्बिया, पान-तोड़ा, सक्यों, हँसली, ठुस्सी, तिमान्यो (तिम्न्या), गलसारी, दुलड़ी, टिल्डी, तागली, सिरकी, सुतली, बावल, हवेल (चाँदी के सिक्कों की माला गोंड तथा भूमिया स्त्रियों में लोकप्रिय) तथा मूँगा (लाल मनकों की माला)
4.	कलाई तथा बाजू	गुजरी, बाला, बाजड़ी, कड़ा-बाटला, पछेली, कर्मड़ी काकण, बांवरिया (चौड़ी चूड़ी चांदी की), बांहुटा तथा बाजूबंद
5.	हाथ की अंगुलियाँ	छल्ला, बीटी (मुंदरी) हाथ फूल तथा पोंची।
6.	कमर	कोंधनी (करधनी) तथा पोडनी।
7.	टखना	कड़ी, तोड़ा, आँवला, नेवारी, पींजन्या (पैजन), पाइरी, झाबिया, झांझर तथा जूटिया।
8.	पाँव की अंगुलियाँ	आंवत चिट्या, बिछिया अथवा बिसुरा (बिच्छू)।

कोर्कू आभूषण

कोर्कू लड़कों के कान लगभग छह वर्ष की आयु में छेदे जाते हैं तथा वह छेद भरने न पाए इसके लिए छेद में एक लकड़ी की तीली फँसा दी जाती है। बाद में कान में चाँदी की बाली पहना दी जाती है। कोर्कू पुरुष या तो आभूषण बिलकुल

नहीं पहनते हैं या बहुत थोड़े पहनते हैं; जैसे अंगूठी (मुंदरी) अथवा कान के ऊपरी हिस्से में बाली (मुरकी)। वे कलाई या टखने में शायद ही कभी कोई कड़ा पहनते हैं।

कोर्कू युवक प्रायः अपनी पगड़ी में या बालों में एक कंघी अथवा तम्बाकू या चूने की एक डिबिया जिसके ऊपर दर्पण जड़ा रहता है, खोंस कर रखते हैं। नृत्य के लिए पगड़ी में मोरपंख उनकी विशिष्टता है।

कोर्कू स्त्रियाँ यद्यपि अनेक प्रकार के आभूषण पहनती हैं, लेकिन भील अथवा बंजारा स्त्रियों से कम ही पहनती हैं। वे अपने माथे के ऊपर बालों में चाँदी का आभूषण पहनती हैं जिसे ठाकन कहा जाता है। कोर्कू स्त्रियाँ अपने बाल प्रायः नहीं सँवारतीं हैं, सामान्यतः वे बालों में पीछे गर्दन की तरफ गाँठ लगाकर छोड़ देती हैं। वे चोटी वगैरह नहीं करती हैं। युवा स्त्रियाँ अपने बालों में लाल रिबन लगाती हैं जिनके छोरों पर रंगीन फुदने लगे होते हैं। कुछ दशक पहले, कोर्कू स्त्रियाँ एक विशेष प्रकार की नथ पहनती थी, लेकिन अब यह चलन से बाहर हो गई है। कोर्कू स्त्रियाँ आजकल हिंदू स्त्रियों की नकल करती हैं। कोर्कू लड़की जब पाँच-छह वर्ष की होती है उसके बाएँ नासारन्ध्र में छिद्र किया जाता है तथा उसे खुला रखने के लिए उसमें लकड़ी की सींक फँसा दी जाती है। कुछ वर्ष पश्चात् इस सींक के स्थान पर नाक-मुतरी पहना दी जाती है। कोर्कू स्त्रियाँ कान में कई प्रकार की बालियाँ पहनती हैं जिन्हें बाली, कर्णफूल आदि कहा जाता है। कोर्कू स्त्रियाँ गले में मनकों की अर्द्ध चंद्राकार माला पहनती हैं। एक अन्य प्रकार की माला केन्डे मुचकु कहलाती है। इसमें काले मनकों की एक या अनेक मालाएँ होती हैं। इसे स्थानीय बोली में काला पोट कहा जाता है। ये कोर्कू स्त्रियों द्वारा घर पर ही तैयार किए जाते हैं, जबकि चाँदी के गहने सुनार की दुकान से खरीदे जाते हैं। ये स्त्रियाँ चाँदी का हार भी पहनती हैं, जिसे तोगली (ताकली) कहा जाता है। हँसली भी एक आभूषण है, जो गले में पहना जाता है। ये चाँदी की चेन भी (साकरी) पहनती हैं।

वे पैरों में भी विविध प्रकार के आभूषण पहनती हैं। पीतल के बड़े कड़ों को धांधरा कहते हैं, जो नृत्य के समय पहने जाते हैं। जिनकी एक पैर में संख्या तीन तक होती है। जब नृत्य के समय पाँव धरती से टकराता है तब इनसे मधुर लयबद्ध झंकार ध्वनि पैदा होती है। ये स्त्रियाँ पायरी अथवा पापरी भी पहनती हैं।

कोर्कू गोदना

ओझा जाति की मुँगिया स्त्रियाँ गोदना करवाती हैं। जनजातीय वर्ग की लगभग

समस्त कोर्कू स्त्रियों के मस्तक पर M आकार का गोदना (टीका) होता है। वे अपनी दोनों कनपटियों पर आँखों की सीध में गोदना गुदवाती हैं।

गोंड गोदना

गोंड जनजाति में, पूर्व काल में पुरुष एवं महिलाओं दोनों में गोदना गुदवाने का चलन मौजूद था, जो पुरुषों में समाप्ति पर है। महिलाएँ शरीर के अधिकांश भाग पर गोदना गुदवाती हैं। ओझा लोगों के सीने पर अथवा दाएँ कंधे पर किसी देव की छवि गुदी होती है, तथा वे मानते हैं कि इससे दुष्ट आत्माओं का कोई जादू उन पर नहीं चल पाएगा। स्त्रियों का गोदना उनके पिता के घर में ही होना चाहिए, आमतौर पर यह विवाह से पूर्व गुदवाया जाता है। माँडला क्षेत्र में टाँगों पर समानान्तर पंक्तियों का गोदना गुदवाया जाता है, जिसे घाट कहते है। एक अन्य प्रकार का गोदना सांकल कहलाता है। ऐसा प्रतीत होता है कि प्राचीन काल में गोदना का चलन वास्तविक तथा दुष्टात्माओं के खतरे से अपने शरीर की रक्षा हेतु प्रारंभ हुआ था।

ऐसी भी धारणा है कि लोग अपने शरीर पर कुल देवता की छवि गुदवाते थे ताकि उनकी पहचान बनी रहे। यद्यपि आजकल बहुत कम स्त्रियाँ गोदना गुदवाती हैं। दाएँ पैर के तलवे पर एक छवि अंकित की जाती है, जो धरती का प्रतीक होती है तथा माना जाता है कि इस गोदना के प्रभाव से उसके नंगे पाँव चलने के दौरान पाँवों को कोई क्षति नहीं पहुँचेगी।

बाएँ पाँव के तलवे पर दूसरी तरह की आकृति बनाई जाती है। यह एक पैर की आकृति होती है तथा इसे पद्मसेन देव कहा जाता है।

पैर के ऊपरी भाग पर पाँच बिन्दु गोदे जाते हैं अर्थात् प्रत्येक अंगुली पर एक बिन्दु गोदा जाता है। टाँग पर पीछे की ओर बैगा याजक की छवि गोदी जाती है। जो कठोर श्रम की शक्ति के दाता माने जाते हैं। टाँगों के ऊपरी हिस्से में सामने की ओर घोड़ा गुदवाया जाता है तथा पीछे की ओर घोड़े की जीन गुदवाई जाती है। यह कोडा देव हैं जिनकी छवि उन्हें अश्व की शक्ति प्रदाता मानी जाती है। ऊपरी बाजू के बाहर की ओर हनुमान की छवि गुदवाई जाती है।

पीठ पर एक आयताकार आकृति गुदवाई जाती है, जिसे भीमसेन का घर कहते हैं। इसमें नीचे की ओर खुला छोड़ा जाता है, जो द्वार माना जाता है। इसके भीतर भीमसेन की गदा की आकृति गुदवाई जाती है।

महिलाएँ माथे पर चंडीमाता की छवि गुदवाती हैं। यह माथे पर माँग की जगह

एक बिन्दु के रूप में होती हैं, जहाँ से बिन्दुओं की दो पंक्तियाँ दोनों कानों तक जाती हैं। यह गोदना विवाहोपरांत माँग निकाले जाने के बाद ही गोदा जाता है। मान्यता है कि चंडीमाता उस स्त्री के जीवन उसके पति की रक्षा करेगी।

पुरुष अपनी कलाई, कोहनी, घुटनों के जोड़ों पर होली की आग में जलती सेमर वृक्ष की लकड़ी से दागते हैं तथा मानते हैं कि इससे नृत्य के लिए उनके जोड़ों में लचीलापन बरकरार रहेगा। ऐसा प्रतीत होता है कि आग की लपटों और नृत्य की चपलता में साम्यता देखी गई है। वे अपनी कलाइयों के जोड़ों पर खरगोश की लीद को जलाकर दाग लगाते भी देखे गए हैं, जिसका ारण संभवतः शरीर के जोड़ों में खरगोश जैसी चपलता पाने की अभिलाषा रही है।

14

दलित वर्ग संस्कृति

समाजशास्त्रियों तथा नृ-विज्ञानियों ने प्रायः राज्य सरकार का ध्यान जनजातियों के बाह्य जगत के सम्पर्क में आने की ओर आकृष्ट किया है। उनके अनुसार इससे जनजातीय संस्कृति के विखण्डित होने तथा संभावित विलोपन की आशंका है। उनके द्वारा यह संकेत भी दिया गया है कि जनजातियों के सांस्कृतिक धरातल से सम्बन्ध विच्छेदन अथवा संस्कृति के जड़े कटने से जनजातियाँ विलुप्त हो जाएँगी। मध्य प्रदेश की जनजातियों की सामाजिक समस्याएँ मद्यपान, अपराध और निरक्षरता हैं। पहली दो समस्याएँ सामाजिक-विकृति की समस्याएँ हैं तथा इनके समाधान के लिए जनजातियों के सामाजिक-भौतिक संगठन में परिवर्तन की आवश्यकता है। लेकिन कल्याण गतिविधियों के माध्यम से उनके वर्तमान जनजातीय जीवन में अचानक परिवर्तन से ये जनजातियाँ टूट कर बिखर सकती हैं।

मद्यपान जनजातीय जीवन का एक अंग है। उनका कोई भी सामाजिक अथवा धार्मिक समारोह मद्यपान के बिना अपूर्ण होता है। साथ मिल बैठकर मद्यपान से मित्रता होती है तथा मैत्रीबंधन मजबूत होते हैं। पूर्वज आत्माओं तथा धार्मिक देवों को मद्य अर्पित कर आह्वान किया जाता है, उदाहरण के लिए भीलों, भिलालों तथा दन्दामी मारियाओं में यही प्रथा है। अधिक मद्यपान अधिकांश अपराधों को जन्म देता है जैसा कि अलीराजपुर तथा दंतेवाड़ा में देखा जा चुका है। लेकिन इससे सरकारी अधिकारियों तथा सामाजिक कार्यकर्ताओं की भाँति यह निष्कर्ष नहीं निकाला जा सकता है कि जनजातियों का यह पिछड़ापन केवल अधिक मद्यपान के कारण है। ऐसा निष्कर्ष गलत है।

प्रत्येक जनजाति को जीवित रहने तथा अपनी जीवन शैली चुनने का अधिकार है। वह अपनी जीविका के स्रोत एवं अर्जन विधि, निवास, और श्रद्धा के चयन हेतु स्वतंत्र होना चाहिए। प्राचीन काल में व्यक्तिगत वैर जनजातीय परिषदों द्वारा अथवा

ताकत के जोर पर निपटाया जाता था। मानववध को समाज के प्रति गंभीर अपराध नहीं माना जाता था। आधुनिक कानून की जटिलताएँ और उसकी भावना जनजातियों के मन में पैठ नहीं बना पाई है। यही कारण है कि इन क्षेत्रों जैसे कि दन्तेवाड़ा और अलीराजपुर में अपराध बहुत अधिक होते हैं। लेकिन जनजातीय लोग अपने अपराध को सत्य रूप में स्वीकार करने हेतु तैयार रहते हैं। इसके अलावा वे गिरफ्तारी से बचने का प्रयास भी प्रायः नहीं करते हैं।

इस समस्या को जनजातीय लोगों की निरक्षरता विकराल रूप प्रदान करती है। उनकी निरक्षरता काम ढूंढने में, सरकारी अधिकारियों से बात करने में तथा अन्य गैर-जातीय लोगों के साथ संव्यवहार में कठिनाइयाँ उत्पन्न करती हैं तथा वे सब उनकी निरक्षरता का ग़लत फायदा उठाते हैं। वर्तमान शैक्षिक गतिविधियों में वृद्धि नहीं की गई है।

दोषपूर्ण सामाजिक शिक्षा

दुर्भाग्य से, सरकारी अधिकारी जो जिम्मेदारी के पद संभाले बैठे हैं, नृत्य, गायन तथा खेल-कूद जैसी मनोरंजन की गतिविधियों को सामाजिक शिक्षा मानते हैं। इसीलिए अनेक सामाजिक शिक्षा अधिकारी रंगीन जनजातीय पोशाकों, नृत्य एवं संगीत को बनाए रखना चाहते हैं, जो कभी-कभी तो विकास के मूल्य पर किया जाता है। सामाजिक शिक्षा का प्रयोजन जनजातियों के बीच उस बदली दुनिया में अपने अधिकारों तथा उत्तरदायित्वों के प्रति जागरूकता पैदा करना है। दूसरी पंचवर्षीय योजना में औपचारिक शिक्षा मध्य प्रदेश में जनजातीय कल्याण विभाग का सबसे बड़ा कार्यक्रम था, लेकिन इसके द्वारा जनजातियों में कोई जागरूकता पैदा नहीं की जा सकी थी। सामुदायिक केन्द्र, रेडियो श्रवण केन्द्र, युवा क्लब तथा सामाजिक शिक्षा की ऐसी संस्थाऐं इतनी कम है कि वे जनजातियों की आबादी के बहुत छोटे से प्रतिशत को प्रभावित करने में भी सक्षम नहीं हैं। जहाँ कहीं ये अस्तित्व में हैं, वहाँ इनका समुचित उपयोग नहीं किया जा रहा है। देर, सवेर सरकार को इस समस्या का सामना करना पड़ेगा तथा केवल आर्थिक सहायता से अभीष्ट सिद्ध नहीं होगा।

जनजातीय लोगों की अधिकांश समस्याओं की जड़ें सरकार की गलत धारणाओं, नीतियों और विकास गतिविधियों में जमी हैं। स्वतंत्रतापूर्व भी अंग्रेजी शासन तथा ईसाई मिशनरियों द्वारा उनकी निरक्षरता, गरीबी, भोजन, वस्त्रादि के अभाव के कारण उनका शोषण किया जा रहा था जब कि उनके गण देवताओं पर कर लगाया जाता था तथा उन्हें बहला, फुसला और धमका कर धर्मांतरण कराया जाता था।

ईसाई मिशनरियों द्वारा शोषण

राज्य सरकार ने दिनांक 16 अप्रैल, 1954 की एक अधिसूचना द्वारा एक समिति 'ईसाई मिशनरी गतिविधि समिति" नियुक्त की जिसे 'नियोगी समिति' कहा गया। नागपुर उच्च न्यायालय के सेवानिवृत्त मुख्य न्यायाधीश डॉ. भवानी शंकर नियोगी इस समिति के अध्यक्ष थे तथा ईसाई समुदाय का प्रतिनिधित्व वर्धा स्थित कॉमर्स कॉलेज के प्रोफेसर के.सी. जॉर्ज द्वारा किया गया था। इस समिति की नियुक्ति की अधिसूचना जारी करते हुए सरकार ने एक प्रेस नोट में कहा, "सरकार के समक्ष समय-समय पर अभ्यावेदन प्रस्तुत किए गए हैं कि ईसाई मिशनरी बलपूर्वक अथवा कपट और पैसा एवं अन्य लाभों का लालच देकर निरक्षर आदिवासियों का धर्मांतरण करवा रहे हैं, जिससे गैर-ईसाई समुदायों की भावनाएँ आहत हो रही हैं। यह भी बताया गया है कि मिशनों का उपयोग प्रत्यक्ष अथवा अप्रत्यक्ष रूप से धर्मेतर उद्देश्यों के लिए किया जा रहा है। चूँकि दोनों ओर उत्तेजना बढ़ रही है, अतः राज्य सरकार एक निष्पक्ष समिति के माध्यम से पूरे मामले की जाँच लोक हित में वांछनीय विचारित करती है।"

सन 1954 में इस समिति की नियुक्ति के पीछे पृष्ठभूमि के संबंध में मध्य प्रदेश सरकार उस समय ईसाई मिशरियों द्वारा कृत्रिम रूप से चलाए तथा हवा दिए गए आंदोलन पर ध्यान देने हेतु बाध्य हुई थी। वे मध्य प्रदेश में इतने प्रभावशाली हो चुके थे कि उनकी अनदेखी करना संभव नहीं था। यह नियोगी समिति की इस टिप्पणी से स्पष्ट है जिसमें कहा गया है कि यह ध्यान में रखा जाना चाहिए कि मध्य प्रदेश में प्रत्येक जनपद में अलग-अलग संख्या में कुल मिलाकर 30 मिशन कार्य कर रहे हैं। ईसाई मिशनरियों की गतिविधियाँ लगभग सम्पूर्ण मध्य प्रदेश में व्याप्त हैं तथा शायद ही कोई ऐसा जनपद है, जहाँ किसी न किसी रूप में मिशन कार्यरत नहीं है। मध्य प्रदेश की कुल आबादी में अनुसूचित जाति, अनुसूचित जनजाति तथा अन्य पिछड़े वर्गों की आबादी लगभग 57.4 प्रतिशत है तथा ईसाई मिशनरियों की गतिविधियाँ अधिकतर इन्हीं लोगों तक सीमित हैं।

प्रारंभ में अधिकांश ईसाई मिशनों ने नियोगी समिति के साथ सहयोग का ढोंग किया। लेकिन शीघ्र ही उन्हें अहसास हो गया कि समिति के सदस्यों को भोले-भाले निरक्षर आदिवासियों की तरह बहकाया नहीं जा सकता है। इसीलिए बाद में ईसाई मिशनों द्वारा सहयोग वापस लेने पर कोई आश्चर्य प्रकट नहीं किया गया। ईसाई मिशनों ने नियोगी समिति के समक्ष एक विरोध वक्तव्य प्रस्तुत किया तथा नागपुर

उच्च न्यायालय में एक याचिका भी दायर कर दी। यह याचिका 12 अप्रैल, 1956 को उच्च न्यायालय द्वारा खारिज कर दी गई।

जब नियोगी समिति द्वारा जारी प्रश्नावली में सूचीबद्ध प्रश्नों के संबंध में ईसाई मिशनों द्वारा आपत्तियाँ उठाई गईं तो उच्च न्यायालय ने कहा, "प्रश्नावली में सूचीबद्ध कोई भी प्रश्न समिति अथवा उसके किसी व्यक्तिगत सदस्य का मत प्रकट नहीं करता है तथा प्रश्नावली में उठाए गए विभिन्न बिन्दुओं पर जानकारी प्राप्त करने की उनकी उत्सुकता यह सत्य जानने की इच्छा के अनुरूप थी कि क्या कोई मिशनरी गतिविधि संविधान द्वारा लागू लोक व्यवस्था, नैतिकता और स्वास्थ्य की सीमाओं का उल्लंघन करती है और यदि हाँ तो किस सीमा तक करती है।"

नियोगी समिति की रिपोर्ट मध्य प्रदेश सरकार द्वारा जुलाई 1956 में प्रकाशित की गई। इस समिति द्वारा पुराने मध्य प्रदेश तथा विलयकृत राज्यों के मध्य प्रदेश के संदर्भ में ईसाई मिशनों का इतिहास प्रस्तुत किया गया उस समय भी मिशनरियों द्वारा झारखण्ड में नए राज्य के सृजन हेतु आंदोलन को हवा दी गई थी। इस अनुरोध पर नियोगी समिति का कथन था कि, 'पृथकवादी प्रवृत्ति, जिसने आदिवासियों के दिल, दिमाग को जकड़ रखा है, अंग्रेज सरकार तथा मिशनरियों की नीतियों की देन है। हिन्दुओं से अलग कर की गई 1931 की जनगणना और साइमन आयोग की सिफ़ारिशें, जो भारत सरकार के 1935 के अधिनियम नें शामिल की गई थीं, वस्तुतः भारत पाकिस्तान विभाजन की लीक पर पृथक झारखंड राज्य की माँग थी।'

सरकार द्वारा 1956 में दफन कर दी गई नियोगी समिति की रिपोर्ट के आवरण पृष्ठ के अनुसार नियोगी समिति द्वारा निम्नलिखित निष्कर्ष निकाले गए थे –

(अ) अनेक ईसाई मिशनों का लक्ष्य राष्ट्रीय एकता का प्रतिरोध करना है।

(ब) भारत और अमेरिका के बीच सह-अस्तित्व के सिद्धान्त के विचार में भेद पैदा करने पर बल देना उनका लक्ष्य है।

(स) उनका लक्ष्य भारत के संविधान द्वारा दी गई स्वतंत्रता का लाभ उठाकर धर्म का प्रचार करना तथा मुस्लिम लीग की लीक पर चलकर भारतीय लोकतंत्र के नाम में ईसाई पार्टी का गठन करना है ताकि पृथक राज्य अथवा कम से कम एक लड़ाकू अल्पमत तैयार किया जा सके।

नियोगी समिति के अनुसार उपरोक्त उद्देश्यों की प्राप्ति हेतु भारत के ईसाई मिशनरियों को 1950 से 1945 तक विभिन्न पश्चिमी देशों से 29.27 करोड़ रुपये की राशि प्राप्त हुई। इसमें अमेरिका का योगदान 20.68 करोड़ रुपये तथा ब्रिटेन

का योगदान 4.83 करोड़ रुपये था। नियोगी समिति द्वारा निष्कर्ष निकाला गया कि, "दिखावटी तौर पर शैक्षिक तथा चिकित्सा संस्थाओं के नाम पर प्राप्त किया गया अधिकांश धन धर्मांतरण पर खर्च किया गया। इस राशि का बड़ा हिस्सा पेशेवर धर्मांतरणकारियों का एक वर्ग बनाने पर खर्च किया गया। विदेशी मिशनरियों को दिए जाने वाले वेतन और भत्तों तथा देशी भृत्तियोगियों को दिए जाने वाले वेतन और भत्तों में बड़ी असमानता है। नियोगी समिति ने ईसाई धर्म के प्रचार की अनेक विधियों का भी उल्लेख किया। अनेक मिशनरी प्रकाशन आपत्तिजनक रूप से हिन्दू मूर्ति पूजा पर आक्रमण कर रहे थे।"

नियोगी समिति की धारणा बिलकुल स्पष्ट एवं संदेह से परे थी। उदाहरण के लिए नियोगी समिति की रिपोर्ट के अनुसार भारत में धर्मप्रचार पश्चिमी प्रभुसत्ता के पुनर्स्थापन हेतु ईसाइयत को पुनर्जीवित करने की सामान्य नीति का एक अंग तथा आध्यात्मिक उद्देश्यों द्वारा प्रेरित प्रतीत होता है। इनका उद्देश्य गैर-ईसाई समाजों की एकता तोड़ना, भारी संख्या में आदिवासियों का धर्मान्तरण है, जो राज्य की सुरक्षा हेतु गुप्त खतरा है। ईसाई मिशन भारतीय ईसाई समुदाय को अपने राष्ट्र से अलग करने का सोचा-समझा और ठोस प्रयास कर रहे हैं। नियोगी समिति के अनुसार ईसाई मिशनों के काम करने के तरीके से साफ जाहिर है कि वे राजनैतिक उद्देश्यों के साथ काम कर रहे हैं। उनका प्रचार किसी धार्मिक दर्शन का प्रचार नहीं बल्कि एक राजनैतिक ताकत पैदा करने हेतु था। ये चर्च भारत में स्वतंत्र थे लेकिन जो इनके रखरखाव का खर्चा देते थे उनके प्रति जवाबदेह थे। नियोगी समिति द्वारा इस संबंध में निम्नलिखित ऐतिहासिक सिफारिशें की गई थीं :

(i) वे मिशनरी, जिनका मूल उद्देश्य धर्मांतरण है, उनको वापस जाने को कहा जाए तथा विदेशी मिशनरियों का प्रवाह रोका एवं नियंत्रित किया जाना चाहिए।

(ii) चिकित्सा और अन्य पेशेवर सेवाओं का उपयोग धर्मांतरण के प्रत्यक्ष साधन के रूप में करने पर कानूनी पाबंदी लगाई जानी चाहिए।

(iii) बल अथवा कपट अथवा भौतिक प्रलोभनों द्वारा अथवा किसी व्यक्ति के अनुभवी न होने अथवा आत्मविश्वास या आध्यात्मिक दुर्बलता अथवा विचारहीनता का लाभ उठाकर अथवा धार्मिक ईमान को डिगाकर उनकी विश्वास श्रद्धा को जानबूझकर परिवर्तित करने के उद्देश्य से धर्मांतरण के प्रयासों पर पूर्ण पाबंदी लगाई जानी चाहिए।

(iv) विदेशियों द्वारा प्रचार को रोकने तथा बल, कपट और अन्य ग़ैर-कानूनी तरीकों से धर्मांतरण को रोकने हेतु भारतीय संविधान में संशोधन किया जाना चाहिए।

(v) ग़ैर-कानूनी तरीकों से धर्मांतरण को नियंत्रित करने हेतु विधायी उपाय किए जाने चाहिए।

(vi) पेशेवर सेवाएँ प्रदान करने के समय प्रचार गतिविधियों के विरुद्ध प्रतिबंध के लिए अस्पतालों में नियुक्त डॉक्टरों, नर्सों तथा अन्य कर्मियों के पंजीकरण संबंधी नियमों में उपयुक्त संशोधन किए जाने चाहिए।

(vii) राज्य सरकार की अनुमति के बिना धार्मिक प्रचार हेतु साहित्य वितरण पर पाबंदी लगाई जानी चाहिए।

भारतीय राजनीति के महत्त्वपूर्ण नेताओं ने इस नियोगी रिर्पोट को स्वीकार किया। श्री सी. राजगोपालचारी ने कहा कि मेरे विचार से धर्मान्तरण के लिये प्रयास करना कतई ठीक नहीं है। मिशनरियों द्वारा धर्मान्तरण के प्रयास परिवार व सामाजिक सौहाद्र को नष्ट करने की प्रवृत्ति रखते हैं, अतः यह सही नहीं है।

शोषण के अन्य तरीके

मध्य प्रदेश के भोले-भाले जनजातीय लोगों को ऋण लेने के लालच में फँसाया जाता है और फिर वे महाजन का ऋण चुकाने में जीवन व्यतीत कर देते हैं। जनजातीय लोगों की बुनियादी कठिनाई यह है कि वे गैर-उत्पादक कारणों हेतु ऋण लेना चाहते हैं। वे किसी सामाजिक दायित्व अथवा उपभोग के लिए ऋण लेते हैं। महाजन उन्हें बिना किसी जमानत के ऋण देने के लिए तत्पर रहते हैं।

पारम्परिक रूप से आदिवासियों की अर्थव्यवस्था जीविका और सहकारिता की अर्थव्यवस्था है। वे अपने उपभोग के लिए सामान तैयार करते हैं या फिर ऐसी अनिवार्य वस्तुओं के विनिमय के लिए तैयार करते हैं। जो उनके पास उपलब्ध नहीं होती हैं। लेकिन बाहरी लोगों के साथ सम्पर्क में आने से उनके बीच बाजार और पूँजी पहुँच चुकी है। अबूझमार, भरतपुर के बैगा चक पहाड़ी क्षेत्रों, बिलासपुर, रायगढ़ और बालेघाट के अति दुर्गम क्षेत्रों के सिवाय आवधिक बाजार लगते हैं, जहाँ जनजातीय लोग कपड़ों, मनकों, नमक, मसालों तथा गुड़ के बदले अपने उत्पादों का विनिमय करते हैं। अनेक जनजातीय लोग नकद दिहाड़ी पर मजदूरी भी करते हैं। इस प्रकार उनकी पारम्परिक अर्थव्यवस्था में सेंध लग चुकी है। इसलिए सहकारी

बाजार की आवश्यकता स्पष्ट है। इन सहकारियों को जनजातीय लोगों का माल खरीदने और उनकी जरूरत की वस्तुएँ वाजिब दामों पर उपलब्ध कराने हेतु प्रोत्साहित किया जाना चाहिए। सहकारी दुकानें जनजातीय गाँवों में अधिक खोली जानी चाहिए।

राज्य में जनजातीय पंचायत अभी तक बहुत मजबूत और लोकतांत्रिक है। ओरावां के पाढ़ा पंच, अबूझमारियों के परगना और पंच और विभिन्न अन्य जनजातियों के जाती पंच लोकतांत्रिक संस्थाओं के उत्कृष्ट उदाहरण हैं। जनजातीय लोग चुनाव तथा मतदान के बारे में कुछ नहीं जानते हैं। इन पंचायतों की उपयोगिता के बारे में शिक्षित किए जाने पर वे स्थानीय प्रशासन में अपना स्थान हासिल कर सकेंगे। लेकिन इस बीच उन्हें गैर जनजातीय लोगों के छल-कपट से संरक्षण प्रदान करना होगा, जो उन्हीं के गाँव में रहते हैं तथा उनकी अज्ञानता एवं उदासीनता का लाभ उठाकर अथवा वर्चस्व बनाए रखना चाहते हैं। पारम्परिक पंचायतों तथा वैधानिक पंचायतों को एकाकार करने हेतु प्रयास किए जाने चाहिए ताकि पारम्परिक नेताओं को विकास कार्यों से जोड़ा जा सके। इससे यह भी दर्शाया जा सकेगा कि प्रशासन पारम्परिक संस्थाओं की उपेक्षा नहीं करता है।

जनजातियों को संविधान में की गई व्यवस्था के अनुसार सेवाओं और पदों के संबंध में उपयुक्त मर्यादा प्रतिनिधित्व प्रदान किया जाना चाहिए। जनजातियाँ सरकार का मूल्यांकन इससे संवैधानिक दायित्वों या इसके इरादों के आधार पर नहीं बल्कि एक वास्तविकता की सुरक्षा हेतु किए गए सक्रिय कार्यों के आधार पर करेंगी। इन कदमों से जनजातियों की प्रशासन के प्रति भ्रान्तियाँ भी समाप्त हो सकेंगी।

कुपोषण तथा घटिया सफाई-प्रबंध

इस दृष्टि से हम जनजातीय लोगों का जीवन स्तर बहुत नीचा पाते हैं। पोषण, स्वास्थ्य, शारीरिक शिक्षा और रहन-सहन की स्थितियों की दृष्टि से वे अमानवीय जीवन व्यतीत कर रहे कहे जा सकते हैं।

पोषण

भारत और विश्व के अन्य भागों में किए गए अध्ययन आदिवासी लोगों की आहार के बारे में महत्वपूर्ण तथ्यों का खुलासा करते हैं, लेकिन उनके द्वारा प्राप्त की जाने वाली कैलोरी, प्रोटीन, खनिजों तथा विटामिनों की मात्रा अज्ञात है। मध्य प्रदेश में आदिवासियों की खुराक उनके क्षेत्र और विकास से सीधा संबंध रखती है। कुछ

आदिवासी जातियाँ कन्द, मूल, फल खाकर जीवन निर्वाह करती हैं। इनके अतिरिक्त वे मछली खाते व जानवरों का शिकार करती हैं। कोदों, कुटकी, पेज तथा सब्जियाँ तथा वृक्षों की कोमल पत्तियाँ विशेषतः पीपल के पत्ते उनका भोजन हैं। वे साँप और मगरमच्छ को भी मारकर खा जाते हैं। कुल मिला कर उनके पोषण की स्थिति संतोषजनक नहीं है।

अज्ञानता एवं पूर्वग्रह

आदिवासी ग्राम सिझोरा (मांडला जनपद) के सर्वेक्षण से पता चला है कि छोटे जनजातीय किसान उन्नत कृषि पद्धतियों को अपनाने में प्रमुखतः दो कारणों से हिचकते हैं (क) नई पद्धतियों के बारे में तकनीकी अनिश्चितता तथा (ख) खेती के पारम्परिक तरीकों, के प्रति जनजातियों का पूर्वग्रह, जो उनकी आवश्यकता की पूर्ति कर देते हैं। उनकी दृढ़ मान्यता है कि भगवान ने उनके लिए कोदों तथा कुटकी दो प्रमुख अन्न बनाए हैं। इसलिए वे किसी सुधरी किस्म के बारे में नहीं सोचते हैं। सर्वेक्षण किए गए किसानों को खाद और सिंचाई के बारे में जानकारी थी। खाद के मामले में केवल दो छोटे किसान इसके लिए सहमत हुए, जबकि बाकी लोग भविष्य में देखने की बात कह रहे थे। हालांकि सिंचाई के बारे में सभी जानते हैं पर ऊँची लागत के कारण कोई इसे अपनाने को तैयार नहीं है। केवल 20% छोटे किसान कताई बुनाई से अनजान थे तथा 30% इस बारे में जानते थे। लेकिन कुल मिलाकर 70% किसान इसको अपनाने में रुचि नहीं दिखा रहे थे।

यह स्पष्ट है कि आदिवासी लोग कुपोषण के शिकार हैं तथा घटिया मानवीय जीवन व्यतीत कर रहे हैं। अकाल के समय स्थिति अत्यंत भयंकर हो जाती है। रीवा, सतना, सीधी, पन्ना, जबलपुर जनपद के कुछ भागों में खाद्य समस्या चरम पर है तथा कई आदिवासी जंगलों में पत्तियाँ खाकर जीवित हैं। पहाड़ी क्षेत्रों में पेयजल की कोई व्यवस्था नहीं है तथा गर्मियों में जल के अभाव में मृत अनेक जानवर देखे जा सकते हैं।

जनजातीय लोग कुपोषण के शिकार होने के कारण विभिन्न रोगों से ग्रसित होकर अपना जीवन छोटा कर लेते हैं। बाहर से देखने पर जनजातीय क्षेत्रों की जलवायु सामान्यतः स्वास्थ्यप्रद होती है तथा पहाड़ी क्षेत्रों के आदिवासी सदैव सक्रिय देखे जाते हैं। उनका स्वास्थ्य अच्छा होता है, जो गरीबी, कुपोषण और अज्ञानता दूर कर और सुधारा जा सकता है। प्रायः देखा जाता है कि मैदानी भागों अथवा मिश्रित आबादी वाले गाँवों और भीड़ भरी मलिन बस्तियों में रहने वाले आदिवासियों का स्वास्थ्य अपेक्षाकृत घटिया होता है अन्यथा आदिवासी लोग मजबूत और मेहनती होते

हैं। मध्य प्रदेश की जनजातियों में मलेरिया, यौन रोग, उदर रोग, त्वचा रोग तथा क्षयरोग अधिक पाए जाते हैं।

इन रोगों में मलेरिया सबसे घातक होता है तथा बड़ी आबादी मलेरिया से होने वाले दस्तों से पीड़ित रहती है। इनमें जंगल बुखार नामक एक रोग भी पाया जाता है जिसमें रोगी कई घंटों तक सम्मूर्च्छित अवस्था में पड़ा रहता है। आँत और त्वचा के रोग सामान्य हैं तथा महामारी के रूप में हैजा रोग पाया जाता है। कभी-कभी चेचक भी देखी जा सकती है। इन रोगों का कारण दोषपूर्ण आहार, कुपोषण, प्रदूषित पेयजल तथा इन आदिवासियों की अस्वच्छता की आदतें होती हैं। संक्रामक रोग जंगल की आग की तरह फैलते हैं जिनमें क्षय रोग प्रमुख है। संस्कृति – सम्पर्क तथा व्यक्तिगत शुद्धता के अलग स्तर आतशक तथा सूजाक आदि रोगों को जन्म देते हैं। सूज़ाक के कारण आदिवासी लोगों में दृष्टिहीनता बहुत अधिक देखी जा सकती है। हर वर्ष हजारों लोग महामारी की चपेट में आ जाते हैं तथा अपने प्राणों से हाथ धो बैठते हैं।

अधिक पिछड़े आदिवासी लोग रोग और मृत्यु का कारण दुष्ट आत्माओं, जादूगरों तथा वर्जनाओं के उल्लंघन को मानते हैं। उदाहरण के लिए भीलों में कुछ रोग पुरुषों, महिलाओं, बच्चों तथा पशुओं में पाए जाते हैं जिन्हें डाकन जनित रोग माना जाता है। उनके अनुसार वे प्रतिशोध के लिए रोग फैला देती हैं। डाकन एक बिल्ली अथवा सर्प के रूप में आती है। आदिवासी लोग उपचार के लिए गाँव के जादूगर (ओझा) के पास जाते हैं, जो जड़ी-बूटी अथवा प्रति-जादू करते हैं। उन्नत लोगों के सम्पर्क में आ चुके आदिवासी आधुनिक औषधियाँ भी लेने लगे हैं। मिश्रित आबादी वाले क्षेत्रों में यह देखने में आया है कि आदिवासी लोग अपनी दवाइयों तथा वैद्यों में विश्वास खोने लगे हैं।

यदि परिवार में किसी को चेचक निकलती है तो उसके परिवार का कोई सदस्य चेचक की देवी को नीम की पत्तियाँ तथा जल अर्पित करता है। नीम की दो तीन छोटी टहनियाँ घर के दरवाजे पर तथा रोगी के कमरे में रख दी जाती है। लोग उपचार हेतु गुप्त पद्धतियाँ भी अपनाते हैं। भिलाई क्षेत्र में अनुसूचित जनजातियों के ग्रामीण क्षेत्रों में यौन रोग अधिक देखने में आते हैं। उनका नीतिशास्त्र ऐसा है, जो महिलाओं को अप्रतिबंधित स्वतंत्रता प्रदान करता है तथा व्यापक स्वच्छंद भोग इन रोगों का प्रमुख कारण बनता है।

कहा जाता है कि गरीबी प्रमुख कारण है, किन्तु प्रतीत होता है कि गरीबी एक

घटक हो सकता है, जबकि प्रमुख कारण नैतिक स्तर में शिथिलता है। खनन क्षेत्रों में कुष्ठ रोग की घटनाएँ बहुतायत में देखी जाती हैं। इस प्रकार, वहाँ यौन रोगों, कुष्ठ तथा अन्य संचारी रोगों के नियंत्रण हेतु चिकित्सा सुविधाओं की अत्यधिक जरूरत है।

समस्त कठिनाइयों के होते हुए भी संतोषप्रद बात यह है कि सरकार द्वारा अस्पताल, डिस्पेंसरियाँ, मिडवाइफरी सेंटर तथा मोबाइल एण्टी वी डी यूनिट स्थापित की गई हैं, जिनका आगे विस्तार किया जाएगा। ईसाई मिशनरियों ने भी जनजातियों को उनकी पीड़ा से छुटकारा दिलाने की दिशा में भारी सहायता की है। मध्य प्रदेश सरकार ने तीसरी तथा चौथी पंचवर्षीय योजना अवधि में जनजातियों के मध्य पोषण अनुसंधान का पृथक कार्यक्रम सूत्रबद्ध किया है।

15

कुटुम्ब सम्बन्ध

मध्य प्रदेश में समाज पितृसत्तामक, पुत्र आनुवंशिक तथा पतिस्थानिक है। सम्पूर्ण राज्य में विभिन्न जातियों तथा समूहों द्वारा उपयोग किए जाने वाले शब्द लगभग वही हैं, केवल उच्चारण में थोड़ा अन्तर है। कुटुम्ब का अर्थ एक नाभिकीय परिवार है जो एक ऐसा लघुतम इकाई है, जो कुल की धर्मविधियों तथा सिद्धान्तों का साझा पालन करते हैं। परिवार के सभी सदस्य कुल सम्बन्ध में बँधे होते हैं। राज्य में पितृसत्तात्मक व्यवस्था विद्यमान है। इसलिए ज्येष्ठ पुत्र को पिता के अधिकार तथा सम्पत्ति उत्तराधिकार में प्राप्त होती है। जनजातीय लोग भी इसका अपवाद नहीं हैं। कुटुम्ब में पत्नी का स्थान उसके पति पर निर्भर करता है।

पुत्र के बिना परिवार अपूर्ण माना जाता है। विधवाएँ तथा तलाकशुदा बेटियाँ परिवार में दायित्व के रूप में स्वीकार की जाती हैं। गाँव के भीतर कुटुम्ब से पृथक्करण को प्रोत्साहन नहीं दिया जाता है। संयुक्त परिवार से अलग होना अनुचित और हेय माना जाता है। भील जाति में लड़के और लड़की का विवाह होते ही परम्परानुसार उन्हें परिवार से अलग कर दिया जाता है।

इसके अतिरिक्त लोग धार्मिक कृत्यों के आधार पर एक दूसरे के साथ जुड़े हैं। ऐसा ही एक संबंध धर्म भाई और धर्म बहन का है, जिसे गुरुभाई तथा गुरुबहन कहा जाता है। यह संबंध एक धर्मोपदेशक द्वारा सम्पन्न कराया जाता है तथा एक गंभीर संबंध माना जाता है। इस संबंध के अधीन कर्तव्य वास्तविक रक्त संबंध के समान ही होते हैं। बच्चे के जन्म अथवा व्यक्ति की मृत्यु के अवसर पर समाज के नियमों के अनुसार चलना पड़ता है। प्रथा और परम्पराओं के संबंध में पंचायत का स्पष्ट महत्व होता है। गुनिया अथवा वद्दाई अथवा गैता अथवा बदवा का तरीका कभी-कभी आश्चर्य में डाल देता है, लेकिन उसका निर्णय अंतिम मान्य होता है। उसका निर्णय निरक्षर ग्रामीण वर्ग द्वारा सिर झुकाकर स्वीकार किया जाता है। कतिपय मामलों में पंचायत कुछ सदियों पुरानी पद्धतियों की कमियों को स्वयं दूर करती है।

उदाहरण के लिए उत्तराधिकार के विषय में जनजातियों का मत है कि वंश रक्त सीधे पिता के माध्यम से संचारित होता है, जिसको पूर्व पितृसत्तात्मक काल में बच्चे का जीवन अनन्यतः सौंपा गया था। तदुपरांत विवाहित महिला का सतीत्व समुदाय के लिए अत्यधिक महत्वपूर्ण हो गया क्योंकि उसके बिना वंश में अन्य रक्त के बालक जन्म ले सकते हैं, जबकि वंश एक ही पुरुष पूर्वज के वंशजों पर आधारित संबंध है। कुछ आदिवासी जातियाँ अविवाहित लड़कियों के सतीत्व की तनिक भी परवाह नहीं करती हैं, लेकिन निष्ठाहीन पत्नियों को कठोर दण्ड देती हैं। मारिया गोंड लोग व्यभिचारिणी पत्नी की हत्या कर सकते हैं, लेकिन लड़कियाँ प्रायः अशुद्ध होती हैं। एक अन्य नियम के अनुसार किसी बाहरी व्यक्ति के बच्चे की माँ बनने वाली अविवाहित लड़की को जाति से बाहर कर दिया जाता है। बच्चे को जन्म देने के पश्चात् यदि वह लड़की बच्चा कहीं बाहर सौंप दे तो उसे पुनः जाति में शामिल किया जा सकता है।

गोत्र

परिवार के पश्चात् खानदान अथवा वंश प्रमुख सामाजिक संगठनात्मक इकाई है। गोत्र से बाहर विवाह करने वाले अनेक खानदान मिलकर एक अपनी ही जाति में विवाह करने वाली इकाई का निर्माण करते हैं, जो जाति कहलाती है। ये संबद्धताएँ और अन्तःसंबंध सदस्यों के बीच एकता की भावना का विकास करते हैं। वे अपनी रीति एवं परम्पराओं का पालन करते हैं और इस प्रकार क्षेत्र की अन्य जातियों एवं जनजातियों से अन्तर दर्शाते हैं। लेकिन भील और संबंधित जनजातियों में अनेक बातें समान पाई जाती हैं, क्योंकि वे एक ही भौतिक क्षेत्र तथा संस्कृति में रहती आई हैं।

राज्य में लगभग प्रत्येक जाति अनेक गोत्र वंशों में बँटी हुई है। कुछ वंश भी उप वंशों में विभाजित हैं, उदाहरण के लिए मेंदा, सोलया तथा परमार वंश। मेदा वंश पादल्या गाँव के भीलों में पाया जाता है जो पाँच उप-वंशों में विभाजित है यथा धार्या (जो तलवार की धार की पूजा करते हैं), कल्म्य अथवा मलमी (जो कलम वृक्ष की पूजा करते हैं तथा उसे काटते व जलाते नहीं हैं), केकड़्या (केकड़े की पूजा करते हैं), सागल्या (टीक) तथा पार्गी। बरवानी तहसील में भिलालों के बीच पाया जाने वाला सोलया वंश गूंग सोलया (इस उप-वंश के लोग गोतरेज के स्थान पर मौन रहते हैं तथा अपने विचार प्रतीक रूप में अथवा शारीरिक संकेतों द्वारा व्यक्त करते हैं), तार सोलया (इस उप-वंश के लोग तारों की गणना करते हैं तथा विवाह के दौरान

गठजोड़ नहीं देखते हैं) तथा कुटार सोलया (इस उपवंश के लोग विवाह में मंडप अथवा मायन के दिन आटे के कुत्ते बनाते हैं तथा प्रसाद के रूप में बाँटते हैं) में बँटा है। परमार वंश पादल्या गाँव में पटेलिया लोगों के बीच पाया जाता है। यह बोरियाला, पिपरिया, सोतरिया, धार्मा, खालिया तथा गोहरिया उप-वंशों में विभाजित है। इसी तरह भिलाल जनजाति का आवस्या वंश के चूड़ियाँ, कोल्या, चोट्या और वाल्क्या उपवंश हैं। चूड़िया स्त्रियाँ लाख की बनी चूड़ियाँ पहनती हैं, कौल्या स्त्रियाँ काँच की चूड़ियाँ पहनती हैं, चोट्या स्त्रियाँ चोटी बनाती हैं तथा बाल्क्या स्त्रियाँ बालकुवा ग्राम में रहती हैं। मेदा वंश भीलखेड़ा गाँव के भीलों में भी पाया जाता है। सोलया वंश भीलवेड़ा गाँव में चौखड़िया तथा नाहल झांकड़ों में भी पाया जाता है।

भिलाल जनजाति के वासकेल तथा रावत वंश के लोग परस्पर विवाह नहीं करते हैं। दोनों गाँवों में कुछ वंश एक समान हैं; जैसे—राठौर, सोलंकी इत्यादि। मारवाड़ ठाकुरों के राठौर वंश के उप-वंश रतन, बदावत तथा उदावत हैं। भिलाल, मांकड़, पटेलिया तथा भीलों में कुछ समान प्रकार के वंश मौजूद हैं। संयोगवश, पादल्या के बलाइयों के अधिकांश वंश राजपूत वंश हैं जैसे कि यादव, चौहान, सिसोदिया, पवार, सोलंकी, राठौर, परमार।

ये लोग अपनी पुरानी जातियों में स्वीकार नहीं किए गए और वे सब बलाई हो गए। इस प्रकार राजपूतों की प्रविष्टि के कारण बलाई जाति में राजपूतों के अनेक वंश मौजूद हैं। बाडगा वंश के एक व्यक्ति के अनुसार वे रूपा नायक की पूजा करते हैं तथा उनके दो वंश समूह हैं। बाडगा लोग गौड, गरसिया, ओगलिया तथा सुरावत वंशों में विवाह नहीं कर सकते हैं। लेकिन वे खीची, कछवा, झींजर, राठौर, चावड़ा तथा दायमा वंशों में विवाह कर सकते हैं। इस प्रकार दोनों वंश बहिर्गोत्र विवाह करते हैं। पादल्या के भीलों का मानना है कि निनामा वंश के लोग कान की बीमारियों का उपचार कर सकते हैं। कान की बीमारी वाला व्यक्ति निनामा वंश के व्यक्ति के पास जाता है। वह रोगी के व्याधिग्रस्त कान में फूँक मारता है तथा रोगी बेहतर महसूस करता है तथा कभी-कभी पूर्ण स्वस्थ हो जाता है।

आवश्या पहले सिसोदिया कहे जाते थे तथा वे राजपूत थे। जब वे आवसगढ़ आए तो उन्हें आवस्या कहा जाने लगा तथा भील महिलाओं से संबंध रखने के कारण भिलाल कहा जाने लगा। वे आवसगढ़ से भवरगढ़ आए तथा फिर बिजासन (बरवानी) पहुँचे।

अनेक वंशों के नाम वृक्षों, अस्त्रों, ऋषियों, राजपूत उपनामों इत्यादि पर रखे गए हैं।

पादल्या के भीलों में अपने स्वयं के वंश, माता के वंश तथा माता की माता के वंश में विवाह संभव नहीं है। भिलाल अपने स्वयं के तथा अपनी माता के वंश में विवाह नहीं करते हैं। इसी प्रकार पटेलिया, बरेला, मांकड़, ठाकुर तथा अन्य जातियाँ अपने स्वयं के तथा अपनी माता के वंश में विवाह नहीं करते हैं। ठाकुर भी अपनी मौसी, बुआ, तथा दादी और नानी के वंश की 6-7 पीढ़ियाँ छोड़ते हैं।

कुटुम्ब संबंध सामाजिक संबंधों को मजबूती प्रदान करते हैं। परिवार का आधार पति, पत्नी से तैयार होता है। दोनों जाति अथवा जनजाति के भीतर अलग परिवारों से संबंध रखते हैं तथा यौन संबंधों, अर्थोपार्जन, सामाजिक-राजनैतिक व्यवहार और धार्मिक गतिविधियों में सहयोग प्रदान करते हैं। उनके बच्चे होते हैं तथा इस प्रकार परिवार का जन्म होता है। जन्म से लेकर मृत्यु तक अनेक संबंधी साहचर्य तथा एक दूसरे की सहायता करते हैं।

विवाह विच्छेद तथा पुनर्विवाह

महिलाएँ घर और बच्चों की देखभाल करने के अतिरिक्त शिकार, वनोत्पाद संग्रहण, कृषि कार्यों में सक्रिय सहयोग देती हैं। उन्हें परिवार में अपने पुरुषों के समान प्रतिष्ठा प्राप्त होती है। लेकिन किसी मुद्दे पर पति-पत्नी में विवाद की स्थिति में वे समुदाय के वृद्धजन अथवा जाति पंचायत जा सकते हैं। प्रत्येक समुदाय में स्वीकार्य आधारों पर विवाह विच्छेद की अनुमति है। राज्य की जनजातियों में यह अधिक सुविधाजनक है। विधवा अथवा विवाह विच्छेदित महिला का पुनर्विवाह भी कोई समस्या नहीं है।

मध्य मालवा में बड़ी संख्या में ऐसी जातियाँ मौजूद हैं, जिन्हें नात्रा जातियाँ कहा जाता है। नात्रा महिलाओं के दूसरे विवाह का स्थानीय रूप है तथा बियाह अथवा लगन (प्रथम विवाह) और नात्रा के सामाजिक और समारोह-पक्ष में बड़ा अन्तर है। बियाह विवाह या स्वीकृत समारोहिक स्वरूप है, जबकि नाता विवाह विच्छेदित और विधवाओं के पुनर्विवाह हेतु एक परम्परागत युक्ति है।

मुड़िया लोगों में इस प्रकार के विवाह को पानी-बिहाव कहा जाता है। एक विधवा अपने मृतक पति के छोटे भाई के साथ विवाह कर सकती है, जो अनेक जनजातियों तथा कृषक समुदायों में वर्जित नहीं है। विवाह पारस्परिक सहमति तथा दोनों पक्षों द्वारा जाति के बुजुर्गों के साथ परामर्श से किया जाता है। दावा त्याग हेतु

एक कागज़ पर हस्ताक्षर करने की परम्परा विद्यमान है। इस कागज़ को फरागती अर्थात् विमुक्ति कहा जाता है।

धँवर लोगों में पुनर्विवाह की अनुमति है, लेकिन उसे वास्तविक विवाह की श्रेणी में नहीं रखा जाता है। विधवा अपने पुनर्विवाह के पश्चात् चुड़ियाही दौकी अथवा चूड़ियों द्वारा बनाई गई पत्नी कहलाती है क्योंकि यह समारोह कलाइयों में चूड़ियां पहनाकर सम्पन्न हो जाता है। जब किसी विधवा का विवाह सम्पन्न होता है, तब वह अपने स्वर्गीय पति का घर छोड़कर अपने मायके अथवा अपने स्वयं के घर रहने चली जाती है। दूसरा पति कुछ महिलाओं के माध्यम से उसके समक्ष विवाह का प्रस्ताव रखता है। यदि हाँ होती है तो वह अपने मित्रों के साथ नए वस्त्र और चूड़ियाँ लेकर पहुँचता है। वहाँ उनका स्वागत विधवा के संरक्षकों द्वारा किया जाता है जबकि कुछ महिलाएँ उस विधवा को नए वस्त्र तथा चूड़ियाँ पहनाती हैं। इस प्रकार विवाह सम्पन्न हो जाता है। बहुपत्नीप्रथा की अनुमति है पर सामान्य नहीं है। एक पति अपनी पत्नी से बच्चा न होने, कुरुप होने, चोर होने, झगड़ालू होने अथवा पर पुरुष के साथ संबंध रखने के आधार पर विवाह विच्छेद कर सकता है। यदि कोई विवाहित स्त्री अपनी जनजाति के किसी अन्य पुरुष के साथ व्यभिचार में लिप्त होती है तो उसे एक भोज का दण्ड देकर छोड़ दिया जाता है। यदि उसका प्रेमी गोंड, रावत, बिंझवार या कवर है तो उसे धँवर बनकर कई भोज देने के बाद विवाह की अनुमति दी जाती है। भोज की संख्या पंचायत अथवा समिति में पुजारी अथवा बैगा द्वारा तय की जाती है। यदि एक विवाहित स्त्री किसी अन्य जाति के पुरुष के साथ अंतरंग होती है तो उसे जाति से बाहर कर दिया जाता है। यदि कोई पत्नी अपने पति की सहमति के बिना उससे विवाह विच्छेद करना चाहती है तो उसे भी आम महिला की भाँति जाति से निष्कासित कर दिया जाता है।

गोंड जनजाति में विधवा विवाह की खुली आज़ादी है। ऐसी स्थिति में विधवा द्वारा पति के छोटे भाई के साथ विवाह को उचित माना जाता है किन्तु वह पति के बड़े भाई से कदापि विवाह नहीं कर सकती है। मांडला में यदि विधवा स्त्री अपने पति की मृत्यु के बाद उसके छोटे भाई के साथ विवाह नहीं करती है तो ग्यारहवें दिन वह उसके कानों में तरखी पहना कर कहता है कि जो भी व्यक्ति उसके साथ विवाह करेगा वह उस व्यक्ति से दावा बुन्दा अथवा हरजाना का दावा करेगा। इसी प्रकार यदि कोई बाह्य व्यक्ति विधवा से विवाह करता है तो वह विधवा के देवर के साथ एक संयुक्त समारोह का आयोजन करता है, जिसमें देवर उस व्यक्ति के पक्ष में अपना दावा समाप्त घोषित करता है। पति की मृत्यु के पश्चात् विधवा अपने

माता-पिता के साथ रहती है तथा बाह्य व्यक्ति को उसके साथ विवाह से पूर्व एक मूल्य चुकाना पड़ता है। आधा भाग पति के परिवार को तथा आधा हिस्सा जाति पंचायत को मिलता है। पंचायत को धनराशि प्राप्त होने की प्रथा संभवतः उस समय से चली आ रही है जब विधवाओं को राज्य की सम्पत्ति मान कर उन्हें नीलामी द्वारा बेचा जाता था। कहा जाता है कि चांदा के गोंड राजाओं के वंशजों को आज भी प्रत्येक गोंड विधवा के पुनर्विवाह पर 1-8 रुपये तक की राशि प्राप्त होती है। बस्तर में जब कोई विधवा पुनर्विवाह करती है, तब उसे प्रथम पति के कुल देवता से दूसरे पति के कुल देवता से अंतरित किया जाता है। बस्तर में यदि कोई व्यक्ति बाघ द्वारा मार दिया जाता है और उसकी विधवा पुनर्विवाह करती है तो उसका विवाह नए पति के साथ नहीं बल्कि भाला, कुल्हाड़ी, तलवार अथवा कुत्ते के साथ कराया जाता है। ऐसा माना जाता है कि उसके पूर्व पति की आत्मा बाघ के शरीर में प्रवेश कर उसके नए पति को मारने का प्रयास करेगी, लेकिन इस प्रक्रिया के कारण या तो वह कुत्ते को मार डालेगी या फिर भाले, कुल्हाड़ी अथवा तलवार से स्वयं मारी जाएगी। अधिकांश क्षेत्रों में विधवा विवाह एकदम सादा होता है। युगल के शरीर पर हल्दी का उबटन लगाया जाता है तथा वे अंगूठी अथवा कपड़ों का आदान-प्रदान करते हैं।

विवाह विच्छेद कई आधारों पर किया जा सकता है जैसे कि पत्नी द्वारा व्यभिचार, झगड़ालू होना, घर के कामों में लापरवाही अथवा उसके बच्चे मर जाते हैं या कि उस पर चुड़ैल होने का संदेह है। तथापि, विवाह विच्छेद अति विरल हैं क्योंकि नई पत्नी पाने के लिए एक और विवाह का खर्चा उठाना होगा, जिसको थोड़े से गोंड ही वहन कर सकते हैं और फिर दूसरे पत्नी की खोज भी अत्यंत दुष्कर कार्य है। इसलिए प्रायः व्यभिचार की अनदेखी कर दी जाती है, हालांकि यह व्यभिचार गोंड लोगों में हत्या का कारण भी बन जाता है। पति अपनी पत्नी से विवाह विच्छेद हेतु अपनी जाति के कुछ पुरुषों को बुलाता है, तिनके का एक टुकड़ा लेता है, उस पर थूकता है, इसे दो टुकड़ों में तोड़कर फेंक देता है तथा अपनी पत्नी के साथ समस्त सम्बन्ध विच्छेद की घोषणा करता है। यदि किसी स्त्री पर जादूगरनी होने का संदेह है तो प्रायः उसको गाँव से बाहर कर दिया जाता है तथा उसको ऐसी जगह जाकर रहना होता है जहाँ उसे कोई नहीं जानता हो। ऐसी स्थिति में पति या तो उसको तलाक दे सकता है अन्यथा उसको अपनी पत्नी के साथ जाना पड़ता है। एक पत्नी द्वारा अपने पति को तलाक देने की कोई नियमित प्रक्रिया नहीं है, पर वह तलाक दे सकती है, यदि वह पर्याप्त युवा एवं सुन्दर है तो वह मामला अपने हाथ में लेकर अपने पति का घर छोड़कर किसी अन्य पुरुष के साथ रह सकती है। ऐसी स्थिति

में दूसरे व्यक्ति को पूर्व पति द्वारा विवाह पर खर्च की गई रकम चुकानी पड़ती है तथा पंचायत इस राशि को दोगुना भी कर सकती है। जब कोई पुरुष अपनी पत्नी को तलाक देता है तो पत्नी के भरण-पोषण की उसकी कोई जिम्मेदारी नहीं होतीं बल्कि वह पत्नी को दिए गए गहने वापस ले लेता है। उस स्त्री से विवाह करने वाले व्यक्ति को उसके पूर्व पति को विवाह का खर्च अदा करना पड़ता है।

बहुपत्नी प्रथा की खुली अनुमति है, लेकिन एक से अधिक पत्नी का खर्चा उठाना हर गोंड व्यक्ति के बस की बात नहीं है। एक से अधिक पत्नी होना मालदार होने तथा प्रतिष्ठा की निशानी है। अनेक पत्नियों का पति उन्हें अपने साथ बाजार ले जाता है ताकि अपना महत्व प्रदर्शित कर सके।

लेकिन जनजातियों तथा नीची जाति के हिन्दुओं के विपरीत ऊँची जातियों जैसे ब्राह्मण, राजपूत तथा बनियों में विधवा पुनर्विवाह की अनुमति नहीं है, बल्कि वे ऐसी अनुमति देने वाली जातियों को हेय दृष्टि से देखते हैं। ब्राह्मणों में बहुपत्नी प्रथा को कलंक नहीं माना जाता है, लेकिन यह आम प्रथा नहीं है। तलाक की मान्यता नहीं है तथा पति द्वारा छोड़ी गई पत्नी को जाति से बाहर कर दिया जाता है। विधवा विवाह पर सख्त पाबंदी है। कहा जाता है कि स्त्री के लिए विवाह एक संस्कार है जो केवल एक बार हो सकता है। विवाह के मंत्र केवल कुँआरी कन्या के लिए बोले जा सकते हैं। तथापि कुछ थोड़े से लोगों ने विधवा विवाह को मान्यता दी है। वर्तमान में मांस भक्षण, मदिरा पान इत्यादि की भी अनदेखी की जाने लगी है तथा लोग सामाजिक दण्ड पाते नहीं देखे जाते हैं।

मध्य प्रान्त में केवल मराठा और खेडवाल ब्राह्मण अब भी विधवा स्त्रियों को मुंडन कराने के लिए विवश करते हैं तथा ये लोग बाल विधवा को केश बड़े होने तक रखने की अनुमति देते हैं, तथापि वह अशुद्ध मानी जाती हैं। विधवा स्त्री को जमीन पर या लकड़ी के तख्त पर सोने की इजाजत होती है। वह पान नहीं खा सकती है। उसे दिन में केवल एक बार भोजन करना चाहिए तथा सभी व्रत, उपवासों का सख्ती के साथ पालन करना चाहिए। वह केवल सफेद कपड़े पहन सकती है तथा किसी प्रकार का कोई आभूषण धारण नहीं कर सकती है। उसे घर में खाना बनाने की भी अनुमति नहीं होती है।

विधवा को किसी प्रकार की पूजा में भाग लेने की अनुमति नहीं होती है। तथापि वर्तमान काल में स्थिति बदल रही है। वे अब पति की मृत्यु के बाद उसकी छोड़ी गई सम्पत्ति की अधिकारी भी बनने लगी हैं। महिलाओं को प्राचीन काल में सम्पत्ति

में हिस्सा नहीं देने का कारण यह डर भी था कि पत्नी कहीं पति को खाने में जहर न दे दे। विधवा को प्राचीन काल में एकाकी जीवन तथा तपस्वियों जैसा जीवन जीना पड़ता था तथा इसी में परिवार की प्रतिष्ठा मानी जाती थी। इस प्रतिष्ठा को बढ़ाने के लिए सती प्रथा का निर्णय किया गया।

सती स्त्री को बहुत सम्मान दिया जाता था तथा उसकी स्मृति में मंदिर अथवा स्मारक शिला स्थापित की जाती थी और पूजा की जाती थी। इससे अन्य अनेक धर्मपरायण स्त्रियों को सती होने की प्रेरणा मिलती थी।

तथापि, जहाँ स्त्रियाँ चिता में प्रवेश करने से भयभीत होती थीं वहाँ प्रायः उन्हें बलपूर्वक चिता में प्रवेश कराया जाता था क्योंकि सती होने से पीछे हटने पर उनके परिवार की भयंकर बदनामी होती थी। स्त्रियों को पीड़ा न हो इसके लिए उन्हें अफीम आदि नशे का सेवन कराया जाता था। इस सती प्रथा पर 1829 में रोक लगा दी गई जिसके प्रति कोई विशेष असंतोष प्रकट नहीं किया गया।

विशिष्ट कुटुम्ब समूह

पुरुष आनुवंशिक, समरक्त तथा आधिकारिक समूहों के अतिरिक्त उनके संबंधों का दायरा बाहर तक विस्तृत है। सर्वप्रथम हम विभिन्न समूहों के व्यक्तियों के बीच संबंधों तथा दोनों गाँवों में पालन की जाने वाली धार्मिक रीति-रिवाजों और तदुपरान्त अन्तर-जातीय निर्भरता अथवा संरक्षक-ग्राहक संबंध की चर्चा करेंगे। स्थानीय समूहों तथा ग्राम समुदाय के सामाजिक जीवन में इन मैत्री संबंध का विशेष महत्व होता है क्योंकि ये संबंध एक ही जनजाति अथवा जाति के असंबंधित परिवारों को न केवल निकट लाते हैं बल्कि अन्तर-जनजातीय और अन्तरजातीय सम्पर्क को संभव बनाते हैं। यह मैत्री परम्परा भीलखेड़ा में विद्यमान नहीं है, किन्तु पादल्या ग्राम में विद्यमान है। लेकिन भाई-बहन का पारम्परिक धार्मिक गठबंधन दोनों गाँवों में मौजूद है। इस धर्मरीति के अनुसार मित्रता को पगड़ी पलटा कहा जाता है। इस रीति में दो पुरुषों में घनिष्ठ संबंध होने पर वे पगड़ी बदलकर मित्र बन जाते हैं।

मैदानी भागों में धर्म के भाई अपनी बहन के घर जाते हैं। बैसाख महीने में गोसाई अपने यजमानों के घर जाते हैं तथा खरजागन माँगते हैं। उन्हें वस्तु रूप में कुछ दिया जाता है। उन्हें मकर संक्रांति के दिन कुछ धनराशि भी दी जाती है। धर्म के भाई-बहन की परम्परा पादल्या गाँव में व्यापक रूप से विद्यमान है। यह विभिन्न प्रकार की होती है तथा इसमें अन्तरजातीय संबंधों का स्पष्ट पालन किया जाता है।

नाम सुनाना

नाम सुनाने का कार्य ब्राह्मणों द्वारा आषाढ़ माह सुदी ग्यारह से आषाढ़ पूर्णिमा तक मंदिरों में किया जाता है। साधारणतः यह आषाढ़ मास की शुक्ल पक्ष की एकादशी को किया जाता है। इच्छुक व्यक्ति एक नारियल तथा एक पाव मिठाई लेकर मंदिर जाते हैं। यह विपरीत लिंगियों के बीच किया जाता है। गुरु भाई एवं गुरु बहन का संबंध साधारणतः शुद्ध जाति के लोगों के साथ बनाया जाता है। पटेलिया तथा भीलों में भी यह लोकप्रिय है। यह साधारणतः कम आयु में किया जाता है तथा इसका अभिप्राय मोक्ष होता है। जिन व्यक्तियों को दीक्षा दी जाती है वे अपनी इच्छा के अनुसार एक फल का सेवन त्याग देते हैं। उन घरों के सदस्यगण विवाह, मान तथा सुख, दुख के अन्य अवसरों पर परस्पर शामिल होते हैं। अपनी दीक्षा के प्रथम वर्ष बहन अपने सगे भाई की बजाय नाम सुनाना भाई को राखी बाँधती है। यदि उसका नाम सुनाना भाई दूसरे गाँव में रहता है तो बहन राखी बाँधने उसके गाँव जाती है।

राम नाम

राम नाम का सम्पादन नाम सुनाना की भाँति किया जाता है। भाई-बहन बनने के इच्छुक पुरुष एवं स्त्रियाँ नारियल, मिठाई, माला, कुंकुम चावल इत्यादि लेकर मंदिर जाती हैं। यह साधारणतः रात्रि आयोजन होता है। पुरुष एवं स्त्री दोनों को आमने-सामने बैठाया जाता है। उनके बीच में बालमुकुन्द (बाल कृष्ण) की मूर्ति रखी जाती है। वहाँ पुरोहित भी बैठता है। दोनों भगवान की पूजा करते हैं, माला पहनाते हैं तथा भगवान को मिठाई अर्पित करते हैं। यह सब एक श्वेत वस्त्र से ढका होता है। पुरुष और स्त्री के हाथ में जल दिया जाता है तथा वे प्रतिज्ञा करते हैं। यह प्रतिज्ञा गुरु के लिए की जाती है। उनके हाथों में पुनः जल दिया जाता है और वे भाई-बहन का संबंध बनाए रखने की प्रतिज्ञा करते हैं। तब पुरोहित उनके कान में कोई मंत्र बोलता है तथा उसे पाँच बार दोहराने को कहता है। श्वेत वस्त्र हटा दिया जाता है। पुरुष नारियल और दक्षिणा पुरोहित को प्रदान कर गुरु के चरण स्पर्श करता है। महिला दक्षिणा मंदिर में देती है। तब प्रसाद वितरित किया जाता है।

मुँह बोली बहन

यदि कोई लड़का किसी लड़की को बहन कहता है अथवा कोई लड़की किसी लड़के को भाई कहती है तब वे भाई-बहन बन जाते हैं तथा लड़की राखी (श्रावण पूर्णिमा) के दिन उसको राखी बाँधना शुरू कर देती है।

राखी डोरे की बहन

यह संबंध मालवा क्षेत्र में बहुत लोकप्रिय तथा प्रभावी है। अलग परिवारों, अलग जातियों के पुरुष एवं स्त्री निकट संबंधों के आधार पर इस संबंध में बँध जाते हैं। राखी के दिन बहन उसके घर जाकर राखी बाँधती है। भाई उसको कपड़े का पैसे देता है। बहन उसको नारियल, मिठाई तथा कंडोरा (नारियल पर काला धागा बाँधकर) देती है। भाई उसको लुगड़ा (ओढनी) देता है। वह उसके बच्चों को भी कपड़े दे सकता है। इस संबंध के बनने के पश्चात् यदि उनमें से किसी की मृत्यु हो जाती है तो परिवार के लोग दूसरे परिवार के साथ उस संबंध का निर्वाह करते हैं तथा उनके हर दुख, सुख में साझीदार बनते हैं। यह संबंध ठाकुर, ब्राह्मण, पटेलिया, भील, मीणा, बलाई तथा गारी जाति के लोगों में देखा जा सकता है।

यदि राखी का संबंध किसी ऊँची जाति के व्यक्ति के साथ स्थापित हुआ है तो भोजन उसके घर पर किया जा सकता है। तथापि यह आवश्यक नहीं कि ऊँची जाति के लोग नीची जाति के घर भोजन करने में सदैव परहेज करते हों। यह विपरीत क्रम में भी हो सकता है। भाई दूज के दिन भाई, बहन के घर जाते हैं। भाइयों को त्योहार से दो चार दिन पूर्व आमंत्रित किया जाता है। इस अवसर पर जाति समूहों तथा अन्य समूहों के भाई कपड़े और धनराशि लेकर पहुँचते हैं। बहनें भाइयों के माथे पर टीका करती हैं तथा उन्हें स्वादिष्ट भोजन खिलाती हैं। भाई बहनों को उपहार देते हैं।

पंथी भाई-बहन

इस प्रकार का संबंध भाई-पंथ के अनुयायियों के बीच पाया जाता है। यह अनुष्ठान किसी व्यक्ति की मृत्यु के पश्चात् 12 वें या 13वें दिन अथवा व्यवस्था होने पर किसी वर्ष सुविधानुसार आयोजित किया जाता है। इसका संचालन गोसाईं द्वारा किया जाता है तथा जाति सम्बद्धता पर ध्यान नहीं देते हुए पंथ के सभी अनुयायियों को आमंत्रित किया जाता है। इस पंथ के अनुयायियों की भजन मंडली भी आमंत्रित की जाती है। पटेलिया, भील, ठाकुर तथा अन्य समूह इसका आयोजन करते हैं। सदस्य बनने के इच्छुक जोड़ों में आते हैं (एक पुरुष एक स्त्री)। घर में प्रवेश करने से पूर्व पूजा की जाती है, उनकी आँखों पर पट्टी बँधी रहती हैं। उन्हें ले जाने वाले आगे तालाब, कुआँ, खाई इत्यादि होने की बात कह भयभीत करते हैं और इस प्रकार देवी (भाई-जोत) के स्थान पर ले जाए जाते हैं। उन्हें वहाँ बैठा दिया जाता है। बहन गोसाईं बाबा को नारियल देती है। बाबा कहते हैं, "तुम उसके भाई

हो तथा वह तुम्हारी बहन है।" वे एक दूसरे को भाई बहन कह कर पुकारते हैं। तब उनकी आँखें खोल दी जाती हैं। वे जोत को प्रणाम कर वापस चले जाते हैं। स्त्री स्त्रियों में तथा पुरुष पुरुषों के साथ बैठते हैं।

जनजातियों के अपने विवादों तथा अपराधों के निपटान हेतु जनजातीय पंचायत अथवा समितियाँ होती हैं। पंचायत का सदस्य आम सहमति से चुना जाता है तथा सदाचरण करते रहने तक अपने पद पर रहता है। यह आनुवंशिक नहीं होता है तथा साधारणतः पंचायत का कोई मान्य अध्यक्ष नहीं होता है। मांडला में प्रत्येक गाँव की अलग पंचायत होती हैं तथा प्रत्येक गोंड वयस्क पुरुष इसका सदस्य होता है और सभी को बैठक में बुलाया जाता है। सब सदस्यों के एकत्रित हो जाने पर पाँच वरिष्ठ सदस्यों द्वारा विवाद का समाधान किया जाता है। जाति अपराध प्रायः हिन्दुओं की तरह होते हैं। व्यभिचार, अन्य पुरुष की पत्नी अथवा पुत्री का अपहरण, घाव में कीड़े पड़ना, जेल जाना तथा जेल का खाना खाना अथवा हथकड़ियाँ लगना, किसी स्त्री द्वारा अपने कान विदीर्ण करना, नीची जाति के व्यक्ति के साथ भोजन अथवा धूम्रपान करना साधारण अपराध है। अन्य अपराधों में जूतों से पीटना, गधे पालना अथवा चमड़े का काम करना, मृत घोड़े अथवा गधे की चमड़ी उतारना, स्वीपर द्वारा छू लिया जाना, नीची जाति के मिट्टी के बरतन में भोजन बनाना, अशुद्धि काल में स्त्री का रसोईघर में प्रवेश तथा छोटे भाई की विधवा को पत्नी बनाना इत्यादि शामिल हैं।

मांडला में कुम्हरा गोत्र बकरी तथा मरकम गोत्र मगरमच्छ तथा केकड़े की पूजा करते हैं। यदि इन गोत्रों का कोई व्यक्ति अपने गोत्र पशु को स्पर्श करता, रखता, मारता अथवा खाता है तो उसे जाति से बाहर कर पंचायत के समक्ष पेश किया जाता है। व्यवहार रूप में किसी और व्यक्ति की पत्नी या पुत्री विवाह के लिए अपहृत करने के मामले पंचायत के समक्ष पेश किए जाते हैं। लेकिन साधारणतः पंचायत इन मामलों में पीड़ित व्यक्ति को संतुष्ट न कर पाए अथवा अपराधी पंचायत का आदेश मानने से इनकार कर दे, तब मामला अदालत में ले जाया जाता है।

16

भाषा और साहित्य

भाषा और साहित्य किसी भी समाज की सांस्कृतिक समृद्धि को दर्शाते हैं। भाषा की परिष्कारिता समाज की सुसंस्कृति को दिखाती है, वहीं साहित्य उस समाज के बुद्धिजीवी वर्ग के मानस की सुरुचि के दर्शन करता है। जिस प्रदेश में जितनी अधिक भाषाओं का प्रयोग होता है, वह प्रदेश उतनी ही विभिन्न संस्कृतियों को अपने साथ ले कर चलता है। मध्य प्रदेश भी इसका अपवाद नहीं है। मध्य प्रदेश की सामान्य भाषा हिन्दी है। यह राज्य की सरकारी भाषा भी है। राज्य में बोली जाने वाली हिन्दी की प्रमुख बोलियाँ बुंदेलखण्डी, भीली, गोंडी, नीमड़ी, मालवी तथा छत्तीसगढ़ी हैं। राज्य में बोली जाने वाली अन्य भाषाएँ उर्दू, गुजराती, मराठी, मारवाड़ी, सिंधी, पंजाबी आदि हैं। पश्चिमी निमाड़ जनपद की सीमा से सटी कुक्षी तथा मानवर तहसीलों में नीमड़ी बोली जाती है। हिन्दी बोलने वालों की संख्या में लगातार वृद्धि हो रही है, जिसका एक कारण मालवी बोलने वालों की संख्या में गिरावट है। मालवी इस जनपद के पठारी भाग में बोली जाती है। भीली/भिलाली कुक्षी तहसील तथा मानवार तहसीलों में बोली जाती है।

यहाँ के प्रसिद्ध कलाकारों/कवियों में माखनलाल चतुर्वेदी, उस्ताद अलाउद्दीन खाँ, उस्ताद अमजद अली खाँ, हरि शंकर परसाई, शरद जोशी, गजानन माधव, मुक्तिबोध तथा विनोद कुमार शुक्ल शामिल हैं।

हिन्दी का अपभ्रंश के रूप में उदय 7 वीं सदी में प्रारंभ हुआ तथा 10 वीं सदी तक स्थिर हो गई। साहित्य में हिन्दी की अनेक बोलियों का प्रयोग किया गया है। उन्नीसवीं सदी में खड़ी बोली के आने तक ब्रजभाषा का वर्चस्व था। हिन्दी भाषा द्रविड़, तुर्की, फारसी, अरबी, पुर्तगाली तथा अंग्रेजी भाषाओं से प्रभावित तथा समृद्ध हुई है। यह एक अभिव्यक्तिकारी भाषा है। कविता और गीतों में यह सादा एवं कोमल शब्दों के माध्यम से भावनाओं को व्यक्त करने में सक्षम है। इसका उपयोग सटीक और युक्तितर्कण हेतु भी किया जा सकता है।

किसी क्षेत्र की बोली की विशिष्ट छवि सदैव सदियों पुराने गीतों की विषय-वस्तु, देहाती लोक-कथाओं और लोगों द्वारा बोली जाने वाली बोलियों के विशद वर्णनों में प्रक्षेपित होती है। यद्यपि राज्य में संचार के उपयोग की जाने वाली सामान्य भाषा हिन्दी है, लेकिन मध्य प्रदेश के लोकसाहित्य में इसका योगदान शून्य है। मातृभाषा ही मौखिक साहित्य की निरंतरता की पोषक होती है तथा अर्जित भाषा समाज की पारम्परिक रीतियों एवं प्रथाओं पर प्रभाव नहीं डाल पाती है। मध्य प्रदेश का लोक साहित्य इसका अपवाद नहीं है तथा क्षेत्रीय बोलियों के साथ इसका जुड़ाव अटूट है। राज्य का लोकसाहित्य कृषक वर्ग तथा छत्तीसगढ़ी, गोंडी, हाल्बी, मालवी, निमाड़ी, बुंदेलखण्डी, बघेली तथा भीली बोलने वाली जनजातियों द्वारा निरंतर पोषित किया गया है।

भीली

सतही तौर पर राजस्थानी, मालवी तथा खानदेशी से प्रभावित भीली का सामान्य चरित्र गुजराती है। अनार्य तत्वों के छोटे प्रतिशत के अलावा भीली आर्य तत्वों से दूर नहीं है। भीली में कुछ मुंडा तथा द्रविड़ शब्दों के बावजूद इस निष्कर्ष पर पहुँचना सही नहीं होगा कि भील लोग मुंडा बोली का प्रयोग करते थे। यह मध्य प्रदेश के झाबुआ, रतलाम और धार जनपदों में बोली जाती है। भिलाली बोली राजस्थानी का बिगड़ा स्वरूप है तथा इसमें भीली के अनेक शब्द मौजूद हैं। यह भीली क्षेत्र में रहने वाले भिलाला वंश के लोगों द्वारा बोली जाती है। राज्य में लगभग 468,389 लोग यह बोली बोलते हैं।

गोंडी

गोंडी बोली गोंड लोगों द्वारा बोली जाती है। "मांडला से प्रारंभ कर हम गोंडी बोली का प्रयोग उत्तर-पश्चिम मांडला तथा जबलपुर के दक्षिण में निकटवर्ती पहाड़ियों, नरसिंहगढ़ तथा भोपाल में देख सकते हैं जबकि दमोह तथा सागर में यह विलुप्त हो चुकी है। यह होशंगाबाद के दक्षिण-पूर्वी कोने तथा छिंदवाड़ा के उत्तरी क्षेत्र में बोली जाती है। इसके अलावा गोंडी पश्चिमी बिलासपुर की पहाड़ियों में बोली जाती है तथा सारंगगढ़ में कहीं-कहीं बोली जाती है। यह कांकेर के दक्षिण-पश्चिम तथा बस्तर में चांदा के पूर्व में भी बोली जाती है, इस क्षेत्र में इसका मिलन तेलुगु से होता है।

गोंडी का कोई लिखित साहित्य नहीं है। तथापि अधिकांश बोलियों की भाँति गोंडी का समृद्ध लोक साहित्य है।

बघेलखंड में रहने वाले गोंड बघेली से लिए गए शब्दों वाली भाषा का प्रयोग करते हैं। इसी प्रकार छिंदवाड़ा में जहाँ गोंड बहुमत है, वे ओझी बोलते हैं जो गोंडी से अधिक भिन्न नहीं है। होशंगाबाद की बोली छिंदवाड़ा की गोंडी जैसी है।

छत्तीसगढ़ी

छत्तीसगढ़ी बोली पूर्वी उत्तर प्रदेश तथा बिहार में बोली जाने वाली हिन्दी के समान है। इसे खलताही भी कहा जाता है तथा यह मध्य प्रदेश के रायपुर, बिलासपुर और दुर्ग जनपदों में शुद्ध रूप में बोली जाती है। रायगढ़ में इस पर उड़िया का थोड़ा प्रभाव और बस्तर की सीमाओं पर गोंडी तथा हाल्बी का असर देखा जा सकता है। सरगुजा में यह सरगुजिया रूप धारण कर लेती है। सदरी कोर्बा, बिंझवारी, कावर्दी, खैरागढ़ी तथा बैगानी बोलियाँ छत्तीसगढ़ी उप-बोलियाँ हैं। छत्तीसगढ़ी में कुछ श्रेष्ठ लोक साहित्य उपलब्ध है। डॉ. वेरियर एल्विन द्वारा छत्तीसगढ़ी लोक गीतों का अनुवाद इसका उत्कृष्ट उदाहरण है।

हाल्बी प्रमुखतः बस्तर में बोली जाती है। यह हाल्बा अर्थात् कृषकों की मातृभाषा है जिनकी जनसंख्या 2,93,094 है। हाल्बी पर मराठी उड़िया और छत्तीसगढ़ी का असर साफ देखा जा सकता है। बस्तर के उत्तर-पूर्व में भातरी बोली जाती है, जिसे हाल्बी तथा उड़िया के बीच कड़ी कहा जाता है।

बुंदेलखंडी

बुंदेलखंडी बोली ग्वालियर कमिश्नरी, टीकमगढ़, छतरपुर (खजुराहो के निकट), पन्ना,सागर, जबलपुर, दमोह तथा होशंगाबाद और नरसिंहपुर के कुछ भागों में बोली जाती है। ग्वालियरी को एक उप-बोली माना जाता है। बुंदेली में राज्य के लोकसाहित्य का वर्णन है तथा लोकगीतों की धरोहर है। इस बोली के मौखिक साहित्य पर मध्यकालीन महोबा राजपूतों और कृषकवर्ग के जीवन मूल्यों की छाप स्पष्ट देखी जा सकती है।

मालवी

मालवा क्षेत्र के लोग, जो अधिकतर किसान हैं, मालवी बोलते हैं। यह भोपाल की ओर बढ़ते हुए बुंदेलखंडी से मिलती है, जबकि पश्चिम में राजस्थानी के साथ संगम होता है। जी.ए. ग्रियरसन ने मालवी को प्रमुख बोली तथा राजस्थानी बोली की प्रशाखा बताया है। मालवी के भाषाशास्त्रीय अध्ययनों में इसे अवन्ती अपभ्रंश से उत्पन्न बताया गया है जैसा कि संस्कृत व्याकरणविदों द्वारा प्रायः उल्लेख किया गया है। मालवी बोलने वालों की संख्या 905,405 के लगभग है। पश्चिमी मालवा में खासकर नीमच और मंदसौर जनपदों में राजस्थानी का स्पष्ट प्रभाव है।

उत्तर पूर्व में गुजराती का अधिक प्रभाव नहीं है, जहाँ भीली प्रमुख बोली है। समाजशास्त्रीय अध्ययनों में इस देश के इस भाग की सांस्कृतिक विशेषताओं की परस्पर निर्भरता का उल्लेख मिलता है। मालवी ने अन्य भाषाओं को प्रभावित किया है तथा इस क्रम में स्वयं भी प्रभावित हुई है।

बघेलखण्डी

बघेली बोली अवधी से थोड़ी अलग है जिसमें संत तुलसीदास द्वारा रामचरितमानस की रचना की गई है। रीवा, सतना और मैकाल पहाड़ियों में बोली जाने वाली बघेली का सीधा संबंध पूर्वी हिन्दी से है। इस बोली में काफी साहित्य है, जो विगत सदियों में रीवा शासकों के संरक्षण में सृजित हुआ था।

नीमाड़ी

मालवा के दक्षिण की ओर नीमाड़ी बोली जाती है। इसका क्षेत्र उत्तर में मालवा, दक्षिण में खानदेश, पूव्र में होशंगाबाद और पश्चिम में गुजरात तक फैला है। यह क्षेत्र विंध्य और सतपुड़ा पर्वतों के बीच स्थित है। नीमाड़ी को मालवी की भाँति सही मायनों में एक बोली नहीं कहा जा सकता है, बल्कि यह मालवी की बुनियाद पर कई बोलियों का मिश्रण है।

मध्य प्रदेश में इनके अलावा कोर्कू खुरखू/ओराओं, मारिया तथा बंजारी भी बोली जाती हैं। महादेव पहाड़ियों की जनजातियाँ कोर्कू बोलते हैं। कोर्कू की उप-बोली मावसी है जो छिंदवाड़ा में बोली जाती है। मुंडा मूल की अन्य उप-बोली कोरो पार्सी है।

साहित्य

राज्य में साहित्य की प्राचीन परम्परा रही है, जो वैदिक काल जितनी पुरानी है। महाकवि कालिदास के सृजन के आधार पर इसका संस्कृत साहित्य का कोष अत्यंत समृद्ध है। उन्हें अनेक उत्कृष्ट महाकाव्यों तथा नाटकों के सृजन का श्रेय प्राप्त है। उनमें से कुछ का संक्षिप्त परिचय यहाँ नीचे दिया जा रहा है–

कुमारसंभव

महाकवि कालिदास द्वारा रचित यह महाकाव्य 17 सर्गों में विभक्त है। आधुनिक विद्वान प्रथम आठ सर्गों को ही प्रामाणिक मानते हैं तथा शेष सर्ग अप्रमाणिक माने गए हैं। कविता का शीर्षक कुमारसंभव का शाब्दिक अर्थ कुमार का जन्म अर्थात् शिव और पार्वती के पुत्र कार्तिकेय का जन्म है। इस कविता में

कार्तिकेय द्वारा ताड़कासुर का वध का वर्णन है। जिसने देवताओं को स्वर्ग से भगाकर अपना तानाशाही साम्राज्य स्थापित कर लिया था।

इस प्रकरण का स्वाभाविक अन्त कुमार का जन्म था। इस विषय में यह भी ध्यान दिया जाना चाहिए कि संस्कृति में संभव शब्द का अर्थ 'संभव' तथा 'संभावना' भी है। कालिदास ने अपनी कविता वहाँ समाप्त कर दी जहाँ कुमार का जन्म संभव हो गया। उनके द्वारा शेष कथा की कल्पना पाठकों के जिम्मे छोड़ दी गई। यह भी उल्लेखनीय है कि सर्ग 9-17 तक की रचना में कालिदास की छाप नहीं है। इस भाग का कथानक कमजोर है तथा काव्यात्मक त्रुटियाँ भी विद्यमान हैं। लेकिन कुमारसंभव न केवल कालिदास की महान कृति है, बल्कि संस्कृत साहित्य की सर्वश्रेष्ठ कविता है। कालिदास की सम्पूर्ण प्रतिभा का दर्शन इस कविता में संभव है। उनके द्वारा न केवल प्रकृति के सौन्दर्य और उसके मानव रूप का विलक्षण विविध चित्रण किया गया है, बल्कि प्रकृति के सौन्दर्य और जीव भावनाओं के संबंध का चित्ताकर्षक वर्णन किया गया है। कवि ने पार्वती के सौन्दर्य, वन वसंत, झरने की चाल और हिमालय की भव्यता का वर्णन किया है। कालिदास को साधारणतः शृंगार का कवि माना जाता है, लेकिन वह एक महान कवि थे और संभवतः शास्त्रीय भारत में एकमात्र ऐसे कवि थे, जो प्रेम को धैर्य का दुर्ग नष्ट करने वाला बताते हैं, वह प्रेम को व्यक्ति, परिवार तथा समाज में शान्ति का साधन बताते हैं। इस कविता में वह तपस्या द्वारा प्रेम की विजय और एक वीर पुत्र के जन्म की कल्पना करते हैं, जो विश्व को पीड़ा से छुटकारा दिला सकता है। कवि मदन (प्रेम के देव) को एक चरित्र के रूप में प्रस्तुत करते हैं तथा उसको शिव जैसे योगी का आत्मा भेदने की सामर्थ्य रखने वाला बताते हैं, लेकिन उसको अपनी प्रकृति के कारण भस्म दिखाकर एक उदात्त रूप में पुनर्जीवन देते हैं। यही प्रेम का वह दर्शन है जो कालिदास इस कविता के माध्यम से प्रस्तुत करते हैं।

मेघदूत

मेघदूत एक छोटी कविता है, जो मन्दक्रान्त कहे जाने वाले छन्दों (115) में रची गई है। आलोचक कविता की इस विषय-वस्तु के लिए इस शैली को सर्वाधिक उपयुक्त बताते हुए प्रशंसा करते हैं। यह कालिदास की महानतम कृतियों में से एक है। मेघदूत लगभग एक ही आकार की दो समान पुस्तकों के रूप में है, जिन्हें पूर्वमेघ तथा उत्तरमेघ कहा जाता है। पश्चिमी दृष्टिकोण से इस कविता को गीत कहा जा सकता है। पारम्परिक भारतीय समालोचकों के अनुसार तकनीकी रूप से यह एक

खण्डकाव्य है अर्थात् ऐसी कविता जिसमें महाकाव्य के आंशिक गुण विद्यमान हैं। प्रारंभ के चार श्लोकों में कवि कविता के नायक और स्थिति का परिचय देता है। शेष श्लोक नायक द्वारा वर्षा ऋतु के पहले दिन मेघों के साथ संवाद प्रस्तुत करते हैं। नायक कुबेर का एक नव विवाहित सेवक है, जिसे उसकी युवा एवं सुन्दर पत्नी से अलग कर एक वर्ष के लिए अल्कापुरी से निष्कासित कर दिया गया है तथा वह अपनी पत्नी के वियोग से पीड़ित है। अपने बनवास के स्थल रामगिरि से नायक अपनी प्रेमातुर पत्नी को संदेश भेजने के लिए मेघों से अपना संदेश ले जाने की प्रार्थना करता है। तथा अल्कापुरी का मार्ग और अपनी पत्नी का निवास बताता है जो विरहा की मारी है।

कालिदास स्वयं इसका संकेत देते हैं जब संदेशवाहक मेघ से कहा जाता है कि नायिका उसी प्रकार उत्सुकता से संदेश की प्रतीक्षा कर रही होगी जिस प्रकार सीता ने हनुमान की प्रतीक्षा की थी। मेघदूत एक प्रेम काव्य है। माना जाता है कि वर्षा ऋतु मानव तथा अन्य जीवों को दाम्पत्य प्रेम का अति आतुर बना देती है। इसलिए यह स्वाभाविक है कि प्रथम मेघों के दर्शन होते ही नायक को प्रेमाकुल नायिका की चिन्ता होती है तथा वह अपनी प्रेयसी को संदेश भेजने का प्रयास करता है। इस कविता में प्रेम मिलन के वर्णन में मेघ और नदी को मानव रूप में चित्रित किया गया है।

यह कविता (जिसे मेघ संदेश भी कहा जाता है) प्रकृतिमूलक थी। मेघदूत के प्रसंग तथा शैली की नकल करते हुए बीसियों कविताओं की रचना की गई थी तथा इन सब कविताओं को 'दूत काव्य' अथवा 'संदेशकाव्य' शैली का काव्य कहा गया। उदाहरण के लिए भट्ट वामन की हंससंदेश (15वीं सदी), धोई की पवनदूत (12 वीं सदी), जीनसेना की पार्श्वाभ्युदय में प्रत्येक पद के पश्चात् मेघदूत के एक या दो श्लोक का प्रयोग इत्यादि। ए. बी. कीथ के अनुसार भारतीय आलोचकों ने अभिव्यक्ति की सूक्ष्मता विषय-वस्तु, संवेदन शक्ति हेतु कालिदास की मेघदूत को सर्वश्रेष्ठ माना है जो सर्वथा उपयुक्त है।

रघुवंश

यह रामायण की कथा है, जो कालिदास द्वारा उत्कृष्ट रूप से पुनः प्रस्तुत की गई है। समृद्ध लेखन शैली में उन्नीस अध्यायों में लिखी गई यह कृति संस्कृत की सर्वश्रेष्ठ कृतियों में एक है। लालित्यपूर्ण काव्य निरूपण सुरुचिपूर्ण संवेदनशीलता के क्षेत्र में सटीकता एवं आदर्श की पराकाष्ठा और साहित्य कला के गुणग्राहकों के

लिए एक अनन्त सुख का माध्यम है। जैसा कि शीर्षक से स्पष्ट है, कला का यह काव्य रघु के वंशजों के असामान्य इतिहास का उल्लेख करता है। राम का आदर्श जीवन और उपलब्धि निस्संदेह केन्द्रीय स्थान पर हैं, लेकिन कवि ने राम के अनेक पूर्वजों तथा वंशजों की गाथा से काव्य को सावधानीपूर्वक पूर्णता प्रदान की है। कालिदास, संभवतः, रघुवंश में अपनी पराकाष्ठा पर थे, इसीलिए पाठकों और विभिन्न मतों वाले साहित्यकारों के बीच रघुवंश की लोकप्रियता सबसे अधिक है। यही कारण है कि इस काव्य की कम से कम बीस टीकाएँ उपलब्ध हैं, जबकि उनके अनुवर्ती काल के कवि रघुवंश से प्रेरणा प्राप्त करते रहे हैं। रघुवंश के गहन विश्लेषण से व्यक्ति कल्पना की अन्विति और प्रसंगों की शृंखला के विलक्षण प्रतिपादन से अवगत हो सकता है। प्रथम नौ अध्यायों में राम के प्रसिद्ध पूर्वजों दिलीप, रघु, अज, और दशरथ का चरित्र चित्रण है।

अगले सात अध्याय सूर्यवंश के सिरमौर बल्कि समस्त मानवजाति के सिरमौर राम के आदर्श चरित्र का अद्वितीय वर्णन समेटे हुए हैं। वाल्मीकि के नरचन्द्रमा को कालिदास द्वारा और आगे स्थापित किया गया है। तथापि रामायण की कथा का निष्ठापूर्वक अनुसरण किया गया है तथा रामायण तथा रघुवंशम् के बीच सेतु निर्माण सावधानी के साथ नियोजित एवं सम्पादित किया है। रघुवंशम अनेक नायकों तथा क्रिया बहुलताओं के साथ प्रत्यक्ष जगत और पुराणों के ऊपर इसकी पकड़ की घोषणाकारी युग कल्पना की घोषणा प्रतीत होता है। रघुवंशम के प्रारंभ में पाठक दिलीप और सुदक्षिणा के साथ तथा फिर रघु के साथ अतिमानवीय जगत में विचरण करता है। तथापि, पाठक मानवीय संवेदना की तीव्रता को अनुभव किए बिना नहीं रह सकता जब संतानहीनता की पीड़ा का मार्मिक वर्णन पढ़ता है।

कला के इस महाकाव्य में, यशगान का अर्थ अनिवार्य रूप से कल्पना को नहीं बनाया गया है तथा अमर होने के लिए कवि ने अपनी कला को घिसे पिटे छल जगत में डूबने नहीं दिया है। यही कारण है कि रघुवंश भारत और यूरोप के टीकाकारों तथा सम्पादकों में विशेष लोकप्रिय है।

अन्य लेखकों में वराह मिहिर (सी 505 – सी 558) जिनके द्वारा भरत संहिता, पंच सिद्धान्तिका, बृहद् जातक इत्यादि की रचना उज्जैन में की गई थी।

धार के राजा भोज (1010-1053) द्वारा सरस्वती-कंठाभरण, शृंगार प्रकाश, समरांगन--सूत्रधार, युक्ति-कल्पना, तत्व-प्रकाश तथा राजा मार्तण्ड की रचना की गई थी। उनका विद्यालय भोज शाला धार में आज भी विद्यमान है, जिसकी दीवारों पर

संस्कृत के श्लोक अंकित हैं। उनके द्वारा अनेक प्रसिद्ध विद्वानों को संरक्षण प्रदान किया गया था।

धनपाल (970 ए डी) जिनकी रचना तिलकमंजरी है।

भर्तृहरि (570-651) जिनके द्वारा वाक्य पदीय, शतकत्रयी इत्यादि लिखी गई थीं।

नलकच्छपुरा के आशाधरा (13 वीं सदी) जो सागरधर्मामृत, अंगारधर्मामृत के लेखक थे।

मानतुंग (3 सरी सदी) (भक्तमारस्तोत्र)।

ब्रह्मगुप्त (598-665) एक गणितज्ञ थे तथा उनके द्वारा ब्रह्म स्फुट सिद्धान्त की रचना की गई थी।

भास्कराचार्य (1114-1185) लीलावती, बीजगणित इत्यादि के लेखक थे।

जनजातियों का मौखिक साहित्य

यद्यपि पारम्परिक रूपों से इसकी बराबरी करना बहुत कठिन है, लेकिन मौखिक साहित्य ने लिखित साहित्य को एक सीमा तक सदैव प्रभावित किया है। लिखित साहित्य के जन्म लेने से पूर्व वह किसी न किसी रूप में मौजूद रहा है, जो मौखिक साहित्य कहलाता है। मौखिक साहित्य ने सदैव लोगों के जीवन में दिलचस्प अंतःदर्शन के स्त्रोत का काम किया है। लोकसाहित्य का एक बड़ा हिस्सा होने के कारण मध्य प्रदेश का मौखिक साहित्य भी इसका अपवाद नहीं है।

वीरगाथाएँ एवं गीत

तथापि बंजारा व्यापारियों की कहानियाँ तथा लोकगीतों का विवरण लिखित साहित्य में अत्यल्प है। बंजारा वृत्तान्त श्री महाराज री बेल का पूर्ण विवरण निमाड़ के एक अंदरूनी गाँव से 1953 में प्राप्त किया गया था। इन गाथाओं में लामन बंजारों के अर्द्ध ऐतिहासिक प्रकरणों तथा तवर राजपूतों के साथ उनके संघ की कहानी है। कुछ अन्य गाथाएँ भी लोकप्रिय हैं, जिनमें आल्हा-उदल तथा पृथ्वीराज चौहान के बीच युद्धों की कहानी विशेष उल्लेखनीय है। लगभग आधा दर्जन गीत जैसे रास्तुरावन, धाबला, मदलाफेर, निवाली तथा पेरावानी भी संग्रहीत किए गए थे। कुछ वर्षों पश्चात् एक सामाजिक कार्यकर्ता श्री भास्कर राव आँवले ने शाजापुर में बसे राजपूतों तथा लामन बंजारों के किस्से, कहानियों का विवरण संग्रहीत करने का नए सिरे से प्रयास किया। रायपुर जनपद में एक दीवार पर अंकित चारण काव्य

में किसी सीताराम नाइक नामक नायक का उल्लेख था। यह कथा लामन बंजारों द्वारा दशहरा के अवसर पर गाई जाती है। इस गीत में सीताराम नाइक को बड़ी संख्या में बैलों का मालिक बताया गया है। इसमें बंजारों के पावन बैल हातड़िया का भी उल्लेख आता है।

अन्य लोकप्रिय कथाओं में अहिमान रानी, रेवा रानी, केवल रानी तथा फूल बसन समान महत्वपूर्ण हैं। बुंदेलखंड में आल्हा अभी तक लोगों में अपना प्रभाव बनाए हुए हैं जिसका प्रमुख कारण इसका प्रसंग और गायन की मंत्रमुग्ध कर देने वाली शैली है। पहले यह कथा बुंदेलखंडी बोली में संगीतबद्ध की गई थी तथा इसके गीतकार का नाम जागनिक बताया जाता था। दुर्भाग्य से इसका पाठ अब उपलब्ध नहीं है। लगभग सौ वर्ष पूर्व वाटरफील्ड ने इस वीरगाथा के उस समय उपलब्ध पाठ का अनुवाद करने का प्रयास किया था। लेकिन उनके स्वर्गवास के कारण कार्य अपूर्ण रह गया। उनके कार्य को सर ग्रियरसन द्वारा आगे बढ़ाया गया तथा शेष वीरगाथा का अनुवाद गद्य में किया गया। तथापि वीरगाथा की मूल कहानी और उसका सारतत्व अक्षत है।

मध्य प्रदेश में जगदेव तथा जैमल फत्ते की वीरगाथा भी प्रसिद्ध एवं लोकप्रिय है। ये वीरगाथाएँ तात्त्विक महत्व रखती हैं। विशेषकर जगदेव का पनवारा ढोला जैसे प्रकरणों से विशिष्ट अलंकृत है। पर्याप्त नाटकीय होते हुए भी इस वीरगाथा की बुनियाद इतिहास में है। रागमाला के अनुसार जगदेव मालवा के उदयआदित्य का पुत्र था। कुछ पारिवारिक संघर्ष के कारण उसने देश छोड़कर गुजरात के सिद्धराज जयसिंह के दरबार में नौकरी कर ली थी। उसके चरित्र के आधार पर हरदौल की बलि की प्रसिद्ध घटना के अनेक गीतों का जन्म हुआ है।

वस्तुतः इन गीतों में किसी संघर्ष अथवा विवाह या सहपलायन का कोई उल्लेख नहीं है। ये साधारण घरेलू मामलों से सम्बद्ध हैं तथा बताते हैं कि हरदौल लाला एक नेक इन्सान था। अपने भाई की पत्नी के सम्मान की रक्षा के लिए उसकी आत्मबलि ने घटना को एक जादुई स्पर्श तथा एक अर्थ प्रदान कर दिया। हरदौल ओरछा के राजा जुझार सिंह (1626-35) का भाई था, जो हरदौल पर अपनी पत्नी के साथ आपत्ति जनक एवं दण्डनीय संबंध होने का संदेह करता था, जिसके कारण उसने हरदौल को विष का प्याला पीने को दिया। हरदौल ने भाई की पत्नी के सम्मान के लिए विषपान कर लिया। हरदौल को देवता प्रतिष्ठित कर दिया गया। यह कथा समूचे बुंदेलखण्ड में सर्वसामान्य पूजा का निमित्त बनने के अतिरिक्त पंजाब में भी फैली है।

17

पुरातात्वीय तथा मानवशास्त्रीय प्राप्तियाँ

प्राचीन काल के अवशेषों में नागपुर तथा चांदा जनपदों में पाए जाने वाले वृत्ताकार पाषाण शामिल हैं जो स्थानीय रूप से गावलियों से सम्बद्ध हैं। जबलपुर में रूपनाथ में एक अशोक का शिलालेख विद्यमान है, जबकि चार मील दूर तिगवाँ में एक मंदिर है। जो योजना तथा निर्माण के विषय में साँची के महान स्तूप के दक्षिण में मौजूद निर्माण से मिलता है तथा तीसरी से पाँचवीं सदी (AD) का बताया जाता है। सागर जनपद में ऐरान में अवशेष समूह भी इसी काल में बताए जाते हैं, लेकिन गुप्त शैली से सम्बद्ध हैं, जो चपटी छत की विशेषता लिए हुए हैं। रायपुर जनपद के सिरपुर में पाए जाने वाले व्यापक अवशेष भी उसी युग के बताए जाते हैं। यहाँ पाए गए मंदिर ईंटों से निर्मित हैं तथा इनकी मोल्डिंग और सजावट का कौशल विशेष उल्लेखनीय है। एकमात्र बौद्ध गुफा मंदिर चांदा में भंदाक में स्थित है, लेकिन यह मंदिर अधिक प्राचीन नहीं है तथा बुद्ध काल के अंतिम समय का निर्माण बताया जाता है। राज्य का सर्वश्रेष्ठ मंदिर 700 से 1200 AD के बीच का निर्माण बताया जाता है जो एक मध्ययुगीन ब्राह्मण मंदिर है। इस शैली के अन्य अच्छे उदाहरण मान्धाता, मार्कण्डी, श्योरीनारायण तथा भोराम देव, कावर्धा राज्य में देखे जा सकते हैं तथा अपने आकार एवं अलंकरण समृद्धि से अलग पहचाने जा सकते हैं। इस प्रकार के मंदिरों को हेमदपन्ती श्रेणी में रखा जाता है। ये मंदिर पत्थरों की विशाल चट्टानों में बिना मसाला प्रयोग किए बनाए जाते हैं। ये मंदिर कई जनपदों में देखे जा सकते हैं।

हाल में नागपुर, जबलपुर तथा होशंगाबाद में पुराने नमूनों के आधार पर कुछ सुंदर मंदिरों का निर्माण हुआ है, लेकिन अधिकांश मंदिरों के निर्माण में मिश्र वास्तु शैली का प्रयोग किया गया है। उत्तरी जनपदों में अनेक स्थानों पर प्राचीन एवं आधुनिक जैन मंदिर पाए जाते हैं। प्राचीन मंदिर प्रायः भग्नावस्था में हैं, लेकिन उनके भग्नावशेष उनके निर्माण सौंदर्य का संकेत देते हैं। आधुनिक काल के मंदिरों में

दमोह में कुन्डलपुर के मंदिर बहुत महत्वपूर्ण हैं। वहाँ इनकी संख्या लगभग पचास है। मुस्लिम शैली का एकमात्र उल्लेखनीय निर्माण बुरहानपुर में स्थित है, जिसमें सोलहवीं सदी में निर्मित दो मस्जिद हैं। वे सादा बनाई गई हैं तो भी उनके अनुपात में संगत समानता के कारण मनोहारी प्रभाव सृजित करती हैं। गोंड जनजाति द्वारा रामनगर और गढ़ा में थोड़े से दुर्ग और महल छोड़े गए हैं, जो वास्तुशिल्प की दृष्टि से अधिक महत्वपूर्ण नहीं हैं। मराठों, बुन्देलों तथा अन्य शासक वंशों द्वारा बनवाए गए विशाल दुर्ग उल्लेख के योग्य हैं।

दंगावाड़ा, दुर्कदिनाला, त्रिपुरी, करक्रेहटा, भीमबेटका तथा महिद्पुर में प्रमुख पुरातत्व-खुदाई कार्य हुआ है। मध्य प्रदेश में कर्नल अलेग्जेंडर कनिंघम द्वारा खोजे गए भारहुत के स्तूप को प्रमुख उपलब्धि बताया जाता है।

यहाँ नीचे मध्य प्रदेश के महत्वपूर्ण पुरातात्विक स्थलों तथा स्मारकों का संक्षिप्त परिचय प्रस्तुत किया जा रहा है।

भीमबेटका

भीमबेटका की खोज गत दशक में की गई थी। चार सौ से अधिक चट्टानों से निर्मित आश्रयों में असंख्य रूपों मानव तथा पशुओं की आकृतियों के कारण सम्पूर्ण विश्व में पाषाण आश्रयों की पेंटिंग्स के सबसे समृद्ध समूह के रूप में उचित पहचान मिल गई। विदिशा, प्राचीन काल की वाणिज्य-नगरी मौर्य काल से मुग़ल काल तक विभिन्न संस्कृतियों का केन्द्र रही थी जैसा कि नगरी में तथा उसके आसपास उपलब्ध इस अवधि के अवशेषों से स्पष्ट है।

प्राचीन नगरी के बाह्य क्षेत्र में हेलिडोरस का स्तंभ आज भी देखा जा सकता है जिसे खम्बा बाबा अथवा गरुड़ स्तंभ कहा जाता है। इसके ऊपर एक यूनानी हेलिडोरस द्वारा ब्राह्मी लिपि में अंकित किया गया है कि यह स्तंभ वासुदेव (विष्णु) के सम्मान में उत्थापित किया गया था, जिससे सिद्ध होता है कि हेलिडोरस ने हिन्दू धर्म अपना लिया था तथा वह एक भागवत हो गया था। यह स्तंभ और शिलालेख ऐतिहासिक दृष्टि से बहुमूल्य हैं। यह स्तंभ 140 BC के आसपास निर्मित बताया जाता है।

भीमबेटका में यह बौद्ध स्तूप इसके वास्तु डिजाइन में प्राचीन पर्वतों तथा ब्रह्माण्ड का दृश्य प्रस्तुत करता है।

उदयगिरि गुफाएँ

विदिशा से पश्चिम दिशा में लगभग 6 कि.मी. दूर एक पृथक बलुआ पत्थर की पहाड़ी के रूप में चट्टानों को काटकर बनाई गई बीस कंदराएँ विद्यमान हैं। ये चौथी-पांचवीं सदी का निर्माण बताई जाती हैं। गुफा सं. 1 तथा 20 जैनधर्म से संबंधित हैं जो वहाँ स्थापित तीर्थंकरों की मूर्तियों से स्पष्ट है। अन्य गुफाएँ ब्राह्मण परम्परा की हैं। इनमें गुफा सं. 5 में विष्णु के वाराह अवतार की विशाल आकृति देखी जा सकती है जिसने अपने खांग (दाँत) पर पृथ्वी धारण कर रखी है। यह भारतीय कला का असाधारण प्रतिमान है। ये गुफाएँ कला, वास्तुशिल्प इतिहास और प्रारंभिक गुप्त काल के पुरालेखशास्त्र की दृष्टि से अत्यधिक महत्वपूर्ण हैं।

उदयगिरि की गुफाओं का निर्माण अजन्ता की गुफाओं से पहले गुप्त काल के दौरान किया गया था। तथापि, इनमें अजन्ता गुफाओं की समस्त विशेषताएँ विद्यमान हैं।

बाघ गुफाएँ

ये उल्लेखनीय और रुचिकर चट्टान काट कर बनाए गए श्रद्धास्थल धार जनपद की कुक्षी तहसील में विन्ध्य पर्वत के दक्षिणी ढलानों के बीच नर्मदा घाटी में स्थित हैं। ये गुफाएँ बौद्ध धर्म से सम्बद्ध हैं तथा इनका नाम बाघ गुफा पड़ने के बारे में कोई निश्चित मत नहीं है।

आधुनिक काल में, इन गुफाओं की खोज सर्वप्रथम 1818 में की गई थी।

इन गुफाओं की वास्तुकला तथा पेंटिंग्स की शैली को देखकर इन्हें हाल समय तक सातवीं सदी का निर्माण माना जाता था, लेकिन एक ताम्र लेख प्राप्त होने से इसका निर्माण काल 5 वीं सदी AD के असपास का माना जाता है। बाघ गुफाएँ मुख्य रूप से पेंटिग्स के लिए प्रसिद्ध हैं। इन पेंटिंग्स में हम देश की परिपक्व चित्रकला के दर्शन कर सकते हैं, जिसकी तुलना केवल अजंता की पेंटिंग्स के साथ की जा सकती है। इन पेंटिंग्स के रंग फीके पड़ गए हैं तथा इनका विषय-वस्तु भी विकृत हो गई है।

ये पेंटिंग्स गुफा की दीवारों तथा भीतरी छत पर बनाई गई हैं, जिनका निर्माण बौद्ध भिक्षुओं के रहने, साधना और धार्मिक सम्मेलनों के आयोजन हेतु किया गया था। बाघ गुफाओं में से केवल पाँच गुफाएँ शेष हैं, जिनमें गुफा नं. 2 सबसे अच्छी हालत में है।

साँची स्तूप

मध्य प्रदेश में पुरातात्त्विक रुचि के अन्य अवशेषों में साँची के स्तूप शामिल हैं। इस स्तूप के दक्षिण द्वारा पर अशोक स्तम्भ हैं, जिसमें उत्कृष्ट समानुपात, शानदार पॉलिश और सारगर्भित अनुदेशों की विशिष्टताएँ मौजूद हैं। सदियों से खुले आसमान के नीचे हर मौसम की मार झेलते स्तूप की धात्विक चमक जस की तस है। इन सीमाओं के भीतर हम गुप्त कालीन मंदिर के अवशेष भी देख सकते हैं जो भारतीय वास्तुकला का प्राचीनतम उदाहरण है।

एक पहाड़ी की चोटी पर लगभग 91 मीटर ऊँचाई पर साँची के स्तूप भारतवर्ष में बौद्धमत के सर्वाधिक प्रभावशाली और व्यापक अवशेष हैं। यह स्थल केवल बौद्ध स्तूपों की दृष्टि से ही नहीं, अपितु तीसरी सदी B.C. से ग्यारहवीं सदी A.D. तक लगभग तेरह सौ वर्ष के निर्माण अवशेषों को अपने दामन में समेटे हुए है। स्तूप सं. 3 में बुद्ध के दो शिष्यों सरिपुत्र तथा भुद्गल्यायन के अवशेष मौजूद हैं। सबसे बड़ा स्तूप, जिसे विशाल स्तूप कहा जाता है, का व्यास 36.60 मीटर तथा उसकी ऊँचाई 16.46 मीटर है।

परमार राजा उदयआदित्य द्वारा उदयपुर में निर्मित नीलकंठेश्वर मंदिर ग्यारहवीं सदी की परमार कला एवं वास्तुशिल्प का असाधारण उदाहरण है। बाईस वर्ष की अवधि में तैयार हुआ यह मंदिर पूर्णतया संरक्षित अवस्था में है तथा वास्तुकला का सुंदर नमूना है।

खजुराहो

खजुराहो दसवीं-ग्यारहवीं सदी के दौरान बनवाए गए भव्य मंदिरों के लिए विश्व प्रसिद्ध है। मूलतः निर्मित 85 मंदिरों में से केवल 25 मंदिर शेष बचे हैं। ये मंदिर चंदेल वंशी राजाओं की राजधानी खजूरवाहक की शोभा हुआ करते थे। इन मंदिरों का अलंकरण अद्वितीय है। मंदिर में कुल 800 मूर्तियाँ हैं तथा प्रत्येक मूर्ति कला का अद्भुत नमूना है। लक्ष्मण मंदिर एक ऊँचे चबूतरे पर स्थित है। जिसके चारों कोनों पर छोटे-छोटे मंदिर हैं और इस प्रकार पंचायतन मंदिर स्वरूप प्रस्तुत करते हैं। पार्श्वनाथ तथा घंटाई मंदिरों की डिजाइन उल्लेख के योग्य है।

ओरछा नगरी में कुछ भव्य महल मौजूद हैं, जिनमें जहांगीर महल तथा राजा महल अधिक महत्वपूर्ण हैं। इनके विशाल कक्ष, ऊँची छत, भित्तिचित्र तथा चांदी के फ्रेम जड़े दर्पण दर्शनीय हैं। यह एक मध्यकालीन नगरी है। ग्वालियर का किला मैदानी भाग से 300 फुट की ऊँचाई पर है। मन मंदिर, दो पूर्व काल में तेली का

मंदिर तथा सास-बहू का मंदिर आठवीं से ग्यारहवीं सदी के बीच का निर्माण आँके गए हैं। यहाँ मुहम्मद गौस का मकबरा एवं गुजरी महल खास हैं, जिनका जाली का कार्य तथा बहुमूल्य प्राचीन वस्तुएँ इन्हें विशिष्टता प्रदान करती हैं।

हरे-भरे पठार पर सुलतानों की उजड़ी राजधानी मांडू आज भी रूपमती और बाज़ बहादुर की प्रेम कहानियों की सुगन्ध बिखेरती है। सुन्दर जालीदार होशंगशाह का सफेद मारबल का मकबरा, जामा मस्जिद, जहाज महल, हिंडोला महल, रूपमती मंडप इत्यादि दर्शनीय इमारतें हैं।

ग्वालियर किला

शहर के तल से 100 मीटर की ऊँचाई पर निर्मित ग्वालियर का किला भारत के विशालतम किलों में एक है। इसकी लम्बाई 2.5 किलोमीटर तथा चौड़ाई 850 मीटर (सबसे ज्यादा चौड़ाई वाले स्थान पर) है।

प्रत्येक द्वार विशिष्ट हिन्दू एवं मुस्लिम शैली में निर्मित हैं तथा आक्रमणकारी को रोकने के लिए कठिन अवरोध हैं। विशाल परकोटे में घिरे छह महल हैं, जो हिन्दू-मुस्लिम मिश्र शैली के अनुरूप बनाए गए हैं तथा शासक वंश की उदारता एवं उदात्तता के परिचायक हैं।

मानसिंह महल सबसे आकर्षक महल है। इसका सामने के भाग पर पहले सफेद प्लास्टर किया गया था और गुम्बद ताँबे के बनाए गए थे। प्रांगण और कक्ष पर उत्कृष्ट उत्कीर्णन किया गया है। इस किले का सबसे बड़ा आकर्षण मानसिंह महल की वह दीवार है, जो पत्थर काटकर बनाई गई है जिसकी लम्बाई 100 मीटर तथा ऊँचाई 30 मीटर है तथा उस पर सुन्दर चित्र वल्लरी उत्कीर्ण की गई है।

गुजरी महल अन्य उल्लेखनीय महल है। बताया जाता है कि इसका निर्माण राजा मानसिंह द्वारा अपनी प्रेयसी मृगनयनी की जिद पर करवाया गया था। किले में अनेक ताल हैं। यहाँ एक जौहर कुंड है, राजपूत स्त्रियाँ अपने सम्मान की रक्षा के लिए जीवित अग्निकुंड में प्रवेश कर जाती थीं। यहाँ एक सूरज कुंड है जहाँ राजा सिंधिया अपने इष्टदेव सूर्य भगवान की पूजा करते थे।

तेली का मंदिर, सास-बहू का मंदिर तथा सूफी संत गौस मुहम्मद का मकबरा सुप्रसिद्ध इमारतें हैं। तेली का मंदिर 8 वीं से 9 वीं सदी के बीच का निर्माण है। किले के भीतर यह सबसे ऊँचा भवन है, जिसकी ऊँचाई लगभग 35 मीटर है तथा

इसके निर्माण में मंदिर वास्तुशिल्प की उत्तर और दक्षिण भारतीय शैलियों का अद्भुत मिश्रण देखा जा सकता है। इसकी अलंकार संरचना से आभास होता है कि इसका निर्माण विष्णु मंदिर के रूप में प्रारंभ किया गया था, परन्तु बाद में यह महादेव को समर्पित कर दिया गया।

सास-बहू का मंदिर मूलतः सहस्त्रबाहु का मंदिर कहा जाता था तथा यह किले के अंदर प्राचीनतम संरचना है। माना जाता है इसका निर्माण कछवाहा राजा महीपाल द्वारा ग्यारहवीं सदी में करवाया गया था। सुप्रसिद्ध भारतीय संगीतज्ञ तानसेन का मकबरा भी ग्वालियर में स्थित है। इस ऊँचे किले के अलावा ग्वालियर में अनेक भव्य महल भी है। जयविलास स्तर और भव्यता की दृष्टि से अद्वितीय और सर्वाधिक उल्लेखनीय है। इसका दरबार हॉल 85 मीटर लम्बा 15 मीटर चौड़ा है तथा इसकी छत 12 मीटर ऊँची है।

इसकी भीतरी छत हल्के हरे रंग तथा सुनहरे रंग में रंगी गई है तथा इसके फर्श पर संभवतः विश्व का सबसे बड़ा कालीन बिछा है जो कालीन बुनकरों द्वारा वहीं बैठकर तैयार किया गया था। इसमें लगे क्रिस्टल के दो फानूस विश्व के सबसे बड़े फानूस (शैडेलियर) माने जाते हैं। पूरी दुनिया में केवल रूस के तानाशाह ज़ार के शीतमहल के फानूस को इसका एकमात्र अपवाद कहा जा सकता है। बड़े फानूस में 248 लैम्प हैं तथा जब सारे लैम्प एक साथ जलाए जाते हैं तो हॉल में एक अनुपम नाटकीय दृश्य पैदा होता है।

एक अन्य महल 'मोती महल' का निर्माण करवाया गया जिसमें नौ सौ कमरे थे। इसकी प्रेरणा ग्वालियर में मध्यकालीन निर्माणों से ली गई थी तथा इसमें स्वदेशी परिवेश का पूरा ध्यान रखा गया था।

ग्रीष्म ऋतु में ग्वालियर के राजकुमार हरे-भरे वनों तथा कुदरती एवं मानवनिर्मित झीलों से घिरी शीतल शिवपुरी चले जाते थे। उनके ग्रीष्म प्रवास के उपयुक्त महल, शिकार गाह आदि का निर्माण किया गया था। इनमें कुछ भवन बहुत सुन्दर हैं तथा मृत शासक अथवा उनके संबंधियों के स्मृति छत्र भी यहाँ देखे जा सकते हैं।

ओरछा की भव्यता

ओरछा भी मंदिरों तथा छत्रों के लिए प्रसिद्ध है।

किसी ने ठीक ही कहा है कि प्राचीन काल की भव्यता ओरछा में पत्थरों में आकर जम गई है। भवनों की बाह्य सुन्दरता उनके भीतरी प्राचुर्य बुंदेलों की चित्रकला के खजाने से प्रतिस्पर्द्धा करनी प्रतीत होती हैं। महलों, मंदिरों तथा छत्रों की प्राचीन

सम्पूर्णता मन्द गति से बहती बेतवा में प्रतिबिम्बित होती हैं। मौसम की मार से जीर्ण दीवारों पर गैंडा, हाथी, घोड़े तथा पालतू पशुओं के चित्र देखे जा सकते हैं। कुछ घरेलू दृश्य भी देखे जा सकते हैं—जैसे किसी बच्चे के साथ घर के काम में जुटी माँ, शिकार युद्ध के दौरान छापा इत्यादि।

ऐतिहासिक भोजपुर

भीमबेटका के निकट स्थित भोजपुर एक अन्य रुचिकर स्थल है। भोजपुर ग्यारहवीं सदी के अपूर्ण निर्माण शिव मंदिर के लिए विख्यात है। इस विशालाकार मंदिर की सुस्पष्ट अवधारणा, विशालकार लिंग एवं योनिपट्ट इसकी कथा सुनाते हैं। मंदिर के आसपास के क्षेत्र में मंदिर के डिजाइन की रूपरेखा के विभिन्न चरणों में अधूरी पड़ी संरचना, वास्तु अंश और निर्माण सामग्री के परिवहन हेतु मार्ग देखा जा सकता है। कहा जाता है कि इस स्थान पर पहले एक विशाल झील थी, जो होशंगशाह द्वारा नष्ट करवा दी गई।

जामी मस्जिद

दमिश्क की मस्जिद से प्रेरित होकर भव्य स्तर पर जामी मस्जिद के निर्माण की कल्पना की गई थी। एक ऊँचे चबूतरे पर विशाल गुम्बद ड्योढ़ी ठीक मध्य में तथा पृष्ठभूमि में ऐसे ही विशाल गुम्बद और बीच के स्थान को भरने के लिए छोटे-छोटे असंख्य गुम्बद। मस्जिद का विशाल प्रांगण सभी ओर से विशाल स्तम्भों से घिरा है तथा इसके मेहराब, स्तंभ, आले और गुम्बद दर्शनीय हैं।

गाडरमल तथा दसावतार मंदिर तथा बादोह पथारी में एकलप्रस्तर स्तंभ, ग्यारसपुर के मंदिर, दतिया में उत्कृष्ट भित्तिचित्रों से सज्जित सात मंजिला बीरसिंह महल, छठी शताब्दी में निर्मित मंदसौर किला जिसके फाटक के पल्लों पर शिव का चित्र है, उना में परमार मंदिर, सिरपुर के ईंटों से बने मंदिर, गुप्त मंदिर, नचना एवं ऐरान के उत्कृष्ट निर्माण और छत्तीसगढ़ के राजनंदगाँव में भोरमदेव में उत्कृष्ट संरचना के मध्यकालीन मंदिर अन्य कम विख्यात लेकिन महत्वपूर्ण स्मारक हैं।

मानवशास्त्रीय संबंधी प्राप्तियाँ

मानवविज्ञान सर्वेक्षण, संस्कृति विभाग का एक अधीनस्थ कार्यालय है, जिसका प्रधान कार्यालय कोलकाता में है। यह मानवशास्त्रीय विषयों में प्रगत वैज्ञानिक अनुसंधान संचालन हेतु विशिष्ट अभिकरण है। इसके द्वारा भारत में जनजातियों एवं अन्य समुदायों का अध्ययन व सर्वेक्षण संचालित किया जाता है। यह मानवशास्त्र

के क्षेत्र में सभी अभिकरणों के लिए राष्ट्रीय स्तर पर एक समाशोधन गृह तथा समन्वय केन्द्र के रूप में कार्य करता है।

भारतीय मानवशास्त्रीय सर्वेक्षण ने 1 दिसम्बर, 1945 से एक स्वतंत्र इकाई के रूप में कार्य करना प्रारंभ किया था। इसका प्रशासनिक नियंत्रण तत्कालीन भारत सरकार के शिक्षा विभाग के अधीन था। वर्तमान काल में इसके सात क्षेत्रीय और एक उप-क्षेत्रीय कार्यालय देश के विभिन्न भागों में स्थित हैं, जबकि मुख्यालय कोलकाता में स्थित है। यह प्रारंभकाल से ही भारतीय जनसंख्या की जैव—सांस्कृतिक विविधताओं को समझने तथा रिकार्ड करने हेतु शोध संचालन और राष्ट्रीय योजना एवं विकास हेतु सूचना बैंक के रूप में सेवार्थ कार्य कर रहा है। इसके अतिरिक्त यह भारतीय जनसंख्या के जैव सांस्कृतिक इतिहास के संदर्भ में प्राचीन ढांचावशेषों की खोज, संरक्षण एवं अध्ययन संचालित करता है।

यह सर्वेक्षण प्रशिक्षण संचालित करता है, समाशोधन गृह के रूप में कार्य करता है और शोधार्थियों हेतु परिणाम प्रकाशित करता है। यह अपने मुख्यालय तथा क्षेत्रीय एवं उप-क्षेत्रीय कार्यालयों में अवस्थित अपने संग्रहालयों में मानवशास्त्रीय प्रलेख आदि संग्रह और प्रदर्शित करता है।

भौतिक मानवशास्त्र

भौतिक मानवशास्त्रीय प्रभाग की अनुसंधान गतिविधियाँ अनेक एवं विविधतापूर्ण हैं। विगत दशकों में मध्य प्रदेश में मास्की, उज्जैन तथा कौशाम्बी में प्राप्त अस्थि अवशेषों की रासायनिक अभिक्रिया द्वारा संरक्षित किया गया था। कालीबंगा, जो राजस्थान के गंगानगर जनपद में है, से प्राप्त अस्थि अवशेषों का अध्ययन अस्थिविज्ञान प्रयोगशाला में किया गया था। जाति, भाषा, राज्य, उत्पत्ति, कद तथा सीने संबंधी आंकड़ों का आंशिक विश्लेषण अखिल भारतीय जीव-मानवशास्त्रीय सर्वेक्षण के साथ परामर्श के तहत किया गया था।

18

धार्मिक केन्द्र

मध्य प्रदेश वैदिक काल से ही भारतीय इतिहास व संस्कृति की मुख्य धारा का महत्त्वपूर्ण व अभिन्न अंग रहा है। धर्म तथा आस्था के क्षेत्र में अग्रणी रहने वाले इस प्रदेश में धार्मिक स्थलों की भरमार है। हिन्दू तथा जैन धर्म के अनुयाईयों के बाहुल्य के कारण यहाँ अत्यन्त सुन्दर हिन्दू तथा जैन धार्मिक स्थलों की कोई कमी नहीं है।

नर्मदा नदी के तट पर बसे तीर्थस्थल यथा उज्जैन, अमरकंटक, माहेश्वर, मंडलेश्वर, ओंकारेश्वर राज्य के प्रमुख तीर्थस्थल हैं। उज्जैन में प्रत्येक बारह वर्ष में कुम्भ मेला लगता है। कुम्भ मेला भारत में कुल चार स्थानों पर लगता है। अन्य स्थान इलाहाबाद, हरिद्वार तथा नासिक हैं। क्षिप्रा एवं नर्मदा पावनतम नदियां हैं। भोपाल की जामा मस्जिद मुस्लिमों के लिए मशहूर है। इसी प्रकार सोनागिरि जैन लोगों का धार्मिक केन्द्र है। संक्षेप में, मध्य प्रदेश एक ऐतिहासिक महत्व का प्रदेश है तथा इसकी संस्कृति अत्यंत समृद्ध है।

पूर्व ऐतिहासिक काल में रामायण में इस क्षेत्र के विषय में बहुत कुछ कहा गया है। राम अपनी भार्या सीता और भ्राता लक्ष्मण के साथ अयोध्या से दक्षिण भारत की यात्रा में दण्डकारण्य अथवा वर्तमान मध्य प्रदेश होकर गुज़रे थे। दण्डकारण्य, जहाँ से होकर राम गुज़रे थे तथा कुछ समय तक रहे भी थे, अब मध्य प्रदेश का घना वन क्षेत्र है, जहाँ जनजातीय लोग रहते हैं। इस प्रकार मध्य प्रदेश में हिन्दुओं, मुस्लिमों, सिखों तथा बौद्धों के अनेक तीर्थस्थल हैं।

उज्जैन

मध्य प्रदेश के तीर्थस्थलों में उज्जैन को प्रथम स्थान प्राप्त है। यह नगर मध्य प्रदेश के पश्चिमी भाग में मालवा के हृदयस्थल में स्थित लगभग दो लाख की जनसंख्या वाला नगर है।

एक संस्कृत श्लोक में अवंतिका को अयोध्या, मथुरा, माया (हरिद्वार), काशी

(वाराणसी), कांची तथा द्वारका के साथ सात पवित्र नगरियों में सम्मिलित किया गया है। इन सभी नगरियों को मोक्षदायिनी बताया गया है। सामान्य काल में उज्जैन आने वाले तीर्थयात्रियों की संख्या कम होती है लेकिन कुंभ के अवसर पर इसकी महत्ता अचानक बहु-बहुगुणित हो जाती है। इस अवसर पर लाखों श्रद्धालुओं के आगमन से प्रशासन की अतिरिक्त भोजन व्यवस्था, आवास, परिवहन, चिकित्सा और सामान्य प्रशासन संबंधी चिंताएँ बढ़ जाती हैं। कुंभ आगमन पर नगर को वाणिज्यिक तथा अनेक अन्य लाभ होते हैं।

पावन नगरी उज्जैन में सबसे बड़ा श्रद्धास्थल भगवान महाकाल (शिव) का ज्योतिर्लिंग है। भगवान के सम्मुख श्रद्धावनत होना दैवीय शक्ति के समक्ष आध्यात्मिक समर्पण का सामान्य रूप है। सनातन धर्म में ज्योतिर्लिंगों का बहुत ऊँचा स्थान है। उज्जैन स्थित महाकाल मंदिर भारत में चार पावन ज्योतिर्लिंगों में एक है। भगवान शिव के भक्त दर्शनार्थ आते रहते हैं तथा सिंहस्थ के दौरान यहाँ भारी भीड़ होती है।

सिंहस्थ तीर्थयात्री भगवान महाकाल के अतिरिक्त उज्जैन और आसपास के 109 मंदिरों में देवी-देवताओं के दर्शन करते हैं। इन श्रद्धालुओं के मन में शिप्रा स्नान तथा भगवान महाकाल का दर्शन सर्वोपरि होता है।

अंग्रेजों ने व्यापक सर्वेश्वरवाद के श्रद्धालुओं के बीच अपेक्षाकृत शांतिपूर्ण सहअस्तित्व को देखकर आश्चर्य प्रकट किया था। कहने की आवश्यकता नहीं है कि अनेक भारतीय नगरों की भाँति उज्जैन में अधिकांश मंदिर गैर पंथी हैं। कुछ पंथ विशेष से जुड़े मंदिर भी उज्जैन में मौजूद हैं। उज्जैन की सबसे बड़े तीन मंदिर महाकाल मंदिर, गोपाल मंदिर तथा हरसिद्धि मंदिर का किसी पंथ विशेष के साथ कोई संबंध नहीं है। यद्यपि ये तीन मंदिर शैव, वैष्णव तथा शक्त सम्प्रदाय से सम्बद्ध हैं लेकिन श्रद्धालुओं को इन सबसे कोई मतलब नहीं केवल श्रद्धा व्यक्त करनी है। उदाहरण के लिए कोई श्रद्धालु नियमित रूप से गोपाल मंदिर जा सकता है तथा स्वयं को वैष्णव मान सकता है। फिर भी वह वर्ष में अनेक बार महाकाल और हरसिद्धि मंदिर दर्शनों के लिए जाता है। इस संबंध में यह महत्वपूर्ण है कि हरसिद्धि देवी वैष्णवों, शैवों तथा शक्ताओं द्वारा पूजी जाती हैं। चूँकि जब शिव ने सती के मृत शरीर के साथ नृत्य किया था, तब विष्णु ने ही उनके अंग काटे थे जिनमें से कोहनी उज्जैन में गिरी थी। कुल मिलाकर मंदिरों में श्रद्धालुओं की उपस्थिति कई कारणों से प्रभावित होती है। चूँकि भिन्न देवताओं को विशेषज्ञता भिन्न दैवीय कार्यों में है, अतः उनके दर्शन के कारण भी भिन्न होते हैं जिनमें परिवारिक प्रथा, रोग,

दुर्भाग्य, सांसारिक और भौतिक कामनाएँ, व्यक्तिगत अधिमान इत्यादि।

इस प्रकार पंथिक और गैर-पंथिक हिन्दू दोनों ही अनेक देवताओं की मूर्तियों वाले मंदिरों में जाते हैं जबकि पंथिक मंदिर भी अनिवार्यतः पंथ दीक्षितों के लिए संरक्षित नहीं हैं। हिन्दुओं में पंथिक सम्बद्धता और मंदिर उपस्थिति के बीच कोई सुनिश्चित साम्य नहीं है। उज्जैन में वल्लभ मंदिर में जाने वाले अधिकांश श्रद्धालु सम्प्रदाय दीक्षित है। लेकिन अनेक गैर पंथिक श्रद्धालु भी दर्शनार्थ पहुँचते हैं विशेषकर होली, फूलमंडली, जन्माष्टमी तथा अन्नकूट पर मंदिरों में दर्शनार्थ श्रद्धालुओं की भारी भीड़ जमा होती है।

खजुराहो

खजुराहो मध्यकालीन हिन्दू पुनर्जागरण के उच्चतम तथा सर्वाधिक प्रबल क्षणों का प्रतिनिधित्व करता है। क्योंकि खजुराहो के मंदिर गुप्त स्वर्ण काल के वास्तु तथा मूर्तिकला के उन तत्वों का विकास है जो उस समृद्ध साम्राज्य वंश के विशाल राज्य में विकसित होने प्रारंभ हो गए थे जिसने अशोक मौर्य के पश्चात् इतिहास में दूसरी बार लगभग पूरे भारत को एक कर दिया था।

खजुराहो राजधानी का परिवेश स्वर्गीय सम है। नीची पहाड़ियों से घिरा, हरे-भरे वनों के बीच, नगर से प्रवाहित नदी के साथ यह स्थान देव उपासना के लिए और सभी दिशाओं से राज्य के संरक्षण हेतु सर्वथा उपयुक्त था। यह राजधानी परकोटे की दीवारों से घिरी बताई जाती है यद्यपि अब उन दीवारों की अस्पष्ट नींव ही देखी जा सकती है। महल लुप्त हो गए हैं तथा यहाँ के अस्सी मंदिर भी धूल में मिल चुके हैं। लगता है कि यहाँ लोग झोंपड़ियों में रहते थे। पुराने स्थल पर अब मलिन एवं जर्जर गाँवों के अवशेष हैं।

लेकिन बुंदेलखंड में अनेक विशाल जलाशय हमें चंदेलों द्वारा भूमि को समृद्ध बनाने के लिए किए गए उपायों का संकेत देते हैं। इसी समृद्धि के बल पर भव्य मंदिरों का निर्माण संभव हुआ था। शेष बचे सात मंदिरों में एक विश्वनाथ मंदिर में एक शिलालेख पर 1002 AD में एक मरण उपरांत गुणगान उत्कीर्ण है। जो राजा धांग के विषय में है, जिसके अधीन इस मंदिर का निर्माण करवाया गया था। इस प्रकार स्पष्ट है कि चंदेलों मंदिरों ने उनके पुरोहितों तथा देवदासियों को सम्पन्न कर दिया था।

कुछ लोगों के अनुसार मंदिर के भीतर और बाहर की दीवारों पर देवों तथा सुरसुंदरियों के चित्र वास्तविक जीवन से लिए गए थे तथा उच्चतर व्याप्ति के देवों

तथा देवियों के समक्ष रखे गए थे।

यदि खजुराहों की मूर्तियों को हृदय की गहराइयों से देखा जाएगा तो उनमें कहीं कोई दोष नज़र नहीं आएगा। चाहे लज्जालु स्त्रियों, प्रेम क्रीड़ा में सहायक परिचारकों अथवा मैथुनरत युगलों जो स्वयं को भी भुलाए बैठ हैं के मुख भाव हैं, इनमें संलग्न व्यक्तियों के शरीर ऐसी ललित आकृतियाँ हैं जिनमें प्रेमानुराग अवतरित है।

अधिकांश मामलों में पुरुष अपनी प्रेयसी को प्रेम तथा संरक्षण के साथ बाँहों में लिए सुकोमल दृष्टि से निहार रहा है जबकि स्त्री ऊपर की ओर देख रही है, मानो कि अपने तन और आत्मा के साथ अपने प्रियतम के झुके सिर तक पहुँचना चाहती है। इन चेहरों पर पाशविक वृत्ति किंचित भी नहीं है क्योंकि शिल्पकार को अच्छी तरह मालूम था कि आध्यात्मिक मान क्या है। मंदिरों के सम्पूर्ण समूह का चमत्कार स्वयं उत्कीर्णन का सौम्य परिपूर्णन है। निश्चित रूप से खजुराहो की दस या बारह मूर्तियाँ भारत की सर्वश्रेष्ठ मूर्तियों में शुमार किए जाने योग्य हैं। मध्य काल में एलोरा, एलीफेंटा के मंदिरों में भी उत्कृष्ट शिला के दर्शन किए जा सकते हैं।

उदयगिरि

उदयगिरि की गुफाएँ विदिशा से 4 कि.मी. की दूरी पर चट्टानों को काट कर बनाई गई गुफाओं के लिए प्रसिद्ध हैं। इनमें अधिकांश गुफाएँ गुप्त काल (4–6 सदी AD) से संबंध रखती हैं।

वाराह पट्टिका, बृहदतम एवं प्राचीनतम पट्टिका है जो विष्णु के वाराह अवतार को दर्शाती है। भगवान विष्णु ने वाराह अवतार में पृथ्वी के नाम कुण्डली से रक्षा की थी। पट्टिका का निचले भाग में लहरें उत्कीर्ण की गई हैं साथ में कमल और समुद्र देव को भी दर्शाया गया है जबकि दो महान नदियाँ गंगा एवं यमुना अपने माध्यमों मकर और कछुओं से पहचानी जा सकती हैं। साँची के महान स्तूप और भव्य द्वार उदयगिरि तथा विदिशा के निकट क्षेत्रों में मठ, मंदिर, तराशे गए स्तंभ बौद्ध कला और वास्तुशिल्प के विलक्षण एवं ऐतिहासिक स्मारक हैं जो प्राचीन स्थल पर समृद्ध हुए एवं भव्य अभिव्यक्ति पाई ये बुद्ध की मूर्तियों तथा मूर्ति अलंकरण के सुंदरतम उदाहरण हैं।

असापुरी ग्राम

भोजपुर-गौहरगंज मार्ग पर दक्षिण की ओर 5 कि.मी. दूर यह मध्यम आकार का गाँव अपने प्राचीन अवशेषों तथा एक हिंदू मंदिर के लिए प्रसिद्ध है, जहाँ वाराह

भगवान की मूर्ति अभी तक मौजूद है। असापुरी देवी की मूर्ति (संभवतः गाँव का नाम भी इसी आधार पर रखा गया है) तथा शान्तिनाथ की 16 फीट ऊँची मूर्ति के साथ एक जैन मंदिर इस गाँव के महत्वपूर्ण अवशेष हैं। ये अवशेष भोजपुर मंदिर जितने प्राचीन बताए जाते हैं।

भोजपुर

गौहरगंज से बैलगाड़ी मार्ग द्वारा लगभग 13 कि.मी. दूर उत्तर में गौहरगंज तहसील का एक छोटा-सा गाँव है। यह एक भव्य मंदिर तथा विशाल बाँध के लिए प्रसिद्ध है। यह विशाल शिव मंदिर वर्गाकार है। इस मंदिर का निर्माण महान परमार राजा भोज द्वारा ग्यारहवीं सदी में एक रात्रि के समय में करवाया गया बताया जाता है, लेकिन गजेटियर इसको बारहवीं अथवा तेरहवीं सदी का निर्माण बताता है। यह मंदिर अपूर्ण है। इस मंदिर के निकट जैन मंदिर है जिसमें आदिनाथ की 20 फीट ऊँची मूर्ति स्थापित है। यह मंदिर भी आयताकार है तथा संभवतः शिव मंदिर के निर्माण काल में ही बनवाया गया था। यह मंदिर भी अपूर्ण है।

माहेश्वर

माहेश्वर हिंदू सभ्यता के उदयकाल में एक महत्वपूर्ण सांस्कृतिक एवं राजनीतिक केन्द्र था और इसका उल्लेख रामायण तथा महाभारत में इसके पूर्व नाम महिष्मती के रूप में किया गया था। यह नगर अनेक सदियों तक विस्मृति के बियावान में जर्जर अवस्था में पड़ा रहा और उसके पश्चात् अठारहवीं सदी के अन्त में इंदौर की रानी अहिल्याबाई होल्कर द्वारा इसको पुनर्जीवन प्रदान किया गया। यहाँ स्थित मंदिर तथा नदी किनारे किला परिसर इसी अवधि के निर्माण हैं।

प्रमुख दर्शनीय स्थल किला है, जिसे अब होल्कर वंश की कुलागत वस्तुओं तथा स्मृति चिन्हों के प्रदर्शन हेतु संग्रहालय का रूप दे दिया गया है। नर्मदा नदी के तीन घाट, बहुमंजिला मंदिर जो अपनी बाह्यप्रक्षेपित बालकनियों से अलग पहचाने जाते हैं तथा सुंदर नक्काशी युक्त कपाट उल्लेख योग्य हैं। माहेश्वरी साड़ियाँ अपनी अद्वितीय बुनाई तथा सुंदर जटिल नमूनों के लिए पूरे देश में प्रसिद्ध हैं।

नेवड़ी

भोपाल से केवल 6 कि.मी. दूर नेवड़ी में ग्यारहवीं सदी का शिवमंदिर और एक लोकप्रिय पिकनिक स्थल है।

ओंकारेश्वर

नर्मदा और कावेरी नदियों के संगम पर स्थित यह द्वीप श्री ओंकार मान्धाता के शिव मंदिर में भारत भर में कुल 12 ज्योतिर्लिंगों में से एक यहाँ होने के कारण सदियों से हिन्दू तीर्थयात्रियों को अपनी ओर आकर्षित करता रहा है। मंदिर का निर्माण स्थानीय मृदु पत्थर से किया गया है। जिसके कारण इसके शिल्पी सुन्दर उत्कीर्णन कार्य विशेषकर संरचना के ऊपरी भागों में चित्रवल्लरियों में कर सकने में सफल हुए हैं।

इस द्वीप में कुछ अन्य मंदिर भी हैं, जिनमें सिद्धनाथ मंदिर प्रारंभिक मध्यकाल की ब्राह्मणवादी वास्तुशिल्प का सुन्दर उदाहरण है। इसके अतिरिक्त यहाँ अन्य हिंदू एवं जैन मंदिर भी हैं। यद्यपि ग्यारहवीं सदी में गज़नी के महमूद द्वारा अनेक हिन्दू मंदिर नष्ट कर दिए गए थे, लेकिन ये मंदिर तथा निकटवर्ती नदी तट पर बने मंदिर अक्षुण्ण हैं। इस द्वीप पर निर्मित मंदिर मनोहारी एवं दर्शनीय हैं।

ओरछा

ओरछा के प्रभावशाली मंदिर सत्रहवीं सदी के निर्माण हैं। ये मंदिर आज भी उपयोग में हैं तथा हजारों श्रद्धालु नियमित रूप से यहाँ देवदर्शन हेतु आते हैं। आधुनिक ग्राम के मध्य में राम राजा मंदिर है, जिसकी मीनारें गगनचुम्बी हैं। मूलतः एक महल, यह भवन उस समय एक मंदिर रूप में परिवर्तित कर दिया गया, जब यहाँ अस्थायी रूप से स्थापित राम की मूर्ति हिलाना असंभव हो गया। अब यह मूर्ति किसी प्रकार निकटवर्ती चतुर्भुज मंदिर में पहुँचा दी गई है, जहाँ इसे चाँदी के दरवाजों के पीछे छिपा कर रखा गया है। राम राजा मंदिर से एक किलो मीटर दूर लक्ष्मी नारायण मंदिर है, जहाँ सुन्दर भित्तिचित्र हैं।

रजवाड़ा

रजवाड़ा से थोड़ी ही दूर, जवाहर मार्ग पर, काँच मंदिर अथवा सेठ हुकमचंद मंदिर है। यह जैन मंदिर बाहर से बिलकुल सादा है, लेकिन भीतर पूरी तरह दर्पणमय है तथा इसमें मृत्योपरांत जीवन में पापियों को दण्ड दिया जाना चित्रित किया गया है।

सोनागिर

ग्वालियर से झांसी रेलमार्ग लगभग 61 कि.मी. दूर रेलवे लाइन के पश्चिम में पहाड़ी पर श्वेत जैन मंदिरों का बड़ा समूह है। यह भारत में प्रायः इतने साधारण

रूप से साकार होने वाले स्वप्न सरीखे दिव्य दर्शन का अद्भुत दृश्य है। यहाँ निकटतम रेलवे स्टेशन सोनगिर है।

उदयपुर

उदयपुर साँची से 70 कि.मी. दूर उत्तर दिशा में है। यहाँ विशाल नीलकंठेश्वर मंदिर का निर्माण 1059 AD में हुआ बताया जाता है। इसके शिखर के चारों ओर चार प्रमुख अलंकृत पट्टियों पर सुन्दर एवं महीन नक्काशी की गई है। मंदिर का संरेखण इस प्रकार किया गया है कि सूर्य की पहली किरण गर्भगृह में स्थापित शिवलिंग पर पड़ती है।

19

संग्रहालय तथा पुस्तकालय

मध्य प्रदेश में अनेक संग्रहालय हैं, जिनमें से अधिकतर पुरातत्वीय प्रकृति के हैं। राज्य और केन्द्र सरकारों द्वारा सामान्यतः अनुरक्षित सार्वजनिक संग्रहालयों के अतिरिक्त सागर, उज्जैन, जबलपुर तथा ग्वालियर में विश्वविद्यालयों द्वारा चलाए जा रहे संग्रहालय हैं। हरि सिंह गौर संग्रहालय, सागर तथा विक्रम कीर्ति मंदिर, विक्रम विश्वविद्यालय, उज्जैन में समृद्ध पुरातात्त्विक संग्रह है, जिसमें विभिन्न खुदाई स्थलों से प्राप्त सामग्री भी है।

साँची, सतना, ग्वालियर, इंदौर, मंदसौर, उज्जैन, राजगढ़ भोपाल, जबलपुर, रीवा, तथा अन्य अनेक स्थानों पर संग्रहालयों में मध्य प्रदेश का पुरातत्वीय खजाना मौजूद है। ओंकारेश्वर, माहेश्वर तथा अमरकंटक को उनके धार्मिक महत्व के अनुसार एकीकृत विकास के लिए पावन नगरी घोषित किया गया है।

राष्ट्रीय मानव संग्रहालय

राष्ट्रीय मानव संग्रहालय (अथवा इंदिरा गांधी राष्ट्रीय मानव संग्रहालय) संस्कृति विभाग का अधीनस्थ कार्यालय है। यह संस्थान मानव तथा मानव की पूर्व-ऐतिहासिक काल से अब तक की गतिविधियों के अध्ययन हेतु 1977 में स्थापित किया गया था जिसके प्रमुख अध्ययन विषय थे (क) मानव का उद्‌भव तथा मानव वैभिन्य (ख) मानव और संस्कृति (ग) भौतिक संस्कृति, भारतीय एकता और विविधता।

छप्पन महल संग्रहालय, मांडू

छप्पन महल सोलहवीं सदी AD में निर्मित एक विस्मृत मकबरा है। महाराज सयाजी राव विश्वविद्यालय, बड़ौदा की चांसलर श्रीमती मृणालिनी देवी पुआर ने विक्रमी संवत 2056 (ऐतिहासिक विक्रमी संवत 1956 के ठीक एक सौ वर्ष पश्चात्) में यह सम्पत्ति संग्रहालय बनाए जाने हेतु दान कर दी।

जनपद पुरातत्त्व संघ तथा राज्य पुरातत्व विभाग ने इस संग्रहालय की स्थापना

हेतु प्रारंभिक कदम उठाए। इस संग्रहालय की स्थापना से पूर्व इस स्मारक को श्रमिकों की रात-दिन की मेहनत से छह माह की अवधि में इसका पुराना स्वरूप प्रदान किया गया। संग्रहालय की चार दीर्घाओं दृश्यिका, मंडपिका, अरण्यिका तथा पूर्व्रिका में पाषाण युग से 20वीं सदी तक की धार जनपद की अमूल्य ऐतिहासिक धरोहर प्रदर्शित करने का प्रयास किया है। इस धरोहर में पन्द्रह सौ वर्ष पुराने बाघ गुफाओं के भित्तिचित्र, पाषाण काल के स्मृति चिह्न, भील संस्कृति, राजा भोज तथा धारनगरी की गौरवगाथा, मालवा के सुल्तानों का उत्थान, रूपमती और बाज़बहादुर की अमर प्रेम कथा तथा राणा बख्तावर सिंह की बलिदान गाथा सम्मिलित है।

विक्रम कीर्ति मंदिर

विक्रम संवत के दूसरे सहस्त्र के अवसर पर प्रतिष्ठापित विक्रमादित्य की स्मृति संजोए रखने हेतु इस सांस्कृतिक केन्द्र विक्रम कीर्ति मंदिर के भीतर सिंधिया ओरिएण्टल रिसर्च इंस्टिट्यूट, एक पुरातत्त्व संग्रहालय, एक कला दीर्घा तथा एक प्रेक्षागृह मौजूद है। सिंधिया ओरिएण्टल रिसर्च इंस्टिट्यूट में विभिन्न विषयों पर 18,000 अमूल्य पाण्डुलिपियों का संग्रह है तथा यहाँ महत्वपूर्ण प्राच्य प्रकाशनों का एक संदर्भ पुस्तकालय है। संस्कृत, अरबी, फारसी तथा अन्य भारतीय भाषाओं में दुर्लभ पांडुलिपियों में वैदिक साहित्य तथा दर्शन से नृत्य और संगीत तक व्यापक विषय शृंखला सम्मिलित है।

इस संस्थान में खजूर पत्र तथा भोज पत्र पांडुलिपियाँ भी संरक्षित हैं। श्रीमद् भागवत की एक सचित्र पांडुलिपि, जिसमें चित्रों में वास्तविक स्वर्ण एवं रजत का प्रयोग किया गया है, के अतिरिक्त यहाँ राजपूत और मुगल शैली में पुरानी पेंटिंग्स का समृद्ध संग्रह है। नर्मदा घाटी से खुदाई में प्राप्त मूर्तियाँ, शिलालेख, ताम्रपत्र तथा जीवाश्म यहाँ रखे गए हैं। प्राचीन काल के हाथी का विशाल मस्तक विशेष रुचिकर है।

कालिदास अकादमी तथा संग्रहालय

इस अकादमी की स्थापना मध्यप्रदेश सरकार द्वारा महाकवि-नाटककार कालिदास की स्मृति को अमर बनाने के लिए तथा कालिदास को शीर्ष पर रखते हुए समस्त शास्त्रीय परम्परा की प्रतिभा को प्रक्षेपित करने के लिए, संस्कृत शास्त्रीय एवं पारम्परिक प्रदर्शन कला में अनुसंधान और अध्ययन के लिए और भिन्न सांस्कृतिक परिवेश एवं भाषा समूहों में समकालीन मंच के लिए अनुकूलता सुविधाजनक बनाने

हेतु एक बहु-विषयी संस्थान के रूप में सृजित करने हेतु उज्जैन में की गई थी। अकादमी परिसर में थियेटर, संग्रहालय, पुस्तकालय, व्याख्यान तथा संवाद गोष्ठी कक्ष, अभ्यास हेतु लघु मंच, विद्वानों के लिए अनुसंधान सुविधाएँ और एक विशाल मुक्ताकाश मंच मौजूद है।

राम जनार्दन मंदिर, रामघाट, हरिहरतीर्थ, मल्लिकार्जुन तीर्थ, गंगा घाट, भैरों का रोजा, बेगम का मकबरा, बिना नींव की मस्जिद तथा दिगम्बर जैन संग्रहालय उज्जैन के कुछ अन्य महत्वपूर्ण स्थल हैं।

भारत भवन संग्रहालय – रूपांकर

भारत भवन शब्दशः भारत का निवास अथवा घर की कल्पना और प्रतिष्ठापन 1980 के दशक के प्रारंभ में किया गया था। तब ही से इस संग्रहालय, पुस्तकालय तथा संगीत केन्द्र ने समकालीन कला परिदृश्य में महत्वपूर्ण भूमिका अदा करते हुए भारत और विदेशों से कलाकारों को आकर्षित किया है। इस परिसर के भवनों में रंगमंडल थियेटर है, जहाँ वर्ष भर एक कम्पनी नाटकों का मंचन करती है। ये नाटक प्रायः नए विषयों पर आधारित होते हैं लेकिन वे भारत की प्राचीन थियेटर परंपराओं से शैली और तकनीक संबंधी प्रेरणाएँ भी ग्रहण करते हैं। यहाँ एक संगीत कक्ष 'अनहद' काव्य पुस्तकालय 'वागर्थ' और कला संग्रहालय 'रूपांकर' भी हैं।

यह संग्रहालय दो पहलुओं से विशिष्ट है (1) समकालीन कला प्रमुख भारतीय कलाकारों की पेंटिंग्स एवं मूर्तियाँ तथा (2) मध्य प्रदेश के क्षेत्रीय एवं जनजातीय कला रूप।

विदिशा संग्रहालय

यह संग्रहालय 1940 में स्थापित किया गया था। भीलसा में एक जागीरदार को 1940 में मंजिलों के लिए खनन में सुन्दर मूर्तियाँ मिली थीं। चूँकि ये मूर्तियाँ कलात्मक प्रकार की थीं और प्राचीन नगरी विदिशा की विविध तस्वीर प्रस्तुत करती थीं, अतः इन प्राचीन वस्तुओं को सहेज कर एक संग्रहालय स्थापित करने का विचार किया गया।

प्राप्तियों में विदिशा नगरी से प्राप्त प्राचीन वस्तुएँ, भग्न किले, नदी तल और अन्य स्थानों से प्राप्त वस्तुएँ शामिल हैं। इनमें लगभग 150 से अधिक मूर्तियाँ एवं शिलालेख हैं। यह संग्रहालय पुरातत्त्व निदेशक, मध्य प्रदेश के अधीन है।

केन्द्रीय संग्रहालय भोपाल

यह संग्रहालय 20 अप्रैल, 1949 को स्थापित किया गया था। इस संग्रहालय में पेंटिंग्स, सिक्के, पोर्सिलेन, धातु, हाथीदाँत व लकड़ी के खिलौने, सिलाई-कढाई इत्यादि की वस्तुएँ रखी गई हैं।

इस संग्रहालय के साथ एक वृहद पुस्तकालय है जिसमें लगभग 20,000 पुस्तकें रखी गई है।

जनपद पुरातत्व संग्रहालय, धार

सन 1872 ईस्वी के करीब धार के नगर महल के मलबे से और निकटवर्ती एक कुएँ से पुरातत्व की प्राप्तियों तथा धार के स्वर्गीय महाराज आनंद राव पवार-III, और सबसे बढ़कर स्वर्गीय के. के. लेले द्वारा धार में भोजशाला के स्तंभों पर नागबन्धों और शिलालेखों की खोज के फलस्वरूप धार राज्य में पुरातत्व विभाग व संग्रहालय सृजन हुआ।

यह एक पुरातात्त्विक संग्रहालय है, जिसमें निम्नलिखित अनुभाग हैं (1) मूर्तियाँ– हिन्दू व जैन मूर्तियाँ परमारकालीन; (2) शिलालेख (क) भोजशाला में (i) पारिजातमंजरी अथवा विजयश्री नाटिका (ii) कर्मशतक तथा (iii) नागबन्ध; (ख) संग्रहालय में – (i) कोडंडा काव्य (ii) खडगस्तम तथा (iii) आद्यन्त काव्य और अन्य अनेक लघु वस्तुएँ। परिजातमंजरी प्राकृत और संस्कृत में है तथा शेष सभी महाराष्ट्री प्राकृत में हैं और परमारकाल (1010 से 1250 A.D.) से सम्बद्ध हैं। (3) सिक्के (स्वर्ण, रजत एवं ताम्र); (4) टेराकोटा (वी. एस. वाकानकर का संग्रह) : (क) लघुमूर्तियां (ख) वाकाटाका मुद्राएँ (ग) ईंट (बौद्ध एवं परमार) तथा (घ) मनके, कांच, शंख तथा चूड़ियाँ इत्यादि (5) ऐतिहासिक स्मारकों के विविध फोटो, मुद्राएँ, रेखाचित्र एवं चित्र।

पुरातात्विक संग्रहालय, ग्वालियर किला

सन् 1913 में स्व. महाराज माधव राव सिंधिया द्वारा पुरातत्व विभाग के सृजन के पश्चात् संग्रहालय स्थापित करने का विचार भी पैदा हुआ था। ग्वालियर दरबार के आदेश के अनुसरण में विभाग ने जनपद में बिखरी चल प्राचीन वस्तुओं का संग्रह प्रारंभ किया तथा 1920 में पर्याप्त संग्रह हो जाने पर दरबार ने गुजरी महल में संग्रहालय स्थापित करने की अनुमति प्रदान कर दी। वस्तुओं को वर्गीकृत किया गया तथा संग्रहालय में व्यवस्थित ढंग से रखकर मई 1922 में जनता के लिए खोल दिया

गया। संग्रहालय में रखी अधिकांश वस्तुएं मोहनजोदड़ो से प्राप्त कुछ बरतनों एवं मुद्राओं और राज्य के बाहर से प्राप्त सिक्कों, धातु मूर्तियों एवं पेंटिंग्स को छोड़कर स्थानीय तौर पर प्राप्त की गई हैं।

संग्रहालय प्रमुख रूप से पुरातात्त्विक है तथा इसके संग्रह में मूर्तियाँ, शिलालेख व ताम्रपत्र, मुद्राएँ, प्रस्तर स्तंभ एवं शीर्ष, नायक प्रस्तर तथा सती शिला, धातु मूर्तियाँ, टेराकोटा की वस्तुएँ, सिक्के पावया (पद्मावती), बेसनगर (विदिशा), उज्जैन (उज्जयिनी) तथा माहेश्वर जैसे प्राचीन स्थलों से खुदाई में प्राप्त वस्तुएँ, बाघ गुफाओं के भित्तिचित्र एवं चित्रों की प्रतियां सम्मिलित हैं। संग्रहालय में रखी वस्तुएँ 3 सदी B.C. से 17 वीं सदी A.D. तक, देश के इस भाग की कला और संस्कृति प्रदर्शित करती हैं। पावया का खजूर शीर्ष, उदयगिरि का सिंह शीर्ष, मणिभद्र यक्ष तथा अन्य शिल्प, बदोह से उत्कृष्ट माँ एवं शिशु तथा अन्य गुप्त कालीन तथा मध्यकालीन वस्तुएँ, पावया से टेराकोटा शीर्ष श्रृंखला, कुमार गुप्त तथा तुमैन सहित शिलालेख, ताम्रपत्र, सिक्के, बाघ गुफाओ के भित्ति चित्रों की प्रतियां, राजपूत एवं मुग़ल चित्रों का संग्रह उल्लेखनीय हैं।

पुरातत्व विभाग का पुस्तकालय संग्रहालय के उपयोग हेतु भी उपलब्ध है। पुरातात्त्विक वस्तुओं के लिए स्लाइड्स भी उपलब्ध हैं, जो आवश्यकतानुसार दिखाई जाती हैं। पुरातत्व विभाग के साथ सम्पर्क करने पर संग्रहालय वस्तुओं के फोटोग्राफ भी उपलब्ध करा सकता है। यद्यपि संग्रहालय द्वारा विशेष अथवा आवधिक प्रदर्शनियों की व्यवस्था नहीं की जाती है लेकिन यह सहयोग एवं सहायता करता है।

यह संग्रहालय उप निदेशक पुरातत्व और संग्रहालय, मध्य प्रदेश के अधीन है।

राज्य संग्रहालय, जमना बाग, ग्वालियर

इस संग्रहालय की स्थापना माधव राव सिंधिया द्वारा इस सदी के प्रारंभ में की गई थी तथा इसकी व्यवस्था महल के सबसे विशाल स्कंधों में से एक में की गई थी। यह संग्रहालय एक प्राणिविज्ञान संग्रहालय के रूप में स्थापित किया गया था। बाद में सन् 1922 में प्रिंस आफ वेल्स के आगमन पर इसे वर्तमान भवन जमना बाग कोठी में अंतरित कर दिया गया था। संग्रहालय में निम्नलिखित अनुभाग हैं : (क) प्राकृतिक इतिहास, (ख) आयुध, (ग) कला, (घ) सिक्के (ड.) हाथी दांत एवं काष्ठ (च) पीतल (छ) वनोपज (ज) प्रवाल अथवा मूंगा (झ) भूविज्ञान।

संग्रहालय एक अच्छी डिजाइन के बाग में स्थित है जहाँ एक चिड़ियाघर भी है। यहाँ प्रतिदिन लगभग 100 से 300 लोग और वर्ष भर में लगभग चालीस हजार लोग आते हैं।

केन्द्रीय संग्रहालय, इन्दौर

यह संग्रहालय अक्टूबर, 1929 में प्रमुखतः पुरातात्विक संग्रहालय के रूप में स्थापित किया गया था। समय-समय पर इसमें और अनुभाग भी जोड़े गए हैं तथा इसमें कुल प्रदर्शित वस्तुओं की संख्या लगभग 7000 है। संग्रहालय के साथ एक संस्थान नर रत्न मंदिर जुड़ा है, जिसकी स्थापना 1923 में की गई थी। लेकिन 1931 में एक पृथक अस्तित्व के रूप में संग्रहालय के साथ जोड़ा गया था। इसमें सभी देशों जातियों, पंथों के महापुरुषों की तस्वीरें तथा उनका जीवन वृत्त एवं उपलब्धियाँ उल्लेखित हैं। नर रत्न मंदिर के साथ एक पुस्तकालय संलग्न है, जिसमें लगभग 7000 पुस्तकें उपलब्ध हैं।

संग्रहालय में मूर्तिकला, मुद्राशास्त्र, पुरालेख, इतिहास, प्राचीन पॉटरी, शस्त्रास्त्र तथा साज-सामान से संबंधित वस्तुएँ रखी गई हैं। यहाँ शिला, ईंटों पर लेख, ताम्रपत्र और मुद्राएं पत्थर और धातु की ब्राह्मणवादी तथा जैन मूर्तियाँ और वास्तुकला के नमूने रखे हैं। यहाँ विभिन्न घरानों के चित्र पांडुलिपियों तथा आभूषणों का विरल संग्रह मौजूद है। इस संग्रहालय में भूविज्ञान तथा जातीय विज्ञान से संबंधित सामग्री और वाणिज्यिक उत्पाद भी हैं।

पुरातात्विक संग्रहालय खजुराहो

खजुराहो संग्रहालय 1910 में खोला गया था तथा इस बुंदेलखंड में तत्कालीन राजनीतिक एजेन्ट जार्डिन के नाम पर जार्डिन संग्रहालय नाम दिया गया था। यहाँ पुराने खजुराहो मंदिरों के भग्नावशेषों से प्राप्त वस्तुएँ संरक्षित की गई हैं। विंध्य प्रदेश के विलय के उपरान्त भारतीय पुरातत्व विभाग द्वारा इसका अधिग्रहण कर लिया गया। अब इसे पुरातात्त्विक संग्रहालय, खजुराहो कहा जाता है। यह शुद्ध रूप से पुरातात्त्विक संग्रहालय है, जहाँ लगभग दो हजार मूर्तियाँ एवं अन्य वस्तुएँ रखी गई हैं। संग्रह काफी समृद्ध है तथा इसमें 10-12 वीं शताब्दी A.D. अवधि की इस क्षेत्र की ब्राह्मणवादी, बौद्ध तथा जैनमत संबंधी वस्तुएँ मुख्य रूप से प्रदर्शित की गई हैं।

प्रकाशन : चन्द्रा और धामा खजुराहो गाइड। यह अधीक्षक, संग्रहालय शाखा, पुरातत्त्व विभाग, भारत सरकार के नियंत्रण में है।

राज्य संग्रहालय, धुबेला महल, नौगांव

यह संग्रहालय रीवा के महाराजा गुलाब सिंहजूदेव द्वारा 1937 में स्थापित किया गया था तथा रीवा के तत्कालीन महाराजा वैंकट रमन सिंह के नाम पर इसका नाम श्री वेंकट सदन संग्रहालय रखा गया था। संग्रहालय में मौजूद वस्तुएँ पुरातत्व, विंध्यं प्रदेश, रीवा के तत्कालीन अधीक्षक के प्रयासों का परिणाम है। इसका उद्‌घाटन पंडित जवाहर लाल नेहरू द्वारा विंध्य प्रदेश राज्य संग्रहालय के रूप में 12 सितम्बर, 1956 को किया गया था।

संग्रहालय में अधिकांश वस्तुएँ पुरातत्व से संबंधित हैं, जिन्हें निम्नलिखित शीर्षों में बांटा जा सकता है : (क) मूर्तियाँ (ख) ताम्र पत्र तथा लेख (ग) ताम्र उपकरण (घ) सिक्के (ड.) टेराकोटा (च) चित्र दीर्घा (छ) खनिज उत्पाद (ज) महाराज रीवा की कुलागत वस्तुएँ (झ) काष्ठ एवं हाथीदांत की कृतियां तथा (ञ) विविध। मूर्ति दीर्घा काफी समृद्ध एवं महत्वपूर्ण है, जिसमें जैन तीर्थंकरों, यक्ष यक्षिणियों तथा ब्राह्मणवादी मूर्तियों में भेड़ाघाट के योगिनी समूह के समान गोर्गी से देवी प्रतिमा समूह और शिव, विष्णु एवं अन्य देवों की मूर्तियाँ तथा भागवत एवं रामायण के अनेक प्रसंग चित्र तथा अन्य पाठ सम्मिलित हैं। पुरालेख अनुभाग में कुषाण एवं गुप्त काल के प्रस्तर अभिलेख, छठी शताब्दी के ताम्र पत्र, कला कलचूरी के मध्यकालीन शिलालेख और कुछ दिलचस्प सती शिलाएं हैं।

पूर्व समय में संग्रहालय के साथ एक पुस्तकालय सम्बद्ध था, जो अब अलग हो गया है तथा शिक्षा विभाग के अधीन हैं। संग्रहालय का प्रशासन मध्य प्रदेश सरकार के अधीन है।

पुरातत्त्व संग्रहालय, रांची

रांची में खुदाई तथा संरक्षण के दौरान प्राप्त हुई छोटी-छोटी प्राचीन वस्तुओं के संग्रह द्वारा पुरातत्त्व विभाग, भारत के तत्कालीन महानिदेशक सर जॉन मार्शल द्वारा स्थापित किया गया था। खुदाई स्थल से प्राप्त मूर्तियाँ तथा वास्तुशिल्प की अन्य वस्तुएँ जो स्थल पर संरक्षित नहीं की जा सकती थीं, सर जॉन मार्शल के व्यक्तिगत निरीक्षण में संग्रहालय में रखी गई थीं। जुलाई, 1953 में पुरातत्व विभाग का केन्द्रीय मंडल गठित किया गया था। संग्रहालय फिलवक्त पुरातत्व विभाग, भारत सरकार के अधीन है।

दिगम्बर जैन संग्रहालय, सोनागिर

यह संग्रहालय 1918 में स्थापित किया गया था। सोनागिर के आसपास पाई गई पुरातात्त्विक सामग्री तथा मूर्तियाँ इस संग्रहालय में व्यवस्थित की गई हैं। इस संग्रहालय का उद्देश्य जैनमत की प्राचीन वस्तुओं का श्रेष्ठ संग्रह तैयार करना है। उपयुक्त सुविधाओं के होने पर यह संभव है, क्योंकि लगभग 40 मील अर्द्धव्यास के घेरे में पुरातत्व सामग्री मौजूद है।

इसकी व्यवस्था सोनागिर समिति के अधीन है। संग्रह तथा वृद्धि स्थानीय रूप से आसपास के क्षेत्रों से की जाती है।

पुस्तकालय तथा साहित्य संस्थाएँ

राज्य के संग्रहालयों से सम्बद्ध अनेक पुस्तकालयों के अलावा स्कूल, कॉलेज, विश्वविद्यालय, तकनीकी संस्थान तथा विभिन्न सरकारी अनुसंधान संस्थानों समेत शैक्षिक संस्थानों द्वारा अनेक पुस्तकालय संचालित किए जा रहे हैं। राज्य में कुल 12 विश्वविद्यालय हैं तथा उनसे सम्बद्ध अनेक कॉलेज हैं। विभिन्न साहित्यिक संस्थाएं तथा स्वैच्छिक संगठन भी राज्य के लगभग प्रत्येक बड़े शहर में पुस्तकालय और समाचार पत्र वाचनालय चला रही हैं।

नटनागर अनुसंधान संस्थान, सीतामऊ – प्रख्यात इतिहासविद डॉ. रघुवीर सिंह द्वारा निर्मित यह संस्थान अब राष्ट्रीय स्तर पर स्थापित हो चुका है। यहाँ पांडुलिपियों, फर्मानों तथा दस्तावेजों, विशेषतः मध्यकालीन भारतीय इतिहास से संबंधित, का अत्यंत समृद्ध संग्रह है।

जनजातीय अनुसंधान संस्थान एवं संग्रहालय, छिंदवाड़ा – इस संस्थान में राज्य की जनजातीय संस्कृतियों से संबंधित कला के कुछ दुर्लभ नमूने मौजूद हैं। यहाँ एक संग्रहालय तथा पुस्तकालय भी है, जिसका एक भाग भोपाल स्थानांतरित किया जा चुका है।

प्राच्य निकेतन भोपाल – एक संग्रहालय चलाने तथा भारत-विद्या में स्नातकोत्तर अध्ययन तथा अनुसंधान संचालित करने के अतिरिक्त यह संस्थान संगीत विद्यालय भी चलाता है। यह प्राच्य प्रतिभा नामक अनुसंधान पत्रिका का नियमित प्रकाशन भी कर रहा है।

एम. पी. इतिहास परिषद् भोपाल – यह परिषद् राज्य में ऐतिहासिक अध्ययन के क्षेत्र में सराहनीय कार्य कर रही है। यह एक अनुसंधान पत्रिका का प्रकाशन करती है तथा राज्य में भिन्न स्थानों पर वार्षिक सत्रों का आयोजन करती है।

सिंधिया ओरिएण्टल इंस्टिट्यूट, उज्जैन – सन 1931 में स्थापित यह संस्थान लगभग 18,000 प्राचीन पांडुलिपियों तथा 12,000 से अधिक पुस्तकों एवं पत्रिकाओं को अपने दामन में समेटे है। संस्थान में उल्लेखनीय पांडुलिपियां हैं : – सचित्र भागवत पुराण जिसमें 137 दुर्लभ पेंटिंग्स हैं, दारा शिकोह के शासन काल में किया गया 50 उपनिषदों का फारसी अनुवाद और कुछ प्राचीन पत्र संस्थान द्वारा कुछ उपयोगी संस्कृत कृतियों का प्रकाशन किया गया है।

मध्य प्रदेश साहित्य परिषद् – परिषद् विभिन्न साहित्यिक विषयों पर व्याख्यान तथा संवादगोष्ठियों का आयोजन करती है। यह धर्म, दर्शन, साहित्य और ललित कलाओं पर अनेक पुस्तकों का प्रकाशन कर चुकी है। यह संस्कृत तथा हिन्दी के विद्वानों को सम्मानित भी करती है।

राज्य हिन्दी अकादमी – हिन्दी अकादमी का गठन विश्वविद्यालय के पाठ्यक्रमों हेतु उपयुक्त विभिन्न विषयों में पुस्तकों के प्रकाशनार्थ किया गया था। अकादमी द्वारा मानवविज्ञान, सामाजिक विज्ञान, ललित कला, शिक्षा विधि और अन्य विषयों पर 200 से अधिक स्तरीय पुस्तकों का प्रकाशन किया जा चुका है। इनमें मौलिक कृतियां और अनुवाद शामिल हैं।

वेधशाला

उज्जैन के खगोल विज्ञान के क्षेत्र में भारी ख्याति प्राप्त है। खगोल विज्ञान पर महान कृतियों यथा 'सूर्य सिद्धान्त' और 'पंच सिद्धान्त' की रचना उज्जैन में हुई थी। भारतीय खगोलविदों के अनुसार कर्क रेखा उज्जैन से होकर गुजरती मानी जाती है।

भारत भवन, भोपाल

भारत भवन एक बहु-कला परिसर है, जो मौखिक दृश्य और प्रदर्शन कलाओं को परस्पर घनिष्ठता प्रदान कर रहा है। यह समकालीन सन्धियोजना, अन्वेषण, प्रत्यावर्तन और नवप्रवर्तन का स्थान है। भारत भवन मध्य प्रदेश विधायिका द्वारा सृजित एक स्वतंत्र न्यास है।

भारत भवन में निम्नलिखित एकक हैं :–

रूपंकर–ललित कला संग्रहालय

रूपंकर भारत का एकमात्र ऐसा कला संग्रहालय है जहाँ समकालीन शहरी और लोक तथा जनजातीय कलाएँ एक साथ विद्यमान हैं। इसकी स्थापना शहरी, लोक एवं जनजातीय कलाओं के ऐतिहासिक संग्रह की दृष्टि से की गई थी।

वाग्रथ

भारतीय काव्य के केन्द्र वाग्रथ में एक पुस्तकालय है, जहाँ 14 भारतीय भाषाओं में कविताओं की 7,000 से अधिक पुस्तकें हैं तथा इसके अलावा महान कवियों की रिकार्डिंग और वीडियो कैसेट भी उपलब्ध हैं।

अनहद

शास्त्रीय तथा लोक संगीत का पुस्तकालय 'अनहद' शास्त्रीय तथा लोक संगीत का प्रलेखन कार्य और संगीत समारोहों का आयोजन आश्रम – अतिथि कलाकारों हेतु निवास स्थान, 40 एडमिन जोन, अरेराश हिल्स।

20

मेला और त्यौहार

किसी भी क्षेत्र में लोगों के लिए मेला और त्यौहार सांस्कृतिक जीवन का महत्वपूर्ण अंग होते हैं। इनका आयोजन धार्मिक मान्यताओं रीति-रिवाजों तथा सामाजिक अवसरों पर किया जाता है। आयोजन दिवस का निर्धारण विक्रमी संवत महीनों के अनुसार किया जाता है तथा प्रमुखतः ऋतुओं को बुआई तथा कटाई गतिविधियों से जोड़ा जाता है। मध्य प्रदेश में जहाँ खेती मूल व्यवसाय है तथा जनजातीय और गैर-जनजातियों के लोगों का जीवन कृषि और मानसून से बँधा है, मेलों व त्योहारों का आयोजन ऋतु अनुसार होना स्वाभाविक है।

राज्य की रंग बिरंगी आबादी के अनेकानेक मेले व त्योहार हैं। व्यापक परिदृश्य में पशुधन तथा कृषि उपज, अनेक धर्म, संस्कृति, शिल्प और मूलभाव, सोच और डिजाइन, शिल्प, उत्कृष्टता एवं सज्जा, औजार तथा उपकरण, भावी प्रवृत्तियों के चलन तथा पुरानी पद्धतियों की समाप्ति के मिलन स्थल के रूप में ये सदैव ताजे और महत्वपूर्ण हैं।

मध्य प्रदेश में साल भर में करीब 1,384 मेलों का आयोजन किया जाता है। ग्वालियर संभाग – 256, रीवा संभाग – 214, इंदौर– संभाग – 412, भोपाल संभाग – 167, जबलपुर संभाग – 178, बिलासपुर संभाग – 79 तथा रायपुर संभाग – 78 अधिकांश लोकप्रिय मेलों का आयोजन फाल्गुन, चैत्र, भाद्रपद, अश्विन तथा कार्तिक माह में किया जाता है। फाल्गुन माह में शिवरात्रि तथा होली के त्योहार होते हैं। तानसेन उर्स भी ग्वालियर में इसी ऋतु में होता है। संक्रान्ति मेलों का आयोजन विभिन्न स्थानों पर होता है, जिनमें रीवा संभाग में कुंडलेश्वर का मेला सर्वाधिक भीड़ आकर्षित करता है। बसंत पंचमी के आसपास होने वाले मेले भी काफी महत्वपूर्ण हैं। पन्ना का बलदेव जी का मेला, रंजिम मेला तथा बिलासपुर जनपद में लगने वाले मेले उल्लेखनीय हैं। बस्तर के जनजातीय गाँवों में मेले काफी प्रसिद्ध है। जगदलपुर जनपद मुख्यालय की जनपद सभा अपने अधिकार क्षेत्र में

लगने वाले सभी मदाई मेलों की तिथियाँ निर्धारित करती हैं।

सामान्यतः ये तिथियाँ प्रत्येक वर्ष फरवरी, मार्च और अप्रैल माह में पड़ती है। नारायणपुर कोंडागाँव, दन्तेवाड़ा तथा धनारा के मदाई मेलों में हजारों लोग भाग लेते हैं। चैत में बियोरा में लगने वाला चैत्र मेला (मालवा), धूप देही का मेला (रीवा), नया गाँव का रामनवमी मेला, सिवनी का भीलत बाबा का मेला और मालवा के दो दर्जन गाँवों में गल यात्राएँ उल्लेख के योग्य हैं। संयोगवश गा, यात्रा छत्तीसगढ़ के मेघनाद से बहुत मिलती है जिसे छिंदवाड़ा के गोंड बहुत श्रद्धापूर्वक मनाते हैं। तेजा जी के जन्मदिवस के अवसर पर भाद्र सुदी 10 तक अनेक मेलों का आयोजन किया जाता है।

इसी प्रकार के मेले सागर गाँव में तथा रतलाम जनपद के रावती गाँव में देखे जा सकते हैं। अषाढ़ और भाद्र में देवतालाब (रीवा) में सोमनाथ शंकर जी का मेला तथा तेजाजी मेला में हजारों लोग भाग लेते हैं। रतलाम में त्रिवेणी का मेला तथा निमाड़ में पिपल्या गाँव में सिंगाजी जात्रा लोगों को कार्तिक में उज्जैन, मान्धाता (निमाड़), नया गाँव तथा अन्य मेलों में भाग लेने हेतु प्रोत्साहित करते हैं। उज्जैन में प्रत्येक बारह साल बाद कुंभ मेला लगता है।

अनेक मेलों के पीछे पौराणिक कहानियाँ हैं। जैसे कि लक्ष्मणदास बाबा का मेला (लालजीत का पुरा – मुरैना) अथवा हीरा भूमिया का मेला (गिर्द्र-ग्वालियर), छिग्गा शाह, पीर बूढां (साँवरा शिवपुरी जनपद), आब्दा पीर (बम्हौरी–रीवा), चौमुख नाथ (पन्ना), बाबा शाहबुद्दीन साहब औलिया (मंदसौर जनपद), कालू जी महाराज (पिपल्या खुर्द पश्चिम निमाड़) तथा सिंगाजी (राजपुर तहसील–निमाड़), खालड़ी (महासमुंद रायपुर) इत्यादि के प्रारंभ होने के बारे में अनेक कहानियाँ प्रचलित हैं। इनमें भीलत बाबा का मेला (मालपुर तथा सिवनी मालवा – होशंगाबाद), गरीबाथ बाबा का मेला (अवंतीपुर बड़ौदिया – शाजापुर जनपद) और काना बाबा का मेला (हरदा तहसील) को भी शामिल किया जा सकता है। एक अन्य प्राचीनतम मेला भांडेर का रामलीला मेला उल्लेख के योग्य हैं। कहाँ जाता है कि यह मेला एक राम भक्त मुसलमान कलक्टर इनायतुल्ला द्वारा शुरू करवाया गया अति प्राचीन मेला है। रीवा का भाया सोकर देवी मेला और दतिया का उनाओ अथवा बारमजू मेला भी काफी प्राचीन बताया जाता है।

गड़ोदिया गाँव (पश्चिम निमाड़) का सोमहर देव बाबा का मेला सोमहर देव के सम्मान में आयोजित किया जाता है जिनका यशगान 'पेठवाड़' में किया गया है।

राज्य में सभी वर्गों द्वारा मनाए जाने वाले त्योहार हैं : दशहरा (अच्छाई की बुराई पर जीत का प्रतीक), दीवाली (प्रकाश पर्व), होली (फसल कटाई के बाद खुशी का अवसर), भगवान गणेश के जन्म के उपलक्ष में गणेश चतुर्थी और राखी जो भाई-बहन का त्योहार है।

गैर जनजातियों के अन्य सामान्य त्योहार निम्न है : (1) बसंत पंचमी – जो बसंत के प्रारंभन के महत्व को दर्शाता है। (2) नाग पंचमी – इस दिन नाग देवता की पूजा की जाती है। (3) जन्माष्टमी – यह त्योहार भगवान श्रीकृष्ण के जन्म के उपलक्ष में आयोजित किया जाता है। (4) शिवरात्रि – शिव-पार्वती की रात्रि और (5) रामनवमी – भगवान राम के जन्म की तिथि।

गणगौर

मध्य प्रदेश के उत्तर-पश्चिमी क्षेत्र का त्यौहार गणगौर भगवान शिव और पार्वती के सम्मान में मनाया जाता है। गण का अर्थ शिव (या ईसरराज–ईश्वर) तथा गौर का अर्थ पार्वती अथवा रानो बाई है। गण गौर विवाह के पश्चात् रानो बाई के अपने पैतृक गाँव लौटने का प्रतीक है।

वास्तव में यह उत्सव राजस्थान के गवर उत्सव जैसा है। मालवा की महिलाएँ यह उत्सव वर्ष में दो बार मनाती हैं, लेकिन अधिक महत्व चैत्र तृतीया को दिया जाता है। इस उत्सव की तैयारी होली के बाद प्रारंभ हो जाती है। होली के बाद ऋतु परिवर्तन होता है। कुमारी लड़कियों के लिए यह वय सन्धि का संकेत होता है। गण-गौर से पहले लड़कियां समूह बनाकर पारम्परिक गीत गाते हुए नदी तक जाती हैं तथा वहाँ से कलश में जल भर कर तथा हरी पत्तियाँ लेकर लौटती हैं। यह प्रथा फूल-पत्ती कही जाती है। इस अवसर पर गण गौर की मूर्ति बनाई जाती है। गोंड लोग कुछ क्षेत्रों में गौर मनाते हैं तथा वे ईसर-गौर के साथ-साथ भीमसेन की मूर्ति बनाते हैं।

ये मूर्तियाँ पूरे क्षेत्र में एक ही प्रकार की होनी आवश्यक नहीं हैं। विभिन्न हिन्दू वर्ग अपने सदियों पुराने चलन और कल्पना के अनुसार मूर्तियाँ बनाते हैं। युद्धप्रिय जनजातियाँ शिव के हाथ में तलवार तथा पीठ पर ढाल सजाते हैं। यह विवाहित जीवन को सुखी एवं सफल बनाने की कामना के साथ किया जाता है। सरगुजा जनपद में पूजा के उपरान्त स्त्रियाँ कर्मा नृत्य करती हैं, जो पूरी रात चलता है। मालवा में यह पूजा उत्सव समापन के दिन तक प्रत्येक दिन की जाती है। धाकरों की गणगौर की शोभायात्रा ढोल की थाप और संगीत के साथ निकाली जाती है।

गणगौर की पुनरावृत्ति भाद्रपद के तीसरे दिन कजली तीज के रूप में होती है जो वर्षा ऋतु के आगमन का प्रतीक है। पेड़ों पर झूले डाले जाते हैं। घर सजाए जाते हैं तथा वातावरण मंगल गीतों से गुंजरित होता है।

अरवा तीज

अरवा तीज तथा अक्खा तीज (अक्षय तृतीया) एक साथ पड़ती हैं तथा कृषि वर्ष प्रारंभ होने का प्रतीक है। यह नवविवाहिताओं व कुँआरी कन्याओं द्वारा मनाई जाती है।

गंगा दशमी

गंगा दशमी ज्येष्ठ माह के शुक्ल पक्ष की दशमी तिथि को होती है। सरगुजा जनपद में यह उत्सव आदिवासियों तथा गैर-आदिवासियों दोनों के द्वारा मनाया जाता है। हिन्दू इस पर्व को इसलिए मनाते हैं कि इस दिन गंगा का पृथ्वी पर अवतरण हुआ था। वे गंगा में स्नान करते हैं तथा अर्पण करते हैं। आदिवासी लोग इसे खुशी का अवसर मानकर अपनी स्त्रियों के साथ समूह बनाकर नदी पर जाते हैं तथा पीते व नृत्य करते हैं। पुरुषों एवं महिलाओं के बीच खेल-कूद प्रतियोगिताएँ होती हैं। चूँकि इस पर्व का आदिवासियों से कोई संबंध नहीं है अतः स्पष्ट है कि वे इस पर्व को मौज मस्ती के लिए मनाते हैं।

घैला और बीदड़ी

शब्दशः घैला का अर्थ मिट्टी के पात्र का समारोह है। यह गोंड लोगों का उत्सव है, जिसकी उत्पत्ति गैर-जनजातीय प्रथा से हुई है। यह ब्राह्मणों के अखादी अथवा अकाधी (अक्षय तृतीया) के समान है। यह उत्सव ज्येष्ठ माह में यह जानने के लिए मनाया जाता है कि उस वर्ष मानसून कैसा रहेगा।

गांव के मुखिया द्वारा कुछ धार्मिक प्रथाओं का सम्पादन किया जाता है तथा किसान खेत जोतते हैं। तदुपरान्त एक भूमिया द्वारा पाँच मुर्गों की बलि दी जाती है। गोंडवाना में बुआई बकरे की बलि के साथ प्रारंभ होती है तथा बीदड़ी समारोह में ठाकुर देव को प्रसन्न किया जाता है। गाँव के लोगों को भोज दिया जाता है।

हरेली अथवा हरीरी

हरेली अथवा हरीरी उत्सव श्रावण अमावस्या के दिन प्रारंभ होता है। मांडला में यह उत्सव उसी माह की बालचन्द्र तिथि को मनाया जाता है। यह उत्सव मध्य भारत के कृषकवर्ग के लिए महत्वपूर्ण है। इस दिन सभी किसान अपने खेती के

औजारों की पूजा करते हैं। कोई भी व्यक्ति सारा दिन कुछ नहीं करता है। मांडला गाँवों में पुरोहितों द्वारा दीवार में धान के पौधें खोंसे जाते हैं।

पुरुष खेतों में जाते हैं तथा विधिपूर्वक हरी पौध लगाते हैं तथा अच्छी फसल होने की कामना करते हैं। फसलों की देवी अनदाई की पूजा समृद्धि हेतु की जाती है। इस अवसर पर युवा लड़के पैरों में बाँस के डंडे बाँधकर चलकर और दौड़कर अतिरिक्त आकर्षण पैदा करते हैं।

मालवा में इस उत्सव को हरया गोंडिया कहा जाता है तथा अंतर केवल इतना है कि आषाढ़ माह में व्रत के साथ केवल महिलाओं द्वारा मनाया जाता है।

कजरी नवमी

कजरी नवमी का त्योहार श्रावण माह के शुक्ल पक्ष की नवमी तिथि को मनाया जाता है। बुंदेलखंडी बोली बोले जाने वाले क्षेत्रों में यह त्योहार केवल पुत्रवती महिलाएँ ही मनाती हैं। इनका पूजा पाठ उस माह की पूर्णिमा तक चलता है, जो रक्षाबंधन का दिन होता है। इसे कजरी नवमी तथा सावनी भी कहते हैं। श्रावण शुक्ल नवमी के दिन स्त्रियाँ एक विशेष खेत पर जाती हैं तथा वहाँ से मिट्टी लेकर आती हैं। यह मिट्टी पत्तों के दोनों में रखी जाती है तथा इसमें गेहूँ अथवा जौ बोए जाते हैं। जिस कमरे में ये दोने रखे जाते हैं वहाँ गाय के गोबर से लिखाई की जाती है तथा एक दीवार का थोड़ा सा हिस्सा भी लीपा जाता है। इस लिपे हिस्से पर चावल के घोल से एक डिजाइन बनाया जाता है। इस डिजाइन के निकट एक घर, पालने में बच्चा, एक नेवला और गागर लिए एक स्त्री का चित्र भी बनाया जाता है।

पन्द्रह दिन तक यह पूजाकर्म नित्यप्रति चलता है तथा पूर्णिमा के दिन सांध्यकाल में ये दोने प्रवाहित करने हेतु बाहर निकाले जाते हैं। स्त्रियाँ समूह गान करते हुए नदी या तालाब में दोने विसर्जित करती हैं।

अन्य उत्सव

राज्य में सभी धर्मों के लोग रहते हैं यद्यपि हिंदू बहुसंख्यक हैं। ये राज्य भारतीय संस्कृति का प्रतिनिधित्व करता है। भगवान विष्णु के भक्त अन्य देवी देवताओं के भक्तों से अधिक है अतः वैष्णव मत के अनुयायी अधिसंख्य हैं। सभी जातियों का ताना-बाना जाति संरचना का निर्माण करता है। राज्य में जनजातीय लोगों की जनसंख्या बहुत अधिक है तथा मोटे तौर पर राज्य के एक तिहाई भाग में जनजातीय लोग रहते हैं।

जबकि हिन्दू, मुस्लिम तथा अन्य समुदायों के पारम्परिक धार्मिक त्यौहार मध्य प्रदेश में भी शेष देश जैसे उत्साह के साथ मनाए जाते हैं, लेकिन मध्य प्रदेश के जनजातीय मेले और उत्सव इस देश की बहुरंगी जनजातियों की जीवन शैली के समारोह हैं। स्वच्छंद प्रेमालाप, मदिरापान तथा मुर्गों की लड़ाई जैसे ठेठ मनोरंजन, अप्रतिबंधित नृत्य आदि विशेषताएँ झाबुआ के जनजातीय उत्सवों की खास पहचान हैं।

ग्वालियर में तानसेन संगीत समारोह भारतीय शास्त्रीय नृत्य तथा संगीत के महत्वपूर्ण समारोह हैं। भगोरिया जनजातियों का उत्सव है, जिसमें पारम्परिक भव्यता और उत्साह के दर्शन होते हैं। शिवरात्रि पर्व खजुराहो, भोजपुर, पंचमढ़ी तथा उज्जैन में मनाया जाता है तथा इसकी अपनी अलग महक होती है। रामनवमी उत्सव चित्रकूट तथा ओरछा में मनाया जाता है, जिसमें अद्वितीय भक्ति भावना और परंपरा का अद्‌भुत संगम देखा जा सकता है। ओरछा, मालवा, पंचमढ़ी के उत्सव लोगों के सामने संस्कृति और कला का खजाना प्रस्तुत करते हैं। उस्ताद अलाउद्‌दीन खाँ संगीत समारोह (मैहर), कालिदास समारोह (उज्जैन) तथा नृत्य उत्सव (खजुराहो) राज्य के कुछ सुविख्यात उत्सव हैं।

भगोरिया नृत्य उत्सव

पश्चिमी निमाड़ तथा झाबुआ जनपद में विशेष रूप से मनाया जाने वाला भीलों तथा भिलालों का यह रंगों भरा उत्सव वास्तव में एक प्रकार का सामूहिक स्वयंवर है, जिसका आयोजन सामान्यतः मार्च अथवा अप्रैल में होली से पूर्व पड़ने वाले विभिन्न पैंठ दिनों पर किया जाता है। युवजन अपना जोड़ीदार चुनने के बाद गायब हो जाते हैं तथा बाद में समाज द्वारा, पूर्व निर्धारित प्रथाओं के माध्यम से, पति-पत्नी के रूप में स्वीकार कर लिए जाते हैं।

परम्परा यह है कि युवक इस युवती के मुख पर गुलाल लगाता है जिसे वह अपनी पत्नी बनाने का इच्छुक है। युवती यदि राजी होती है तो वह भी युवक के मुख पर गुलाल लगाती है। ऐसा तत्काल होना जरूरी नहीं है, परंतु युवक युवती के पीछे लग जाता है और अन्ततः सफलता पा लेता है। पूर्व काल में भगोरिया हाट में पुराने विवादों का निपटान भी किया जाता था। अपने शत्रुओं को लड़ाई की खुली चुनौती भेजी जाती थी तथा वहाँ अक्सर खूनी जंग हुआ करती थी, लेकिन अब पुलिस तथा प्रशासन लोगों को हाट में सशस्त्र जाने की अनुमति नहीं देते हैं। भील और भिलालों के जीवन में भगोरिया मात्र एक उत्सव नहीं है बल्कि होली से आठ दिन पूर्व पैंठ के दिन आयोजित होने वाले उत्सवों की शृंखला है।

खजुराहो नृत्य उत्सव

खजुराहो नृत्य उत्सव का परिवेश प्रतिवर्ष देश के सर्वश्रेष्ठ शास्त्रीय नर्तकों को अपनी ओर आकर्षित करता है, जो विशेष प्रकाश व्यवस्था से युक्त मंदिरों की शानदार पृष्ठभूमि के साथ अपनी नृत्य कला का प्रदर्शन करते हैं।

भारत सरकार के कार्यक्रम वर्गों के अधीन अंतरराष्ट्रीय दर्ज़ा प्राप्त यह सात दिवसीय भव्य कार्यक्रम दुनियाभर के नृत्य के गुणग्राहकों के लिए एक विशिष्ट अवसर होता है। खजुराहो नृत्य उत्सव में देश के सर्वश्रेष्ठ शास्त्रीय नृत्य के कलाकार अपनी कला का प्रदर्शन करते हैं। इस उत्सव का आयोजन फरवरी-मार्च में होता है।

आब्दापीर मेला

यह मेला पीर आब्दा साहेब की स्मृति में प्रत्येक वृहस्पतिवार को टीकमगढ़ जनपद के बमहोरी में आयोजित होता है। कहा जाता है कि आब्दा साहेब आज भी किसी ख़ुशकिस्मत को नजर आते हैं।

आत्माराम बाबा मेला

यह मेला हर साल चैत्र सुदी पूर्णिमा से बैशाख बदी 5 तक आत्माराम बाबा के नाम पर देवास जनपद में सतवास में लगता है। कहा जाता है कि यह संत शिवाजी होल्कर के काल में हुए थे। आज भी इस क्षेत्र में कोई पशु बीमार होता है अथवा कोई महामारी फैलती है तो आत्माराम बाबा के नाम पर मन्नत माँगी जाती है।

अहिल्या उत्सव

अहिल्या उत्सव इंदौर जनपद में सावर नामक स्थान पर भाद्रपद माह में स्थानीय गणपति मंदिर के समक्ष आयोजित किया जाता है।

गणपति का स्थानीय मंदिर उस क्षेत्र में बहुत प्रसिद्ध है। महत्वपूर्ण वार्षिक मेलों का आयोजन सावर में किया जाता है। अहिल्या उत्सव भाद्रपद के कृष्ण पक्ष की चतुर्दशी को मनाया जाता है जबकि तिजारी मेला भाद्रपद माह के शुक्ल पक्ष की दशमी को आयोजित किया जाता है। तिजारी मेले में औसतन पाँच हजार व्यक्ति शामिल होते हैं। विजयदशमी मेले में भी औसतन पाँच हजार व्यक्ति भाग लेते हैं।

अर्केपुर जात्रा

देवास जनपद में सोनकच्छ में अक्टूबर-नवम्बर में एक वार्षिक यात्रा का आयोजन किया जाता है। प्रत्येक वर्ष फरवरी/मार्च में पिपलेश्वर महादेव मेला लगता है। नगर में अनेक प्राचीन मंदिर हैं जिनमें पिपलेश्वर तथा नागचंदकेश्वर मंदिर विशेष विख्यात हैं।

अन्त्री माता मेला

मंदसौर जनपद में अन्त्री में पौष माह (दिसम्बर-जनवरी) में एक पन्द्रह दिवसीय मेला लगता है। इस मेले में चंद्रावत राजपूत भारी संख्या में भाग लेते हैं। अत्री मासा की मूर्ति भामावाड़ी में मिली थी तथा अन्त्री में स्थापित की गई थी। यह देवी नौ दुर्गा माता कहलाती है।

बाबा फरीद शहरजंग का उर्स

रतलाम जनपद में बड़ौदा नामक स्थान पर मुसलमान संत बाबा फरीद शहरजंग का एक चिल्ला (वह स्थान जहाँ एक मुस्लिम मौन अवस्था में 40 दिन के लिए साधनारत बैठता है) हे जहाँ हर साल मार्च-अप्रैल में एक मेला लगता है।

बरमन मेला

नरसिंहपुर जनपद में बरमन में पौष/माघ (जनवरी) में एक वार्षिक मेला लगता है जो 15 दिन तक चलता है। मेले के मुख्य दिन तिल संक्रान्ति के अवसर पर मेला में एक लाख व्यक्ति जुटते हैं। दक्षिण तट पर भगवान शंकर का विशाल मंदिर है। यह मंदिर रानी दुर्गावती के मंदिर के नाम से प्रसिद्ध है तथा इसका निर्माण प्रसिद्ध रानी की गृह मांडला से सम्बद्ध है।

इसी तट पर लक्ष्मी नारायण मंदिर और पिसनहारी निकास मार्ग का निर्माण एक निर्धन स्त्री द्वारा अपनी अत्यल्प आय में से करवाया गया था। इस तट पर भी अनेक मंदिर हैं, जिनमें इंदौर के बैरागी द्वारा बनवाया गया बैरागी मंदिर है। यहाँ एक राम-लक्ष्मण मंदिर है, जिसके सामने एक स्तम्भ पर विष्णु के पूर्व और भावी अवतारों का वर्णन है।

यहाँ पाँच छोटे कुण्ड भी हैं। कहा जाता है कि इनका उपयोग पांडव भाइयों द्वारा वनवास की अवधि में किया गया था। वहाँ भीम का एक पदचिह्न भी दिखाई पड़ता है।

बावनगज जात्रा

बावनगज पहाड़ी पश्चिम निमाड़ जनपद में जैन समुदाय का पावन स्थल है, जिसका नाम प्रथम जैन तीर्थंकर ऋषभनाथ की विशाल मूर्ति की ऊँचाई के आधार पर रखा गया है। यह मूर्ति खड़ी मुद्रा में है तथा इसकी ऊँचाई 72 फीट है।

पहाड़ी की तलहटी में अनेक दिगम्बर जैन मंदिर तथा तीर्थयात्रियों के लिए धर्मशालाएँ हैं। जैन समुदाय इस स्थल को अपना निर्वाण क्षेत्र मानता है। यहाँ हर साल पौष माह में ऋषभनाथ के सम्मान में मेला आयोजित होता है।

भादवा माता मेला

भादवा में साल भर तीर्थयात्री आते हैं। यहाँ गुजरात, महाराष्ट्र और राजस्थान से तीर्थयात्री पहुँचते हैं। तथापि, चैत्र माह तथा फिर आश्विन माह में नवरात्र के दौरान दुर्गा समिति द्वारा नौ दिन के मेले का आयोजन किया जाता है। यहाँ स्थित एक कुण्ड के जल में दैवीय चमत्कार की शक्ति है।

भीमकुंड मेला

यह छतरपुर से लगभग 83 कि.मी. और बाजना से लगभग 3 कि.मी. की दूरी पर स्थित है। भीमकुंड अत्यंत प्रसिद्ध कुण्ड है जिसे एक विशाल शिला में बने छिद्र से देखा जा सकता है। इसमें जल भूमिगत सुरंग से आता है, कुण्ड में एकत्रित होता है तथा फिर बाहर बह जाता है। एक स्थानीय कहानी प्रचलित है कि पांडव बन्धु बनवास की अवधि में यहाँ आए थे। भीम ने अपनी गदा के प्रहार से इस कुण्ड का निर्माण किया था। इसमें कुछ औषधीय, खासकर दमा के लिए गुण भी मौजूद हैं।

भीमकुंड के निकट एक शिव मंदिर है। यहाँ जनवरी माह में मकर संक्रान्ति के अवसर पर मेला लगता है।

भोज स्मृति उत्सव

धार में कमाल-उद्दीन के मकबरे से सटी मस्जिद हिन्दू आबादी में राजा भोज का मदरसा नाम से विख्यात है। यहाँ प्रतिवर्ष फरवरी में भोज स्मृति उत्सव का आयोजन एक विशेष गठित समिति द्वारा किया जाता है। आसपास के क्षेत्र के लोग राजा भोज को अपनी श्रद्धांजलि अर्पित करने पहुँचते हैं।

भोजपुर जात्रा

भोजपुर भोपाल से दक्षिण-पूर्व में 29 कि.मी. दूर बेतवा नदी के तट पर स्थित है। यह प्रख्यात प्राचीन नगरी अपने दामन में समेटे प्राचीन भव्य मंदिरों के लिए प्रसिद्ध है।

बाबा इशाक अली शाह उर्फ बाल जती शाह उर्स

कई मस्जिदों तथा मकबरों के खंडहर धमोनी में आज भी देखे जा सकते हैं, लेकिन मुस्लिम सन्त इशाक अली शाह, जो सामान्यतः बाबा जती शाह के नाम से मशहूर है, का मकबरा तथा उससे सटी मस्जिद आज भी अच्छी हालत में हैं।

सन्त के जन्म या मृत्यु की तिथि ज्ञात नहीं है, लेकिन चूँकि मस्जिद दरगाह से संलग्न है, अतः अनुमान लगाया जा सकता है कि इसका निर्माण 1667 AD में हुआ होगा।

बाबा साहेब मेला

रतलाम जनपद में बड़ावाड़ा में कार्तिक सुदी अष्टमी को एक मेला लगता है। यहाँ हजरत बाबा साहेब रहमतुल्ला आला के नाम की एक पुरानी मस्जिद है। बाबा साहेब, जिनकी स्मृति में मेला लगता है, का नाम सैयद फरीदुद्दीन गंज शाकर था तथा उनका असल मजार पंजाब में पाक पाटन शरीफ में बताया जाता है। कहा जाता है कि बाबा साहेब ने इस गाँव में आकर इस स्थान पर तपस्या की थी जहाँ आज उनकी याद में दरगाह खड़ी है।

यह मेला काफी पुराना है तथा इसका आयोजन कार्तिक सुदी 8 से 15 तक किया जाता है।

बाबा शाहबुद्दीन साहेब औलिया उर्स मेला

मंदसौर जनपद में नीमच में हजरत शाहबुद्दीन साहेब फखरूल औलिया की दरगाह पर फरवरी माह में 4 दिवसीय सालाना मेला लगता है। यह सन्त उत्तर प्रदेश के राय बरेली जनपद में ग्राम चिश्ती कादरी के रहने वाले थे तथा उनका जन्म सैयद मुस्लिम परिवार में हुआ था।

21
रीति-रिवाज

हर देश और प्रदेश की भाँति मध्य प्रदेश के रीति-रिवाज भी ये दर्शाते हैं कि वहाँ के जन मानस पर क्षेत्रीय धर्म तथा अंधविश्वासों का कितना प्रभाव है तथा उनका अनुसरण पीढ़ी दर पीढ़ी हो रहा है। किसी भी समाज में किसी घटना को ले कर अच्छी या बुरी धारना बन जाती है, तथा भविष्य में संबंधित लोगों द्वारा उसकी पुनरावृत्ति या अनुसरण अथवा बचाव उपाय किये जाते हैं, और यही आगे चल कर प्रथाएँ या रीति-रिवाज बन जाते हैं।

शहरी क्षेत्रों में जन्म, विवाह, मृत्यु तथा अन्य समारोहों से संबंधित रीति-रिवाजों में स्थानीय हालात के कारण कुछ छोटे-मोटे परिवर्तनों के अलावा ये रीति-रिवाज कमोबेश अखिल भारतीय ब्राह्मणवादी विशेषताएँ लिए हैं। अधिकांश शहरी तथा ग्रामीण गृहस्थियों में जीवन चक्र से संबंधित समारोह ब्राह्मण याजक की उपस्थिति एवं निरीक्षण में सम्पन्न कराए जाते हैं जो समादेशों के अनुरूप होते हैं। तथापि प्राचीन जनजातीय समूहों में रीति-रिवाजों में बड़े अन्तर पाए जाते हैं।

एक परिवार में पुत्र का जन्म पूर्वजों के प्रति उत्तरदायित्व की पूर्ति माना जाता है। पुत्र जन्म की घोषणा थाली पीटकर की जाती है। महिलाएँ गीत गाती हैं तथा उनको मिठाइयाँ बाँटी जाती हैं। बच्चे के जन्म के पश्चात् नौवें अथवा ग्यारहवें दिन सूर्य देव की उपासना की जाती है तथा बच्चे को प्रथम बार सूर्य की किरणों का स्पर्श कराया जाता है। इस धार्मिक कृत्य को सूरज पूजा कहा जाता है।

पुत्र जन्म की स्थिति में, कागज पर बच्चे के पदचिह्न का डिजाइन तथा खिलौने इत्यादि का चित्र बनाया जाता है तथा शुभ समाचार की सूचना दूसरे गाँवों में रहने वाले अपने संबंधियों को दी जाती है जो बच्चे तथा उसकी माँ के लिए आभूषण तथा कपड़े भेजते हैं।

गोंड गर्भधारण तथा जन्म

गोंड मांडला में एक कन्या में यौवनारंभ के लक्षण प्रकट होना एक महत्वपूर्ण अवसर माना जाता है। वह चार दिन तक अलग रहती है तथा इस दौरान वह घर में एक झूला डालती है और झूलन देवी को प्रसन्न करने हेतु प्रतिदिन पंद्रह मिनट या आधा घंटा झूला झूलती है। पाँचवें दिन कन्या बाहर आकर स्नान करती है तथा बैगा याजक एवं उसकी पत्नी उसके साथ जाते हैं। वह बैगा को एक मुर्गी, पाँच अण्डे तथा एक बोतल दारू देती है तथा यह बैगा यह सब झूलन देवी को अर्पित करता है। वह कन्या बैगन (बैगा की पत्नी) को एक मुर्गी, पांच अण्डे तथा दारू की एक बोतल देती है तथा वह बैगन उसके शरीर पर दोनों ओर झूलन देवी को गोदना गोदती है। इन समस्त क्रियाओं का तात्पर्य कन्या में उर्वरता का आह्वान है। गोंड लोग मासिक धर्म की अवधि में स्त्री को अशुद्ध मानते हैं तथा इस अवधि में सभी घरेलू काम काज से अलग रहती है। जंगली मारिया प्रदेश में अभी हाल तक गाँव से बाहर एक भवन होता था तथा मासिक धर्म की हालत में स्त्रियाँ उसी भवन में रहती थीं। उनके संबंधी उनके लिए खाना ले जाकर उस भवन के बाहर रख देते थे तथा संबंधियों के जाने के बाद वह खाना उठाकर खा लेती थीं।

मासिक धर्म की अवधि के दौरान उसका मुँह देखना बहुत बड़ी विपत्ति का सूचक माना जाता था। राज गोंड लोगों के रीति-रिवाज इस संबंध में हिन्दुओं जैसे हैं। गर्भधारण के दौरान कोई अनुष्ठान नहीं किया जाता है तथा अन्य मान्यताएँ भी हिन्दुओं की भाँति हैं।

यदि किसी स्त्री के बच्चा नहीं है, वे कहते हैं कि वह बूढ़ा देव की पूजा करे तथा लगातार व्रत रखे और अपने मासिक धर्म की समाप्ति पर स्नान करने के पश्चात् यदि वह किसी पुरुष की छाया से गुजरे तो उसको बच्चा हो जाएगा। इस प्रकार उनका मानना है कि जिस व्यक्ति की छाया से गर्भधारण होगा वही उसका पिता कहलाएगा। या फिर वह रविवार की रात्रि निर्वस्त्र होकर सेज वृक्ष के पास जाकर उससे प्रार्थना करे तो वह गर्भ धारण कर सकेगी। सेज वह वृक्ष है जिसमें बूढ़ा देव का वास है और संभवतः प्रारंभ में स्वयं एक देव था। इस प्रकार माना जाता है कि स्त्री वृक्ष की आत्मा से गर्भधारण कर सकती है, जिस प्रकार हिंदू स्त्रियाँ मानती हैं कि वे पीपल वृक्ष में रहने वाली ब्राह्मण अविवाहित लड़कों की आत्मा से गर्भधारण कर सकती हैं। यदि कोई स्त्री गर्भावस्था में मृत्यु को प्राप्त होती है तो वे उसका गर्भाशय निकालकर उसे दफन करते हैं ताकि बच्चे की आत्मा सुरक्षित निकल जाए।

यदि वह प्रसव के दौरान अथवा उसके तुरंत बाद मरती है तो उसे जंगल में दूर दफनाया जाता है ताकि उसकी आत्मा गाँव में वापस न लौटने पाए।

यदि गर्भपात होता है अथवा मृत शिशु जन्म लेता है अथवा जन्म के तुरंत पश्चात मर जाता है, तो उसका शव एक मिट्टी के बरतन में रखकर घर के पीछे कूड़े के ढेर में दबा दिया जाता है। वे कहते हैं कि ऐसा उस बच्चे को चुड़ैलों से सुरक्षा हेतु किया जाता है।

बच्चे के जन्म के समय प्रशिक्षित दाइयों को नहीं बुलाया जाता है तथा स्त्रियाँ ही एक दूसरे की देखभाल करती हैं। बस्तर के मारिया गोंड लोगों में बच्चे का पिता बच्चे के जन्म के पश्चात् एक माह तक अशुद्ध रहता है तथा वह काम पर नहीं जाता है। मुड़िया गोंड जनजाति में पिता बच्चे की नाल गिरने तक अशुद्ध माना जाता है। बच्चे के जन्म के बाद पाँचवें से बारहवें दिन तक के बीच किसी दिन माता शुद्ध की जाती है तथा बच्चे का नाम रखा जाता है। माँ की अशुद्धि एक माह तक रहती है तथा इस अवधि में उसको घरेलू काम-काज की अनुमति नहीं होती है। गरीब गोंड लोगों में माँ प्रायः बच्चे के जन्म के बाद भी आराम नहीं कर पाती है तथा कोई तीखी स्वाद की कंद-मूल टॉनिक के रूप में खाकर अगले ही दिन काम पर चली जाती है।

बच्चे का नामकरण

सोर अथवा शुद्धि की रात्रि को गाँव की महिलाएँ इकठ्ठी होती हैं तथा गीत गाती हैं। माँ बच्चे को गोद में लेकर बैठती है तथा सब महिलाएँ बच्चे को भेंट देती हैं। बच्चे का नाम चुना जाता है तथा बुजुर्ग महिला द्वारा नाम की घोषणा की जाती है। नाम अधिकतर हिंदू शब्दों के होते हैं।

यदि जन्म के समय बच्चे के पैर पहले आए हों तो उसके पैरों का विशेष शक्तियुक्त माना जाता है तथा कमर में दर्द की शिकायत वाले लोग ऐसे बच्चे का बाएँ पैर का पंजा अपनी पीठ में स्पर्श करवाते हैं। यदि कोई बाँझ स्त्री किसी अन्य स्त्री के बच्चे के पहले केश अथवा इसकी नाल पा ले तो उसका बाँझपन दूर हो सकता है अतः इनका निपटान सावधानी के साथ किया जाता है। यदि वे बच्चा मोटा-ताजा चाहते हैं तो नाल खाद के ढेर में दबाते हैं। ऊपर के दूध के दाँत छत पर फेंक दिए जाते हैं तथा नीचे के दूध के दाँत जलपात्र के नीचे दबाए जाते हैं। वे कहते हैं कि ऊपर के दाँत ऊँचे स्थान पर डाले जाने चाहिए तथा नीचे के दाँत निचले स्थान पर डाले जाने चाहिए। छत पर फेंके गए दाँत चूहों के लिए होते हैं

जो उन दाँतों के बदले बच्चे को अपने जैसे पैने दाँत देंगे जबकि जल पात्र के नीचे फेंके गए दाँत तेजी के साथ बढ़ेंगे जैसे जल-पात्र के नीचे घास तेजी से बढ़ती हैं। बच्चों के रोगों का कारण दुष्ट आत्माएँ मानी जाती हैं। वे बताते हैं कि बच्चे के जन्म के समय पीतल की थाली पीटने से बच्चे के कानों की सारी बाधाएँ दूर हो जाती हैं। यदि कोई बच्चा बहरा प्रतीत होता है तो उसको अनाज के गहरे बरतन में कई बार आधा-आधा घंटे के लिए लिटाया जाता है। और माना जाता है कि इससे उसकी श्रवण शक्ति की समस्त बाधाएँ दूर हो जाएँगी। यदि वे चाहते हैं कि बच्चा अच्छा नर्तक बने तो वे किलकिला अथवा बाज का माँस बच्चे को खिलाते हैं। यदि वे उसे एक अच्छा वक्ता बनाना चाहते हैं तो उसकी अंगुली पर उस्तरे की धार स्पर्श कराते हैं तथा सोचते हैं कि वह इस प्रकार नाइयों जैसा बातूनी हो जाएगा। यदि वे उसे तेज धावक बनाना चाहत हैं तो वे बच्चे की टांगे ऐसे पत्थर पर रगड़ते हैं जिस पर खरगोश ने लीद कर दी हो। या फिर हिरन की सींग बच्चे के गले में पहनाते हैं। यदि किसी बच्चे का रंग काला है तो वे मालकंगनी बेल की शाखाएँ तोड़ कर उनका तेल निकालकर बच्चे के मुँह पर मलते हैं तथा मानते हैं कि ऐसा करने से बच्चे का मुख लाल हो जाएगा।

धाँवर बच्चे का जन्म

बच्चे के जन्म के बाद माँ को पहले, दूसरे चौथे और पाँचवें दिन खाना नहीं दिया जाता है जबकि तीसरे दिन केवल गर्म काढ़ा दिया जाता है। छठे दिन घर के पुरुष हजामत करवाते हैं तथा उनकी अशुद्धि समाप्त हो जाती है। लेकिन माँ बच्ची को जन्म देने के बाद दो महीने तक बच्चे के जन्म के बाद तीन महीने तक कोई काम नहीं करती है। यह समय व्यतीत होने पर अशुद्धि समाप्त हो जाती है, मिट्टी के बरतन बदले जाते हैं और माँ सारे घर के लिए खाना तैयार करती है। मासिक धर्म के दौरान अशुद्ध स्त्री छह दिन तक खाना नहीं बनाती है। सातवें दिन स्नान के पश्चात् वह फिर से खाना बनाने की अनुमति प्राप्त कर लेती है।

चमार (मोची) रीति-रिवाज

अच्छी श्रेणी के चमारों में नवजात शिशु को एक सूप में चावलों की तह पर लिटाया जाता है। ये चावल दाई को दिए जाते हैं, जो गाँव के मुखिया तथा परिवार के संबंधियों के घर जाकर उनके दरवाजों पर गाय के गोबर से निशान बनाती है, जो बच्चे के जन्म की घोषणा होती है। बच्चे के जन्म के दो दिन बाद तक माँ को खाने को कुछ नहीं दिया जाता है। चौथे दिन उसको सोंठ, खसखस, सुपारी, धनिया

तथा हल्दी और अन्य गरम पदार्थों का काढ़ा दिया जाता है तथा कुछ जगहों पर अलसी अथवा तिल के तेल की कतरी दी जाती हैं। कहीं-कहीं एक माह तक उसे काढ़ा पिलाया जाता है तथा ठोस खाना बच्चे के जन्म के छह दिन बाद ही दिया जाता है। बच्चे को तीन दिन तक माँ का दूध नहीं पिलाया जाता है, लेकिन इस दौरान उसे बछिया के मूत्र में किसी बूटी को उबालकर तैयार किया गया काढ़ा अत्यल्प मात्रा में दिया जाता है। बच्चे को अरंडी के तेल की मालिश तथा अजवायन के पौधों का धुआँ दिया जाता है। बच्चे का नाम छठी के दिन रखा जाता है या कभी-कभी बारह दिन बाद रखा जाता है। बच्चे का मुंडन किया जाता है तथा बाल, जिन्हें झालर कहा जाता है, फेंक दिए जाते हैं। बच्चे तथा माँ को स्नान कराया जाता है तथा पुरुष वर्ग हजामत करवाता है। माँ को उसका पहला नियमित भोजन दिया जाता है।

अंतिम संस्कार से संबंधित प्रथाएं

चमार सामान्यतः मृतक के पैर उत्तर की ओर रखकर दफनाते हैं, जो गोंड तथा अन्य आदिवासी जनजातियों का चलन भी है। वे कहते हैं कि स्वर्ग उत्तर दिशा में है तथा मृतक इस अवस्था में होना चाहिए कि वह अपने आगामी लोक की यात्रा सुविधाजनक रूप से प्रारंभ कर सके। शव को दफनाने से पूर्व वे मृतक के शरीर पर गर्म घी, तेल अथवा सूत से कोई निशान बना देते हैं तथा जब उनके परिवार में किसी बच्चे का जन्म होता है, तो उसके शरीर पर उसी हिस्से में निशान ढूंढते हैं। यदि ऐसा कोई निशान मिल जाता है तो माना जाता है कि बच्चा उक्त मृतक व्यक्ति का अवतार है। मृत जन्मे शिशु अथवा छठी से पूर्व मृत्यु को प्राप्त शिशु को श्मशान नहीं ले जाया जाता है बल्कि उसकी देह एक मिट्टी के पात्र में रखकर घर की दहलीज पर या आँगन में गाड़ दी जाती है।

कोष्टी अंतिम संस्कार

लिंगायत और कबीरपंथी लोग अपने मृतकों को दफनाते हैं तथा शेष दाह संस्कार करते हैं। तीरमेंदार कोष्टी पाँचवें दिन अयावर याजक के साथ मृतक परिवार के सदस्यों को लेकर श्मशान जाते हैं तथा कब्र के ऊपर विष्णु भगवान और तुलसी की पूजा करते हैं। पूजा के बाद सभी लोग वहीं भोजन करते हैं। विवाहितों के लिए पाँच तथा अविवाहितों के लिए तीन दिन का शोक मनाया जाता है। चौथे दिन पंच अथवा जाति के बुजुर्ग लोग आते हैं तथा मुख्य शोकाकुल के सिर पर पगड़ी पहनकर उसको मृतक का वारिस घोषित करते हैं। वे उसको लेकर बाजार जाते हैं तथा उसे

उसके करघे पर बैठाते हैं, जहाँ वह थोड़ी बुनाई करता है। इसके पश्चात् वह पंचों के साथ बैठकर भोजन करता है। इस संस्कार का अर्थ है कि मृत्यु से हुई अशुद्धि दूर हो चुकी है तथा शोकग्रस्त लोग काम पर लौट सकते हैं। छिंदवाड़ा में पितृपक्ष के दौरान अथवा पूर्वजों की पूजा के अवसर पर कोष्ठी परिवार अपनी जाति के लोगों को दावत देते हैं।

धाँवर अंतिम-संस्कार

यह जनजाति अपने मृतकों को दफनाती है। शव को एक पुराने कपड़े में लपेटकर एक उल्टी खाट पर लिटाकर श्मशान ले जाया जाता है। वहाँ पहुँचकर शव को हल्दीयुक्त जल से स्नान करवाकर नए कपड़े में लपेटा जाता है। शव वाहक शव को लेकर खुली कब्र के सात फेरे लगाते हैं तथा कहते हैं कि यह तुम्हारा अंतिम विवाह है जो पृथ्वी के साथ हो रहा है। कहा जाता है कि प्रत्येक व्यक्ति पाँच अंजुरि भर मिट्टी डाले। लोग बारी-बारी से मिट्टी डालकर कब्र भरते हैं तथा फिर मिट्टी को अच्छी तरह पाँव से दबाते हैं। यह जनजाति श्राद्धकर्म नहीं करती है लेकिन अश्विन माह में मृतक की मृत्यु की तिथि को पूर्वजों का तर्पण करते हैं। बाघ द्वारा मारा गया व्यक्ति बाघिया मसान बनता है जबकि प्रसव के दौरान मरने वाली स्त्री चुड़ैल बनती है।

गोंड जनजाति

भूतकाल में मृतक को दफनाना संभवतः गोंड जनजाति की सामान्य परम्परा रही है तथा दाह-संस्कार की शुरूआत ब्राह्मणवादी प्रभाव के कारण हुई है। दाह संस्कार में ईंधन पर काफी खर्चा होता है, इसलिए यह प्रथा केवल बुजुर्गों तथा महत्वपूर्ण व्यक्तियों के लिए सुरक्षित रखी गई है, यद्यपि सम्पन्न गोंड लोगों ने इसे पूर्ण रूप से अपना लिया है। आमतौर पर मृतक को दफनाते समय उसके पैर उत्तर दिशा की ओर रखे जाते हैं। हिन्दुओं में इसके ठीक विपरीत होता है। तथापि, मारिया गोंड मृतक के पाँव सूर्यास्त की दिशा अर्थात् पश्चिम की ओर रखते हैं तथा मुख ऊपर आकाश की ओर रहता है। कुछ स्थानों पर सिर उत्तर दिशा में रखने की हिन्दू परम्परा अपना ली गई है। मारिया गोंड मृत्यु की घोषणा ढोल पीटकर करते हैं तथा मित्रों एवं संबंधियों को सूचना भेजी जाती है। जब सभी लोग एकत्रित हो जाते हैं तब दूसरे या तीसरे दिन अंतिम संस्कार किया जाता है। बाहर से आने वाले लोग अपने साथ कपड़े लाते हैं जो मृतक के अपने स्वयं के कपड़ों तथा कुछ धनराशि के साथ दफन कर दिए जाते हैं ताकि मृतक अपनी दुनिया की जरूरतें पूरी कर सके।

कभी-कभी स्त्रियाँ शव पर लोहे की अंगूठी रख देती हैं। यह स्थान गाँव के पूर्व में होता है तथा गाँव के सभी पुरुष और स्त्रियाँ शवयात्रा में भाग लेते हैं।

शव को लोगों के सामने से गुजारा जाता है तथा कहीं भी रोक दिया जाता है। भीड़ में जिसके सामने शव रोका जाएगा, जादू-टोना उसी के द्वारा किया गया माना जाएगा। अकसर यह शव मृतक व्यक्ति की पत्नी के सामने रुकता है। शव को दफन करने के बाद मिट्टी भरते समय यदि कब्र पूरी तरह मिट्टी से भर जाती है तो माना जाता है कि मृतक ने अपनी आयु पूरी कर ली है। यदि मिट्टी कब्र से ऊपर निकलती है तो मृतक अपनी निर्धारित आयु से अधिक जी चुका है और यदि कब्र भरने के लिए मिट्टी कम पड़ जाती है तो मृतक की मृत्यु असमय हुई है तथा उसे किसी शत्रु अथवा दुष्ट आत्मा द्वारा मारा गया है।

दुधमुँहे बच्चों को महुआ वृक्ष की जड़ों में दबाया जाता है चूँकि माना जाता है कि बच्चा महुआ का रस अपनी माँ का दूध समझ कर पिएगा तथा पोषित होगा। महुआ वृक्ष के फूलों से मदिरा तैयार की जाती है। एक वयस्क का शरीर भी महुआ वृक्ष के नीचे दफनाया जा सकता है ताकि उसे परलोक में मदिरा मिलती रहे। कभी-कभी शव को जल में स्नान करवाकर उसके ऊपर दूध छिड़का जाता है और फिर महुआ तेल, हल्दी और लकड़ी के कोयले से मालिश की जाती है। माना जाता है कि ऐसा करने से उस मृतक का मानव रूप में पुनर्जन्म नहीं होगा। बाघ द्वारा मारे गए व्यक्ति का दाह संस्कार किया जाता है तथा बाँस की लकड़ी से बाघ की मूर्ति बनाकर गाँव से बाहर फेंक दी जाती है। बाघ द्वारा मारे गए व्यक्ति का शव कोई निकट संबंधी ही छूता है क्योंकि यह उनकी बाध्यता है। शव के आभूषण नहीं उतारे जाते हैं तथा कभी-कभी तो और आभूषण रख दिए जाते हैं। कुछ जगहों पर बाघ द्वारा मारे गए व्यक्ति का शव छूने वाले व्यक्ति को अस्थायी रूप से जाति से बाहर कर दिया जाता है।

यदि किसी व्यक्ति को बाघ द्वारा मारा गया है अथवा उसकी मृत्यु किसी रोग से हुई है और मृत्यु से पूर्व उसके घाव में कीड़े पड़ गए हैं तो मृतक का पूरा परिवार अस्थाई रूप से जातिच्युत कर दिया जाता है तथा भूमिया अथवा ग्राम पुरोहित द्वारा शुद्धिकरण क्रिया के उपरान्त ही पुनः जाति में प्रवेश दिया जाता है। आमतौर पर तीन दिन का शोक मनाया जाता है। गोंड लोग प्रायः शव को दफनाने या जलाने के बाद भोजन खाते हैं तथा मदिरापान करते हैं। तीसरे दिन भोज दिया जाता है।

छिंदवाड़ा में पुरुष अथवा महिला की मृत्यु पर क्रमशः बैल अथवा गाय का वध किया जाता है। उसकी आत्मा की स्मृति में एक चबूतरा बनाया जाता है तथा एक स्मृति शिलापट भी लगाया जाता है। शिला पर सिंदूर लगाया जाता है तथा मुर्गे के लहू के छींटे मारे जाते हैं। तदुपरान्त वहाँ उपस्थित जन गाय और मुर्गे का भक्षण करते हैं। मांडला में मृत्यु के पश्चात् नौवें अथवा दसवें दिन मृतक की कब्र पर मृतक का साला अथवा दामाद द्वारा हजामत बनवाई जाती है तथा भोजन एवं मदिरापान का दौर चलता है। फिर वे घर आते हैं सिर पर तेल लगाते हैं और एक नया कपड़ा सिर पर बाँधते हैं। वे मृतक के वस्त्र, गाय अथवा बैल प्रधान पुरोहित को दे देते हैं और मृतक को एक बकरी अर्पित करते हैं। वे कोई नियमित बरसी आदि का आयोजन नहीं करते हैं, लेकिन अश्विन की अमावस्या को घर के सामने कुछ चावल और दाल फेंकते हैं तथा उसके ऊपर पानी छिड़कते हैं। अंतिम संस्कार के समय विधवा अपनी काँच की चूड़ियाँ तोड़ देती है तथा यदि इच्छुक हो तो उसका विवाह उसके देवर के साथ (शोकावधि व्यतीत होने के पश्चात्) करवा दिया जाता है।

मृतक की स्मृति में, मृत्यु के पश्चात् सुविधाजनक समय पर, सड़क किनारे शिलालेख स्थापित किया जाता है। अपना गाँव छोड़कर अन्यत्र चले गए लोग प्रायः अपने मूल निवास पर स्मृति लेख स्थापित करने आते हैं। ये शिलालेख मृतक के महत्व के अनुरूप होते हैं। प्रसिद्ध लोगों के लिए 8 फीट ऊँचे शिलालख स्थापित किए जाते हैं। कुछ जगहों पर इस शिलालेख के साथ बैठने के लिए एक शिलासन स्थापित किया जाता है।

मृतक के मकबरे के निकट आत्मा के बैठने के लिए आसन बनाने के संबंध में ए.के. स्मिथ ने लिखा है कि, "हर गोंड व्यक्ति यह भलीभाँति जानता है कि भूत और दुष्ट आत्माएँ इंसान की तरह जमीन पर पालथी मारकर नहीं बैठ सकती हैं तथा उन्हें बैठने के लिए कोई आसन चाहिए।

गोंड लोगों की मान्यता है कि पूर्वजों की आत्माएँ बच्चों या पशुओं के रूप में पुनर्जन्म लेती हैं। निशान बना देते हैं तथा यदि ऐसा कोई निशान किसी नवजात शिशु के शरीर पर पाया जाता है तो उसे उस पूर्वज का पुनर्जन्म माना जाता है। मृत्यु के बाद किसी नियत दिन वे दो छोटी टोकरियाँ लेकर रात्रि के समय बाहर रख देते हैं। एक टोकरी के नीचे मुर्गा तथा दूसरी के नीचे गेहूँ का आटा या कुटकी डाल देते हैं। फिर गृहस्थ कहता है 'मैं यह मृतक आत्माओं के लिए कर रहा हूँ। हे आत्माओं, मैं तुम्हें आंज मुर्गा अर्पित कर रहा हूँ, कृपा करो तथा मैं कल तुम्हारे अंतिम संस्कार

की क्रियाएँ करूँगा।" अगले दिन सुबह आटे के ऊपर रखी टोकरी उठाई जाती है तथा यदि आटे पर किसी मनुष्य या पशु के पदचिह्न पाए जाते हैं तो वे सोचते हैं कि मृतक किसी मनुष्य अथवा पशु के रूप में जन्म ले चुका है। कुछ जगहों पर मृत्यु के बाद पाँचवें दिन आत्मा को वापस लाने की क्रिया की जाती है। संबंधी नदी पर जाते हैं तथा मृतक व्यक्ति का नाम ऊँची आवाज़ में पुकारते हैं। उसके बाद वे नदी में घुसकर कोई मछली अथवा अन्य जलजन्तु पकड़ कर घर लाते हैं और यह मानते हैं कि वे मृतक की आत्मा घर वापस ले आए हैं। मृतक का साला अथवा दामाद घर के बाहर घास फूस का एक छोटा घर बनाता है तथा मछली या अन्य जलजन्तु को उसमें रख देता है। तत्पश्चात् वह धान काटने के हसिया से काटकर एक सूअर की बलि देता है, जो अधिकतम तीन वार में मर जाना चाहिए। इस पशु को खा लिया जाता है और अगली सुबह वह उस घर को तोड़कर उसमें रखे मिट्टी के बरतन फेंक देते हैं। वे जमीन पर कुछ आटा एक मुर्गा वहाँ ले रखते हैं। यदि मुर्गा आटा खा ले तो वे समझते हैं कि मृतक की आत्मा घर में ही रहने की इच्छुक है तथा उसे घर में एक पत्थर या तांबे के सिक्के के रूप में स्थापित कर दिया जाता है। यदि मुर्गा आटा नहीं खाता तो वे कहते हैं कि आत्मा घर में नहीं रहेगी। पत्थर या सिक्के को गाँव के बाहर ले जाकर एक मुर्गे की बलि देकर इसे पत्थरों के ढेर के नीचे दबा देते हैं।

मांडला में मृतक कभी-कभी बूढ़ा देव अथवा परमात्मा में विलीन हो जाता है। बूढ़ा देव को दी जाने वाली सामुदायिक बलि के अवसर पर प्रत्येक मृत पूर्वज के नाम पर एक दूब नल ली जाती है तथा एक पैसा तथा हल्दी की गाँठ के साथ बाँध दी जाती है जो घर में पूर्वज का प्रतिनिधित्व करती है। इसे कुण्डा कहते हैं तथा सभी कुण्डे निकटवर्ती जंगल में घास में अथवा पत्थरों के नीचे छिपा दिए जाते हैं। बूढ़ा देव की आत्मा किसी व्यक्ति के शरीर में प्रवेश करता है तथा वह व्यक्ति अपने बाजू इधर-उधर फेंकने लगता है तथा सभी कुण्डों को ढूंढ कर लाता है। उनमें से कुछ बूढ़ा देव के बगल में फेंक दिए जाते हैं तथा माना जाता है कि ये बूढ़ा देव में समा गए हैं। बाकी जो इधर-उधर फेंके गए हैं वे परमात्मा में विलीन नहीं माने जाते हैं। इनके लिए गाँव के बाहर पत्थरों का एक ढेर बनाया जाता है तथा उस पर मुर्गा व मदिरा अर्पित की जाती है। रास्ता गुजरने वाले लोग इस पत्थर के ढेर में और पत्थर डालते रहते हैं ताकि आत्माएँ दबी रहें। चूँकि ये आत्माएँ परमात्मा में विलीन नहीं हो सकी हैं, अतः अशान्त मानी जाती हैं जो यहाँ वहाँ भटकती रहती है तथा जीवित लोगों को सताती हैं।

22

लोक साहित्य तथा लोक कथाएँ

मध्य भारत में सुनाई जाने वाली कथाओं के अनेक रूप एवं शैली हैं। उनमें से कुछ मुद्राओं एवं अभिव्यक्ति के आडम्बर के साथ सीधे बोलकर सुनाई जाती हैं। अन्य कथाओं के कुछ हिस्से गाकर सुनाए जाते हैं। इन कथाओं के वाक्यांश लयात्मक हो जाते हैं तथा साधारण धुन पर गाए जाते हैं। इन कथाओं के कुछ अंश ही गाकर सुनाए जाते हैं तथा इन कथाओं के अन्य क्षेत्रों में प्रसार के साथ यही शैली विद्यमान रहती है। इस प्रकार मांडला में काजल मछली की कथा में कुछ अंश गाकर सुनाए जाते हैं तथा यही अंश संताल वैभिन्य में भी गाकर सुनाए जाते हैं। इसलिए जहाँ भी एक लड़की को जलाशय से जल लाने के आदेश की कथा कही जाती है वह गाकर ही सुनाई जाती है। कुछ मिश्र कथाएँ भी जोश खरोश के साथ सुनाई जाती हैं, लेकिन इनकी संख्या बहुत कम है। घोटुल कथा स्वाभाविक रूप से ललित कला बन चुकी है और कोई भी व्यक्ति घोटुल पाटा कथाएँ सुनने के अनुभव को भुला नहीं पाता है। पुरुष लोग एक कमरे के मध्य भाग में बैठते हैं तथा उनके पास लड़कों का छोटा समूह बैठता है अन्य लड़के, लड़कियाँ निकट बैठकर आनंद लेते हैं।

मसौरा घोटुल की गाई जाने वाली कथा भी बहुत सुंदर है। यह एक राक्षस और एक छोटी लड़की की कहानी है।

राई सरसो सरसो फूल नुनिके नांगर गड़दम

गड़दम गड़दम गड़दम

राकास बुकास बर्मा भूत देस मिनी कुची केवार

मड़दम गड़ंदम गड़दम।

यह कथा एक गीत के रूप में सुनाई गई थी तथा लड़के गड़दम की धुन पर पूरे जोश में होते थे। कभी-कभी कथा गद्य रूप में सुनाई जाती है तथा साधारण बोल स्वर में होती है, लेकिन संवाद दोहों के रूप में गाकर सुनाए जाते हैं। लड़के, लड़कियाँ ध्यानपूर्वक सुनते हैं तथा बीच-बीच में सही वक्त पर सिर हिलाकर हिंगों

(हाँ) कहते हैं। अन्य संस्कृतियों की भाँति ये कथाएँ किसी की व्यक्तिगत सम्पत्ति नहीं हैं। यद्यपि किसी खास व्यक्ति का नाम किसी कथा विशेष के सुनाने के साथ (उसके सुनाने की शैली के कारण) जोड़ा जाता है।

तथापि, एक प्रकार की लोक कथा विशेष उल्लेख के योग्य हैं। परधान गोंड जनजाति के चारण होते हैं। वे वास्तव में वृहद् गोंड परिवार की एक शाखा हैं तथा उनको किंवदन्ती के अनुसार उनका संस्थापक मूल सात गोंड भाइयों में सबसे छोटा भाई था। वे गोंड लोगों की ज़िंदगी में शामिल होते हैं तथा बहुधा उनके याजक का कार्य करते हैं। सेमूरगाँव में लिंग पेन में परधान याजक है तथा लिंगो कथा सर्वप्रथम एक परधान ने ही सुनाई थी। लेकिन वे परस्पर विवाह संबंध स्थापित नहीं करते हैं, यद्यपि परधान गोंड रसोई में भोजन कर सकते हैं। गोंड परधान का भोजन छोटे भाई का भोजन होने के कारण स्वीकार नहीं करते हैं।

परधान की कथाएँ समुदाय की सर्वश्रेष्ठ कथाएँ हैं तथा उल्लेखनीय उत्साह एवं उमंग तथा कलात्मकता के साथ सुनाई जाती हैं।

जनजातीय किंवदन्ती

मध्य प्रदेश के लोकसाहित्य में सूर्य और चन्द्रमा ऐसे दृश्यमान देवता माने जाते हैं जो जीवन और सुख प्रदान करते हैं। सूर्य उर्वरता का दाता है जिससे वनस्पति का विकास होता है।

बच्चों के लिए सूर्य एक भाई के समान है तथा चन्द्रमा को मामा (माँ का भाई) कहा जाता है। मान्यताओं के अनुसार सूर्य जीवन को संरक्षण देता है। महिला वर्ग बच्चे के जन्म के बाद ग्यारहवें दिन सूर्य की पूजा करती हैं। सूर्य को सभी प्रकार की मिठाइयाँ और जल अर्पित किया जाता है। पौष माह में महिलाएँ प्रत्येक रविवार को व्रत रखती हैं तथा परस्पर सूर्य की कहानियाँ सुनाती हैं।

तथापि, चन्द्रमा सदैव रहस्यमय कथा प्रसंगों तथा किंवदन्तियों का स्रोत रहा है। चन्द्रमा में काली छाया के बारे में धारणा है यह एक बूढ़ी स्त्री है जो चरखे पर सूत कात रही है। एक अन्य कहानी के अनुसार एक दिन गणेश जी अपने वाहन चूहे पर से गिर पड़े तथा चन्द्रमा उन्हें देख कर हँस पड़ा। गणेश जी ने क्रोध में आकर शाप दिया कि उसका मुख कोई नहीं देखेगा। चन्द्रमा को तत्काल अपनी भूल समझ में आ गई तथा वह गणेश जी से क्षमायाचना करने लगा। तब शाप में संशोधन किया गया कि गणेश जी के जन्मदिन पर कोई चन्द्रदर्शन नहीं करेगा। ऐसा करने में विफल रहने वाला अपयश का भागी होगा। मैदानी भू-भागों में गणेश चतुर्थी मनाने

वाले लोग इस दिन (अगस्त/सितम्बर) चन्द्र दर्शन नहीं करते हैं। वे चन्द्रमा को रोग का देव भी मानते हैं।

नर्मदा घाटी के भील बार्न बीज अर्थात् चन्द्रमा का बहुत सम्मान करते हैं, लेकिन सप्तर्षि को बुढ़िया की खाट के चार पाए एक बैल एक कुत्ता और एक चोर कहते हैं। कोई-कोई इसे बकरे की खाल से बनी मशक भी कहता है। मालवा के ग्रामीण लोग आज भी यह मानते हैं कि सृष्टि प्रारंभ में आकाश हमसे केवल एक हाथ की दूरी पर था। एक दिन एक बूढ़ी औरत ने जब अपनी कमर सीधी करने को सिर ऊपर उठाया तो उसका सिर आकाश से टकरा गया। उसने दर्द से खीझकर आकाश को झाड़ू से मार दिया और आकाश ऊपर चला गया। तब से आकाश ऊपर लटका हुआ है।

गोंड किंवदंती के अनुसार पृथ्वी पहले जल के नीचे छिपी हुई थी। केवल परमात्मा ठाकुर देव जल के ऊपर एक कमल के फूल पर तैर रहे थे। एक दिन उन्होंने पृथ्वी का पता लगाने के लिए एक कौवा रवाना किया। वह कौवा छह माह तक उड़ता रहा तब उसे एक कछुआ चकरमल चतरी मिला जो पानी में एक टाँग पर खड़ा हुआ था और उसका सिर आसमान को छू रहा था। कछुए ने कौए को बताया कि जल के नीचे रहने वाला विशालकाय जीव गिचना पृथ्वी को निगल गया है। यदि उसे उलटी करा दी जाए तो पृथ्वी मुक्त हो सकती है।

चकरम चतरी कौए को अपने साथ लेकर लोगण्डी राजा के पास पहुँचा। उन दोनों ने राजा को परमात्मा की इच्छा बताई। लोगण्डी राजा ने अपने बारहवें भाई लोहारसुर को एक बड़ा पिंजड़ा तैयार करने को कहा। लोहारसुर ने पिंजड़ा बनाकर राजा के समक्ष प्रस्तुत कर दिया। कछुए और कौए को उस पिंजड़े में बैठा दिया गया तथा उन्हें बता दिया गया कि जब उनका काम पूरा हो जाए तो वे पिंजड़े में लगी जंजीर हिला दें। जल के नीचे गिचना राजा सुप्त अवस्था में था। उन दोनों ने जोर से आवाज़ लगाकर उसे जगाया गिचना राजा जाग गया, लेकिन नींद में खलल पड़ने की वजह से खीझा हुआ था सो उसने कछुआ और कौआ दोनों को जिन्दा निगल जाने की धमकी दे दी।

कछुआ भय से थरथराने लगा, लेकिन बुद्धिमान कौवा स्थिति को संभाल गया। उसने गिचना राजा को बताया कि उन्हें परमात्मा ने भेजा है ताकि पृथ्वी को मुक्त कराया जा सके। यदि तुमने परमात्मा का आदेश नहीं माना तो तुम मारे जाओगे। गिचना राजा यह सुनकर हैरत में पड़ गया। तभी कछुए ने उसकी गर्दन पकड़ ली और उसे पृथ्वी उगलने पर बाध्य कर दिया गिचना राजा ने इक्कीस बार वमन किया।

सबसे पहली धरती माई, फिर महामुण्डी धरती, पाव धरती, फिर पीली धरती, फिर काली धरती उगल दीं। सबसे अंत में उसने कुँआरी धरती का वमन किया। कौए ने तुरंत उसे अपनी चोंच में दबा लिया और जंजीर हिला दी तो राजा ने पिंजड़ा बाहर निकलवा लिया। कौआ पृथ्वी को लेकर परमात्मा के पास गया। ठाकुर देव ने उसे अपनी हथेली पर रखा और उसे गोल आकृति प्रदान कर दी। फिर उसने वह गेंद जल के ऊपर रख दी। इस प्रकार उस पृथ्वी का जन्म हुआ, जिस पर हम वास करते हैं।

लगभग सभी अन्य जनजातियाँ, गैर-जनजातियों की भाँति पृथ्वी को धरती माता मानती हैं। बैगा ऐसा करने की अनुमति नहीं देते क्योंकि उनके अनुसार इससे धरती माता क्रोधित हो जाएगी। उनकी मान्यता है कि पृथ्वी ठाकुर देव की पत्नी थी। वह पहली बैगा स्त्री भी है। पृथ्वी देवी के रूप में वह वर्षा और जल की भी देवी है। नागा बैगा तथा प्रथम पुरुष बैगा के विषय में अनेक अंधविश्वास प्रचलित हैं।

एक अदभुत कथा

स्त्रियों को मासिक धर्म प्रारंभ होने के विषय में एक अजीब कहानी प्रचलित है। नांगा बैगा पुरुषों को घुटनों से मासिक धर्म होता था। एक दिन नांगा बैगा ने अपनी पत्नी से कहा कि उसको राजा से मिलने जाना है, लेकिन खून रिसते घुटनों के साथ यात्रा करना बड़ा कष्टदायक होगा। उसकी पत्नी ने एक बहती धार में खून धोने का सुझाव दिया और जब खून प्रवाहित हुआ तो उसने अपनी अंजुरी में भर लिया। नांगा बैगा ने उसका कहा मान लिया और तब से पुरुषों की बजाय स्त्रियों को मासिक धर्म होना प्रारंभ हो गया।

बैगा और महरा लोगों में सूर्य देव तथा पृथ्वी देवी का विवाह ठाकुर देव और धरती माता के नाम से होने की मान्यता विद्यमान है। वे इन दोनों को कृषि का देवता मानते हैं। बैगा लोग देवी की पूजा ठकुरानी देवी के रूप में करते हैं। दूल्हा देव एक अन्य देव हैं जो देवी पूजा के साथ जुड़े हैं तथा उर्वरता का पुरुषतत्त्व हैं।

आकाशीय बिजली से संबंधित कथा

गोंड मान्यता के अनुसार आकाशीय विद्युत तक्षक की पुत्री है जो बक्से से बाहर निकल गई थी। एक किंवदन्ती है कि लक्ष्मण (गोंड जनजाति में लक्ष्मण जती नाम से अधिक लोकप्रिय हैं), किंगड़ी नामक एक वाद्य बजाया करते थे। एक दिन राम ने लक्ष्मण से कहा कि वह किंगड़ी को हर समय बजाते न रहा करें। इसलिए लक्ष्मण जती में किंगड़ी अपने पलंग के सिरहाने रख दी। एक दिन किंगड़ी रोने लगी

और कहने लगी कि उसका कोई उपयोग नहीं हो रहा है। लक्ष्मण जती पहले हिचकिचाए, लेकिन अधिक समय तक खुद को रोक नहीं सके। उन्होंने किंगड़ी उठा ली और बजाना प्रारंभ कर दिया। तब एक स्वर्गीय अप्सरा इन्द्रकुमारी ने उस वाद्य की मधुर ध्वनि सुनी। वह उस धुन से मोहित होकर वादक की खोज में पृथ्वी पर पहुँच गई। वह अनेक स्थानों पर घूमते हुए अंततः लक्ष्मण जती के निवास पर पहुँच गई। वह लक्ष्मण को किंगड़ी बजाते देखती रही और आशा कर रही थी कि लक्ष्मण उसकी ओर भी देखेंगे, लेकिन लक्ष्मण ने अप्सरा की ओर कोई ध्यान नहीं दिया। वह लक्ष्मण जती के इस व्यवहार से क्रोधित हो गई।

उसने अपनी चूड़ियाँ तोड़कर कमरे में फेंक दीं तथा अपने कानों की बालियाँ लक्ष्मण के बिस्तर पर छोड़ दीं। अगली सुबह सीता जी लक्ष्मण के कमरे में पहुँची तो बिस्तर पर टूटी चूड़ियाँ और कान की बाली देखीं। उन्होंने लक्ष्मण से कुछ नहीं कहा, परन्तु सारी कहानी राम से कह दी। राम लक्ष्मण के कमरे में गए तो लक्ष्मण को सोते पाया। उन्होंने कान की बालियाँ उठा लीं तथा स्वयं उस कन्या की खोज का निर्णय किया जिसके कानों में ये बालियाँ सही बैठती थीं।

इस प्रकार खोजबीन प्रारंभ हुई। दुर्भाग्य से बालियाँ गाँव में किसी के कानों में सही नहीं बैठीं। अंत में सीता को बुलवाया गया। और आश्चर्यजनक रूप से ये बालियाँ सीता जी के कानों में सही बैठ गईं। राम को बहुत दुःख हुआ। राम ने लक्ष्मण का अपमान किया जिससे वह महल छोड़कर चले गए। धरती माता ने उन्हें रास्ता दिया। वह धरती के गर्भ में पहुँचे जहाँ उनकी भेंट तक्षक से हुई और वह अनेक वर्षों तक तक्षक की सेवा में रहे। तक्षक लक्ष्मण से इतना प्रसन्न हुआ कि उसने अपनी पुत्री का विवाह लक्ष्मण के साथ कर दिया।

कुछ दिनों बाद तक्षक ने लक्ष्मण को अपनी दुनिया में लौट जाने को कहा। तक्षक ने उन्हें एक बक्सा दिया और कहा कि यह बक्सा वह घर पहुँचकर ही खोलें अन्यथा वह अपनी पत्नी को खो देंगे। पाताल लोक से लक्ष्मण अपने घर चल पड़े। वह यह जानने को बहुत उत्सुक थे कि आखिर बक्से में क्या है। उत्सुकतावश उन्होंने बक्सा खोल दिया। जैसे ही लक्ष्मण ने बक्सा खोला उसमें से एक सुंदर कन्या प्रकट हुई और आकाश में अदृश्य हो गई। लक्ष्मण जती उसके पीछे दौड़े लेकिन तब तक वह सुंदरी आकाशीय विद्युत का रूप धारण कर चुकी थी। गोंड जब भी बिजली चमकती देखते हैं वे कह उठते हैं तक्षक की पुत्री आकाश में दौड़ रही है तथा बादलों के निकट लक्ष्मण के तीर मारे जाने की आवाज़ सुनाई दे रही है।

चँदेल संबंधी कथाऐं

मूलतः आदिवासी जनजातियों भार तथा गोंड से संबंधित चंदेल स्वयं को चन्द्रमा देवता का वंशज अर्थात् चंद्रवंशी कहते हैं। किसी ऐतिहासिक लेख अथवा प्रमाण के अभाव में चंदेल रिक्थ के विषय में अनेक प्रकार की कहानियाँ प्रचलित हैं। तथापि, आदिवासियों से उनकी सम्बद्धता का प्रमाण यह है कि वे मानिया देव की पूजा करते हैं जो आदिवासियों के अधिष्ठाता देव हैं। मान्यताओं के अनुसार वे पौराणिक ऋषि चन्द्रात्रेय (स्वयं चन्द्र से उत्पन्न) के वंशज हैं। परिमल रासो के महोबा खण्ड में यह वंशावली पारम्परिक उत्साह के साथ बताई गई है। हेमवती एक ब्राह्मण हेमराज की सुन्दर किंतु दुर्भाग्यशाली युवा विधवा पुत्री थी। हेमराज काशी का राज पुरोहित था। एक दिन ग्रीष्मकाल में रात्रि के समय हेमवती गर्मी से परेशान होकर स्नान करने गई। यह कमल के पुष्पों से भरा एक सुन्दर सरोवर था। आकाश में चन्द्र देव प्रकट हुए। उसके सौन्दर्य से आश्चर्यचकित होकर वह मानव रूप में पृथ्वी पर आए तथा हेमवती को आलिंगनबद्ध कर लिया। विक्षुब्ध हेमवती ने अपने सतीत्व पर आक्रमण के लिए चन्द्रमा को शाप देने की धमकी दी। अपनी भूल का प्रायश्चित करने के लिए चन्द्रमा ने हेमवती को वरदान दिया, 'हेमवती, तुम एक अपराजेय नायक की माता बनोगी, जो स्वर्ण वंश का स्थापक होगा तथा तुम्हारे सतीत्व की पुनर्प्राप्ति हेतु भांड्य यज्ञ करेगा।'

कर्णावती नदी के किनारे हेमवती ने चन्द्रमा के समान सुन्दर बालक को जन्म दिया। इसका नाम चन्द्रवर्मन रखा गया। इसके जन्म पर, देवों के पुरोहित बृहस्पति जी उसकी जन्म कुंडली तैयार करने स्वयं पृथ्वी पर पधारे तथा चन्द्र देव भी अपने पुत्र जन्म के अवसर पर प्रकट हुए। जब यह बालक किशोर वय को प्राप्त हुआ तो वह एक वीर एवं निडर बालक बन चुका था जो निहत्था बाघ को मार डालने का सामर्थ्य रखता था। चन्द्र देव ने उसे राजा बनने का आशीर्वाद दिया और एक स्पर्शमणि प्रदान की जिससे वह कभी समाप्त न होने वाले खजाने का मालिक बन गया। समय बीतने पर चन्द्रवर्मन ने भांड्य यज्ञ का आयोजन किया। यह आयोजन पूर्ण विधि विधान के साथ किया गया था जिसमें रत्नाकृतियों का चित्रण भी सम्मिलित था। उसने यज्ञ हेतु ताल, झील एवं वृक्षों से युक्त 85 मंदिरों का निर्माण करवाया। यज्ञ की समाप्ति पर हेमवती के समस्त पाप नष्ट हो गए तथा वह स्वर्ग सिधार गई।

यह कहानी कुछ अन्तर के साथ इस प्रकार सुनाई जाती है कि हेमवती

कलिंजर के राजपुरोहित मणिराम की विधवा पुत्री थी। राजपुरोहित ने गणना में त्रुटि के चलते राजा को एक विशेष रात्रि पूर्णिमा बता दी थी जबकि वह अमावस्या की रात्रि थी। अपने पिता की प्रतिष्ठा की खातिर हेमवती ने चन्द्रदेव से प्रार्थना की जो राजपुरोहित की बात सत्य करने हेतु राजी हो गए। लेकिन इसके बदले चन्द्रदेव ने हेमवती के साथ संभोग किया। इस बीज लज्जा और दुख से पीड़ित राजपुरोहित ने स्वयं को शाप दिया और वह एक शिला रूप में परिवर्तित हो गया। चंदेला इसी पत्थर की पूजा मानिया देव के रूप में करते हैं। हेमवती ने एक पुत्र को जन्म दिया जो ऋषि चन्द्रात्रेय थें, तथा जो चंदेल वंश के पूर्वज थे।

अन्य कथाएँ

भीलों में आज भी सदियों पुराने गीत प्रचलित हैं। ये गीत पौराणिक हैं तथा समुदाय के भोपा अथवा ओझा द्वारा गाकर सुनाए जाते हैं। इन गीतों में उषा-अनिरुद्ध की प्रसिद्ध प्रेम कथा भी शामिल है। भीली बोली में इसे ओखन – अंदरूप कहा जाता है। भील लोकसाहित्य में ढोला मारू की कहानी भी मौजूद है। भीलों के मंडल गीतों के संवर्ग में कासुमार डामर के संबंध में एक गाथा है, जो पूर्वकाल का लोकप्रिय नायक प्रतीत होता है। इस वीरगाथा में राजा भोज का उल्लेख अनेक स्थानों पर होता है। कासुमार डामर में भीलों का अकाल के दौरान किसी स्थान से उखड़कर धार जनपद के जंगलों में जाकर बसने की दिलचस्प कथा है।

माही नदी को समर्पित गीत शुद्ध गाथा हैं जो भील लोक साहित्य में पूर्ण समाहित हैं। किंवदंती के अनुसार माही उज्जैन के राजा इन्द्रद्युम्न के शरीर से निकले पसीने की पुत्री है। एक अन्य किंवदंती के अनुसार : एक जवान गूजर स्त्री एक दिन दही बिलो रही थी। एक हठी प्रेमी, जिससे पीछा छुड़ाने की उसने बहुत कोशिश की थी, लेकिन जो हठ छोड़ने को तैयार नहीं था, ने उसको दही बिलौते देखा और जब उसकी दृष्टि असह्य हो गई तो वह स्त्री दही के पात्र में कूद गई। वह तत्काल जल रूप में बदल गई और पात्र के ऊपर से एक स्वच्छ धार बह निकली, जो पहाड़ी ढलानों से होकर नीचे पहुँची तथा माही अथवा दही की नदी कहलाई।

भीलों के लिए माही नदी एक सम्माननीय आत्मा है। प्टोलेमी ने इसका उल्लेख मोफीस तथा पेरीप्लस ने माईज के नाम से किया है। माही शब्द की उत्पत्ति मेह – एक दुर्गम पहाड़ी – तथा मेहवासी एक उपद्रवी अथवा कपटी व्यक्ति – से हुई लगती है। माही किंवदंती झाबुआ जनपद में भी प्रचलित है किन्तु थोड़े अन्तर के साथ, जहाँ प्रेमी के स्थान पर गूजर के ससुर का जिक्र है। भर्तृहरि, दार्शनिक-राजा

था, जिसने सनातन की खोज में अपना साम्राज्य त्याग कर संन्यासियों का जीवन अपना लिया था, यह कथा नाथ पंथ के यायावर चरणों द्वारा व्यापक रूप से सुनाई जाती है। मालवी गीत 'पिंगला झुरापो' का पाठ राजा भर्तृहरि और उसकी पत्नी पिंगला के बीच संवाद से संबंधित है, जिसमें रानी राजा को इस लोक तथा स्वयं उसका त्याग नहीं करने की बात समझाने का प्रयास करती है।

निमाड़ में भी ऐसा ही एक गीत प्रचलित है। एक कहावत है कि इस गाँव की झील की पूजा करने का बाँझ स्त्रियों को भी गोद हरी हो जाती है। इस गीत को वर्षा आवाहन का गीत भी कहा जाता है। अहिल्याबाई होल्कर के शासन काल में निमाड़ के लावणी गायक खांडेराव से प्रेरित थे जो महाराष्ट्र का एक श्रद्धालु था। नर्मदा नदी के तटों पर खांडेराव की गाथा, कटाई के तुरंत बाद, सुनी जा सकती है। शाजापुर के निकट बंजारा जनजाति की भी पौराणिक-प्रेम कथा भी प्रचलित है। यह कथा आंशिक रूप से ऐतिहासिक है जो एक कंजर कन्या बिजोरी के संबंध में है, जिसने नरवरगढ़ के एक शासक के पापी इरादों के सामने झुकने से इनकार कर दिया था।

निमाड़ में खालघाट के निकट नर्मदा नदी में सौ से अधिक साल पहले डूबी एक नाव, जिसमें अनेक लोग सवार थे, की गाथा में वर्णन का ढंग अत्यंत उत्कृष्ट है। मूलभाव स्पष्ट रूप से दुःख है।

जहाँ तक लोरी का संबंध है मध्य प्रदेश में इसके पर्यायवाची हालो (मालवा), हालरा (निमाड़), लालन (बुंदेलखंड) तथा लोरी (छत्तीसगढ़) हैं संगीतमय उच्चारण का प्राचीनतम रूप प्रतीत होते हैं। यह लोकगीत का सबसे पुराना स्वरूप है जो प्रारंभ में 'अतार्किक सुरुचि' में प्रकट होता है जैसा कि रवीन्द्रनाथ टैगोर द्वारा अभिव्यक्त किया गया है। पालने का आगे पीछे झूलना स्वाभाविक रूप से माँ की कल्पनाओं को गीतमय बोलों पर उड़ान पर ले जाती है। डॉ. वेरियर एल्विन तथा शामरो हिवाले ने मध्य प्रदेश की मैकाल पहाड़ियों में विकसित लोरियों के आधार पर एक कहानी रिकार्ड की है : बहुत समय पहले की बात है एक बूढ़ी विधवा थी जिसका एक ही बेटा था। वह एक लामना की नौकरी करता था और बैलों के साथ हमेशा सफ़र में रहता था। उसका विवाह एक सुन्दर लड़की के साथ हुआ। विवाह के कुछ समय पश्चात् वह अपने मालिक के काम पर चला गया। जैसे ही वह घर से बाहर गया उसकी माँ ने जवान पत्नी और उसके छोटे भाई को घर से बाहर निकाल दिया। वे एक आम के पेड़ के नीचे झोंपड़ी बनाकर अत्यंत दीन स्थिति में समय बिताने लगे। वह लड़की गर्भवती थी और जब बच्चा पैदा हुआ तो उसने अपने भाई को अपनी

सास के घर से इस अवसर पर बनाए जाने वाली खाद्य सामग्री लाने भेजा। उस बुढ़िया ने चावल और उसके साथ साँप को टुकड़ों में काटकर करी बनाई ताकि वह मछली जैसी दिखे। उसने यह सामान पत्ते के बड़े दोने में रखकर बालक के सिर पर रख दिया। राय गिधानी, गिद्ध, आसमान से गोता लगाते हुए उतरा और झपट्टा मार कर सारा खाना ले गया सिवाय जरा से चावल के जो उस बालक के बालों में फँस कर रह गए थे। बालक जब झोंपड़ी में पहुँचा तो वह लड़की चिंता में पड़ गई और बालक से कहा कि आओ मैं तुम्हारा सिर देखूँ कहीं रायगिधानी ने तुम्हारे सिर में कोई चोट तो नहीं पहुँचाई है। जब वह अपने भाई का सिर देख रही थी उसने उसके सिर में चावल के दाने देखे। वह भूख से इतनी व्याकुल थी कि उन दानों को झट से खा लिया। उन चावल के दानों को खाते ही उसकी टाँगे साँप की पूँछ जैसी हो गईं अब तो वह लड़की ऊपर का आधा हिस्सा स्त्री और नीचे का आधा हिस्सा नागिन जैसा हो गया। वह एक बांबी में रहने चली गई तथा वह अपने बच्चे को दूध पिलाने आती और फिर वापस बाँबी में चली जाती थी। जब वह नहीं होती थी तो उसका भाई उस बच्चे को झूला झुलाते हुए यह गीत गाता था

झूला आगे पीछे जा रहा है, मेरे बच्चे
आम के पेड़ों की टहनियों में
तुम्हारे पिता परदेश गए हैं
लदे बैलों को लेकर, नन्हें मुन्ने
तुम्हारी माँ बांबी की नागिन हो गई है
झूला आगे पीछे जा रहा है
आम के पेड़ों की टहनियों में

पहेलियाँ

गोंड पहेलियों से जुड़ी चीजें सरगुजा तथा रायगढ़ के ओराओं की बोलियों में भी होती हैं। पहाड़ी मारिया तथा भीलों की भाषाओं में पहेलियों में यही सब देखा जा सकता है। साधारण चीजें; जैसे–दीपक, फावड़ा, नाग, ढोल, मिर्च, पगड़ी, मुर्गी, ततैया, सिपपत्थर, आँख, तीर, चन्द्रमा, सूर्य, तारे, चींटी, नज़र, नारियल का प्रत्यक्ष या अप्रत्यक्ष प्रयोग किया जाता है। पहेलियाँ बनाना अथवा पहेलियों का खेल गोंड लोगों के लिए एक धंधा है। दीवाली के अवसर पर अलीराजपुर तथा झाबुआ के लोग हीडा गाते हैं जो एक प्राचीन गीत है तथा इसकी प्रारंभिक पंक्तियों में पहेली होती है। दुर्गा भागवत द्वारा इस विशेषता को शैलीगत बुझाव कहा गया है। हीडा भी लोक

गीतों के सवाल जवाब के मूलभाव का कोई अपवाद नहीं है, लेकिन पीली या फीली और अड्डी झील पहेलियों क्रे अधिक ज्वलंत उदाहरण है। यहाँ नीचे दो उदाहरण दिए जा रहे हैं :

(i) आंकड बांकड़ लाकड़ी
घरवारयो ऐसी घड़ी
जो लेग्यो लंका तोड़
(मोड़कर बनाया गया लकड़ी का टुकड़ा इतनी दूर तक मार करे कि लंका ढह जाए)

(बंदूक)

(ii) गालू गालू ने गाल्या पोसे कारु ने
(यद्यपि मैं अक्सर आँख के भीतर नहीं जाता हूँ; यदि गया तो फिर कभी बाहर नहीं आता हूँ)

(काजल)

मांडला जनपद में गोंड तथा परधान लोगों में दूल्हे की बुद्धि परीक्षा के लिए उससे पहेलियाँ पूछी जाती हैं। इन पहेलियों का उत्तर न देना परम्परा भंग करना माना जाता है। मालवा तथा निमाड़ में जब कोई दूल्हा पहली बार अपनी पत्नी को लाने ससुराल पहुँचता है तो उसके सामने ऐसी पहेलियाँ पेश की जाती हैं। ये पहेलियाँ और गीत मौखिक सौन्दर्य तथा विनोदपूर्ण उच्चारण में उत्कृष्ट प्रकार के होते हैं। कई पहेलियाँ और गीत पुरानी संस्कृत प्रहेलिकाओं की झलक देती हैं। विवाह तथा अन्य समारोह आयोजनों में महिलाएँ मिलकर पारसी (अथवा प्याली) गाती हैं जो पुरुष वर्ग खासकर दामाद अथवा उसके पिता को संबोधित कर उपयुक्त जवाब माँगती हैं।

जवाब नहीं दे पाने पर दोहरा जुर्माना या फिर बढ़िया दावत देनी पड़ती है। मालवा में महिलाएँ पुरुष वर्ग की खिल्ली उड़ाती हैं तथा कहती हैं : जो बारता नी बूझे बू गाम बलाई (जो मेरी पहेली का जवाब नहीं देगा वो छोटी जाति का है); 'चतर समीझी जाए, मूरख फिर फिरि जाए' (बुद्धिमान मेरी पहेली का जवाब जानता है, मूर्ख चकरा जाता है); जो बूझे बू मरद, गँवार गोता खाए (मेरी पहेली का जवाब देने वाला मर्द, मूर्ख व्यर्थ गोते लगाता है); बूझो म्याही पारसी नी तो हारो घर की नार (या तो मेरी पहेली का जवाब दो या फिर अपनी पत्नी को हार जाओ); नार हारी ने थाने जाओ लोग काई केगा (कितनी शर्म की बात होगी कि तुम पुलिस में जाकर

अपनी पत्नी खोने की रिपोर्ट करोगे) तथा जो बारता नी बूझे बू भाटा में को टोटो (जवाब नहीं दे सकने वाला व्यक्ति ढेरी के पत्थर के समान है)।

इस प्रकार विभिन्न प्रकार की लोककथाओं, पहेलियों तथा किवदन्तियों ने मध्य प्रदेश के लोक जीवन को कभी नीरस नहीं होने दिया। किसी न किसी रूप में हर काल में ये मानस के आकर्षण का विषय रही हैं।

23
संस्कृति का वैश्वीकरण

किसी भी प्रदेश, जाति समूह अथवा देश के लिये आज की परिस्थितियों में वैश्वीकरण एक अनिवार्यता के रूप में उभर कर आया है। उन्नति के पथ पर अग्रसर होने के लिये आवश्यक है कि नई सम्भावनाओं को स्वीकार किया जाऐ। जहाँ तक मध्य प्रदेश की बात है, तो वहाँ आदिवासी जनजातियों का वर्चस्व है। ये जनजातियाँ अपने नियम-कायदों से बंधा रहना पसंद करती हैं, जिनमें बाहरी सभ्यता या व्यक्ति का कोई विशेष स्थान नहीं है। जिसके कारण उनके जीवन में विशेष प्रगति नहीं हो पा रही है। वहीं दूसरी ओर आदिवासी तथा जनजातीय सभ्यता को बचाने के नाम पर कई संस्थाएँ उनके रिहाईशी क्षेत्र में विकास के कार्यों का बहुधा विरोध भी करती है। इस प्रकार बची-खुची विकास संबंधी सम्भावना पर भी ताला जड़ दिया जाता है। शिक्षा और संसाधनों के अभाव में जनजातीय क्षेत्रों में विकास की सम्भावनाएँ अत्यंत क्षीण है।

मध्य प्रदेश भारत के हृदय भाग में स्थित प्रदेश है तथा विभाजन से पूर्व यह प्रदेश भौगोलिक क्षेत्रफल की दृष्टि से भारत का सबसे बड़ा राज्य था। यहाँ प्रमुख खनिज और शक्ति संसाधन प्रचुर मात्रा में थे। छत्तीसगढ़ का मैदानी भाग, जो धान का कटोरा कहा जाता है, खाद्यान्न का प्रमुख उत्पादन केन्द्र था। अब स्थिति पूरी तरह बदल चुकी है। खनिज और शक्ति संसाधनों का बड़ा हिस्सा अब छत्तीसगढ़ राज्य में चला गया है तथा मध्य प्रदेश के पास बहुत थोड़ा हिस्सा बचा है।

मध्य प्रदेश जनजातीय आबादी के मामले में प्रथम स्थान पर है। राज्य की जनजातीय आबादी 19.94 प्रतिशत है जो देश की कुल जनजातीय आबादी का 22.73 प्रतिशत है। छियालीस मध्य भारतीय जनजातीय समूहों के साथ मध्य प्रदेश राज्य में जीवन के जनजातीय तरीकों की विविधतापूर्ण तस्वीर प्रस्तुत करता है। अधिकांश जनजातियाँ राज्य के दक्षिणी तथा दक्षिणपूर्वी भाग में बसी हैं। पश्चिम में यह आबादी झबुआ, धार बरवानी तथा खारगौन जनपदों तक फैली है। जनजातीय

जनसंख्या का घनत्व झाबुआ जनपद में सर्वाधिक है। मध्य प्रदेश की जनजातियाँ आज भी आदिम युग में रहती हैं तथा मुख्यधारा से बहुत दूर हैं। वे अधिकांशतः जंगलों में रहती हैं तथा अपनी जीविका के लिए पूरी तरह जंगली फल, मूल, कन्द, तथा काष्ठ आदि पर निर्भर हैं। इसके अलावा कुछ जनजातीय लोग खेती कर रहे हैं अथवा खेत मजदूर के रूप में काम कर रहे हैं। जनजातीय लोगों के घर पहाड़ों, पहाड़ी ढलानों परत था जंगलों में बाँस और घास फूँस से बने होते हैं।

अनेक मानवशास्त्रियों का मानना है कि यदि मध्य प्रदेश की जनजातियों ने स्वयं को जंगलों में न छिपाया होता और अपनी निजता की रक्षा पूरे उत्साह के साथ नहीं की होती, तो वे अपने सम्मान की रक्षा कदापि नहीं कर सकते थे। यदि वे ब्राह्मणवादी समाज के सम्पर्क में आ जाते तो उन पर शूद्र या पड़िया का ठप्पा लगा दिया जाता।

तथापि मध्य प्रदेश तथा भारत के अन्य राज्यों में भी यह एक सामान्य बात है कि वे लोग उच्चतर जाति के हिन्दुओं के सम्पर्क में आने के पश्चात् राजपूती दर्ज़ा पाने की कोशिश करते हैं। इसके लिए वे किसी राजा राजकुमार या सम्राट के साथ अपने अनुमानित ऐतिहासिक संबंध बताकर समाज में उच्च प्रतिष्ठा प्राप्त करना चाहते हैं। इसके विपरीत अंगरेजी शिक्षा, पैसे के बढ़ते महत्व और भारत के संविधान की खण्ड III में दिए गए मूल अधिकारों के चलते जाति व्यवस्था पहले ही चरमराने की ओर अग्रसर है।

कहने का तात्पर्य यह है कि पहाड़ियों तथा वनों में रहने वाले थोड़े से लोगों को छोड़कर भील और अन्य संबंधित जातियाँ अब समाज के अन्य वर्गों के साथ सम्पर्क में हैं। भीले और बरेला अभी तक भिलाल तथा पटेलिया लोगों के मुकाबले पिछड़े हैं। मांकड़ अधिकतर भूमिहीन मजदूर हैं। भील तथा अन्य संबंधित जातियाँ, सांस्कृतिक रूप से व्यापक हिन्दू समाज का एक अभिन्न अंग हैं, जो उनके सामाजिक - धार्मिक जीवन से स्पष्ट है। जनजातियाँ अपनी अर्थव्यवस्था कृषक जातियों के साथ जोड़ने के पश्चात् मैदानी जाति व्यवस्था के सामाजिक तथा सांस्कृतिक हिस्सा बन गईं। सांस्कृतिक विशेषताओं का प्रवाह आंकिक, राजनीतिक तथा आर्थिक प्रभुत्व वाले समूहों की ओर से अपेक्षाकृत दुर्बल वर्गों की ओर था। जनजातियों ने सांस्कृतिक विशेषताओं के इस प्रवाह का प्रतिरोध नहीं किया चूँकि प्रक्रिया धीमी होने के साथ-साथ उनको आर्थिक सुरक्षा और एक हद तक सामाजिक एवं सांस्कृतिक स्वायत्तता भी प्रदान करती है।

यही मालवा क्षेत्र के भीलों तथा अन्य संबंधित जनजातियों के साथ भी हो रहा था। दोनों गाँवों में राम मंदिर होने तथा हिन्दू देवी-देवताओं की पूजा जनजातीय लोगों का हिन्दू धर्म के प्रति झुकाव दर्शाती है। पठवारी पूजा तथा गंगा उद्यापन पूजा जो भील, भिलाल तथा पटेलियों द्वारा की जाती है अखिल भारतीय हिन्दुवाद से उनके संबंध दर्शाती है। अनेक जनजातियाँ नर्मदा परिक्रमा करती हैं तथा पुरी जगन्नाथ की तीर्थयात्रा पर जाती हैं। होली, गणगौर, दीवाली तथा अन्य अनेक त्योहार उनके सामाजिक जीवन में रंग भर देते हैं। भील, बरेला, भिलाल और पटेलियों के दो रंगीन जनजातीय उत्सव भगोरिया तथा गाल हैं। सभी जनजातियाँ अपना दर्जा बढ़ाने हेतु प्रयासरत हैं।

भिलालों ने पिछौदी (रिंजामाता), ढोल्या (हसई माता), बिजासन (सलाई माता) तथा भीलखेड़ा (कनाई माता) में मंदिरों का निर्माण करवाया है। ये गाँव भीलखेड़ा के आसपास हैं। जनजातियों में ऐसी अनेक विशेषताएँ पाई जाती हैं जो राजपूतों के समान हैं।

पादल्या में सभी समूह विवाह के प्रथम दिन शीतला माता की पूजा करते हैं। सभी समूहों में बनोला किया जाता है तथा ममेर भी किया जाता है। इस क्षेत्र में बंजारों को छोड़कर जातियों और जनजातियों के भोजन और परिधान लगभग एक जैसे हैं। भील तथा उससे संबंधित जनजातियों की उत्पत्ति के संबंध में दो प्रतिज्ञप्तियाँ हैं (1) भील इस क्षेत्र के मूल निवासी हैं तथा अन्य समूह जैसे कि बरेला, भिलाल, दरबार, पटेलिया, ताडवी, मांकड़ आदि की उत्पत्ति उनके तथा राजपूत एवं पटेलों के बीच वैवाहिक संबंधों के आधार पर हुई (2) भील, बरेला, भिलाल, पटेलिया, मांकड़ पृथक समूह हैं तथा उनमें बदलाव की प्रक्रिया चल रही हैं। पहली स्थिति के अनुसार बरेला, भिलाल, दरबार, पटेलिया तथा मांकड़ अप्रवासी राजपूतों तथा मालवा के भीलों के गठबंधन से जन्में हैं। राजपूतों ने भीलों के साथ वैवाहिक संबंध स्थापित किए तथा अपनी जाति गँवाने के कारण नई जाति का गठन कर लिया जिसमें भील सरदारों के वे परिवार भी शामिल थे जिनके द्वारा अपनी बेटियाँ राजपूतों के साथ ब्याही गई थीं।

इस प्रकार बरेला भीलों से थोड़ा ऊपर हैं तथा भिलाल बरेलाओं से ऊपर हैं। भिलालों के संबंध दरबारों के साथ हैं तथा दरबार स्वयं को राजपूत होने का दावा करते हैं। इस प्रकार यह माना जा सकता है कि भिलाल पहले भील मुखिया थे तथा राजपूत आप्रवासी उनके साथ वैवाहिक संबंध स्थापित कर भिलाल बन गए। राजपूत

सरदारों के साथ संबंध होने के कारण कुछ भिलालों को जागीर हासिल हो गई और वे स्वयं को दरबार कहने लगे। खरगौन तथा धार जनपदों में भिलाल और ठाकुरों में दरबार उपाधि सामान्य है।

अब ये दरबार भिलाल स्वयं को दरबार ठाकुर के रूप में प्रतिष्ठापित करने और अपनी राजपूत पहचान बनाने की कोशिश कर रहे हैं। द्वितीय प्रतिज्ञप्ति भी वजन रखती है तथा अत्यंत महत्वपूर्ण है क्योंकि भीलों से संबंधित विभिन्न जनजातीय समूहों की अपनी विशिष्टता, सांस्कृतिक पहचान और जातीय एकता है। सदस्य समूह अपनी समूह सम्बद्धता, समूह पहचान तथा जन्म के आधार पर प्राप्त स्थित के बारे में पूर्ण जागरूक हैं। भील और भिलाल सम्पूर्ण क्षेत्र में समान रूप से फैले हुए हैं। बरेला, मांकड़, पटेलिया तथा ताड़वी भीलों के इस क्षेत्र में अपने अलग लघु क्षेत्र हैं। अन्य पड़ोसी समूहों के साथ लगातार सांस्कृतिक सम्पर्क और साहचर्य के कारण उनके सामाजिक मूल्य परिष्कृत हो रहे हैं, रीति-रिवाज बदल रहे हैं और उनमें से कुछ राजपूत होने का दावा कर रहे हैं। भीलों तथा भील संबद्ध जनजातियों में ऊपर की तरफ बढ़ने की एक सामान्य प्रवृत्ति मौजूद है। चौखड़िया मांकड़ स्वयं को 'मान ठाकुर' कहते हैं। भिलाल ठाकुर होने का दावा कर रहे हैं तथा उस दिशा में प्रयास कर रहे हैं। दरबार भिलाल राजपूती छोट के बहुत निकट हैं, यथाः

राजपूत (दरबार ठाकुर) – दरबार भिलाल – उरापे अथवा धपाले भिलाल – राठिया, भगोर भिलाल – बरेला – भीला विगत काल में दरबार भिलाल शासक थे उनके पास शक्ति थी तथा कुछ राजपूत परिवारों के साथ वैवाहिक संबंध थे। इसलिए उनके लिए राजपूती प्रतिष्ठा हासिल करना कुछ कठिन नहीं है। यह सही है कि कुछ दरबार परिवारों ने गुजरात से तथा अन्य क्षेत्रों से राजपूतों से बहुएँ ली हैं लेकिन स्थानीय राजपूत परिवारों से उनके वैवाहिक संबंध नहीं हैं। इस क्षेत्र के दरबार भिलालों के साथ उनके वैवाहिक संबंध हैं। उनके वैवाहिक संबंध खारगौन जनपद के धपाले अथवा उरापे भिलालों के साथ भी हैं।

दरबार भिलाल राजपूत होने का दावा करते हैं तथा आम लोग और भिलाल कहते हैं कि वे दरबार भिलाल हैं जो किसी जमाने में राजा के दरबार से जुड़े हुए थे।

कितने परिवार रोटी-बेटी संबंध बनाकर निकट भविष्य में राजपूती दर्ज़ा पाने में सफल होते हैं यह तो समय ही बताएगा। इसी प्रकार खारगौन जनपद के भिलाल दरबार भिलाल कहलाने के इच्छुक है क्योंकि वे उनके अत्यंत निकट हैं जिस प्रकार दरबार भिलाल राजपूतों के अत्यंत निकट हैं। लेकिन बरेला लोगों के लिए दरबार

बरेला कहलाना इतना सरल नहीं होगा क्योंकि उनके पास जागीर नहीं हैं तथा उनका दर्जा भिलालों से नीचा है। भिलालों तथा अन्य समूहों ने राजपूत वंशों के नाम रखना शुरू कर दिया है। भील, बरेला, भिलाल, पटेलिया और मांकड़ अपना उपनाम सिंह लिखते हैं।

इस प्रकार भिलाल राजपूतों का दर्ज़ा पाने का प्रयास कर रहे हैं। लेकिन पटेलिया अपने रिवाजों को सुधार रहे हैं तथा ब्राह्मणवादी मूल्यों को अपनाने का प्रयास कर रहे हैं। इन दोनों समूहों का अपनी हैसियत ऊँची करने का दृष्टिकोण अलग है भिलाल सामाजिक-राजनीतिक सक्रियता के साथ यह दर्ज़ा पाना चाहते हैं जबकि पटेलिया क्षेत्रीय सामाजिक अनुक्रम में अपनी स्थिति बेहतर करने के लिए अपने सिद्धान्तों तथा रिवाजों (अप्रत्यक्ष) को सुधारने में लगे हैं। झाबुआ में भगत नामक पटेलिया जनजाति ने वधू मूल्य लेना, मदिरा पान, मांसाहार तथा पशुबलि का त्याग कर दिया है। भगत पंथ के अंतर्गत आने वाले परिवार उपरोक्त व्यवहार को अपना रहे हैं तथा हिन्दू देव भगवान श्रीकृष्ण की पूजा करते हैं।

परिवर्तनशील धर्म सिद्धान्त

जैसा कि पहले बताया जा चुका है कि ब्रिटिश नीति के कारण ऊँची जातियों की तानाशाही और उत्पीड़न कमजोर पड़ने लगा जिससे नीची जातियों, गरीब लोगों और जनजातियों को कुछ राहत महसूस हुई। अनेक अंग्रेज लेखकों तथा प्रशासकों ने ब्राह्मणों के पाखण्ड तथा विभेद की निन्दा की थी। व्यवहार रूप में ऐसा कोई धर्ममत नहीं है जो हिन्दूवाद के लिए अनिवार्य है न ही किसी देवता अथवा ग्रंथ का सम्मान है जो अनिवार्य और आनुवंशिक है। सभी हिन्दू जातियाँ अपने बूढ़े हो चुके पशुओं को बिना किसी धर्मसंकोच के कसाई के हाथ बेच देते हैं जो पचास वर्ष पूर्व एक ऐसा अपराध माना जाता था जिसके लिए व्यक्ति को स्थायी रूप से जाति से बाहर किया जा सकता था। इस प्रकार गाय का सम्मान हिन्दुओं का परमावश्यक सिद्धान्त है। तथापि यह हिन्दू होने की पर्याप्त व्याख्या नहीं है। जबकि जाति हिन्दू के सम्पूर्ण जीवन चक्र को प्रभावित करती है। उसकी सामाजिक प्रतिष्ठा उसका व्यवसाय तक जाति से पहचाना जाता है। जाति पंचाट एकमात्र ऐसी पंचाट है जो धार्मिक तथा सामाजिक अपराध के लिए दण्ड देती है और जाति से बाहर होने पर हिन्दू धर्म में उसका कोई स्थान नहीं होता है। जैन तथा सिखों में भी जाति पाई जाती है लेकिन सिख धर्म हिन्दू धर्म से थोड़ा ऊपर है, जबकि जैन जो अन्य बनियों की तरह हैं, जाति को स्वीकार करते हैं, यद्यपि यह उनके धर्म के मूल सिद्धान्त से मेल नहीं खाता है। मुसलमानों के निम्न श्रमिक वर्ग ने भी हिन्दुओं की भाँति जातियाँ

बना ली है। इनमें से अधिकांश धर्मपरिवर्तन किए गए मुसलमान हैं तथा उनके ज्यादातर रीति-रिवाज हिन्दुओं जैसे हैं।

जाति व्यवस्था ने अपनी ताकत को राजनीतिक उतार-चढ़ाव तथा भारत पर विदेशी हमलों अथवा मुसलमानों द्वारा किए गए उत्पीड़न के बावजूद सुरक्षित रखा है। यूरोपीय शिक्षा के प्रभाव को छोड़कर हिन्दू समाज के अपनी विशेषताओं को अक्षत रखने में सफलता पाई है। लेकिन जाति व्यवस्था चरमराने के अनेक संकेत दिखाई पड़ रहे हैं। अपना पेशा चुनने की स्वतंत्रता इस व्यवस्था की जड़ों पर गहरा प्रहार कर रही है क्योंकि जाति का दर्ज़ा तथा सामाजिक हैसियत पारम्परिक पेशे पर आधारित होती थी। जबकि मुख्य जातियों के एक बड़े वर्ग ने अपने पारम्परिक पेशे के साथ जोड़ना एक कल्पना मात्र रह गई है। सरकार द्वारा शिक्षा प्रसार हेतु किए जा रहे प्रयास तथा समर्थन का बहुत गहरा प्रभाव पड़ा है। शिक्षा सभी के लिए उपलब्ध है तथा कोई भी व्यक्ति अपने कैरियर का चुनाव स्वयं कर सकता है, जिसमें जाति व्यवस्था से कोई संबंध नहीं है। कथित नीची जातियों के अनेक लोग अच्छी सामाजिक प्रतिष्ठा पाने में सफल रहे हैं तथा जहाँ तक व्यक्तिगत संबंध है, उनकी जाति के प्रति पूर्वाग्रह और तिरस्कार की भावना प्रसुप्त अवस्था में पहुँच चुकी है। शिक्षित वर्ग भी साथ भोजन करने उठने बैठने आदि के बंधनों को नकारा रहा है। और अन्त में यात्रा की सुविधाओं और आधुनिक परिवहन के लोकतांत्रिक स्वरूप का जबर्दस्त प्रभाव पड़ा है। सभी जातियों के अधिकांश हिन्दुओं को रेल के तीसरे दर्जे के डिब्बों में भारी भीड़ में सभी जातियों के लोगों के साथ कंधे से कंधा रगड़ते हुए यात्रा करनी पड़ती है। इससे उन्हें बोध हुआ कि व्यक्तियों के शरीर छूने मात्र से किसी प्रकार की कोई हानि नहीं होती है। इसके परिणामस्वरूप अस्पृश्यता में धीरे-धीरे कमी आने लगी। इंग्लैंड में रेलयात्रा को सामाजिक एकता का सबसे बड़ा कारण माना जाता है। इन सभी प्रभावों को देखने तथा यह मानकर कि ये प्रभाव आगे भी जारी रहेंगे, यह सोचा जा सकता है कि भारत में जाति व्यवस्था की उम्र अधिक लम्बी नहीं होगी। तथापि, इस प्रक्रिया को तेज करने हेतु कोई प्रयास बेमानी होगा तथा यह अनुमान लगाना भी कठिन है कि जाति व्यवस्था की समाप्ति पर किस प्रकार के समाज का अभ्युदय होगा।

मध्य प्रदेश को सबसे गरीब राज्यों में एक बीमारु राज्य माना जाता है (गरीबी के मारे चार राज्य बिहार, मध्य प्रदेश, राजस्थान और उत्तर प्रदेश)। बुनियादी संरचना सुविधाओं के मामले में मध्य प्रदेश का स्थान बहुत नीचा है। मध्य प्रदेश राज्य का विभाजन होने के बाद छत्तीसगढ़ राज्य बनने से लगभग समस्त प्राकृतिक संसाधन नए राज्य में चले गए हैं, जिनमें खनिज और विद्युत संसाधन प्रमुख हैं।

किसी राष्ट्र अथवा राज्य की आर्थिक सम्पन्नता के लिए शहरी विकास का योगदान प्रमुख है। सन् 1991 में भारत के जी डी पी में शहरी क्षेत्र का योगदान 47 प्रतिशत था। यह योगदान योगदान 2000 में 60 प्रतिशत तक पहुँच गया है। तथापि मध्य प्रदेश के कस्बों तथा नगरों को, कुल मिलाकर, सार्वजनिक निवेश का समुचित हिस्सा नहीं मिल सका है। राष्ट्रीय शहरीकरण आयोग ने 1988 में अपनी रिपोर्ट में हिमायत की थी कि, शहरीकरण की कार्यनीति समग्र आर्थिक विकास की कार्यनीति होनी चाहिए, यह शहरी आवासों के लिए पैसा जुटाने, मालिन बस्तियाँ हटाने, जल आपूर्ति और सीवेज योजनाओं तक सीमित नहीं रहनी चाहिए तथा ऐसे विकास के लिए विदेशी निवेश आमंत्रित करने तक नहीं सिमटनी चाहिए।

सन् 1991 में की गई जनगणना के अनुसार, मध्य प्रदेश में शहरीकरण का स्तर (23.2 प्रतिशत) राष्ट्रीय स्तर (25.7 प्रतिशत) से काफी कम था। मध्य प्रदेश की शहरी जनसंख्या 1981 से 1991 के बीच 44.9 प्रतिशत की दर से बढ़ी है। उत्तर पूर्वी राज्यों को छोड़कर यह देश की सर्वोच्च वृद्धि दर थी। शहरी जनसंख्या की वृद्धि ग्रामीण जनसंख्या की वृद्धि (22.2 प्रतिशत) की तुलना में लगभग दो गुनी हैं। इसका सबसे बड़ा कारण लोगों का गाँव छोड़कर शहरों में बसना है। जहाँ तक मध्य प्रदेश में विभिन्न कस्बों में विकास का प्रश्न है, वर्ग I, III, IV तथा VI के कस्बों में 50 प्रतिशत से अधिक की भारी महत्वपूर्ण वृद्धि है। इन कस्बों पर जनसंख्या के बोझ का तीव्र प्रभाव त्वरित अनियोजित शहरीकरण को जन्म दे रहा है, जिसका प्रसार मौजूदा सेवाओं पर पड़ने वाले खराब असर और बुनियादी ढाँचे के रखरखाव के नीचे स्तर के साथ साथ आवासों तथा आश्रयों की कमी के रूप में साफ देखा जा सकता है। जब जनजातीय क्षेत्रों में विकास का अभाव है, तो वहाँ से पलायन करना एक स्वाभाविक प्रक्रिया है। अपने क्षेत्र में सीमित संसाधनों के चलते कई महत्त्वाकांक्षी युवा शहरों व कस्बों की ओर रूख करते हैं, परन्तु शिक्षा की कमी, तथा नये माहौल में अपना तालमाल ना बिठा पाने पर यहाँ भी वे पिछड़ रहे हैं। उस परिस्थिति को देखते हुऐ आवश्यक है कि शहरों की भाँति हर गाँव-कस्बे में पर्याप्त संसाधन व सुविधाएँ सुनिश्चित की जाएँ।

अनुक्रमणिका

फ

ब

म

ल